文化伟人代表作图释书系☉
An Illustrated Series of Masterpieces of the Great Minds

非凡的阅读
从影响每一代学人的知识名著开始

知识分子阅读,不仅是指其特有的阅读姿态和思考方式,更重要的还包括读物的选择。在众多当代出版物中,哪些读物的知识价值最具引领性,许多人都很难确切判定。

"文化伟人代表作图释书系"所选择的,正是对人类知识体系的构建有着重大影响的伟大人物的代表著作,这些著述不仅从各自不同的角度深刻影响着人类文明的发展进程,而且自面世之日起,便不断改变着我们对世界和自身的认知,不仅给了我们思考的勇气和力量,更让我们实现了对自身的一次次突破。

这些著述大都篇幅宏大,难以适应当代阅读的特有习惯。为此,对其中的一部分著述,我们在凝练编译的基础上,以插图的方式对书中的知识精要进行了必要补述,既突出了原著的伟大之处,又消除了更多人可能存在的阅读障碍。

我们相信,一切尖端的知识都能轻松理解,一切深奥的思想都可以真切领悟。

卡尔·马克思
Karl Heinrich Marx

全新插图　精装版

〔德〕卡尔·马克思 / 著

Das Kapital
资本论

何小禾◎编译

重庆出版集团 重庆出版社

图书在版编目（CIP）数据

资本论 /（德）卡尔·马克思著；何小禾编译. —重庆：重庆出版社，2021.11（2023.10重印）
　　ISBN 978-7-229-15191-1

Ⅰ. ①资… Ⅱ. ①卡… ②何… Ⅲ. ①马克思著作 - 马克思主义政治经济学　Ⅳ. ①A123

中国版本图书馆CIP数据核字（2020）第135192号

资　本　论
ZIBENLUN

［德］卡尔·马克思　著　何小禾　编译

策　划　人：刘太亨
责任编辑：张立武
责任校对：何建云
封面设计：日日新
版式设计：曲　丹

重庆出版集团　出版
重庆出版社

重庆市南岸区南滨路162号1幢　邮编：400061　http://www.cqph.com
重庆三达广告印务装璜有限公司印刷
重庆出版集团图书发行有限公司发行
全国新华书店经销

开本：880mm×1230mm　1/32　印张：18　字数：530千
2022年1月第4版　2023年10月第4次印刷
ISBN 978-7-229-15191-1
定价：98.00元

如有印装质量问题，请向本集团图书发行有限公司调换：023-61520678

版权所有，侵权必究

前 言

《资本论》的诞生，倾注了卡尔·马克思毕生的精力，是他花费40年时间、阅读1500种书籍、整理出100余本笔记的心血之作。这是一部融政治经济学、哲学、科学社会主义为一体的博大精深的科学巨著，是马克思主义的百科全书式著作，是研究资本主义社会经济形态的巅峰之作，更是人类思想史上不朽的理论丰碑。该书一经面世，很快被译成70多种语言文字出版，全球累计销量达20亿册。人们争相阅读，口口相传，把它奉为"无产阶级的圣经"。

《资本论》作者卡尔·马克思是马克思主义理论体系的创始人，近代政治经济学家、哲学家、社会活动家、革命理论家；1818年5月5日生于普鲁士莱茵省特里尔城，先后在波恩大学、柏林大学学习，最后在耶拿大学取得博士学位。1842年，他担任《莱茵报》主编；1843年同燕妮结婚后迁居巴黎；1844年创办《德法年鉴》，标志着其世界观转变完成。同年与恩格斯见面，二人从此成为一生的挚友。不久因其从事革命活动被驱逐，迁居布鲁塞尔。1847年加入共产主义者同盟，他与恩格斯共同起草了《共产党宣言》。1848年，他重回德国，创办《新莱茵报》，不久再遭驱逐，流亡巴黎，而后定居伦敦。1867年，《资本论》（第一卷）出版。晚年其继续撰写《资本论》。1883年3月14日，他在伦敦病逝，葬在海格特公墓燕妮的坟墓旁边。

《资本论》共四卷。马克思把前三卷称为理论部分，把第四卷称为历史批判部分。由于第四卷是以《剩余价值理论》为书名，故通常所说的《资本论》指前三卷，共190多万字。第一卷从简单的商品入手，研究资本的生产过程，揭示了作为阶级关系的资本的本质，重点阐述了剩余价值理论。第二卷分为三章，研究资本的流通过程和总过程的各种形式，进一步揭示资本的本质及其内在的深刻矛盾。第三卷探讨剩余价值如何在资产阶级内部分配的问题。全书对资本主义经济形态进行了全面深刻的剖析，揭示了资本主义经济的运行规律，对人类社会，尤其是占绝大多数人口的劳动者的命运产生了深远的影响。

马克思在《资本论》中创建了一个崭新的思想体系。其研究世界的方法源于德国哲学、早期社会主义理论和政治经济学。他像黑格尔一样，相信能够用一个辩证法公式概括人类的进化历程。他认为，所有哲学家都在致力于解释世界，但问题的关键在于如何改变世界。他在黑格尔辩证法的基础之上，颠覆了传统的"形而上学"思想，建立了一个在现实中得以实践的最大的人类思想体系。《资本论》这部"稿费甚至不够支付写作它时所吸的雪茄烟钱"的光辉巨著，不仅深刻阐释了资本主义社会经济形态的诸多方面，还使人类世界在较大范围内发生了深刻变化。

恩格斯说："自地球上有资本家和工人以来，没有一本书能像我们面前的这本书一样，对于劳动者具有如此重要的意义。资本和劳动的关系，是我们现代全部社会体系赖以旋转的轴心，这种关系在这里被第一次作了科学的说明，而这种说明之透彻和精辟，只有一个人能做到，这个人就是马克思，他攀登到最高点，把现代社会关系的全部领域一览无遗。"

编译者
2019年5月

导 读

1867年9月14日,《资本论》第一卷于德国汉堡正式出版;第二卷、第三卷也在马克思逝世后,经过恩格斯的认真研究和精心整理,得以出版。

《资本论》对资本主义进行了严厉的指控,以深沉犀利的笔触揭示了当时资本主义积累的普遍规律。《资本论》是马克思"整个一生科学研究的成果",是他与恩格斯心血的结晶;它凝聚着马克思的全部心血和智慧,是马克思献给全世界工人阶级的一部最重要的科学文献;它在世界各国广泛流传,成为当时工人阶级反对资产阶级的强大思想武器。同时,以其对当时欧洲社会经济历史的高度概括,又可称得上是一部伟大的历史著作。

资本主义生产方式迅速发展的欧洲,其社会所固有的矛盾已日益凸显,工人阶级反对资产阶级的斗争也日益尖锐和复杂。在这种情况下,马克思开始着手研究政治经济学。他广泛阅读和收集包括农学学、工艺学、解剖学、历史学、经济学和法律学等相关文献资料,在伦敦的大英博物馆里深入研读各类著作(1500余种),做了100余本摘录和笔记。

《资本论》以英国作为主要研究对象,因为当时的英国是资本主义发展较早且较成熟的国家。马克思说:"迄今为止,这种生产方式的典型地点是英国。因此,我在理论阐述上主要以英国为例。"然而,《资本论》所揭示的资本主义生产关系并不只适用于英国,而是适用于所有资本主义国家。马克思用源于德国哲学、早期社会主义理论和政治经济学的方法来研究世界。他像黑格尔一样,相信人类的进化历程可以用一个辩证法公式概括。他认为,所有哲学家所做的一切都是致力于解释世界,而问题的关键却在于如何改变世界。在这部著作中，马克思还对古典经济学家进行了细致的分析和批判，并提出了全新的观点。他将逻辑、辩证法和认识论有机结合起来，使之融为一体，从而在黑格尔辩证法的基础上颠覆了传统的"形而上学"，建立了一个能用于实践的最大的人类思想体系。此外，《资本论》还被誉为研究资本主义社会经济形态的"扛鼎之作"。马克思本人曾指出："在本书中，我要研究的是资本主义生产方式以及与之相适应的生产关系和交换关系。"《资本论》即论资本，而资本是带来剩余价值的价值，没有剩余价值就不存在资本，同样，没有资本也就无法带来剩余价值。因此可以说，这本书的核心内容便是剩余价值。

《资本论》全书共四卷。马克思把前三卷称为理论部分，将第四卷称为历史批判部分。他在第一版序言中指出："这部著作的第二卷将探讨资本的流通过程（第二册）和总过程的各种形式（第三册），第三卷即最后一卷（第四册）将探讨理论史。"1866年10月13日，他在给库格曼的信中写道："全部著作分为以下四册：第一册：资本的生产过程；第二册：资本的流通过程；第三册：总过程的各种形式；第四册：理论史。"但现在出版的《资本论》的分卷情况，与他当时的设想不尽相同。《资本论》第一卷出版后，马克思继续对第一卷进行修改和译文校订，并对第二卷和第三卷的手稿进行反复修改。但由于国际工人协会活动占用他大量时间，再加上其身体状况的恶化，在第二、三卷出版之前，他便与世长辞了。马克思逝世后，恩格斯继承了他未竟的事业，将《资本论》第二册和第三册整理为第二卷和第三卷，并分别于1885年和1894年出版。恩格斯在世时，曾打算整理出版《资本论》第四卷，可惜未能如愿便去世了。后来由考茨基接手了这项工作，但他把它当作独立著作并于1904年、1905年、1910年分三卷出版，且命名为《剩余价值理论》。故通常所说的《资本论》指前三卷。第一卷从简单的商品入手，研究资本的生产过程，揭示了资本的本质，重点阐述了剩余价值理论；第二卷共分三篇，研究资本的流通过程和总过程的各种形式，进一步揭示资本的本质及其内在的深刻矛盾；第三卷探讨剩余价值如何在资产阶级内部分配的问题；第四卷是剩余价值理论的发展史。可见，《资本论》主要在于研究资本家如何榨取工人所创造的剩余价值，以及剩余价值的实现和分配问题。因此，在《序言》中提到的"资本主义方式"，是指以资本主义所有制为基础的生产资料与劳动力相结合的方式，属于广义的生产关系，包括生产、交换、分配和消费等各方面关系。而"与之相适应的生产关系"则是指直接生产过程中人与人之间的关系，即狭义的生产关系，它从属于广义的生产关系。古典经济学家将政治经济学看作研究财富的科学，马克思第一次确定政治经济学的研究对象是生产关系，这是与古典经济学根本对立的。

在书中，马克思通过大量事实，深刻地分析了资本主义的发展历史，也指出了工人阶级贫困的根源。他指出，资本主义最主要的不公平在于对劳动的剥削，资本家支付工人工资，表面似乎公平合理，但实质上并非"等价交换"，因为工人为资本家劳动所创造的财富远远大于自身所得的报酬。例如，一个工人劳动一天所得报酬为10镑，而他一天之内为资本家所创造的利润远不止10镑，可能是20镑或30镑，甚至更高。而这多余的部分，即"剩余价值"——便进了资本家的口袋。同时，马克思还指出，生产资料的个人占有与生产产品的社会化矛盾必然会导致周期性的经济危机发生，这在一百多年后的今天，已被验证为真理。

如果说马克思的《资本论》是为当时资本主义社会下的工人阶级做辩护，那么18世纪英国学者亚当·斯密的经典著作《国富论》[1]便是为资

---

[1]《国富论》：全称为《国民财富的性质和原因的研究》，被誉为西方经济学界的"圣经"，是影响世界历史的十大著作之一。其作者是英国经济学家亚当·斯密。

产阶级做辩护。《国富论》为资本主义社会如何增加财富提供了思路，是资本主义经济思想史上的里程碑。其内容从国富的源泉——劳动，说到增进劳动生产力的手段——分工，因分工而引起交换，论及作为交换媒介的货币，再探究商品的价格，以及价格的构成成分——工资、地租和利润。

《国富论》与《资本论》在当时被视为资本主义社会的两大政治经济学宪章。《国富论》的作者亚当·斯密认为，所有商品的价格都可分解为三部分——地租、劳动（工资）、利润，大部分商品都可被这三个部分完全覆盖，少数特殊商品的价格则只含有其中两个或一个因素。而马克思在其《资本论》中则旗帜鲜明地指出：劳动是一切商品价值的唯一源泉，商品价格之所以会超出其支付给生产商品的工人的工资，是因为生产资料的所有者——资产阶级对工人劳动进行的残酷剥削。然而，尽管二者在基本理论上相互对立，但在具体论述中也有许多共鸣，例如商品价值的二重论（使用价值和交换价值）、价格围绕价值波动的规律论、货币的起源等。

《资本论》这部"稿费甚至不够支付写作它时所吸的雪茄烟钱"的伟大著作，深刻阐释了资本主义社会经济形态的诸多方面，使人类社会发生了深刻变化。它第一次深刻地分析了资本主义的整个发展过程。正如恩格斯所说："自地球上有资本家和工人以来，还没有一本书像《资本论》这样，对劳动者具有如此重要的意义。资本和劳动的关系，是我们整个现代社会体系赖以旋转的轴心，这种关系在这里第一次作了科学的说明，而这种说明之透彻和精辟，只有一个人能够做到，这个人就是马克思，他攀登到最高点，将现代社会关系的全部领域一览无遗。"

虽然当今世界的形势较之一百多年前，早已发生了翻天覆地的变化，但《资本论》的基本理论直至今日仍具有深刻意义。作为人类宝贵的精神财富，在时间的长河中，《资本论》的意义越发显得深刻。它不是一部穷人的致富学，因为它并未给我们提供获得财富的技巧，但它在根本上解答了穷人为什么穷，富人为什么富的疑惑，昭示了穷人通往富裕的基本方向与途径。它为我们提供了认识经济社会的科学方法论，为我们透过经济现象看到经济内在的本质提供了思路，同时也为政府制定公共政策提供了理论依据。

在当今社会，作为经济学原典的《资本论》已不仅是经济学家堆砌案头的枯燥著作，而是变成了普通人顺应社会发展的有力工具书。对于普通民众而言，研读作为经济学原典的《资本论》不仅有利于分析当前社会的经济形势，更有益于因之洞悉到财富的奥秘。在当前全球经济危机的社会背景下，阅读《资本论》更是一种知识装备的基本需要。

原版序

现在，我将《资本论》第一卷献给读者。它是我1859年发表的《政治经济学批判》的续篇。初篇与续篇相隔许久，是因为多年的疾病使我的工作一再中断。

在本卷第1章中，我将《政治经济学批判》的主要内容作了概述。这样既是为了本书内容的连贯和完整，同时也改进了叙述方式。在情况许可的范围内，前书只简略提到的一些论点，在本卷中我都作了进一步的阐述；而前书中已经详细阐述的论点，这里只略微提及。

万事开头难，各门科学皆是如此。所以，本卷第1章，特别是分析商品的部分，最难理解。其中，对价值实体和价值量的分析，我尽量做到通俗易懂。以货币形式为完成形态的价值形式，使其内容极其简单。两千年来，人类在这方面所进行的探讨和努力，并未取得多少实质性成果。但是，对于那些更有内容和更复杂的形式的分析，却取得了相当大的成功。为何如此？因为研究已经发育的身体比研究身体的细胞更容易。分析经济形式，只能用抽象的逻辑思维来进行。然而，对于资产阶级社会来说，劳动产品的商品形式，或者商品的价值形式，就是社会经济的细胞。在浅薄的人看来，分析这种形式好像是对一些琐事斤斤计较。虽然的确如此，但这是必须使用显微镜才能透析的那种琐事。

因此，除了价值形式部分外，本书并不艰深难懂。当然，我指的是对那些想学一些新知识、愿意独立思考的读者而言。

物理学家多在自然过程表现得最充分、最少受干扰的地方考察研究，或者在保证过程以其纯粹形态进行的条件下从事实验。在本书中，我所研究的是资本主义的生产方式、生产关系和交换关系。迄今为止，实行这种

卡尔·马克思

全名为卡尔·海因里希·马克思（1818—1883年），马克思主义创始人之一。犹太裔德国人，伟大的政治学家、经济学家、哲学家、社会学家、革命理论家。他一生著述颇丰，其中的主要著作《德意志意识形态》和《共产党宣言》是与其挚友恩格斯共同完成的。《德意志意识形态》一书批判了黑格尔的唯心主义哲学，论述了历史唯物主义的基本原理；《共产党宣言》的问世，则标志着马克思主义的诞生。1867年9月，马克思亲自撰写的《资本论》第一卷出版。他去世以后，《资本论》第二、三卷由恩格斯整理出版。

生产方式最典型的国家是英国。所以，在理论阐述时，我主要将英国作为例证。但是，如果德国读者看到英国工人所处的境况而伪善地耸耸肩膀，或者认为自己的生活状况远远好过英国工人而乐观地自我安慰，那我就要对其当头棒喝了：对不起，先生，这说的正是你们的事情！

资本主义生产的客观规律必然会引起激烈的社会对抗，但问题本身并不在于对抗的发展程度的高低，而在于这些规律本身，在于这些规律发生作用的必然性及其正在实现的趋势。工业较发达国家的现状，就是工业较不发达国家未来的景象。

在德国已经完全确立资本主义生产方式的地方，比如工厂，由于没有工厂法，工人的处境比英国还要糟糕。在其他方面，德国也同西欧所有国家一样，既苦于资本主义生产的发展，又无奈于资本主义生产的不发展。现代的、历史遗留下来的灾难压迫着我们，这些灾难的产生，是由于古老而陈旧的生产方式、社会关系和政治关系还在苟延残喘。使我们受苦的，不仅有活人，还有死人。死人控制了活人！

与英国相比，德国与西欧大陆其他国家的社会统计资料很是贫乏。但就是这点有限的资料，也能将那些国家的政治经济的帷幕揭开一道缝隙，使我们能够窥见幕后的真相。如果德国政府和议会也像英国那样，能够组织委员会并指派专人定期调查社会政治经济状况；如果这些委员会能够像英国委员会那样，有公开调查真相的真正权力；如果在调查中，能够找到像英国工厂视察员，编写《公共卫生》报告的英国医生，调查女工童工受剥削情况以及居住生活条件等的英国调查委员那样内行、公正、坚决的调查人员，那么，调查的情况就会使德国民众大吃一惊。柏修斯用一顶隐身帽将自己隐蔽起来，以便于追捕妖怪。我们却用隐身帽将自己的眼睛和耳朵严严实实地捂住，以看不见为由来否定妖怪的存在。

不要掩耳盗铃。正如18世纪美国独立战争给欧洲中产阶级敲响了警钟一样，19世纪美国南北战争又给欧洲工人阶级敲响了警钟。在英国，社会改革的步伐明显加快，当它达到一定程度后，一定会波及整个欧洲大陆。到那时，它会是采取较残酷的还是较人道的形式，则要根据工人阶级自身发展的程度而定。所以，现在的统治阶级，姑且不论他们的动机是否高尚，其切身利益也迫使他们必须清除那些妨害工人阶级发展的障碍。因此，我用了较大的篇幅来叙述英国工厂立法的历史、内容及结果。一个国家向其他国家学习，不仅理所应当，而且是一种必需。一个社会即使探索到了社会发展的客观规律（本书的最终目的就是要揭示现代社会经济运行的客观规律），也不能跳过更不能用法令来取消社会的自然发展阶段，即便它能缩短和减轻"分娩"的痛苦。

为了避免产生误解，需要简单说明的是：我绝不用玫瑰色来描绘资本家和地主的面貌；本书中所涉及的人，只是一种经济范畴的人格化，是一定的阶级关系和经济利益的物质承担者。社会经济形态的发展是一种历史的、自然的发展过程。作为这些阶级中的个体，不管他在主观上怎样超脱各种关系，但在社会意义上，他必定是这些关系的承担者。而且我认为，我们无权要求个人对这些关系负责。

政治经济学所研究的材料的特殊性,把人们心中那些最激烈、最卑鄙和恶劣的感情全都暴露出来,并让代表私人利益的复仇女神来反对自由的科学研究。英国高教会派可以饶恕对它三十九个信条中的三十八个展开的攻击,却不允许攻击它的现金收入的三十九分之一。在今天,与批评传统的财产关系相比,笃信无神论已变成了一种很轻的罪。尽管如此,社会的进步却是无法阻挡的。以几星期前发表的蓝皮书《关于工业和工联问题同女王陛下驻外使团的往来信函》为例,英国女王驻外使节在蓝皮书中坦率地说:在德国、在法国、在欧洲大陆的一切文明国家,他们对现有劳资关系的变革已同英国一样明显,一样不可避免。与此同时,大西洋彼岸的美国副总统威德先生也在公众集会上说:在奴隶制废除后,资本关系和土地所有权关系的变革将会被提到议事日程上来!这是时代进步的标志,是法官的紫衣黑袍无法遮掩的。尽管奇迹不一定会在明天就出现,但它已经透露出这样一种讯息:现有的社会制度不是一块铁板,而是一个能够变化并且经常处于变化过程中的机体。

这部著作的第二卷将探讨资本的流通过程和资本主义生产的总过程,第三卷即最后一卷将探讨理论史。

我欢迎任何科学的批评意见。但对于舆论的偏见,我从不让步。我坚信伟大的佛罗伦萨诗人但丁的格言:

走自己的路,让别人去说吧!

卡尔·马克思
1867年7月25日于伦敦

DAS KAPITAL
Contents
目录

前言 / 1

导读 / 3

原版序 / 9

第一卷

第一章　商品和货币 / 2
商品 / 2
货币的职能 / 26
货币转化为资本 / 42

第二章　绝对剩余价值的生产 / 49
劳动过程和价值增值过程 / 49
不变资本和可变资本 / 55
剩余价值率 / 60
工作日 / 63
剩余价值率和剩余价值量 / 73

第三章　相对剩余价值生产的三个阶段 / 79
相对剩余价值 / 79
协作劳动 / 85
分工和工场手工业 / 94

机器和大工业 / 106

第四章　绝对剩余价值和相对剩余价值的生产 / 135

绝对剩余价值和相对剩余价值 / 135

劳动力价格和剩余价值量的变化 / 139

计算剩余价值率的各种公式 / 145

第五章　工　资 / 148

工资的本质 / 148

工资的两种基本形式 / 152

工资的国民差异 / 156

第六章　资本的积累过程 / 160

资本积累的两个假定条件 / 160

简单再生产 / 162

剩余价值转化为资本 / 167

资本主义积累的一般规律 / 182

资本的原始积累 / 197

第二卷

第一章　资本形态变化及其循环 / 222

货币资本的循环 / 222

生产资本的循环 / 232

商品资本的循环 / 238

流通时间和费用 / 244

第二章　资本周转 / 251

周转时间与形式 / 251

预付资本的总周转 / 259

重农学派和亚当·斯密的理论 / 263

大卫·李嘉图的理论 / 291

劳动期间 / 307

生产时间与流通时间 / 312

周转时间与可变资本 / 318

第三章　社会总资本的再生产和流通 / 328

导言 / 328

前人对这个问题的阐述 / 333

简单再生产 / 338

积累和扩大再生产 / 349

第三卷

第一章　剩余价值和剩余价值率 / 376

成本价格和利润 / 376

利润率 / 382

剩余价值率与利润率 / 384

不变资本和价格变动 / 388

第二章　利润转化为平均利润 / 396

不同生产部门利润率的差别 / 396

一般利润率的形成与平均化 / 401

商品价值转化为生产价格 / 406

平均利润形成与市场 / 408

超额利润 / 414

第三章　利润率趋向下降的规律 / 418

一般利润率趋向下降的规律本身 / 418

第四章　商品资本和货币资本转化为商品经营资本和货币经营资本 / 427

商品经营资本 / 427

商业利润的来源及实现方式 / 432

纯粹流通费用的补偿及其所得的利润 / 438

商业资本的剥削和获利 / 441

商业资本的周转 / 444

第五章　利润分为利息和企业主收入、生息资本 / 455

生息资本 / 455

利润和利息率 / 461

信用 / 465

信用在资本主义生产中的作用 / 472

银行资本的组成部分 / 479

货币资本和现实资本 / 484

流通手段与贵金属 / 490

资本主义以前的状态 / 503

第六章　超额利润转化为地租 / 508

资本主义土地所有权的形成和特点 / 508

资本主义地租 / 512

级差地租的形式　/ 519
绝对地租、建筑地段地租和矿山地租　/ 524
土地价格　/ 531
资本主义地租的起源　/ 533

第七章　各种收入及其源泉　/ 539

"三位一体"公式　/ 539
分配关系和生产关系　/ 547
阶级　/ 552

第一卷

本卷主要研究资本的生产过程，即资本的直接生产过程，它是从统一的生产过程和流通过程中抽象出来的生产过程。马克思指出，资本积累以剩余价值为前提，剩余价值以资本主义生产为前提，而资本主义生产又以商品生产者拥有较多的资本和劳动力为前提。因此，资本生产过程的实质是生产剩余价值。

第一章　商品和货币

在具体的、现实的交换过程中，各种不同的劳动产品在本质上彼此等同，即都具有使用价值，从而转化为商品。随着商品交换的不断扩大和发展，商品的使用价值和价值的对立进一步加强。为了交易，这一对立必须在外部表现出来，这就要求商品的价值有独立的表现形式。在此情况下，货币应运而生。

由此可见，货币作为商品的价值形式，是从商品中分离出来固定充当一般等价物的商品，是商品交换发展到一定阶段的产物，是商品内在矛盾发展的结果。

商　品

商品的使用价值和价值

"庞大的商品堆积"，是资本主义生产方式占统治地位的社会财富，而单个的商品则是这种财富的基础元素。因此，我们的研究不得不从商品开始。

首先，商品具有使用价值，它以自身的属性来满足人的某种需要。这种需要不管是由胃而生，还是由人的精神产生，都无关问题的实质。在这里，问题的关键不在于商品作为生活资料（即消费品）来直接满足人的需要，还是作为生产资料来间接满足人的需要。

物的有用性使物具备使用价值。而且这种有用性是切实的，它由商品的属性所决定，离开了商品就会消失。比如铁、小麦、金刚石等商品，它本身就是使用价值或财物。商品的这种性质，同获取它所需耗费的劳动量没有关系。使用价值，总是以量的规定性为考虑前提，比如一块表，无论财富的社会形式怎样，

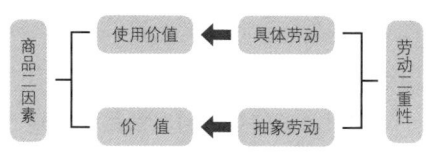

劳动二重性决定商品二因素

  劳动的二重性是具体劳动和抽象劳动，商品的二因素是使用价值和价值。无论是商品的使用价值还是价值，都是劳动的产物：具体劳动创造商品的使用价值，抽象劳动创造商品的价值。因此，劳动二重性与商品二因素具有密切的内在联系，前者决定后者。

使用价值总是构成财富的物质内容，而它只会在使用后或消费中得以实现。在我们将要考虑的社会形式中，使用价值同时也是交换价值的物质载体。

  交换价值是两种使用价值相交换的量的关系或比例，而这个比例会随着时间或地点的不同而发生改变。

  一定量的商品，可以按差异极大的比例和别的商品相交换，例如一夸脱（英制单位，这里相当于12.7千克）小麦，与X量的鞋油或Y量的绸缎，再或与Z量的黄金相交换。由此可见，小麦有许多种交换价值，而不只是一种。不管两种商品相交换的比例怎样，都可以用一个等式来表示，如一夸脱小麦=a吨铁。这说明在相交换的两种商品中，存在着一种等量的共同物质，它既非小麦，也非铁，也就是说，相交换的两种商品中的任何一种商品，其交换价值都可以转化为这种"共同的东西"。

  这种共同的东西，不可能是商品的天然属性，比如几何的、物理的、化学的属性。商品的物体属性，只是在它使商品有用，从而使商品成为使用价值时才加以考虑。另一方面，商品交换的显著特点，就是从商品中剥离了使用价值。在商品的交换关系中只要比例适当，一种使用价值与其他任何一种使用价值就可以完全相等。就使用价值而言，商品

首先有质的区别；就交换价值而言，商品只能有量的差别，因而不受使用价值的影响。

如果剥离使用价值，商品就只剩下劳动产品这一属性。如果把劳动产品的使用价值剥离，也就是把使用价值的物体组成部分和形式抽离，如桌子、房屋和纱都不再是有用物，那么它们可以被感觉的一切属性就会消失，它们也不再是木匠、瓦匠和纺纱工的劳动产品。随着劳动产品有用性质的消失，劳动产品中各种劳动的有用性质以及这些劳动的具体形式也会消失。各种劳动的差别消失，它们都成为相同的抽象的人类劳动。现在，这些物只表示，它们在生产上耗费了人类劳动力，从而也积累了人类劳动。作为它们共处的这个社会实体的结晶就是价值，即商品的价值。

由此可见，使用价值或财物具有价值，是因为其中凝结着抽象的人类劳动，它的价值量由劳动量来计量。劳动本身的量是由持续的劳动时间来计量，而劳动时间又是以小时、日等时间单位作为尺度。那是否可以这样认为，一个人付出的劳动越少，技术越不熟练，制造商品花费的时间越多，他生产的商品就越有价值呢？答案是否定的。因为形成价值实体的劳动是相同的人类劳动与人类劳动力的消耗。体现在商品世界全部价值中的社会的全部劳动力，虽然有无数单个劳动力所构成，但在这里是被当作相同的人类劳动力。在同一社会条件下，计算商品价值的劳动量所参照的并非个别劳动时间，而是平均必要劳动时间或社会必要劳动时间。社会必要劳动时间是在现有的社会正常的生产条件下，在社会平均的劳动熟练程度和劳动强度下制造某种使用价值所需要的劳动时间。例如，自英国采用蒸汽织布机后，织布时间现在比过去缩短了一半。但实际上，英国的手工织布工人把纱织成布所耗费的劳动时间，仍然与之前相同。那么，这时手工织布工人一小时的个人劳动只相当于现在同一社会条件下蒸汽织布工半小时的社会劳动。因此，手工织布工人一小时劳动创造的价值也只有它以前的一半。

由此可见，商品的价值量是由社会必要劳动量[1]，或生产使用价值的社会必要劳动时间决定的。因此，含有等量劳动或在相同时间生产出的商品，具有相等的价值量。一种商品与其他任何一种商品的价值的比例，正是生产两种商品的必要劳动时间的比例。"一切商品的价值，都只是一定量的凝固的劳动时间。"

决定商品价值量的社会必要劳动时间不是固定不变的，而是随着劳动生产力的变化而变化的。劳动生产力取决于劳动者的平均熟练程度、科学技术的发展及其在生产工艺上的应用程度、生产过程的社会组合、生产资料的规模和效应以及自然条件等。总之，社会生产力越高，生产一种物品所需的必要劳动时间就越短，凝结在物品中的劳动量就越小，该物品的价值也就越小。反之，社会生产力越低，生产一种物品所需的必要劳动时间就越长，该物品的价值也就越大。因此，商品的价值量与生产商品所耗费的社会必要劳动时间成正比，而与生产商品的社会生产力水平成反比。

一个物可以只有使用价值而没有价值，如空气、天然草地、野生林地等；一个物可以有用，并且是人类劳动的产品，但它不是商品。所生产的产品如果仅供自己使用，以满足自己的需要，那他生产的虽然是具有使用价值的劳动产品，但不是商品。因此生产商品，不仅要生产使用价值，而且同时还要生产社会的使用价值。最后，没有一个物只有价值而没有使用价值。如果一个物没有使用价值，那么包含其中的劳动也毫无用处，不能被看成是劳动，也无法形成价值。

---

[1] 社会必要劳动量：人们为生产某种产品必须使用的平均劳动量。

商品中的劳动二重性

生产商品的具体劳动和抽象劳动构成了劳动二重性。具体劳动生产商品的使用价值，抽象劳动生产商品的价值。图中，裁缝生产出的上衣，不管是他自己穿还是当成商品出售，都具有使用价值，这是通过具体劳动生产出来的；而只有当上衣被作为商品出售，才具有价值，此时它是价值的实体，是抽象劳动的凝结。

商品中的劳动二重性

商品的使用价值和价值是由生产商品的劳动二重性，即具体劳动和抽象劳动[1]决定的。这一点是理解政治经济学的关键。

这里以1件上衣和10码麻布为例。假定前者的价值比后者的价值大一倍，如果10码麻布的价值量为W，那么1件上衣的价值量就为$2W$。

上衣的使用价值是能够满足人们的某种特殊需要。但要生产上衣，就需要进行特定形式的生产活动。劳动产品的使用价值表示了劳动的有用性，我们称之为有用劳动。从这个观点看，对劳动的考察必须联系到劳动的有用性。

上衣和麻布的使用价值具有质的差异，同样，产生这种使用价值的劳动也具有质的区别，所以，它们才能作为商品相互对立，并进行交换。一种使用价值通常不会与同种的使用价值交换，比如上衣与上衣，除了因个人偏好等因素外通常不会进

---

〔1〕具体劳动和抽象劳动：各种不同使用价值的商品，是由不同种类的劳动生产出来的，这种在特定的具体形式下进行的劳动就是具体劳动；而抽象劳动是撇开劳动的具体形式的一般人类劳动，是指人类体力和脑力的凝结，包括科学技术、经营管理以及生产性服务劳动等重要形式。

行交换。

各种商品的使用价值的总和，表现为可被分类的、同样多种的有用劳动的总和，即表现了社会分工。虽然商品生产不是社会分工存在的条件，但分工却无疑是商品生产存在的条件。比如现在的工厂，其内部都有系统的分工，但这种分工，并不是工人交换他们个人的产品所致。只有互不依存的独立的私人劳动的产品，才能作为商品而相互对立。

在需要产品广泛转化为商品的社会里，即在商品生产者普遍存在的社会里，作为独立生产者，只有当各自独立地进行的各种有用劳动存在这种质的区别并成为一个多支的体系，才能发展成社会分工。对上衣而言，裁缝生产出上衣，无论是自己穿还是出售给顾客，它都具有使用价值。同样，上衣与生产上衣的劳动之间的关系，并不会因为裁缝成为专门职业，成为社会分工的一个独立部分而有所改变。在有穿衣需要的地方，在裁缝这种职业出现以前，人缝制衣服已经几千年了。但是，上衣、麻布以及任何一种并非天然存在的物质财富要素，都必须通过某种专门的、有目的的生产活动才能被创造出来。因此，劳动作为有用劳动，是人类生存的普遍条件，是人与自然之间物质变换的永恒的自然必然性，是不以一切社会形式的转移而转移的。

上衣、麻布等种种商品，是自然物质与劳动两种要素的结合。除去各种不同的有用劳动，上衣和麻布还有天然存在的物质基质。因此，在生产中，人所改变的只可能是物质的形式，而且这种改变还常常依靠自然力的帮助。正如威廉·佩蒂所说："劳动是财富之父，土地是财富之母。"也就是说，劳动并不是生产物质财富的唯一源泉。

现在，我们暂时放下作为使用物的商品，仅考察商品的价值。

正如前文所假定，1件上衣的价值比10码麻布大一倍，那么20码麻布的价值量就和1件上衣的价值量相等。上衣和麻布，是有相同实体的物，是同种劳动的客观表现。但缝和织是两种不同质的劳动。在某种社会状态下，虽然同一个人既可能缝也可能织，但这只是同一个人的两种不同劳动的方式变化。从中我们可以看出，在资本主义社会里，随着劳动需求方向的改变，总会有一部分人会以时而织时而缝的形式进行劳动，而且这种现象也是不可避免的。尽管缝和织是两种不同质的生产活动，但它们都是人的脑、肌肉、神经、手等的生产耗费，从这个意义上说，二者都是无差别的人类劳动，是人类劳动力耗费的两种不同形式。当然，人类劳动力只有在取得一定程度的发展后，才能以各种形式耗费。但是，我们要注意的是，商品价值所体现的是人类劳动本身，是一般人类劳动的耗费。这种劳动，对没有任何专长的普通人而言，只是有机体平均具有的简单劳动力的耗费。在不同的国家和文化时代，简单平均劳动具有不同性质。复杂的劳动与其说是少量的复杂劳动，不如说是多倍的简单劳动，即少量复杂劳动等于多量的简单劳动。为省去简化的麻烦，下面我们把各种劳动力都视作简单劳动力来加以考察。

在作为价值的上衣和麻布中，如果它们的使用价值的差别被剥离，那么在这些价值所体现的劳动力中，缝和织，即劳动的有用形式的区别也被剥除了。作为使用价值的上衣和麻布，是有一定目的的生产活动与作为生产材料的布和纱的结合，如果撇开生产活动的特定性质，就是撇开劳动的有用性质，劳动所剩下的是劳动力的耗费。而作为具有价值的上衣和麻布，不过是同种劳动的凝结。同样，之所以把这些价值所包含的劳动看作劳动，并不是劳动与布或纱发生了生产关系，而是因为它们是人类劳动力的耗费。正是由于缝和织是两种不同质的劳动，才形成了上衣和麻布不同的使用价值；同理，如果两种劳动特殊的质剥离，剩下的便只是相同的质，即人类劳动的质，如此才能见到上衣价值和麻布价值的结合。

与上文一样，也假定1件上衣的价值比10码麻布的价值大一倍。它们的价值量的差别是如何体现的呢？那是因为，生产后者的劳动量只是前者的一半,所以生产前者的社会必需劳动时间也比后者多一倍。

因此,就使用价值而言,影响它的只是商品中包含的不同的具体劳动;就价值量而言,影响它的则是商品中包含的抽象劳动的量。前一种情况,涉及的应当是怎么劳动与什么劳动的问题;后一种情况,涉及的是劳动量和劳动时间的问题。既然商品的价值量,只表示商品中包含的劳动量,那么按照一定的比例,各种商品之间便应该存在着一种等量的价值。

生产1件上衣,如果所需要的一切有用劳动的生产力不变,上衣的价值量就会同上衣生产的数量同步增加。假定X个工作日代表1件上衣,那么$2X$个工作日就代表2件上衣。如果生产1件上衣的必要劳动时间增加一倍,那么1件上衣便包含了两件上衣的价值;如果生产1件上衣的必要劳动时间减少一半,2件上衣便仅包含有1件上衣的价值。虽然是不同的两种情形,但上衣的效用并不会发生变化,即上衣所包含的有用劳动的质不会发生变化。而变化的,仅仅是生产上衣所耗费的劳动量。

相同的劳动量,生产出更多的使用价值,也就是生产出了更多的物质财富。但是,物质财富量的过度增长,也可能会导致价值量的下降。这种对立的运动源自劳动的二重性。生产力只决定有目的的生产活动在一定时间内的效率,所以始终是有用而且具体的。因此,有用劳动成为较富或较贫产品的源泉,只与有用劳动的提高或降低成正比。反之,生产力的变化本身也不会影响表现为价值的劳动。因此,无论生产力怎么变化,在相同时间内,同一劳动所提供的价值量总是相同的,不同的仅是它所提供的使用价值。

总之一切劳动,一方面是人类劳动在生理学意义上的耗费,它形成商品价值;另一方面,又指人类劳动力是一定目的下的特殊形式的耗费,它生产使用价值,前者是从抽象的人类劳动这个属性而论,后者则从具体有用的劳动这个属性来论。

简单、个别的价值形式

商品是以使用价值或商品的形式出现，比如铁、麻布、小麦，它们都具有日常的自然形式。一个物之所以是商品，是因为它既是有用物品又是价值承担者。换言之，一个物之所以具有商品的形式，只是因为它具有二重性——自然形式和价值形式[1]。

在商品的价值形式中，我们看不到自然物质，所以不管你把商品怎样颠来倒去，其价值也总是不可能触摸的。商品的价值对象性只在商品与商品的社会关系中表现出来，因而其价值对象性纯粹是社会的，即商品只有作为人类劳动的表现才具有价值对象性。我们实际上也只有从商品的交换价值或交换关系出发，才能探索到隐藏在商品中的价值。

众所周知，商品具有与使用价值的自然形式形成鲜明对照的、共同的价值形式，也就是货币形式[2]。接下来我们就来探讨这种货币形式的起源，也就是探讨商品价值关系中包含的价值表现是怎样从最简单的形式一直发展到炫目的货币形式。

很明显，最简单的价值形式就是一个商品同另一个不同种的商品的价值关系。

在这一简单的价值形式中，隐藏着一切价值形式的秘密。如前面例子中的麻布和上衣，即两个不同种的商品A和B，在这里各自起着两种不同的作用。麻布的价值因为上衣而得以表现，上衣因而成为这一种价值

---

[1] 价值形式：即商品的价值表现形式。在商品交换发展的历史过程中，随着商品交换以偶然的行为逐步扩大成为经济生活中的重要环节，商品的价值形式也逐步发展。

[2] 货币形式：当某些金属取得了固定的担当一般等价物的独占权时，一般价值形式就发展成了货币形式。货币形式随着商品交换和商品经济的发展不断地发展变化。迄今为止，货币形式大致经历了实物货币、金属货币、纸币和信用货币几个发展阶段。

的表现材料。麻布起主动作用，其价值表现为相对价值；上衣起被动作用，即等价物的作用，或者说处于等价形式。

相对价值形式与等价形式是同一价值的两种表现要素，两者间的关系是互相依赖、互为条件、不可分割的；同时两者又是同一价值的两极，即互相排斥、相互对立的两端。这两种形式总是同时存在于互相发生关系的不同的商品上。我们不能用麻布来表现麻布的价值。20码麻布=20码麻布，这个等式只表示一定量的麻布，却不是价值表现

1只绵羊　　　　　　2把斧子

简单的价值形式

简单的价值形式，即一种商品的价值简单地表现在与它相交换的另一种商品上。它是人类社会出现最早的价值形式，与原始社会末期出现的物物交换相联系。图中，牧人的1只绵羊与铁匠的2把斧子进行交换，"绵羊"这一商品处于主动地位，它的价值通过"斧子"这一商品相对地表现出来，是价值被表现的商品；相反，"斧子"则处于被动地位，表现出"绵羊"的价值，起着等价物的作用，处于等价形式上。

形式。因此，麻布的价值只能通过另一个物品来表现，即麻布的相对价值形式要求其与另一个相对立的商品处于等价形式，它不表现自己的价值，只是为麻布的价值提供材料。

20码麻布=1件上衣或20码麻布值1件上衣，如果将等式倒过来，即1件上衣=20码麻布，那么成为等价物的是麻布，而不是先前的上衣了。因此可见，同一个商品如果处于同一个价值表现中，就不能同时具有两种形式。不仅如此，这两种形式还会相互排斥。

一件商品在价值表现中所处的地位，决定它究竟处于相对价值形式，还是处于与之对立的等价形式。也就是说，看一件商品处于何种位置，主要看它是价值被表现的商品，还是表现价值的商品。

要在两个商品的价值关系中，发现一件商品的简单价值表现，首先必须完全撇开这个价值关系中的量的方面。在价值关系中，人们往往只

看到两种商品的一定量彼此相等的比例，却没有注意到，不同物的量只有单位相同，才能在量上作比较，从而可以通约。不论20码麻布＝1件上衣，还是20码麻布＝20件上衣，"麻布＝上衣"是这一等式的基础，等式两端的商品作为价值量必须是同一单位的表现，即必须还原为同一性质的物，才能比较它们的量。在"麻布＝上衣"这一等式中，这两个被看作质上等同的商品所起的作用是不同的。麻布的价值是通过它同上衣的交换关系来表现，即把上衣当作麻布的"等价物"或能与它交换的东西。在这一关系中，上衣是价值的存在形式，是等价物，因为只有作为等价物，上衣才是与麻布相同的。同时，麻布自身的价值存在才显现出来，得到了独立的表现，因为只有作为价值，麻布与上衣才成了可以交换的东西。很明显，在两个商品的价值关系中，一个商品的价值性质往往会通过该商品与另一个商品的关系而显露出来。

在"麻布＝上衣"这一等式中，前者所包含的劳动与后者包含的劳动相等。在具体劳动中，缝和织是不同的，但是如果等式所表现的缝与织相等，实际上就是把它们化为了人类劳动的共同性质。这种间接的办法还说明，就织所织出的价值而论，不再有与缝相区别的特征，因而是抽象的人类劳动。麻布与上衣，这两种商品的等价表现，才使劳动的这种特殊性质显现了出来。正是因为这种等价表现，才把不同商品所包含的不同劳动化为了它们共同的东西，即一般人类劳动。

虽然因为劳动的流动，使处于流动状态的人类劳动形成价值，但它本身并不是价值。只有在凝固的状态中，在对象化的形式上，它才成为价值。要使麻布的价值表现为人类劳动的凝结，就必须使它表现为一种"对象性"，这种对象性不同于作为物体的麻布本身，却又是麻布与其他商品所共有的。

在麻布的价值关系中，它只是使用价值。在上衣的生产上，缝作为人类劳动力的形式被耗费，即积累了人类劳动。因此，在麻布的价值关系中，上衣是"价值承担者"，是被当作物体化的价值，即等价物。但是，对麻布来说，它的价值如果不同时选择上衣的形式，上衣在麻布面前便不能显示价值。

因此，作为麻布的等价物，上衣在价值关系中起着等价形式的作用。因此，在作为商品时，上衣表现了麻布的价值，即麻布的价值为上衣的使用价值所表现。于是，麻布在它的自然形式之外，取得了价值形式。

我们由此可以看到，通过价值关系，商品B的自然形式成了商品A的价值形式。作为价值体，商品A与商品B发生关系，并使B的使用价值成为体现A的价值的材料。也就是说，在价值关系中，商品A的价值与商品B的使用价值具有相对价值形式。

在一定量的商品中，包含着一定量的人类劳动，所以价值形式也要表现一定量的价值，即价值量。正如在"20码麻布=1件上衣"这一等式中，生产20码麻布，或制作1件上衣的必要劳动时间，是随织与缝的生产力的每次变动而变动的，这种变动对价值量的相对表现的影响主要有以下多种情形：

①麻布的价值发生变化，上衣的价值不变。生产麻布的必要劳动时间，如果增加一倍，其价值也就增大一倍，那么"等式"则会变化为：20码麻布=2件上衣。相反，如果出产麻布的必要劳动时间减少一半，那麻布的价值也会减少一半，那么"等式"则变为：20码麻布=1/2件上衣。即在商品B的价值不变时，商品A的相对价值（表现在B上的价值）的增减，与A的价值成正比。

②麻布的价值不变，上衣的价值发生变化。生产上衣的必要劳动时间，如果增加一倍，"等式"则变为：20码麻布=1/2件上衣。反之，如果上衣的价值减少一半，"等式"则变为：20码麻布=2件上衣。此时，商品A相对表现于商品B上价值的增减，与商品B的价值变化成反比。

③生产麻布和上衣的必要劳动量，按同一方向和同一比例，同时发生变化。此时，其价值的变化不会表现出来，其"等式"依旧是：20码麻布=1件上衣。只有把它们与价值不变的第三种商品比较，才会发现它们价值的变化。

④生产麻布和上衣的必要劳动时间，即价值各自按同一方向或相反方向发生不同程度的变化。这种的情况对相对价值的影响，从前三种情况的变化关系中可以推而得之。

前面已经提到，当作为商品的麻布，通过商品上衣的使用价值表现自己的价值时，会使上衣获得一种独特的价值形式，也就是等价形式。通过与上衣的直接交换，麻布表现出自己的价值存在，一件商品的等价形式，就是它能与另一件商品直接交换的形式。在直接交换中，等价形式会表现出这样的特点：一是使用价值是其对立面，即价值的表现形式；二是具体劳动成为其对立面，即抽象人类劳动的表现形式；三是私人劳动或其对立面的形式，即直接社会形式的劳动。等价形式的第二个特点，在亚里士多德早期的分析中可以清晰地显现出来。亚里士多德曾经指出，商品的货币形式不过是简单的价值形式进一步发展的形态，他说：

"5张床=1个房间，无异于：5张床=若干货币。"

同时，他又说：

"没有等同性，便不能实际交换，没有可通约性，就不能等同。"

亚里士多德已经看到：在价值表现的价值关系里，床与房，这两个感觉上不同的物，如果本质上不具备等同性，就不能作为可通约的量而发生相互关系。因此，亚里士多德停了下来，没有对价值形式作进一步的分析，只是说："这样不同种的物是不能通约的"，就是说，在质上，它们不可能等同。因为亚里士多德缺乏价值概念，所以他没能够从价值形式本身看出，一切劳动都会表现为等同的人类劳动，即同等意义的劳动。价值表现的秘密，即一切劳动，由于是一般人类劳动而具有等同性和同一意义，且只有在人类平等概念中才能够被揭示出来。

扩大的价值形式

20码麻布=1件上衣，

或=10磅茶叶，

或=40磅咖啡，

或=1夸脱小麦，

或=2盎司金，

或=1/2吨铁，

或=其他商品。

在商品世界里，当一件商品的价值以其他无数的元素表现时，比如麻布，它所对应的其他商品都成了反映自身的镜子。此时，这个价值本身才真正表现为无差别的人类劳动的凝结。因为此时形成这个价值的劳动已十分明确地表现为一种劳动，其他任何劳动不管具有怎样的自然形式，都与之等同。麻布已同整个商品世界发生社会关系，而不只是同另一种商品发生社会关系。作为商品，它已是这个世界的公民。这也表明，在商品价值表现的无限系列中，商品价值量同它借以表现的使用价值没有关系。每一种商品，如上衣、茶叶、小麦、铁等，都在麻布的价值表现中充当等价物，而这些商品的自然形式此时都成了一个特殊的等价形式，与其他更多特殊等价形式并列。同样，在每一种商品中所包含多种形式的具体劳动，也成为人类一般劳动多种特殊的实现

扩大的价值形式

随着社会大分工的出现，物物交换不再是偶然的、个别的现象，而成为经常的现象，简单的价值形式也随之发展为扩大的价值形式。所谓扩大的价值形式，指的是一种商品的价值以一系列其他商品来表现的价值形式。图中，1只绵羊的价值，可以通过2把斧子、1件上衣、20斤粮食、1块布或若干其他商品表现出来。

形式或表现形式。

我们应该看到，总价值的或扩大的价值形式所存在的缺点：

首先，商品的相对价值表现尚未完成，因为它的表现形式永无止境，当有新的商品进入交换领域，新的价值等式也随之出现；其次，价值形式的种类不同而且杂乱，因为它表现在种类不同而且互不关联的商品上；最后，每一种商品都有不同的、无穷无尽的、并不统一的价值表现形式。

扩大相对价值形式的缺点，也反映在它相应的等价形式中。因为每一种商品的自然形式都是一个特殊的等价形式，与别的等价形式并列，并且又彼此排斥，所以存在着局限性。相应地，虽然每个特殊的商品等价物中包含着一定的、具体的、有用的劳动，但都只是人类劳动的特殊表现形式，因而是不充分的。

一般价值形式

1件上衣=
10磅茶叶=
40磅咖啡=
1夸脱小麦=   } 20码麻布
2盎司金=
1/2吨铁=
x量商品A=

在一般价值形式中，各种商品的价值都通过一种商品（麻布）来表现。这时商品的价值表现，既是简单的，又是统一的，因而是一般的。既然各种商品的价值都表现在一种商品上，那么各种商品的价值也就可以通过这种商品来相互比较了。而这种用来表现其他商品价值的商品就成了一般等价物，人们用一般等价物[1]就可以换到他所需要的任何商品。

与前两种价值形式相比，一般的价值形式有以下变化：

从相对价值形式的性质来看，一般的价值形式将商品的价值表现从商品世界中分离出来，表现在同一种商品上，例如麻布，因而使一切商品的价值都能通过麻布表现出来。每个商品的价值由于与麻布等同，现在不仅与它自身的使用价值相区别，而且能够与一切使用价值相区别。因此，只有这种形式才使一切商品获得了共有的东西，也真正使商品作为价值互相发生关系，或者使它们互相表现为交换价值。

2把斧子 =
1件上衣 =
20斤粮食 =
1块布 =
若干其他商品 =
} 1只绵羊

一般价值形式

一般价值形式，即一切商品的价值都统一地表现在从商品世界分离出来充当一般等价物的某一种商品上，简而言之，就是一切商品的价值都通过某一种商品来表现。图中，2把斧子、1件上衣、20斤粮食、1块布或若干其他商品的价值，都可以通过1只绵羊表现出来。显而易见，一般价值形式似乎只是扩大的价值形式的颠倒。此时，绵羊不再处于主动地位，而是处于等价形式的位置上，是一切商品的共同的等价物。

现在，一切商品在与麻布等同的形式上，不仅在质上表现为等同，而且在量上也可以与麻布相比较。由于所有商品都通过同一材料（麻布）来反映自己的价值量，因而这些价值量也可以互相反映。例如，10磅茶

---

〔1〕一般等价物：即从商品中分离出来的充当其他一切商品的统一价值表现材料的商品，它的出现是商品生产和交换发展的必然结果。在历史上，一般等价物曾由一些特殊的商品承担，随着社会的进步，黄金和白银成了最适合承担这一职能的货币。货币是从商品中分离出来固定充当一般等价物的特殊商品。

叶＝20码麻布，40磅咖啡＝20码麻布，因此，10磅茶叶＝40磅咖啡。或者说，1磅咖啡所包含的实体劳动，只等于1磅茶叶所包含劳动的1/4。

商品世界的一般相对价值形式，使麻布成为从商品世界中分离出来充当一般商品等价物的商品，并因此获得一般等价物的性质。麻布自身的自然形式，在这里成了商品世界共同的价值形式，可以与一切商品直接进行交换。织，这种生产麻布的私人劳动，也就从一般社会形式，变成了人类劳动的一般表现形式。这样，对象化在商品价值中的劳动，其具体形式和有用性被抽离，因而它自身积极的性质也明确地表现了出来。这就是把一切具体劳动化为共有的人类劳动的性质，即化为人类劳动力的耗费。

就发展程度而言，相对价值形式与等价形式是相适应的，但后者的发展只是前者的表现形式和结果。

一件商品个别的相对应的价值形式，使另一件商品成为个别的等价物，但一件商品的价值在其他所有商品上的表现，即扩大的相对价值形式则赋予了其他所有商品以诸种不同的特殊等价物的形式。一件特殊的商品，当其他所有商品使一件商品成为它们统一的、一般的价值形式的材料时，这件商品便具有了特殊性，而且获得了与其他所有商品的一般等价形式。

相对价值形式与等价形式，处于价值形式的对立的两极，价值形式发展到什么程度，相对价值形式和等价形式便发展到什么程度。

第一种形式，正如等式20码麻布＝1件上衣。我们从左边读起，麻布是相对价值形式，上衣是等价形式；如果从右边读起，上衣则是相对价值形式，而麻布则是等价形式。在这里，要理解两极的对立还比较困难，因为等式中的这种对立还没有固定下来。

第二种形式，总是可以完全展开它们相对价值的，每次只有一种商品。当一切商品与这一种商品相对立，处于等价形式时，这种商品便具有了扩大的相对价值形式。此时，价值等式两边的位置相对固定，比如20码麻布=1件上衣，或10磅茶叶，又或者1夸脱小麦，等等。

第三种形式给予商品世界以一般社会的相对价值形式，是因为（而且只是因为）除了这一个唯一的例外，商品世界的一切商品都不能具有一般等价形式。因此，一种商品如麻布，处于能与其他一切商品直接交换的形式，是因为（而且只是因为）其他一切商品都不是处于这种形式。相反地，充当一般等价物的商品，不能是一般的相对价值形式。比如处于一般等价形式的麻布，如果它要同时具有一般的相对价值形式，那它必须给自己充当等价物，即20码麻布=20码麻布，这就成了既不能表现价值，也不能表现价值量的同义反复。一般等价物没有与其他商品的相对价值形式。它的价值只相对地表现在其他一切商品上。因此，第二形式，即扩大的相对价值形式，此时便表现为等价物特有的相对价值形式。

一方面，一般等价形式是价值本身的一种形式，它可以属于任何商品。但另一方面，一个商品处于一般等价形式，即第三种形式，是因为它被其他一切商品当作等价物排挤了出来，成了唯一的特殊的商品——货币，或者执行货币的职能。

货币形式

在商品世界中，货币起着一般等价物的作用，具有特有的社会职能，因此具有社会独立权。在第二种形式中充当麻布的各种特殊等价物，到第三种形式时，则把自己的相对价值共同用麻布来表现。有种特殊商品在历史发展中取得了特殊地位，这就是金。因此，我们在第三种形式中用金代替商品麻布，则得到第四种等价形式：

原始货币——贝币

随着商品交换的增多和交换范围的扩大，迫切要求一般等价物固定在某种商品上。在此情况下，货币应运而生。其中，贝以其坚固耐磨、光洁美丽、易于携带和具有自然单位的特点，充当了商品交换的媒介，成为原始货币之一。贝币种类繁多，以齿贝最为通行。在货币史上，贝币的使用范围遍及世界上的许多民族，流通时间也较长。

$$\left.\begin{array}{l}20\text{码麻布}=\\ 1\text{件上衣}=\\ 10\text{磅茶叶}=\\ 40\text{磅咖啡}=\\ 1\text{夸脱小麦}=\\ 1/2\text{吨铁}=\\ x\text{量商品A}=\end{array}\right\}2\text{盎司黄金}$$

第四种形式与第三种形式的唯一区别只是黄金代替麻布成为一般等价物。其间，唯一的进步在于黄金独特的自然形式与社会习惯直接结合在了一起。与其他一切商品一样，黄金在过去也起着等价物的作用，并逐渐地开始在一定范围内起一般等价物的作用。虽然黄金自身也是商品，但它早就作为商品与其他商品相对立。在黄金成为货币商品时，第三种的一般价值形式才同第四种形式，即货币形式区别开来。一件商品，如麻布，在货币上的简单的相对价值表现，就是价格形式。20码麻布=2盎司黄金，这就是麻布的"价格形式"。更进一步，如果设定2盎司黄金铸币名称是2磅，那就是20码麻布=2磅。

货币形式和一般的价值形式并没有本质的区别。将第三种形式，即一般价值形式倒转过来，就看到第二种形式，即扩大的价值形式，而构成第二种形式的要素则是第一种形式，即20码麻布=1件上衣。因此，我们会看到，货币形式是从简单商品形式发展而来的。

商品的拜物教性质

粗略地看，商品和它的秘密是一种简单而平凡的东西，一旦深入分析，就会发现，商品其实是一种十分奇怪的东西，充满了形而上学的微妙，以及神学的怪异。

商品的这种神秘性质，并非产生于商品的使用价值，也不是来源于价值规定的内容。首先，无论生产商品的有用劳动有怎样的不同，从生理学的角度而言，它们都是人的脑、神经、肌肉、感官等的耗费；其次，作为决定价值量的基础的东西，这种耗费的持续时间或劳动量是可以明显地与劳动的质相区别的。最后，当人们以某种方式彼此为对方劳动时，这种劳动便具有了社会的形式。

由此可见，商品的秘密在于：商品形式把人们本身劳动的社会性质反映成劳动产品本身的性质，使之成为一种天然的社会属性[1]，从而把生产者同总劳动的社会关系表现为存在于生产者之外的、物与物之间的社会关系。劳动产品一旦作为商品来生产，就具有了拜物教的性质，所以拜物教与商品生产不可分割。

商品的拜物教性质的出现，是因为生产商品的劳动所特有的社会属性——这一点，在上文中已明确分析。

劳动产品成为商品，仅因为这些产品是相互独立的私人劳动的成果。也正是这些私人劳动的总和构成了社会总劳动。生产者通过交换劳动产品与社会发生接触，其私人劳动的特殊的社会性质在交换中得以体现。作为构成社会总劳动的私人劳动，在其产品进行交换时，劳动者之间

---

[1] 社会属性：一定区域经济基础下的上层建筑形态所反映的东西，叫作社会属性，如"市场经济"就是社会属性的一种。

商品的神秘拜物性

马克思认为,劳动产品一旦作为商品来生产,就会打上拜物教的烙印,因此,商品生产与拜物教不可分割。图中,两个小女孩正在卖水果。这些水果本身是非常简单和常见的东西,但它们一旦作为商品来贩卖,就具有了一种神秘的性质。处于主动地位,而是处于等价形式的位置上,是一切商品的共同的等价物。

便会发生关系。因此,对生产者而言,其私人劳动并不表现为直接的社会关系,而是表现为物的关系。

劳动产品只有在交换中,才会获得价值对象性,而且,这种对象性同人们可以感觉到的使用对象性是相分离的。有用物,是为交换而生产的,而价值物则是用来表现各种商品价值的商品,因此只有在商品交换得到充分发展时,劳动产品才会分裂成有用物和价值物。只有那时,生产者的私人劳动才能真正取得二重的社会性质,即社会有用性和社会等同性。

一方面,生产者的私人劳动必须是一定的有用劳动,而且能以此满足相应的社会需要,以让它们是社会分工体系中的一个部分,即社会总劳动的一个部分。另一方面,只有生产者的有用的私人劳动,可以与别的有用的私人劳动交换时,它的劳动才能满足自己的多种需要。

自己的产品能换取多少别人的产品,这是产品交换者关心的实际问题。这一换取比例,在交换者看来,仿佛是由劳动生产的本性产生的,但实际上,劳动产品的价值性质,只有通过劳动产品表现为价值量才能得以确定。在交换者看来,价值量的运动形式,交换者无法控制,相反交换者却受控于这一运动形式。劳动产品,现在却反过来控制生产者。

这必然使商品具有一种独特的神秘性质,因而,商品拜物教[1]因此产生。事实是,生产产品的社会必要劳动时间,不断地调节着劳动产品的交换比例。因此,在商品相对价值的表面运动后面隐藏的秘密得以显现,即劳动时间永远在决定价值量。但是在商品世界,商品的价值性质往往以商品共同的货币来表现。也正是货币形式,用物品的形式掩盖了私人劳动的社会性质,同时也掩盖了私人劳动者的社会关系。当我们回到生产形式时,商品世界的全部神秘性就会立刻消失。

可以这样理解商品生产者之间的社会关系:生产者将自己的产品当作商品或价值来对待,而且通过这种物的形式把私人劳动当成相同的人类劳动,然后相互发生关系。相应地,人们崇拜抽象人的基督教,特别是资产阶级发展阶段时期的基督教,认为它是最恰当的宗教形式。只有当实际生活中的关系,表现为人与人之间和人与自然之间极明白、极合理的关系之时,现实世界中的宗教反映才会消失。只有当物质生活过程的形态作为自由结合的人的产物,被人有意识、有计划地加以控制时,它的神秘面纱[2]才会被揭掉。

政治经济学分析的价值和价值量,共同提示了这些形式所掩盖的内容,但是对于这些内容为什么要采取这样的形式,商品的价值量又为何用劳动时间来计量等问题还不甚明白。因为商品形式是资产阶级生产的最一般也是最不发达的形式,所以它的拜物教性质比较容易被看穿。

---

〔1〕商品拜物教:在马克思主义理论中,它是资本主义市场社会中的社会关系的一种形态,多体现为一种基于商品或货币的客观关系,主要表现在劳动的商品化和异化。

〔2〕商品形式在人们面前,把人们本身劳动的社会性质反映成劳动产品本身的物的性质,反映成这些物的天然的社会属性,从而把生产者同总劳动的社会关系反映成存在于生产者之外的物与物之间的社会关系。由于这种转换,劳动产品成了商品,成了可感觉而又超感觉的物或社会的物。

商品的交换过程

商品必须有它的监护人，即商品的所有者，才能被拿到市场中去进行交换。商品监护人必须把自己的意志体现在商品中，然后通过商品让人之间相互发生关系。因此，只有通过双方共同一致的行为，才能出售自己的商品，从而占有他人的商品。商品监护人必须承认对方是商品私有者，这种契约式的法权关系，是商品所有者之间的意志关系，而这种法权关系或意志关系的内容是由这种经济关系本身决定的。在这里，商品监护人彼此只是作为商品所有者而存在。这里，人们扮演的经济角色不过是经济关系的人格化，作为这种关系的承担者，人们彼此还是对立着的。

商品所有者与商品的不同之处在于：一个是人，一个是物。人有感觉器官，物则没有。就商品而言，每个商品只是它本身价值的表现形式。即使商品很不美观，只要价值量相等，商品之间就可以互相交换。商品缺乏感知自己的具体属性的能力，而商品的占有者则用自己的感官和思维弥补了这种能力。对商品占有者而言，商品对他自己没有直接的使用价值，但对他人却有，否则他不会拿到市场上去进行交换。对商品所有者来说，商品是交换价值的承担者，是一种交换手段，所以他们愿意出售自己的商品来取得对自己具有使用价值的商品。对它们的所有者来说不具有直接的使用价值，而对它们的非所有者却具有使用价值，这是一切商品的共性。所以，商品必须进行交换。正是商品交换，使商品之间发生价值关系，从而实现自己的价值。所以，作为商品首先得实现价值，然后才能够作为使用价值来实现。

另一方面，商品在实现价值以前，必须首先证明自己具有使用价值。因为耗费在商品上的人类劳动，只有对他人有用时，才算具有使用价值；而且，使用价值也只有在商品的交换中才能证明。

每一个商品所有者都想出让自己的商品，以换取另一个能满足自己需要的商品。从这点来看，商品交换只是商品所有者个人的过程。另一方面，商品所有者想实现其商品的价值，必须通过他所中意的任何其他具有同等价值的商品来实现，而不管自己的商品对另一种商品的所有者是否具有使用价值。就此而论，商品交换又是一般社会的过程。但是，对一切商品所有者来说，同一过程不可能既是个人的过程，又是一般社会的过程。

交换

由于社会的分工，生产者生产的单一性和需要的多样性之间形成了矛盾，相互交换产品便成为一种必要。商品所有者把自己的意志体现在商品中，在交换时，双方只有达成一致的意愿，才能让渡自己的商品，占有别人的商品，交换才算成功。图中描绘的是中世纪市场上商品交换的情景。流动商贩带着商品四处兜售，以货易货——买东西的人喜欢测试商品，讨价还价。处于主动地位，而是处于等价形式的位置上，是一切商品的共同的等价物。

我们仔细分析就会发现：对每个商品的占有者而言，别的商品都是他的商品的特殊等价物，因而他的商品又是其他一切商品的一般等价物。因为一切商品所有者都这样做，所以没有一个商品能够成为一般等价物，商品也就不具有使它们作为价值彼此等同的、作为价值量互相比较的一般的相对价值形式。因此，它们只是作为产品或作为使用价值彼此对立，而非作为商品存在。

商品的本质特征能通过商品占有者的天然本能得以体现。商品所有者只有使他们的商品同其他可以作为一般等价物的商品相对立，才能实现他们的商品价值，从而使商品彼此发生关系。但是，一个特定的商品成为一般等价物，必须要有社会的行动。即通过其他一切商品的社会的行动，使一个特定的商品分离出来，以全面表现其他商品的价值。这件独特的被分离出来的商品的自然形式，就成了社会一致认同的一个等价形成，而这个商品就成了货币。

"货币"是商品交换的必然产物。在商品交换过程中，各种劳动产品在本质上彼此等同，从而在事实上转化成商品。随着商品交换的不断扩大和发展，商品的使用价值和价值的对立进一步加强。为了交易，这一对立必须在外部表现出来，这就要求商品价值有独立的形式，这种需要一直持续到劳动产品分为商品和货币这两种形式为止。由此可见，随着劳动产品转化成商品，商品也在一定程度上同时转化成货币。

货币的职能

货币的本质是一般等价物。一般等价物是从其他商品中分离出来，可以与其他一切商品相交换并表现其他一切商品价值的商品。

价值尺度

为了叙述方便，在本书中都假定黄金是货币商品[1]。

黄金的第一个职能，是为一切商品提供表现价值的材料，或者说，是把商品价值以等值的量表现出来，使商品在质上相同，在量上可以相互比较。所以，黄金执行一般的价值尺度的职能，也使黄金这个特殊的等价商品成为货币。

商品并不是由于有了货币才可以流通。相反，由于所有商品作为价

---

[1] 马克思说："金银天然不是货币，货币天然是金银。"金银在自然界早已存在，它们最初是作为一种商品出现的，并非一般等价物。但当商品经济发展到一定阶段时，由于金银具有密度大、价值高、便于携带、质地均匀、易分割等特性，才固定充当了一般等价物。

值都是人类劳动的物化，其本身就可以流通，因此所有的商品都能共用一个特殊的商品来计量自己的价值，这个特殊的商品就转化成了它们共同的价值尺度，即货币。货币是商品的内在价值尺度，即劳动时间的外在表现形式。

黄金所表现的商品价值，就是商品的货币形式或价格，比如表现铁的价值，只需用"1吨铁=2盎司黄金"就可以了。这个等式不再需要和其他商品的价值等式排成行列，因为作为等价商品，黄金已经具有了货币的性质，它使商品的一般相对价值形式又具有了商品最初的、简单的相对价值形式。另一方面，扩大的相对价值表现，也成了货币商品所特有的相对价值形式[1]。从任意一份价目表中可以一目了然地看出，货币的价值量都表现在各式各样的商品上了。但货币并没有价格，它只有在把自己当作等价物时，才能参加到其他商品的这个统一的相对价值形式中。

与商品的价值形式一样，商品的价格或货币形式不同于商品的物体形式是不可捉摸的，因而只是一种观念或想象的形式。比如麻布和小麦，它们的价值存在于它们本身中，虽然并不能看见，但一旦与黄金相等，其价值在人的头脑中就表现出来了。商品在黄金上的价值表现是

黄金

黄金因为稀缺性、难冶炼、价值高，同时具有良好的耐腐蚀性、延展性和可分割性，并符合固定充当一般等价物的条件，即形式统一、质地均匀、坚固耐用、价值稳定、便于携带而成为最适于充当货币的商品。

---

〔1〕相对价值形式：属于劳动产品，具有价值，是商品交换价值关系中与等价形式相对立的一级；它取决于相交换的两种商品的社会必要劳动量之间的比例关系。

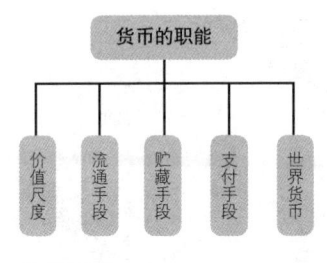

货币的职能

货币的职能,即货币在人们的经济生活中所起的作用。它的各种职能是随着商品生产和交换的发展逐步发展起来的。商品进入流通之前,先由货币表现和衡量其价值,执行价值尺度的职能;在流通过程中,货币作为交换的媒介,执行流通手段的职能,价值尺度和流通手段是货币的两个基本职能。与此同时,货币还具有贮藏手段、支付手段和世界货币的一般职能。

抽象的,因此,在需要表现商品的价值时,也可用想象或观念中的黄金。在执行价值尺度时,货币是想象的或观念的货币。正如每一个商品监护人都明白:当他给予商品价值以价格形式,即观念中黄金的形式时,他只是用黄金估量商品的价值,并不是要实在的黄金。在执行价值尺度的职能时,尽管货币只是想象的货币,但价格仍然完全取决于实在的货币材料。比如黄金和白银,两个不同的价格表现,即黄金的价格和白银的价格。只要黄金和白银的价值比例不变,比如1:8,那么两者的价格就能并存。如果两者的价值比例发生变化,商品的黄金价格和白银价格的比例就会出现振荡,这在事实上证明,价值尺度的二重化与价值尺度的职能是相互矛盾的。

价格已经确定的商品,都可以用这样的形式加以表现:a量商品A=x量黄金,b量商品B=y量黄金,c量商品C=z量黄金,在这里,a、b、c代表不同的商品的量,A、B、C代表量不同的商品,x、y、z代表不同的金量。这样,商品的价值就可以用不同量的黄金来表示,也就是说,尽管商品种类繁多,但都可以用同一种物的量,即黄金量表示。为了使不同黄金量所表示的不同商品的价值互相比较、计量,在技术上就必须将某一固定的黄金量作为商品价值的计量单位。这个计量单位通过进一步等分而发展成为标准。比如,以磅(1磅=0.4536千克)为计量单位,往前,磅又合为英担,向后,磅又分为盎司等。而且在货币出现以前,金银早已是这样的计量单位。由此可见,在一切金属的流通中,原有的重量标准的名称，也就是最初的货币标准或价格标准的名称。

货币执行着两种完全不同的职能：即价值尺度和价格标准。把货币看成是人类劳动的社会化身，它是价值尺度——它可以让各种商品的价值转化为价格，转化为观念中的黄金；作为规定的金属的量，它是价格标准——它可以计量金量。价值尺度用以计量商品的价值，价格标准则是以一个黄金量去计量其他不同的黄金量。只有把一定重量的黄金固定为计量单位，黄金才能充当价格标准。在这里，尺度比例的固定有决定性的意义。因此，同一个黄金量越是稳定地充当计量单位，价格标准越能更好地执行自己的职能。

显然，黄金的价值变动不会影响黄金执行价格标准的职能，也不会妨碍黄金执行价值尺度的职能。黄金的价值变动，会同时影响到一切商品，因此，在其他条件不变时，它们之间的相对价值并未改变。用黄金估价商品有一个前提，即在一定时间内生产一定量的黄金，一定要耗费一定的劳动量。这与一种商品的价值由任何其他商品的使用价值来表现的前提一样。

当货币价值不变，商品价值升高时，或商品价值不变，货币价值降低时，商品的价格才会普遍升高；相反，也只有在货币价值不变，商品价值降低时，或商品价值不变，货币价值升高时，商品的价格才会普遍降低。但我们不能说，货币价值提高，商品价格便一定降低，或货币价值降低，商品价格就一定升高，因为这只适用于价值不变的商品。正如，某些商品的价值与货币价值按一定的比例同时升高或降低，这些商品的价格就不会改变。如果这些商品的价值，比货币的价值增加得慢或快，那么商品的价格就会改变——降低或升高，其变化的幅度则决定于商品的价值变动与货币的价值变动间差额的大小。

关于价格形式，我们现在可以回过来进行一下考察。

金属重量的货币名称，与其原来的重量名称的逐渐分离，是由各种原因导致的，其中，有决定意义的原因主要有：一是不发达民族的外国货币的流入，这些流入货币的名称与本地的重量名称是不一样的；二是因为财富的增长，比较贵重的金属逐渐取代了不太贵重的金属，原有的不太贵重的金属失去价值尺度的职能。黄金取代白银，白银取代铜，虽然这样的发展顺序与传说相反[1]。比如磅，原来是1磅重的白银的货币名称。在黄金取代作为价值尺度的白银时，便依照黄金和白银的价值比例，称呼1/15磅黄金等。作为货币名称的磅，后来便与作为黄金的通用重量名称磅分离了。数百年来，君主们不断地伪造货币，从而使铸币原来的重量实际上仅剩了一个名称。但在过去，曾经有一个时期，货币的重量是定量的，所以才用它来计算。

金属重量的货币名称，与它真正重量名称的分离，在历史的发展中逐渐成了民族的习惯。因为货币标准纯粹是约定俗成的，所以最后发展成了法律规定。因此，一定重量的贵金属经过等分，取得了法定的教名，如磅、塔勒。这种等分在成为真正的货币计量单位后，又分为具有法定教名的等分，如先令、便士等。一定的金属重量仍旧是金属货币的标准，改变的只是分法和名称。因此，商品的价值在观念上转化成黄金量后，便开始用黄金标准的货币名称来表现了。每当用货币形式来确定一种商品的价值时，货币就充当了计算货币。

对于商品的本性而言，商品的名称完全是外在的。在磅、塔勒、法郎等货币名称上，价值关系的痕迹便全都消失了。由于货币名称即表示商品的价值，同时又表示某一金属重量的等分，因此，货币名称的秘密含义很不易了解。另一方面，与商品世界形形色色的物体不同，价值必

---

[1] 在古代神话里，人类历史分为五个时代，其顺序为黄金、白银等五个时代。第五个时代为黑铁时代，即末代。

然发展为货币的形式，即一种纯粹的社会的形式。

价格是货币的名称，是对象化在商品内的人类劳动。但价格和价值量之间存在偏离的可能性。这不是价格形式的缺点，而是生产方式的不一致，并且还包藏着一个质的矛盾，以至货币虽然只是商品的价值形式，但价格却可以完全不是价值的表现。比如良心、名誉等，本身并不是商品，但它的占有者却可以进行交易，通过它交易的价格，也可以取得商品形式。因此，在形式上，没有价值的东西也可以具有价格，虽然这里的价格表现是虚幻的。另一方面，比如未开垦的土地，即使没有人类的劳动对象化在里面，没有价值的土地仍会有价格。这一虚幻的价格形式却又能掩盖实在的价值关系，或由这种价值关系派生的关系。

价格形式体现了商品为取得货币而流通的可能性和必要性。黄金之所以被当作观念中的价值尺度，是因为它在交换过程中作为货币商品进行流通，所以，在观念的价值尺度中隐藏着坚硬的货币。

流通手段

商品的交换过程是一种社会物质的变换，是用一种有用的劳动产品代替另一种有用的劳动产品，也就是把一个产品的非使用价值，交换到他人手中，成为使用价值。

商品交换过程包含着矛盾的互相排斥关系[1]。商品的发展并没有消除这些矛盾，而是为这些矛盾的运动提供了解决的方法。商品交换过程是在两个互相对立、互为补充的形态变化中实现的，即从商品转化为

---

〔1〕互相排斥关系：唯物辩证法的矛盾范畴是辩证矛盾、客观矛盾，指事物之间或事物内部诸要素之间既对立又统一的关系。这是唯物辩证法的根本规律，又称对立面的统一和斗争的规律。它揭示了自然界、人类社会和人类思维等领域的任何事物都包含着内在的矛盾性。事物内部矛盾推动事物发展。

货币，又从货币转化为商品。商品的这两个形态变化的两个因素，也就是商品占有者的两种行为，即卖和买。因此，商品的交换过程是在W—G—W（商品—货币—商品）的形式变换中完成的。从这种运动形式的物质内容来说，就是商品换商品，即社会劳动的物质变换。一旦这种物质变换的结果达到，其过程本身也就结束。

W—G，从商品到货币，这是商品的第一形态变化，也就是卖。商品只有通过货币，才能取得一般的社会公认的等价形式。为了把别人口袋中的货币吸引过来，商品必须对货币所有者具有使用价值，也就是说，用在商品上的劳动应是社会有用劳动的耗费，是社会分工的一部分。这意味着，分工使劳动产品转化为货币，同时分工又使这种转化的成功成为偶然的事情。但是，只要有商品发生交换，就会有商品的形式变化，尽管这一变换也可能出现亏损或盈余。

从一个商品所有者的角度看，是黄金代替了他的商品；从另一个商品所有者的角度看，则是商品代替了他的黄金。我们可以感觉到商品和黄金的换位，也就是交换。在这里，商品所交换的是自己的一般价值形态，而黄金所交换的则是商品使用价值的一种特殊形态。商品转化为货币，同时也是货币转化为商品。形态变化表现为W—G，同时也就是G—W，即对商品占有者来说是卖，但对货币占有者来说，则是买。

G—W，从货币到商品，这是商品的第二形态变化，也是最终的形态变化，即买。因为货币是一切商品交换的产物，所以货币是一种绝对可以交换的商品。无论货币从何处来，但在它身上，我们可以知道，一方面，它体现了已经卖掉的商品，另一方面，它又体现了可以买到的商品。G—W，是买，同时也是卖。一个商品的后一形态变化，即G—W，同时也是另一商品的前一形态变化，即W—G，所有的商品都无法避开这一循环过程。由于商品生产者往往只生产单一的产品，为了满足自己诸多方面的需要，他常常批量地卖商品，然后把获得的货币又分散到许多次买的商品上。也就是说,一个商品最终的形态变化,是许多其他商品形态变化的总和。

如果考察一个商品的总形态变化,我们就会发现,这个总形态变化是由两个相互对立、互为补充的运动组成:W—G,即卖;G—W,即买。商品的这两个对立转化,是通过商品所有者的卖和买这两个相反的运动阶段来完成的,而且反映在两种对立的经济角色上。这一运动阶段形成了一个循环过程:首先是商品形式,然后是商品形式的抛弃即商品转化为货币,最后是商品形式的复归即货币转化为商品。每个商品的形态变化所形成的循环,同其他商品的循环彼此交错在一起,整个过程就表现为商品流通。

货币流通

商品交换过程是在两个互相对立、互为补充的形态变化中实现的,即从商品转化为货币,又从货币转化为商品。在此过程中,商品所有者必须先将自己的商品卖出,交换成货币,再用货币购买自己所需的商品。此时,货币执行着流通手段这一基本职能。

无论是在形式上还是在实质上,商品流通和直接的产品交换都存在很大区别。直接的产品交换,是产品之间互相交换,卖和买处在同一过程。在商品流通中,商品所有者之间并不是以物易物,他们必须先将自己的商品卖出,获得货币,然后再用货币购买自己所需的商品。在这里,流通过程是持续的,它不会在使用价值换位和转手后结束,货币也不会在一种商品的形态变化系列中退出后就消失,它将不断地停留在商品空出来的流通位置上。在这里,货币作为商品流通的媒介,取得了流通手段的职能。

每个商品在进行一次形式变换,即W—G后,就退出流通,但同时总会有新的商品进入流通。而货币作为流通手段,在整个流通过程中是持续的，它不会在使用价值换位和转手后就结束。那么，这就产生了一个问题：究竟有多少货币停留在流通领域中呢？

在商品交换市场上，时刻都在进行单方面的商品形态变化，即在空间上并行的，同时发生的单卖和单买。这里所考察的流通形式是直接的，而且总是使商品和货币作为物体彼此对立，即商品在卖的一极，而货币则在买的一极。此时，商品在自己的价格上，已经与一定量的想象的货币等同，因此，商品在流通过程所需要的流通手段量，便由商品的价格总额决定了，而货币则在观念范畴内表现了这一总额。在商品价值不变时，我们知道商品的价格会因黄金本身的价值变化而变动。黄金的价值降低，商品的价格会相应变高；黄金的价值升高，商品的价格就会相应地降低。流通的货币量，会随商品价格总额的变化而相应地增加或减少。在这里，货币行使价值尺度的职能，而不是作为流通手段的职能，引发了流通手段量的变化。首先是商品价格与货币价值成反比例的变化，然后是流通货币量与商品价格成正比例的变化。

作为价值尺度，无论黄金或白银，只要两者中任何一种的流通量发生变化，商品价值的价格表现都会改变，相应地，这些商品价格的流通货币量也会改变。我们知道，在商品的流通领域有一个口，黄金白银等作为有一定价值的商品，正是从这个口进入流通领域的。货币材料本身的价值，在货币执行价值尺度的职能时，即在决定价格时，是作为前提执行价值尺度的黄金或白银，其本身的价值变化时，在资本主义社会还不太发达的阶段，需要较长的时期才能从商品的价格变化中表现出来。一个商品影响另一个商品，即通过商品间价值关系的影响，所有商品的价值才能逐渐相应地根据货币金属的新价值来重新评估、修正。即使如此，在估量价格的某一个瞬间，黄金的价值在实际上也是既定的。

在此情况下，待实现的商品价格总额会决定流通手段量。我们假定每一种商品的价格是既定的，那么商品价格总额就会决定于流通中的商品量。比如，1夸脱小麦、20码麻布、4加仑酒都值2镑，那么在小麦出售时，与小麦换位的货币量必须同小麦的售量一起增加。当然，假定商品量是确定的，那么流通货币量就会随着任何价格的波动而增减。这无需所有商品的价格同时上涨或下跌，只需要若干主要商品的价格在一种情况下上涨或下跌，全部流通商品待实现的价格都是2镑，那么待实现的价格总额就是6镑，相应地，其进入流通的货币量也必定是6镑。但是，如果这三种商品正好处于我们说到的形态变化系列的各个环节中，即1夸脱小麦—2镑—20码麻布—2镑—4加仑酒—2镑，那么只需2镑就可以使上述三种商品依次实现自己的价格，并流通起来。2镑完成3次流通，所实现的却是6镑的价格总额。由此可见，各种商品的形态变化，如果不能在空间上并行，那等量货币，在一定时间内的流通次数，可以用来计算货币流通的速度。比如上述三种商品，如果流通过程持续一天，流通次数为3次，那么待实现的价格总额就是6镑，而每次流通的货币量则是2镑。因此，货币的流通次数增加，流通的货币量就会减少；反之则会增加。当平均流通速度一定时，执行流通手段职能的货币量也是稳定的，所以，如果把一定量1镑的钞票投入到流通领域中，那么从流通中就能取回等量的索维林[1]。这是一切银行都熟悉的手法。

在每一个时期内流通的货币总量，一方面取决于商品流通过程流动的快慢，另一方面取决于流通中商品的价格总额。而价格总额又决定于一种商品的数量和价格。上述流通的商品量、价格的变动、货币的流通速度这三个因素可按不同的方向和比例变动，因此待实现的价格总额以及受其制约的流通手段量也可能出现多种组合。流通手段量决定于流通商品的价格总额和货币流通的平均速度，以及流通的货币量主要取决于货

---

[1] 索维林：英国发行的黄金铸币，面值为1镑。

币本身的价值。

货币作为流通手段的职能，其中必然会产生出货币的铸币形式。像确立价格标准一样，硬币的铸造是国家的事。铸币穿着不同国家的制服，但在世界市场，它们又脱掉了这些制服。这也表现，商品流通的世界市场与国内市场是分开的。

我们知道，作为流通手段的黄金，与作为价格标准的黄金是偏离了的，黄金在实现商品价格时，不再是该商品真正的等价物。把铸币的黄金转化为假象的黄金，成为法定金属含量的象征，是流通过程的自然倾向。既然货币流通本身，会使铸币的实际含量与名义上的含量分离，使铸币的金属存在与它的职能存在分离，那么，在货币流通中，就隐藏着这样一件可能性：可以用别的材料做记号，以代替金属货币而执行铸币的职能。也正是在纸币上，这种记号的象征性质便暴露无遗了。

这里所说的，只是国家法律规定的纸币。这种纸币与信用货币不同，它是直接从金属流通中产生出来的，而信用货币的自然根源则是货币作为支付手段的职能。在W—G—W的形态变化中，商品的价值形态与商品对立，商品的交换价值的独立表现只是转瞬即逝的要素，它马上又会被别的商品替代。因此，在货币不断转手的过程中，只要有货币的象征性存在就够了。当然，这种货币符号本身是在国家强制下得到公认的，因此，它仅在一国范围内有效，才能完全执行它的铸币职能而得以流通。

贮藏手段

两种相对立的商品形态不断循环，或是卖与买的不停转换，它的外在表现就是货币的不停流通。但商品的形态变化系列一旦中断，比如说商品卖出之后，没有接着买，货币就会停止流动，于是货币就会硬化为贮藏货币，商品出售者也就成为货币贮藏者。

随着商品流通的发展，把商品第一形态变化的产物，也就是货币保留在自己手中的欲望也随之增长起来，保留货币的必要性也更加明显。人们出售商品不只是为了购买商品，而是为了以货币形式代替商品形式，让货币更多地被自己占有。于是，商品的出售者成了货币的贮存者，货币也因此转化成了贮藏货币。

在早期的商品流通中，转化为货币的，只是使用价值的多余部分。如此，金和银便成为了财富的社会表现。随着商品生产的进一步发展，每个商品生产者对货币的贮藏欲望是没有止境的。随着商品流通的扩大，财富具有了随时可用的绝对社会形式，即货币的权力也增大了。在货币身上，我们虽然看不出它是由什么东西转化而来的，但一切东西都可以通过它而进行买卖。也就是说一切东西，不论是不是商品，都可以通过流通转化为任何商品。货币贮存者为了实现最多的货币贮存，一方面他必须加大生产，因为它能从流通中以货币形式取出的，只能是他商品形式投入流通的，所以他生产的越多，他能够卖的就越多；另一方面，他还得保持勤俭节约的生活方式。因此，多卖少买就成了货币贮存的政治经济学内容。在直接的货币贮存之外，货币的贮存还有一种美的形式，即占有金银制作的商品。这样，不仅促使了一个仍在日益扩大的金银市场的形成，而且也进一步形成了一个潜在货币供应的源泉。这个源泉的涌现，在社会风暴时期尤其明显。

由此我们可以看出，在金属流通领域中，货币贮藏执行着种种不同的职能，其中最重要的是调节货币流通量的职能。这一职能是在金银铸币的流通条件中产生的。由于商品流通在范围、价格和速度方面经常变动，流通中的货币量也不断增减，因此，实际流通的货币量必须具有伸缩性。为了使实际流通的货币量与流通领域的饱和程度总相适应，一个国家现有的金银量必须大于执行铸币职能的金银量，而这个条件只有通过货币的贮藏形式才能实现。货币贮藏犹如蓄水池，有排水渠和引水渠与之同时连接，它在需要时既可以排水，也可以引水，因此，流通中的货币永远不会溢出它流通的渠道。

支付手段

在商品流通的直接形式中，同一价值量总是相对地存在着，一边是商品，另一边是货币，商品所有者只是作为现存的互相等价的物的代表进行接触。但是，随着商品流通的发展，商品的流通与商品价格的实现在时间上分离开来。生产不同的商品所需要的时间各不相同，甚至一些商品的生产还与季节有关。此外，商品产地和市场的距离也有远有近，有的就在市场所在地生产，有的则需要经过长途运输才能送到市场。因此，一个就近销售的商品占有者，可以在另一个远地销售的商品占有者作为买者出现之前，作为卖者提前出现。当同样一些交易，总是在同一些人中间反复进行时，商品的销售条件就会按照商品的生产条件来进行调节。于是，就会出现这样一种情况，即某些商品卖出时不能要求买者立即支付货币，而是要经过一段时间后，卖者才能收取货币。一个商品所有者出售他现有的商品，而另一个商品占有者却只是以货币的代表身份来购买商品，在这种交换关系中，前者成了债权人，后者成了债务人。由于商品的形态或商品的价值形式在这里发生了变化，货币就取得了另外一种职能——支付手段。

在这里，债权人或债务人的角色产生于简单的商品流通中。这种简单商品流通形式的改变，在卖者和买者身上打上了债权人或债务人的新烙印。最初，这是暂时的和由同一些流通当事人交替扮演的角色，这与卖者和买者的角色一样。但现在，这两种角色的对立，却更加牢固地结合在了一起，并可以不依赖商品流通而出现。

现在让我们再次回到商品流通领域中来。商品和货币，这两个原本居于两极的等价物，不再同时出现在卖的过程的两极上了。货币一方面在决定所卖商品的价格上执行着价值尺度的职能，即由约定所卖商品的价格计量出买者的债务，也就是买者到期必须向卖者支付的货币额；另一方面，货币执行着观念中的购买手段的职能。虽然货币只是存在于买者的支付承诺中，但它却提前实现了商品的交换。只有当支付日期到来时，支付手段才真正进入流通，也就是说，从买者手中转到卖者手中。流通手段转化为贮藏货币，是因为流通过程在第一阶段出现中断，或商品以转化形态退出了流通。

市场

货币体现商品生产者之间的关系。一切商品只有通过与货币相交换，才能证明它们是社会劳动产品，是价值物。所以，货币体现社会劳动，反映着商品生产者之间相互交换劳动的关系。图中来自四面八方的人们纷纷涌向市场，用货币购买各自所需要的商品。在此过程中，货币既执行着它的基本职能——流通手段，又执行着它的一般职能——支付手段。

在商品退出流通之后，货币才以支付手段的职能进入流通领域。货币不再是流通过程的媒介，它是作为交换价值的无条件存在，或作为一般商品单独结束这一过程。卖者把商品变为货币，是为了通过贮藏货币来满足某种需要。货币贮藏者把商品变为货币，是为了以货币形式保存商品。欠债的买者把商品变为货币，则是为了支付欠款。如果欠债的人不支付，他的财产就会被强制拍卖。由于流通过程本身的关系产生的社会必要性，商品的价值形态即货币就成了卖的目的本身。

在流通过程的每个特定时期内，已售商品价格总额便是到期债务总额。支付这一价格总额所需的货币量，取决于支付手段的流通速度，它由这样两种情况决定：一是债权人和债务人之间关系的锁链，即A从他的债务人B那里得到的货币，又付给他的债权人C；二是各种不同的支付期限的间隔。在这里，支付手段的执行，表现为一种已经存在的一个接一个的支付链条，即在这种执行之前就已存在的社会联系。

货币作为支付手段，其中包含着直接的矛盾：在各种支付互相抵消时，只需要在观念上执行计算货币或价值尺度的货币。在必须进行实际支付时，货币就不再充当流通手段和物质变换的媒介形式，而是充当社会劳动的化身，是绝对的商品。这种矛盾在发生货币危机时，会特别明显地暴露出来。当危机爆发时，货币不再由平凡的商品所替代。商品的使用价值变得毫无价值，而商品的价值也会在其本身的价值形式面前消失。在危机蔓延期间，商品和货币之间的对立会发展成绝对的矛盾，因此，货币的表现形式已变得不再重要。无论是用黄金支付，还是用银行券这样的信用货币来支持，都无法阻止货币荒[1]。

货币充当支付手段的职能后，会引发以下几个方面的后果：

其一，产生信用货币。在商品流通中，当商品所有者作为卖者赊卖商品时所获取的债券，会因为他成为买者时把债券转让给他人而使债券流通，于是，这种债券就成为信用货币。因此，信用货币是直接从货币作为支付手段的职能中衍生出来的。同时，随着信用事业的扩大，货币作为支付手段的职能也在扩大。作为支付手段的货币取得了它特有的各种存在形式，并以这些形式占据了大规模交易的领域。而金银铸币则被挤到小额贸易的领域之内。

其二，在商品生产达到一定水平和规模时，货币作为支付手段的职能就会超出商品流通领域。原本以实物交纳的地租、赋税等，现在由货

---

[1]货币荒：也称为"钱荒"，指流通领域内货币相对不足而引发的一种金融危机，在实际经济运行中是一个比较常见的现象。

币替代,在这里,货币充当着支付手段的职能。

其三,必须积累货币,以便到期偿还债务。随着资产阶级社会的发展,货币贮藏作为独立的致富形式的现象渐渐消失,而作为支付手段准备金形式的货币贮藏却增长了起来。

世界货币

货币一旦离开国内流通领域,就会失去在这一领域获得的价格标准、铸币、辅币和价值符号等区域形式,反而回到最初的贵金属形式。在世界贸易中,商品必须极力体现自己的价值,以它独立的价值形态(世界货币的形式)与商品相对立。只有在世界市场上,货币才能充分地作为这样一种商品执行职能,这种商品的自然形式也是人类抽象劳动的直接的社会形式。

世界货币

世界货币是在国际商品流通中发挥一般等价物作用的货币,它是随着商品生产和交换的发展而产生和发展的。马克思指出,在世界流通领域,金银同时充当价值尺度,即双重货币。当然,除此之外,它们还执行着一般支付手段、一般购买手段和一般财富的绝对社会化身的职能,但其最主要的职能是平衡国际贸易差额。

在国内流通领域,只能有一种商品充当价值尺度,进而充当货币。在世界流通领域,则是金银作为双重价值尺度而占统治地位。

作为一般支付手段、一般购买手段和一般财富,世界货币具有绝对社会化身的执行职能。世界货币最主要的职能,是平衡国际贸易差额。当各国间的贸易平衡突然遭到破坏时,金银就会成为充当国际购买的手段。在不是要购买或者支付,而是要将财富从一个国家转移到另一个国家,但同时这种转移又不容许以商品转移的形式而只能用货币形式实现时，金银还将充当财富的绝对的社会化身。

对任何国家而言，不管是为了国内流通还是世界市场的流通，都需要储备一定量的准备金。因此，货币作为国内流通手段和支付手段的职能，与它作为世界货币的职能，共同构成了货币的贮藏职能。

金银的流通具有二重性：一方面，金银从产地分散到世界各个市场，在不同程度上为不同国家的流通领域所吸收，以便进入国内流通渠道，补偿了磨损的金银铸币，或为制作奢侈品提供原材料，最终成为贮藏货币。这第一种流动，是以实现在商品上的一国的劳动和实现在金银出产国的劳动之间的直接交换为媒介的。另一方面，金银又在不同国家的流通领域之间往返，这种运动随着汇率的不断变化而产生。

在生产发达资产阶级国家，大量的、集中在银行准备库内的贮藏货币的职能，都被限制在它执行各种特殊职能所必需的最低限度以内。在通常情况下，如果银行准备库内的货币贮藏量大大超过平均水平，很明显，这是因为商品流通停滞了，或是代表商品形态变化的流通已经中断了。

货币转化为资本

商品流通是资本的起点，贸易是资本产生的历史前提，而16世纪揭开资本主义现代生活史的，正是世界贸易和世界市场的兴起。如果仅就商品流通这一过程的基本形式进行考察，我们不难发现，货币是这一过程的最后产物，也是资本的最初表现形式。

资本的历史最初便是普遍的货币形式，作为货币财产、商人资本和高利贷资本，与地产权力相对立。我们不需要对资本产生的历史作任何回顾，就可以认识到货币是资本的最初形式，因为这个事实几乎每天都在我们面前重演。每一个新资本最初都是以货币形式出现在商品市场、

葡萄牙商人的贸易船队

通常来说，新资本最初都是通过货币的流通过程，从商品市场、劳动市场或货币市场上转化而成。如16—17世纪的国际贸易以中国商品为主导，仅葡萄牙商人就会在每年两次的广州定期交易会上带200万两以上的白银订购货物，然后由广州经澳门，把中国商品源源不断地输出到世界各个国家和地区。随着世界市场的扩大，资本的现代生活史也随之揭开。图为当时葡萄牙商人的船队。

劳动市场或货币市场上，经过必要的流通过程，这些货币就转化成了资本。

作为货币的货币与作为资本的货币，两者之间的区别，就在于各自具有不同的流通形式。

商品流通的直接形式是：W（商品）—G（货币）—W（商品），即商品转化为货币，货币再转化为商品，为买而卖；但商品的流通还有一种形式：G（货币）—W（商品）—G（货币），即货币先转化为商品，商品再转化为货币，是为卖而买。在两种流通形式的运动中，只有后一种流通形式的货币，才转换为资本，成为资本，而且按它在流通中的使命而言，它已经是资本了。

项目	流通形式				流通内容		
	买卖顺序不同	流通的起点和终点不同		流通中的媒介不同	流通的对象不同	流通的目的不同	运动限度不同
		起点	终点				
W—G—W	先卖后买	一种商品	另一种商品	货币	进入交换的是两种不同的等价的使用价值	消费（为买而卖）	以卖开始，以买结束
G—W—G	先买后卖	货币	资本	商品	起点和终点都是同质的货币，但终点货币量大于起点货币量	交换价值本身（为卖而买）	以买开始，以卖结束

商品流通形式与货币流通形式

  商品的流通形式为W—G—W，代表着商品—货币—商品的流通过程，是先卖后买；货币的流通形式为G—W—G，代表着货币—商品—货币的流通过程，是先买后卖。二者在方向上是相反的，决定它们的具体因素或条件也不完全相同，因此是矛盾的统一体。

  G—W—G和W—G—W，这两种循环在形式上是有区别的，只有明白了这两种循环形式上的区别，隐藏在其后的内容上的区别才会暴露无遗。我们先看一下这两种循环在形式上的共同点。W—G（卖）和G—W（买），这是两种循环都包含的两个对应的阶段。在其中的每一个阶段上，都有着同样的两个物的要素，即商品和货币的互相对立。这两个循环的每一个，都是同样两个对立阶段的统一，这种统一却是通过三个当事人的登场而实现的：一个卖，一个买，一个既买又卖。但W—G—W和G—W—G，却是两个对立的流通阶段所有的相反的顺序。简单商品流通往往以卖开始。作为活动的起点和终点，在前一场合是商品，在后一场合则是货币；但在整个过程中起着媒介作用的，前一形式是货币，而后一形式则是商品。

  在W—G—W中，货币最终被花掉，从而转化为充当使用价值的商品。但在G—W—G中，买者支付货币，卖者收入货币。当买者把货币投入流通，购买商品时，他就蓄意重新得到它。因此，他们也会卖出同一商品，在流通中再次取回货币。货币流回到它的起点，与商品是否贱买贵卖没有关系。只要买进的商品再次被卖掉，货币回流的现象就发生了。在W—G—W中，起始点是一种商品，终点是另一种商品，后者退出流通，转入消费。这一循环的目的是满足需要，是消费，是使用价值。但在G—W—G这一循环中，货币从一极出发，最后又返回到同一极。这一循环的动机，以及决定目的的是交换价值本身。

乍一看，G—W—G这个流通的循环形式是同义的反复，是没有内容的，也就是说，货币兜了个圈，又交换成了货币。同样的东西又交换成同样的东西，这似乎是一种无意义的活动。但G—W—G过程之所以有内容，是因为虽然同是货币，但一个货币与另一个货币会有量的区别。比如，用100镑买的棉花，卖了100镑+10镑，即110镑。也就是说，G—W—G过程的完整形式应该是G—W—G'，其中G'=G+ΔG，即等于原预付货币额加上一个增殖额。我把这个增殖额叫做剩余价值。这种能够带来剩余价值的货币就是资本。货币所有者将货币投入流通，其目的就是为了获得更多货币。由于G—W—G'反映的正是各种形态的资本运动和共同目的，因而被视为直接在流通领域内表现出来的资本的总公式。

在资本总公式中，剩余价值表现为两个流通行为的结果。这种结果看起来似乎是在流通中产生的，然而在流通中，如果交易双方实行等价交换，就不会产生剩余价值。这是因为，任何人从流通中取出的价值，都不会大于他投入流通的价值，在这种情形下，就不会有剩余价值形成。如果交易双方不是等价交换，也不会产生剩余价值，因为一方的剩余价值，是另一方的不足价值，一方价值的增加，代表另一方价值的减少，流通中的价值总量并没有增大。由此可知，剩余价值的形成，即货币转化为资本，是不能从流通中产生的。

但是，剩余价值的产生又离不开流通，因为商品生产者只是在流通领域才相互发生关系，也就是说，流通是商品生产者的全部商品关系的总和。那么，剩余价值能否从流通以外的地方产生呢？也不行！因为在流通以外，商品生产者只同他自己的商品发生关系。就商品的价值来说，商品生产者的商品包含着其自身的劳动量，这个劳动量是按一定社会规律来计量的。这个劳动量就是商品的价值量，而价值量是以货币来计算的，因此劳动量就表现为一个价格。就是说，商品生产者的劳动可以创造商品的价值，但不能创造超过这个商品本身价值而形成的余额，不能表现为一个大于自身价值的价值。商品生产者能够用自己的劳动创造价值，但是不能创造进行增值的价值。

在流通之外，价值是无法进行增值的，而货币也无法转化为资本。要从商品的消费中取得价值，货币占有者必须在市场上，即流通领域内发现这样一种特殊商品，它的使用价值本身就是价值的源泉[1]，它的实际使用本身就是价值的创造。这一独特的商品就是劳动能力或劳动力。

劳动力即人的劳动能力，它存在于人的身体中，是人生产某种使用价值时所运用的体力和智力的总和。因此，货币占有者在市场上要找到作为商品的劳动力，就必须具有这样的条件：第一，劳动力的占有者同意将属于自己的劳动力作为商品在市场上出售。第二，劳动力占有者必须能够支配它，因而必须是自己的劳动能力，必须是自己人身自由的所有者。第三，劳动力占有者与货币占有者必须在市场上相遇，而且双方在法律上必须是平等的人，彼此作为身份平等的商品占有者发生关系；这种关系要保持下去，劳动力所有者必须限时出卖自己的劳动力，他不

---

〔1〕使用价值是物品的有用性，价值是凝结在商品中的无差别的一般人类劳动。人类的劳动必须与具体的实物，如原材料相结合，才能形成使用价值，若只有原材料而没有人类劳动，即便有使用价值也不会形成价值。因此，使用价值是价值的源泉。

能将自己的劳动力一次性全部卖光，从而让自己从商品占有者转化为了商品，即由自由人转化为了奴隶。也就是说，劳动力占有者必须始终让买者只是在一定的期限内暂时支配他的劳动力，即劳动力占有者在出售自己的劳动力时，不能放弃对自己劳动力的所有权。另外，货币占有者在市场上要找到作为商品的劳动力，必定是劳动力占有者不再出售有自己的劳动对象化的商品，他能出卖的仅是他身体里的劳动力。

由上可见，货币占有者要把货币转换为资本，必须要能在商品市场上找到劳动力，即拥有劳动力的自由的工人。这里的自由有双重含义：一是工人是自由人，有权利支配自己作为商品的劳动力；二是工人除了自己的劳动力之外一无所有，不得不把只存在于他身体中的劳动力当作商品出卖。

我们知道，货币是以商品交换发展到一定高度为前提的。但货币的各种特殊形式的职能的作用范围和相对占优势的情况，仅表示了社会生产过程的不同的阶段。资本则不然，即使有了商品流通和货币流通，并不是就具备了资本存在的历史条件，只有当生产资料和生活资料的占有者，在市场上找到了出卖自己劳动力的自由工人时，资本才产生。因此资本的出现，才标志着社会生产过程的一个新时代的到来。

劳动力是一种独特的商品，但它与其他一切商品一样，都具有价值和使用价值。

劳动力的价值，是由生产和再生产劳动力的社会必要劳动时间决定的。由于劳动力只是作为活的个体的能力而存在，因此，劳动力的生产和再生产要以活的个人的存在为前提。活的个人要维持生存必须消费一定数量的生活资料，因此，劳动力的价值可以归结为维持劳动力占有者所必需的生活资料的价值。具体来说，劳动力的价值包括：①劳动者本人生产和再生产劳动力所必需的生活资料的价值；②为使劳动力得以延续，劳动力的价值还包括劳动者养育后代所必需的生活资料的价值；③

为适应生产的需要，劳动者必须掌握一定的劳动技能，由此产生的训练和教育费用。简而言之，劳动力价值就是由生产和延续劳动力所必需的生活资料的价值来决定的。劳动价值的最低限度，是劳动力承担者维持身体所必需的生活资料的价值，如果每天达不到这个最低限度，他的身体消耗的精力也就不能得以恢复，这样一来，劳动力就只能在萎缩的状态下勉强维持。

现在我们知道了，劳动力的价值是怎样决定的。货币先赋予劳动力占有者这一价值，而且在交换中得到了劳动力的使用价值，并在劳动力的使用中表现出来。劳动力的消费，与任何其他商品的消费一样，是在市场以外的，或者说是在流通以外进行的；劳动力的消费过程，同时也就是商品和剩余价值的生产过程。在这里，我们不仅可以看见资本是怎么进行生产的，而且可以看到资本本身是怎样被生产出来的，同时也会发现资本家赚钱的秘密。

第二章 绝对剩余价值的生产

在资本主义发展的早期阶段,资本家对剩余价值的榨取主要依靠延长工作日。为此,资本家曾经运用国家法律来强制延长工作日。产业革命后,机器的使用为资本家延长工作日创造了新的条件,成为生产绝对剩余价值的主要手段。同时,机器的使用还使小生产者大量沦为无产者,使女工和童工涌入劳动力市场。在劳动力供过于求的情况下,资本家有可能把工作日延长到超过它的最大限度。可以说,资本家为了追逐剩余价值,已经突破了人类社会的道德极限。

劳动过程和价值增值过程

劳动过程

劳动过程首先表现在人与自然之间,它以人自身的活动引起、调整和控制人与自然之间的物质变换。人自身作为一种自然力与自然物质相对立。为了改变物质的自然形态,使其以有用的形式满足人们的生活需要,人必须使他的身体运动起来。当他通过这种运动改变自然的同时也在改变自己。他使自己身体所承载着的潜在的自然的能力发挥出来,为他所控制。在这里,我们假设的是专属于人的那种形式的劳动,而不是动物的本能劳动形式。例如,虽然蜜蜂建筑蜂房的本领令许多建筑师感到惭愧,但是世界上最蹩脚的建筑师也比蜜蜂高明——因为即便是最蹩脚的建筑师,在他用蜂蜡建筑蜂房之前,蜂房已经在他的头脑中"建

中国劳工（历史资料）

在资本主义社会里，劳动过程就是资本家消费劳动力的过程。而劳动力商品的价值，与劳动力供给市场的饱和度有很大关系，饱和度越大，劳动力价值越小。在法国，很多在第一次世界大战期间招募的中国劳工受雇于兵工厂，更多的人被分配从事危险工作，比如挖战壕和掩埋尸体。上图为中国劳工在法国兵工厂工作。

成"了。劳动过程结束时要得到的结果，在开始时就已经在劳动者的表象中存在着，即已经观念地存在着了。他不仅使自然物体发生了形式上的变化，还利用自然物实现了自己的目的。这个目的他早已知道，而且作为规律决定着他的活动方式和方法，同时，他必须使他的意志服从这个目的。

任何劳动过程都包括三个最基本的要素：有目的的活动或劳动本身、劳动对象和劳动资料。

土地最初以食物，或现成的生活资料为人类提供生存条件，它未经人的改造，就成为人类劳动的一般对象。凡是那些通过劳动同土地脱离直接联系的物体，都是天然的劳动对象，如从水中捕获的鱼，在原始森林中砍伐的树，从地下开采出来的矿石。而那些以前被加工过的劳动对象，我们称之为原料，如一家开采出来正在清洗的矿石，用来做家具的木材等。一切原料都是劳动对象，但不是所有劳动对象都是原料，只有在劳动对象被人的劳动作用并发生形式上的变化后，才称之为原料。

劳动资料是处于劳动者和劳动对象之间，把劳动者的活动传导到劳动对象上去的物和物的综合体。劳动者直接掌握的不是劳动对象，而是劳动资料。土地本身是劳动资料，但是它要在农业生产中起作用，就必须以其他劳动资料和劳动力的较高发展为前提。一般来说，劳动过程的任何发展，都需要经过劳动资料的加工。在人类历史的初期，除了经过加工的石块、骨头外，甚至被劳动改变的、被饲养的动物都曾作为劳动资料起着主要作用。各个经济时代的区别，不在于它生产出了什么，而在于它怎么生产，所用的是什么劳动资料。劳动资料不仅可以测量人类劳动力的发展水平，而且是劳动借以进行的社会关系的指示器。

除了这些把劳动作用传达到劳动对象上去的传导体劳动资料外，劳动过程进行中所需要的一切物质条件，也就是劳动过程的资料。因此广义地说，劳动资料是非常广泛的。这些劳动资料中，虽然有的并不直接加入到劳动过程中，但缺少它们，劳动过程却无法进行，或者只能部分进行。比如土地，就是这类一般的劳动资料，它不仅给劳动者提供立足之地，而且给劳动者的劳动过程提供了活动场所。当然，还有一些已经经过劳动加工的东西，比如厂房、运河、道路等等，也是这类一般的劳动资料。

由此可见，在劳动过程中，借助于劳动资料，人的活动会使劳动对象发生预定的变化，而过程却消失在了产品中。它的产品是形式发生变化后，更适应人需要的自然物，是使用价值。劳动与对象得以结合，在劳动者一方以动的形式表现出来的东西，即在产品方面则以静的属性，即以存在的形式表现出来。比如，劳动者纺纱这一活动，以纺成品的形式得到表现。如果将劳动的整个过程以产品的角度加以考察，那么劳动资料和劳动对象二者即表现为生产资料，劳动本身即表现为生产劳动。

劳动过程，就简单的、抽象的要素而言，是制造使用价值的有目的性的活动，是人类为了需要而占用自然物，从而与自然之间进行物质交换的一般条件，也是人类生活的永恒的自然条件。因此，它为人类生活的一切社会形式所共有。

在此，我们回头考察一个资本家的诞生过程。我们面对他时，他已在市场上购买了劳动过程所需要的一切因素：物的因素和人的因素，即生产资料和劳动力。然后，他以狡黠的目光物色到了合适他的某个行业，并且掌握了这个行业（比如纺纱或制鞋等）的生产资料和劳动力。接着，他开始着手消费他购买的商品：劳动力；也就是让劳动力的承担者——工人，通过劳动来消费生产资料。此时，劳动过程就其一般的性质而言，虽然并不因为工人是为资本家劳动而发生变化，但就它是资本家消费劳动力的过程而言，已显示出两个特殊现象：其一，工人的劳动属于资本家，其劳动也在资本家的监督下进行。这体现劳动的秩序和质量，使原料不被浪费，即让生产资料的使用更合乎目的，劳动工具得到爱惜，即使劳动工具的损坏，也只限于它被使用时正常损耗的必要现象。其二，劳动产品为资本家所有。从工人进入资本家的工厂起，他的劳动力的使用价值，即劳动就属于资本家了。资本家购买工人的劳动力，也就获得了劳动力的使用权，资本家把工人的劳动看作是和生产资料一样的生产要素。因此，从资本家的角度看，劳动过程只有在把生产资料加到劳动力上，他所购买的劳动力商品才能得以消费。劳动过程，在资本家的世界里只是他所购买的各个物之间发生作用的过程，因此，这个过程的产品归他所有，正像他酒窖内处于发酵过程的产品归他所有一样。

价值增值过程

资本家的所有物，即产品，是一种使用价值，如棉纱、皮靴等。虽然这些产品能满足人们的某种生活需要，在一定意义上构成社会进步的基础，但是，资本家生产皮靴并不是为了得到皮靴本身。在商品生产中，产品的使用价值本身并不为资本家所喜爱，资本家生产使用价值，仅是因为使用价值是交换价值的物质基础和承担者。资本家只关心两点：一是他生产的是具有交换价值的使用价值，是生产可以用于销售的物品；二是他要生产的商品的价值，一定要大于为购买生产该商品所需的生产资料和劳动力的价值总和。对资本家来说，他不仅要生产使用价值，更要生产出高于成本的剩余价值。

正如商品本身是使用价值与价值的统一体[1]一样，商品生产过程必定是劳动过程与价值形成过程的统一。

现在，我们就把生产过程作为价值形成过程来加以考察。很明显，每个商品的价值都是由凝结于其中的劳动量与生产该商品所需的社会必要劳动时间决定的。这一点适用于归资本家所有的产品，因为产品正是劳动过程的一个确切结果。

价值形成过程是价值增值过程的基础，要揭示此过程，必须考察价值形成过程。我们假定，某个纺纱厂一个纺纱工人的劳动力日价值为3先令，纺纱工人用6小时劳动就可以创造出这3先令的价值。或者说他们用6小时的劳动，就可以把5磅棉花纺成5磅棉纱。假设棉花价值为10先令，磨损的机器和消费的纱锭等劳动资料价值2先令，加上工人6小时劳

---

〔1〕商品的使用价值与价值是统一的，缺少其一都不能成为商品。价值的存在要以使用价值的存在为前提，凡是没有使用价值的东西，就不会有价值；使用价值是价值的物质承担者，价值位于商品的使用价值之上。

动创造的价值3先令,那么这5磅棉纱的总价值就是15先令。但是,资本家为生产5磅棉纱所预付的资本价值也是15先令,这样,资本家卖出5磅棉纱得到的15先令收入,等于他预付的资本价值15先令,在这个价值形成过程中,资本家预付资本的价值没有增值。可见,单纯的价值形成过程并不能产生剩余价值。

价值增值的关键,在于资本家购买的劳动力商品具有独特的使用价值。劳动力的价值和劳动力在劳动过程中创造的价值是两个完全不同的量,资本家之所以购买劳动力,正是看中了这个价值差额。上例中,工人的劳动力日价值为3先令,而他们劳动6小时就可以创造出这3先令的价值,就是说,工人每天生产劳动力所必要的生活资料只需要花费6小时的劳动。但是,工人在出卖劳动力后,其使用价值已经不归卖者所有,正如已经卖出的油,其使用价值不归油商所有一样。资本家支付了劳动力的日价值,劳动力一天的使用(一天的劳动)就归资本家所有,尽管工人劳动6小时就可以生产出与价值等价的劳动力价值,但资本家不会让工人只劳动6小时,而可能会要求他们劳动12小时。在12小时内,工人可纺纱10磅,尽管为此所耗费的生产资料价值相应地由12先令增加到24先令,但是,工人在12小时的劳动中却创造了6先令的新价值,共计30先令。而资本家在此之前所预付的资本仅为27先令,如按10磅棉纱的价值卖出,资本家就能赚得3先令,而这3先令的增值额就是剩余价值。

当资本家把货币转化为商品,当他把劳动力与这些商品的对象性合并在一起时,他就把价值以及对象化的劳动转化为了资本,转化为了自行增值的价值。通过对价值形成过程和价值增值过程的比较就会发现,后者不过是超过了一个定点而延长了的价值形成过程。如果价值形成过程只持续到了这样的一个定点,即资本所预付的劳动价值和新等价物的价值等同的这个点,那就是一般的价值形成过程。如果价值形成过程超过这一定点而延续下去,那就成了价值增值过程。

对于价值增值过程而言，究竟资本家占用的劳动是简单的社会平均劳动，还是复杂的高级劳动，是毫无关系的。因为比社会平均劳动更高级、更复杂的劳动，需要比普通劳动力花费更高的教育费用和更长的生产时间，所以它表现为较高级的劳动，在同样长的时间里，可以物化更多的价值在产品上。拿纺纱工人和珠宝工人为例，虽然两者的劳动差别巨大，但是他们用来补偿自身的劳动力价值的那部分劳动和用来创造剩余价值的那部分剩余劳动，并没有本质的区别。可见，在这两种工人身上，剩余价值就是来源于剩余劳动和同一劳动过程的劳动时间的延长。

不变资本和可变资本

劳动过程中的不同因素，在产品价值的形成中起着不同的作用。

在劳动过程中，工人把一定量的劳动消耗到劳动对象上，也就是把新的价值加到了劳动对象上。另一方面，在劳动过程中被消耗的生产资料的价值又成为产品价值的组成部分，如棉花和纱锭的价值成为棉纱价值的一部分。从中可以发现，生产资料的价值被转移到产品上，并因此而被保存了下来。这种转移是在生产资料转化为产品时发生的，也就是在劳动过程中发生的，是以劳动为媒介的。

在同一时间内，工人并没有进行两次劳动，即一次是由自己的劳动把价值转移到棉花上，另一次是把加工所用的棉花和纱锭的价值转移到产品棉纱中。把旧价值保存在产品中和把新价值加到劳动对象上，工人是在同一时间内由同一次劳动达到的两种完全不同的结果。这种结果的二重性只能用他劳动的二重性来理解。在同一时间内，就劳动的二重属性来说，必然是：一种属性创造价值；一种属性则保存或转移价值。

工人只有通过他特有的生产劳动方式，才能加进劳动时间，从而把生产资料的价值转移到产品中去。纺织工人只有通过纺纱，织布工

纺纱车间

工人通过自己的劳动创造价值,并不因为他的劳动是纺纱劳动或是木匠劳动,而是因为他的劳动是一般的、抽象的社会劳动。纺纱工人的劳动,就它抽象的一般属性来说,是作为人类劳动力的耗费,把新价值加到新产品中去了。

人只有通过织布,铁匠只有通过打铁,才能加进劳动时间,从而加进新价值的有目的的形式;也就是因为生产劳动,生产资料如棉花和纱锭、棉纱和织机等才成了一种产品,成了一种新的使用价值的形成要素。生产资料的使用价值的旧的形式消失,只是为了以一种新的使用价值出现。由此可见,工人保存被消耗掉的生产资料的价值,或者说,把这部分被消耗的价值作为价值组成部分转移到新产品上,并不是因为他们加进了一般劳动,而是由于这种追加劳动具有一种特殊的有用性质。

工人通过自己的劳动加进价值,并不因为他的劳动是纺纱或是木匠劳作,而是因为他的劳动是一般的、抽象的社会劳动。也就是说,工人能够在产品中加进一定价值量,并不是因为他的劳动具有某种特殊的有用的内容,而是因为他的劳动持续了一定的时间,即消耗了一定量的人类一般劳动。因此,纺纱工人的劳动,就它的一般属性而言,作为人类劳动力的耗费,是把新价值加到棉花和纺锭等生产资料的价值中了。但就它具体的特殊有用性而言,作为纺纱的过程,是把生产资料的价值转移到产品之中,从而使这些价值在产品中得到了保存,并由此产生了劳动在同一时间内所得出的二重性结果。

在产品中加进新的价值,是因为单纯追加的劳动量;而生产资料的旧价值在产品中的保存,则是因为追加了劳动的性质。同一劳动因它的二重性导致的这种二重作用，在不同的现象上都会有清楚的表现。假如由于技术的某种创新，纺织工人6小时所纺的棉花与过去36个小时所纺的棉花一样多，作为有用的生产活动，他的劳动产出增加了5倍，如果过去6小时纺棉纱6磅，现在相同时间内，却变成了36磅。即加在36磅棉花上的新劳动比旧方式的时间少5/6，因此加进的价值也只有过去的1/6。但是，另一方面，现在在产品36磅棉纱中，包含6倍的棉纱价值，纺织6小时，那么，保存并转移到产品上去的原料价值则是过去的6倍，加到同量原料上的新价值减少了5/6。这表现，在同一个不可分割的劳动过程中，劳动保存价值的属性和劳动创造价值的属性有本质的区别。纺相同量的棉花所需要的劳动时间越长，加到棉花上的新价值就越大；但在相等的劳动时间内，纺的棉花磅数越多，保存在旧产品中的旧价值就越大。

那么撇开价值符号，价值只是存在于某种使用价值中，也就是存在于某种物中。如果使用价值丧失，价值也就随之丧失。然而，在劳动过程中发挥作用的生产资料则不同，生产资料在丧失使用价值的同时并不丧失价值，因为在劳动过程中，它丧失的只是自己最初的使用价值形态，而新的使用价值形态则已转移到产品中。由此可见，在劳动过程中，只有在生产资料丧失它的独立的使用价值，同时也丧失它的交换价值时，价值才从生产资料转移到产品中。生产资料转移至产品的价值，只是它作为生产资料而丧失的价值。生产资料在劳动过程中所丧失的最大限度的价值量，不会大于它们进入劳动过程原有的价值量，因为生产资料转移给产品的价值，绝不会大于它在劳动过程中因自身使用价值的消灭而丧失的相应价值。如果生产资料本身就不是人类劳动的产品，那它就不可能有任何价值转移到产品中去。也就是说，它只能充当使用价值的形成要素，而不能充当交换价值的形成要素。自然界中，一切未经人类劳动加工便天然存在的生产资料，如土地、风、水、地下的铁矿、原始森林中的树木等，都是如此。

生产资料把价值转移到新形态的新产品上，有一个前提条件——只具有在劳动过程中丧失了存在于旧的使用价值形态中的价值。生产资料丧失的价值的最大值，是以它们进入劳动过程时原有的价值量为上限，因此，生产资料加到新形态产品中的价值，绝不会大于进入劳动过程中所具有的价值。

对生产资料而言，被消耗的只是它们的使用价值。正是由于这种使用价值的消费，劳动才制造出产品。生产资料的价值之所以被保存下来，是因为原先借以存在的使用价值被改造成另外一种使用价值。因此，生产资料的价值能够体现在产品的价值中，确切地说，不是再生产，而是旧交换价值借以再现的新使用价值。

但是，劳动过程的主观因素，即发挥作用的劳动力，却与此不同。当劳动力通过有目的的具体劳动形式，将生产资料的价值转移到产品上并保存下来时，它运动的每一时刻都形成追加的价值，即新价值。这一价值是真正再生产出来的，而不是生产资料的价值，只是表面再生产出来的。因为，在这里，一个价值对另一个价值的补偿，是通过创造新价值来实现的。

劳动过程的不同因素在产品价值的形成中所起的不同作用，实质上说明了资本的不同组成部分在增值过程中执行的不同职能。产品总价值超过产品形成要素的价值总额而形成的余额，就是说已经增值的资本超过原预付资本价值总额而形成的余额。一方的生产资料与另一方的劳动力，只是原有资本价值从货币形式转化为劳动过程的因素时所采取的不同存在形式。可见，转变为生产资料的资本，即购买原料、辅助材料、劳动资料的那部分资本，由于在生产过程中未改变自身的价值量，因此被称为不变资本部分，或简称为不变资本。反之，转变为劳动力的那部分资本，由于在生产过程中改变了自己的价值量，再生产出超过自身价值而形成的余额，这便是剩余价值。这个部分资本从不变量不断转化为可变量，因此被称为资本的可变部分，或简称为可变资本。

不变资本这一概念，并不排斥它的组成部分发生价值变动的可能性。比如，我们假设1磅棉花，它现在的价格是6便士，但明天，由于棉花歉收，出现涨价，我们假设涨价后的价格为每磅1先令，那么正处于加工过程的棉花，其加到产品上的价值便从原来的6便士变成了1先令；即使已经纺出的已在市场流通的"棉花"，其加到产品上的价值同样会比它原来的价值大了一倍。因此，投机的规律是：在可能发生这类价值变动的情况下，投机要瞄准加工最少的原料，也就是说，瞄准原料在棉布上不如在棉纱上，而棉纱又不如棉花。同原料的价值一样，已经用于生产过程的劳动资料，即机器等的价值也可能发生变动，因此它转给产品的那部分价值也会随之变动。比如，由于一种新发明或新技术的出现，使同种机器可以用较少的劳动耗费再生产出来，那么旧机器就会贬值，因此转移到产品上的价值也会相应地减少。这一价值变动很明显也发生在机器作为生产资料执行职能的生产过程之外。

生产资料的价值变动会影响到已经进入生产过程的生产资料，但不会改变生产资料作为不变资本的性质。同样，可变资本和不变资本之间的量的比例的变动，也不会影响它们在职能上的差异。我们假定，技术条件出现一次大的革新，10个工人以前用10件价值很小的工具只能加工少量的原料，现在1个工人用一台价格昂贵的机器却能加工原来100倍的原料。在这种情况下，被加工的生产资料，即不变资本的价值量大大增加了，但资本的可变部分即预付劳动力的部分大大减少了。然而，很显然这种变动只改变不变资本和可变资本之间量的关系，并没有改变资本和可变资本的性质。

剩余价值率

在商品生产过程中，预付资本C产生的剩余价值，变现为产品价值超过它的各种生产要素的价值总额而形成的余额，即增殖额。预付资本C分为两部分，一部分是用以购买生产资料而支出的货币c，代表转化为不变资本的价值部分；另一部分是用以购买劳动力而支出的货币v，代表转化为可变资本的价值部分，因此，最初的预付资本C=c+v。例如，预付资本500镑C=410镑c+90镑v。但在生产过程结束时，商品的价值则是不变资本价值、可变资本价值和剩余价值之和，即C′=c+v+m（m即剩余价值）。例如，预付资本500镑变成410镑c+90镑v+90镑m。预付资本C变成C′，也就是500镑变成了590镑，两者间的差额m（即90镑）为剩余价值。

由于不变资本的价值只是再现在产品中，因此，在生产过程中，实际新生产的价值产品，同生产过程结束时的产品价值是不同的。因此，它并不像乍一看来那样，仿佛是c+v+m（410镑+90镑+90镑），而是v+m（90镑+90镑），即不是590镑，而是180镑。如果不变资本为0，如果有这样一种产业部门，它可以不使用经过生产的生产资料，包括原料、辅助材料、劳动，只使用天然存在的材料和劳动力，那么就不会有不变价值部分转移到产品上去。此时，我的例子中410镑就会消失，但

工厂一角

剩余价值的变动取决于三个因素，即工作日的长度、劳动的标准强度和劳动生产力。在这三个因素中，如果一个不变，另外两个发生改变；或者其中两个不变，另一个发生变化；或者三个因素同时变化，都可以产生种种不同的组合。而且如果三个因素变化的大小和方向不同，这些组合就会更加多样化。为了加强对劳动者的剥削，资本家可以不择手段。图中，工人们在简陋的条件下为资本家创造着剩余价值。

包含90镑剩余价值的180镑的价值产品,仍然与c代表最大的价值额时一样大。因此,在生产过程中,不变资本的价值不论是多是少,它都无法影响价值产品。也就是说,剩余价值只可能是可变资本的价值增值,而不会是预付资本本身的增殖。

实际上,剩余价值只是c这个可变资本转化为劳动力的资本部分发生价值变化的结果。但是现实的价值变化,及这一变化的比率,往往被这一表象所掩盖:资本可变组成部分的增加,常会反映为全部预付资本的增加。可见,要对资本主义商品生产过程进行仔细的分析,最好的方法,就是把产品价值中属于不变资本的价值部分完全抽去,即不变资本为0。这样,仅应用运算常量与变量相加减的数学定律就一目了然。

假设不变资本为0,预付资本就从c+v简化为v,产品价值c+v+m就简化为v+m。如产品价值为180镑,扣除其中90镑可变资本的价值,剩余价值就是90镑。90镑,就是剩余价值的绝对量,而剩余价值的相对量,即可变价值增值的比率,则由剩余价值同可变资本的比率来决定,或者用m/v来表示,上例中,剩余价值的相对量是100%。可变资本的这种相对价值增值或剩余价值的相对量,叫做剩余价值率,其计算公式是:

$$剩余价值率 = 剩余价值/可变资本 \times 100\%$$

剩余价值率还可由剩余劳动和必要劳动的比率来表示。工人的工作日分为两部分。其中一部分,工人只是生产自己劳动力的价值,或者说只是生产他必要生活资料的价值。这一部分劳动,工人只是用新创造的价值来补偿预付的可变资本的价值,所以,这种价值的生产就表现为再生产。我们把这种再生产的工作日部分称为必要劳动时间,在此时间内耗费的劳动称为必要劳动。这种劳动对工人来说是必要的,因为不论怎样的社会形式,工人都要再生产自己所必需的生活资料。这种劳动对资本和资本世界来说也是必要的,因为工人的存在是它们存在的基础,没有雇佣劳动就没有资本。

工作日的另一部分是工人超出必要劳动的界限而做工的时间。这段时间虽然耗费工人的劳动力，但不为工人形成任何价值，只为资本家形成剩余价值。我们把工作日的这部分时间称为剩余劳动时间，把这段时间内耗费的劳动称为剩余劳动。把剩余价值看作只是剩余劳动时间的凝结，只是对象化的剩余劳动，这对于认识剩余价值具有决定性的意义，因为它在揭示剩余价值的性质和来源的同时，还指明了资本主义社会剩余劳动的特点：即剩余价值只是剩余劳动时间的凝结。

由于可变资本的价值等于它所购买的劳动力的价值，而劳动力的价值决定了工作日的必要劳动时间，剩余价值又由工作日的剩余劳动时间决定，因此，我们可以得出这样的结论：剩余价值同可变资本之比等于剩余劳动与必要劳动之比。即，

$$剩余价值率 = \frac{m}{v} = 剩余劳动 / 必要劳动$$

这一价值率的计算公式把同一种关系清楚地表现在两种不同的形式上；一个是对象化劳动的形式，一个是流动劳动的形式[1]。因此，剩余价值率是资本家的剥削率，也就是工人受资本家剥削的程度的准确表现。

---

[1] 对象化劳动又称死劳动、过去劳动，指保存在一个产品或有用物中凝固状态的劳动，是劳动的静止形式；流动劳动又称活劳动，指在物质资料生产过程中发挥作用的能动的劳动力，是劳动者加进生产过程的新的、呈流动状态的劳动。二者是物质资料生产中所用劳动的一对范畴。

工作日

我们假定，劳动力按照它的价值进行买卖。其价值和其他各种商品的价值一样，是由生产它所必需的劳动时间决定的。因此，如果工人生产一天生活资料所需时间为6小时，那么，工人每天就要劳动6小时来生产他的劳动力，或者说，再生产出他出卖劳动力获得的价值，这样他的必要工作时间就是6小时。在其他条件不变的情况下，必要工作时间是固定不变的，但是，由此还无法确定工作日本身的量。

我们用线段ab表示必要劳动的持续时间，此处假定为6小时。再假定劳动时间分别超过ab线1小时、3小时和6小时，那么，我们就可以得到3条不同的线：

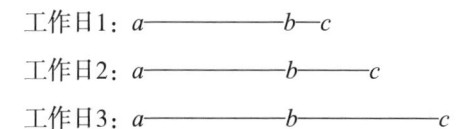

工作日1：$a\text{————}b\text{—}c$

工作日2：$a\text{————}b\text{———}c$

工作日3：$a\text{—————}b\text{—————}c$

这3条线分别表示三种不同的工作日时间：7小时、9小时和12小时。其中，ab是必要劳动时间，延长线bc是剩余劳动时间，ac为工作日时间。在这里，工作日时间ac随着bc而变化。因为必要劳动时间ab是定量，所以，bc和ab之比是可以计算出来的：在工作日1中，$bc:ab=1:6$；在工作日2中，$bc:ab=3:6$；在工作日3中，$bc:ab=6:6$。又因为剩余价值的比率等于剩余劳动时间：必要劳动时间，所以只要知道这两条线段之比，便可以得出剩余价值率。就以上三种工作日来说，剩余价值率分别为16.7％、50％和100％。但是，仅仅知道剩余价值率，并不能判断工作日的长度。比如，剩余价值率是100％，但工作日可以是8小时、10小时或12小时，这个剩余价值率只能表明工作日的两个组成部分，即必要劳动时间和剩余劳动时间相等，并不能明确表示这两部分时间各有多长。

打哈欠的熨衣工

生产资料垄断者的共同特点是占有生产资料，强迫劳动者为他们提供剩余劳动。在生产条件不变的情况下，生产资料垄断者采用延长工作时间的办法来获得更多的剩余价值，严重地剥夺了劳动者的休息时间。图中的一名熨衣工由于长时间工作而疲惫不堪，哈欠连天。

工作日或劳动日是指劳动者在一天内劳动的时间，它是由必要劳动时间和剩余劳动时间构成。一方面，工作日不是一个定量，而是一个可变量。固然，它的一部分是由工人再生产所必需的必要劳动时间决定的，但是它的时间总长度却随着剩余劳动时间的变化而变化。因此，工作日是可以确定的，但它本身是不定的。另一方面，虽然工作日是可变动的量，但它的变动只能在一定范围内，而它的最低界限也无法确定。假定剩余劳动时间线bc为0，我们可以得出一个最低界限，即工人为维持自身生活的需要而在一天中从事必要劳动的时间。但是，在资本主义生产方式下，必要劳动始终只能是工人工作日的一部分，所以工作日的时间绝不会缩短到这个最低限度。虽然无法确定工作日时间的最低界限，但工作日却有一个最高界限，它取决于两个方面：第一是身体界限。一个人在24小时的工作日内只能支出一定量的生命力，正如一匹马每天不停地干活，一天也只能干8小时。工人每天必须有一部分时间用来休息、吃饭、盥洗、穿衣等。第二是社会界限。工人必须有一定的时间来满足精神和社会的需要，这种需要的范围和数量由社会的文化状况决定。虽然工作日的长度是在身体界限和社会界限之内变动，但这两个界限有极大的弹性和变动余地，例如，我们看到有8小时、10小时、12小时、14小时、16小时、18小时的工作日，也就是说，工作日的长度是多种多样的。

资本家按照劳动力的日价值购买劳动力，即劳动力在一个工作日内的使用价值是归资本家所有的，一个工作日自然要比一个生活日要短，但究竟短多少，资本家有自己的看法。作为资本家，他只是人格化的资本，他的灵魂就是资本的灵魂。所有资本只有一种生活本能，即实现价值增值，从而获取剩余价值。资本是死的，它就如吸血鬼一样，需要吮吸工人的剩余劳动才会重生，吮吸的活劳动越多，它的生命力越旺盛。工人劳动的时间，其实就是资本家消费他所购买的劳动力的时间。如果工人利用这部分时间做自己的事情，则会被视为对资本家时间的偷窃。

劳动者出卖的劳动力与普通商品不同，它可以创造剩余价值，是一种特殊商品。正因为如此，资本家才购买它。对资本家而言，劳动力意味着资本的增殖；对劳动者而言，则意味着劳动力的过多支出。无论资本家还是劳动者，都知道一个规律，即商品交换的规律。商品一旦卖出，就归商品的购买者消费。正因为如此，购买者使用三天的劳动力，却可能只付给一天的劳动力代价，即违反商品交换的规律。

一方面，就商品交换的性质而言，它本身并没有给工作日规定任何界限，因此也就没有给剩余劳动规定任何界限。作为资本家，总是最大限度地延长工作日。如果可能，他更希望把一个工作日延长为两个工作日。另一方面，这个已经卖出的商品的特殊性质，又给其购买者规定了一个消费的界限，工人也会坚持他作为卖方的权利，要求将工作日限制在一定的正常量内。于是这里出现了"二律背反"[1]，即资本家的权利同劳动者的权利相对抗，这两种权利都同时被商品交换规律所承认。

---

[1] 二律背反：康德提出的哲学的基本概念。指双方各自依据普遍认同的原则建立起来的、公认为正确的两个命题之间的矛盾冲突。康德认为，由于人类理性认识的辩证性力图超越自己的经验界限去认识物体，误把宇宙理念当作认识对象，用说明现象的东西去说明它，这就必然产生二律背反。

被奴役的印第安人

16世纪,新航路开辟后,英国、法国、荷兰等国家先后走上了殖民掠夺的道路。在美洲,为了追逐黄金,欧洲殖民者不仅霸占了印第安人的土地,还肆意屠杀和奴役印第安人(图中,殖民者正在玩弄和奴役的印第安人)。然而,欧洲本土工人们的命运,并不比美洲被奴役的印第安人好。为了无限度地榨取剩余价值,资本家贪婪地延长工人的工作日,疯狂掠夺他们的剩余劳动。

在资本主义生产的历史上,工作日的确定过程,就是全体工人为反对延长工作日而进行斗争的过程,也是整个资产阶级和工人阶级之间的斗争过程。

资本并没有发明剩余劳动,凡是在少数人享有生产资料的地方,无论是自由或是不自由的劳动者,都必须在维持自身生活所必需的劳动时间以外,追加超额的劳动时间来为生产资料的所有者生产生活资料。不论这些所有者是雅典的贵族、罗马的市民、诺曼的男爵、美国的奴隶主还是现代的资本家,只要是生产资料被小部分人享有,这种现象就不可避免。

在产品的使用价值而不是交换价值占优势的社会形态中,剩余劳动就会受到需求范围的限制,因此,不会造成过度的剩余劳动。在古代,只有在谋取具有独立的货币形式的交换价值的地方,即在金银的开采上,才会有令人骇然的过度劳动。但是,对那些处于较低级形式上从事生产的民族,比如仍处于奴隶劳动或徭役中的民族,一旦被卷入资本主义生产方式统治下的世界市场,而这个市场又让他们的产品外销成为首要利益时,就会在奴隶制、农奴制等野蛮行为之上,再加上一层过度劳动的"文明暴行"。例如,在美国南部各州,当生产对本地人而言,仅停留于自给自足状态时,黑人的劳动还带有一种温和的家庭劳作性质。但当这些州把切身利益寄望于棉花出口时,黑人就将面临极度超额的劳动力。此时，资本家已不再是从黑人身上榨取一定量的有用产品，而是要生产剩余价值本身了。徭役劳动，在多瑙河两个公国中也有类似情形。如果将此两个公国对剩余劳动的贪欲，与英国工厂作比较，会发现徭役制度下的剩余劳动具有独立的、更多可以感觉到的形式。

在英国工厂，假定工人的工作日由6小时必要劳动和6小时剩余劳动组成，那么自由工人每周为资本家提供的剩余劳动时间就是 6小时/天 × 6天 = 36小时。这等于他每周为自己劳动3天，又为资本家劳动3天，在这种情形下的剩余劳动和必要劳动融合在一起，因此不易被察觉出来。而徭役劳动则不同。在徭役劳动中，农民为维持自身生活所完成的必要劳动和他为领主所完成的剩余劳动在空间上是分开的。农民在自己的地里完成必要的劳动，在主人的领地里完成剩余劳动，这两部分劳动时间是各自独立的。徭役劳动形式中，剩余劳动和必要劳动的分离显然不会改变剩余劳动和必要劳动之间量的比率。每周三天的剩余劳动，无论是徭役劳动还是雇佣劳动，对劳动者而言都是没有为自己带来等价物的超额劳动，只是资本家对剩余劳动的贪欲表现为无限度的延长工作日，而领主的贪欲则直接表现为追求徭役的天数。

如果我们对一些资本主义生产部门延长工作日的欲望进行考察，就会发现，他们对剩余劳动有着狼一般的贪婪。在这些部门中，对剩余劳动总表现为无限度的压榨。正如一个英国资产阶级经济学家所说，他们比西班牙人对美洲红种人的暴虐有过之而无不及，因此，资本终于受到法律的约束。现在，我们来看看另一些生产部门，在那里，直到今天，或者直到不久前，却仍然在毫无约束地压榨劳动力。如苏格兰斯泰福郡的陶器业，在最近22年来，曾三度成为议会调查的对象。我们从议会的调查报告中摘录了一些受剥削的儿童提供的证词，根据这些证词，我们可以推知成年人特别是少女和妇女的情况。

议会的调查报告记载：

威廉·伍德，9岁，从7岁零10个月就开始做工，具体工作是"运模子"，即把已经入模的坯子搬到干燥房，再把空模搬回来。他每天早晨6点上工，晚上9点左右下工。"我每天都干到晚上9点钟。最近8个星期都是如此。"就是说，一个7岁的孩子每天竟要劳动15个小时。

约·默里，12岁，他说："我干的是运模子和转辘轳，我每天早晨6点钟上工，有时4点钟上工。昨天，我干了一整夜，一直干到今晨6点钟。我从前天夜里到现在就没有上过床。我一个星期挣3先令6便士。昨天，我整整干了一夜，也没多得到一个钱。上星期我就整整干了两夜。"

还有格林豪医生的报告说：由于劳动时间过长，陶工们未老先衰，寿命不长。他们一般都身材矮小，发育不良，而且胸部往往是畸形的。他们反应迟钝，贫血，常患消化不良症、肝脏病、肾脏病和风湿症，体质极为虚弱，但他们最常患的还是胸腔病，如肺炎、肺结核、支气管炎和哮喘病等。有一种哮喘病是陶工特有的，通称陶工哮喘病或陶工肺结核。还有侵及腺、骨骼和身体其他部位的瘰疬病，患这种病的陶工占三分之二以上。

在英国迅速发展起来的火柴制造业同时也使牙关锁闭症蔓延，维也纳的一位医生也在1845年发现了这种火柴工人的职业病。工人中有一半是13岁以下的儿童和不满18岁的少年。谁都知道，火柴制造业有害健康，令人生厌，所以工人阶级中只有那些生活无以为继的人，比如饿得半死的寡妇等，才肯把衣衫褴褛、饥肠辘辘、无人照管、未受教育的孩子送去干这种活。1863年，在议会调查询问过的证人当中，有270人不满18岁，40人不满10岁，10人只有8岁，5人只有6岁。他们的工作日在12小时、14小时或15小时不等，此外还有夜间劳动，没有固定的吃饭时间，并且多半是在充满磷毒的生产间吃饭。同样在制造业，在壁纸工厂中，生产的旺季从10月到次年4月底，整整半年，劳动往往从早晨6时一直持续到晚上10时，甚至更晚，其间几乎没有休息。对此，詹·李奇说：

1862年冬天，19个女孩中，因为劳动过度，有6个害了病，不能上工。……在过去18个月中，无论孩子或成人，每周平均要干7天之多，即78又1/2小时。在今年，5月2日前的6周内，每周更是相当于8天的工作时间，即84小时。童工调查委员会的报告如实地叙述道，某些"大公司"担心丧失占有他人劳动的时间，从而"丧失利润"。

从价值增值过程来看，不变资本即生产资料的存在，就是为了吮吸劳动，并在吮吸劳动的同时，还吮吸一定比例的剩余劳动。如果不这样做，而是把生产资料闲置在那里，就会给资本家造成消极的损失，因为生产资料闲置就会变成无用的预付成本。如果要恢复中断的生产，就必须追加开支。把工作日延长到自然日的界限之外，延长到夜间，这种缓和的方法，仅能大致满足资本家的欲望。因此，资本家占有劳动者一昼夜即24小时的劳动，本就是资本主义生产的内在要求。但是，昼夜不停地榨取同一劳动力，从身体上来说是不可能的，于是，为了让生产资料尽量不闲置，以榨取更多剩余劳动，资本家找到了一个克服这种身体障碍的办法，那就是让白天被吸尽的劳动力和夜里被吸尽的劳动力交替换班工作。换班有多种办法，比如，让一部分工人这个星期上日班，下个星期上夜班，等等。这种换班制度在英国

童工

为了最大化地获得剩余价值，资本家打着让妇女和儿童参加劳动锻炼的幌子，招收童工和妇女。儿童们一般被安排到工厂或矿场工作，他们像成人一样从事各种劳务。他们在工资极低、劳动条件恶劣的情况下从事沉重、有害健康的劳动，不仅身心备受摧残，发育畸形，智力也变得衰退，甚至有不少人断送了幼小的生命。为此，马克思说："工业资本家像吸血鬼一样，只有靠吮吸人血——并且是吮吸儿童的血——才能生存。"

矿工的妻子们

妇女、儿童加入了雇佣劳动者的队伍，这使资本家扩大了自己的剥削范围，尤其是当他们延长了这些雇佣者的工作日之后，更是严重摧残了妇女、儿童的身心健康。图中，矿工的妻子们正在艰辛地劳动。

棉纺织业等部门的早期发展阶段很盛行。这种24小时昼夜不停的生产过程，作为一种制度，直到今天还存在于大不列颠的许多工业部门中，如英格兰、威尔士和苏格兰的炼铁厂、锻冶厂、压延厂以及其他金属厂。在这种换班制度下，劳动过程是6个工作日每天24小时，有许多工厂还把星期日的24小时也包括在内。工人中既有成年人也有儿童、少年，这些儿童和少年的年龄，从8岁到18岁不等。在某些部门中，少女和妇女也与男工一样，整夜做工。我们且不说夜班对劳动者身体的伤害，就24小时昼夜不停的生产过程而言，便为资本家打破名义上的工作日界限提供了极大的方便。

那么，什么是一个工作日呢？资本家支付的劳动力日价值，可以在多少个小时内消费劳动力呢？在劳动力本身的再生产所需的劳动时间以外，还可以将工作日延长到何种程度呢？对于这种问题，资本家的回答是：工作日就是一天24小时减去几小时休息时间。不言而喻，工人终身都是劳动力，按照自然和法律，工人的全部可供支配时间都是劳动时间，应该全部用于资本的自行增殖。至于个人受教育、发展智力、履行社会职能、进行社交活动、自由运用体力和智力的时间，以及星期日的休息时间等，则不是资本家关心的事，资本家唯一关心的是，在一个工作日内如何最大限度地使用劳动力。可见，资本主义生产，实质上就是剩余价值的生产，即通过延长工作日，不仅使劳动力萎缩，而且使劳动力未老先衰,甚至过早死亡。它靠缩短工人的寿命,以延长生产的时间。

但是,劳动力的价值包含工人再生产或延续后代所必需的生活资料的价值。由于资本无限度地追逐剩余价值,必然使工作日延长到违反自然规律的程度,从而缩短工人的寿命,工人发挥作用的时间也随之缩短。那么,已经消费掉的劳动力就必须迅速进行补偿。这样,在劳动力的再生产上就要投入更多的费用。这正像一台机器,磨损得越快,每天要再生产的那部分机器价值也就越大。因此,资本家为了自身的利益,也需要规定一种正常的工作日。

时间是什么?

在马克思主义经济学中,将劳动时间作为计量单位,用来计量凝结在商品中的抽象劳动,其合理性源于马克思的剥削观。资本主义进入机器大工业生产阶段后,资本家更是加强了对工人的剥削,其最主要的手段就是最大限度地延长工作日。对这些资本家来说,工人劳动时间越长,他们榨取的剩余价值就越多。图中的这个计时器代表着抽象的时间概念,它是马克思主义经济学中一个永恒的分母。

正常工作日的规定,是几个世纪以来,资本家与工人之间斗争的结果。我们知道,在最早依靠蒸汽和机械生产而发生革命的工业部门中,资本家无限度地延长工作日的欲望首先得到了满足。物质生产方式的改变,与生产者的社会关系的相应改变,先是造成了无限度的压榨,然后才引起了社会的监督,并开始由法律来限制,规定工作日和休息时间。当然,这种监督在19世纪上半叶只是作为例外情况而由法律来限定的。但是,当这种监督刚刚作用于新生产方式的已有领域时,它突然发现,其实别的所有的生产部门都像工厂一样,早已处于资本主义的剥削之下。为此,立法不得不逐步去掉其例外性,把有人在里面劳动的任何地方都称为工厂了。

尽管如此，某些生产部门规定工作日的历史，和另一些生产部门为此继续斗争的事实清楚地表现：孤立的工人，"自由"出卖劳动力的工人，在资本主义生产的某一阶段上，是屈服的，无抵抗的。因此，正常工作日的确立，是工人阶级同资本阶级之间进行长期的或隐蔽的斗争的产物。这种斗争，首先开始于现代工业的发源地——英国。从19世纪初开始，英国工人阶级经过几十年反复的斗争，终于迫使资产阶级的议会通过了一系列的工作日法案。继英国立法之后，法国也相继立法，1848年二月革命〔1〕催生了十二小时工作日法律，虽然这一法律与英国原版比，显得还很不完备。尽管如此，法国的革命方法，还是显示了它独特的优点：一下子就给所有作坊和工厂毫无区别地规定了同样的工作日界限。但在英国，对此的方法却总是在向环境的压力屈服，而且在英国，这一法律规定最早是以儿童、少年和妇女的名义争取来的，到最近才以劳动者的普遍权利被提出。在北美合众国，南北战争的第一个果实，就是争取八小时工作日运动，这个运动以特别快的速度，扩散到了世界各地。1866年8月，在巴尔摩召开的全国工人代表大会明确宣布："为了从资本主义的奴隶制中把我国的劳动解放出来，当务之急，是颁布一项法律，规定八小时工作日为美利坚联邦各州的正常工作日。"

与此同年，在日内瓦召开的"国际工人代表大会"也通过决议："限制工作日是一个先决条件，没有这个条件，一切进一步谋求工人解放的尝试都将遭到失败……我们提议通过立法手续把工作日限制为8小时。"

---

〔1〕二月革命：它是法国推翻七月王朝，建立法兰西第二共和国的资产阶级革命，是1848年欧洲革命浪潮的重要部分之一。面对奥尔良王朝的失政，法国人民成功推翻了当时的法国国王路易腓力，鼓舞了欧洲其他地区的革命运动，为资本主义发展扫清了道路。

工人在走出生产过程时，同他进入生产过程时是不一样的。他作为"劳动力"这一商品的占有者，在市场上与其他商品的占有者相对立。他将自己的劳动力卖给资本家时所缔结的契约，明确地表现他可以自由地支配时间。但成交后，他却发现他不是"自由的当事人"，他自由出卖自己劳动力的时间，正是他被迫出卖劳动力的时间。因此，工人必须团结起来，作为一个阶级来争取一项国家法律，一个强有力的社会屏障，以使自己不被奴役。从法律上限制工作日的大宪章[1]代替了"不可剥夺人权"这种不具体的条目[2]，这个朴素的大宪章"终于明确规定，工人出卖的时间何时结束，属于工人自己的时间何时开始"。这是多么大的改变啊！

剩余价值率和剩余价值量

我们首先假定，劳动力的价值即再生产或维持劳动力所必需的劳动时间，是一个已知的不变的量。在此条件下，知道了剩余价值率，也就知道了一个工人在一定的时间内为资本家生产的剩余价值量。即如果必要劳动一天为6小时，表现的金额为1塔勒（15世纪末以来主要铸造和流通于德意志等中欧地区的一系列大型银币的总称），那么1塔勒就是一个劳动力的日价值，或者说购买一个劳动力所预付的可变资本价值。如果剩余价值率

---

〔1〕大宪章：即《自由大宪章》。这个于1215年6月15日由英王签署的《自由大宪章》限制了国王的权力，使大封建主和贵族获得了好处。它甚至规定，在封建主和贵族的特权遭到破坏时，可以起义反对王室。对骑士和城市居民的权利作出某些让步，但并未给基本居民群众任何权利。在这里，马克思是指英国工人阶级经过长期斗争而争得的限制工作日的法律。

〔2〕条目：指1789年8月26日在巴黎，由制宪国民议会通过的人权宣言，即《人权和公民权宣言》。它宣告自由、财产、安全和反抗压迫是天赋的、不可剥夺的人权。

是100%，那么这1塔勒的可变资本就可以生产1塔勒的剩余价值量，或者说工人每天工作6小时所产生的剩余劳动量。

因为可变资本是资本家在生产中使用的全部劳动力的总价值的货币表现，所以可变资本的价值等于一个劳动力的平均价值乘以劳动力的人数。在劳动力价格已知的情况下，可变资本的量与雇用的工人人数成正比。如果一个劳动力的日价值是1塔勒，那么每天雇用100个劳动力，就必须预付100塔勒的资本，如果剥削n个劳动力，就必须预付n塔勒的资本。

如果可变资本1塔勒，即一个劳动力的日价值，每天可生产1塔勒的剩余价值，那么可变资本100塔勒每天就可以生产100塔勒的剩余价值，可变资本n塔勒每天可以生产剩余价值（$n\times100\%$）塔勒。可见，所生产的剩余价值量等于一个工人在一个工作日所生产的剩余价值量乘以工人的总数。在劳动力价值已确定的情况下，一个工人所生产的剩余价值量由剩余价值率决定。由此可以得出第一个规律：所生产的剩余价值量等于预付的可变资本量乘以剩余价值率，或者说，等于一个资本家同时剥削的劳动力的总数乘以平均每个劳动力所生产的剩余价值量。

在生产一定量的剩余价值时，一种因素的减少可以由另一种因素的增加来补偿。如果可变资本减少，便由提高劳动力受剥削的程度来补偿。按照先前的假定，一个资本家每天要剥削的工人人数是100人，必须支出的预付资本为100塔勒。如果剩余价值率是50%，这100塔勒的可变资本就可生产50塔勒的剩余价值，或100×3个劳动小时的剩余价值。如果剩余价值率提高一倍，或者把工作日从6小时延长到12小时，这时，尽管可变资本由100塔勒减少到50塔勒，仍可生产50塔勒的剩余价值。总之，在一定的范围内，资本所能榨取的劳动量，并不取决于工人的供给。如果剩余价值率降低，只要追投可变资本，或者按比例增加雇佣工人的人数，所生产的剩余价值量仍然会保持不变。

但是，靠提高剩余价值率或延长工作日来补偿工人人数或可变资产量的减少是有限制的。因为无论劳动力的价值如何，无论必要劳动时间是2小时还是10小时，一个工人每天的劳动时间总会小于24小时，而且，他们的劳动时间也不可能全是剩余劳动时间。上例我们已假定，每天6小时的劳动等于一个劳动的日价值，或者说，每天需要6小时补偿购买劳动力所预付的资本价值。那么，根据这个假定，500塔勒的可变资本，使用500个工人，资本家将工作日增至12小时时，剩余价值率保持在100%的条件下，每天可生产500塔勒的剩余价值，或6×500个劳动小时的剩余价值。如果资本家将工作日提高到18小时，剩余价值率调高到200%，工人从500人减少为100人，这时工人只能生产200塔勒的剩余价值，或12×100个劳动小时的剩余价值。预付的可变资本的等价物加剩余价值，在任何一天都不可能达到24×100个劳动小时的数额，即单个工人的工作日绝不可能达到24小时。24小时是平均工作日的天然的绝对的界限，也就是说可变资本的减少可以由剩余价值率的提高来补偿的绝对界限。这个一目了然的第二规律，对于揭示资本家力求尽量减少转为劳动力的可变资本的趋势所产生的许多现象，是十分重要的。

从以上两个规律可以引申出第三个规律——"在剩余价值率和劳动力价值已定的情况下，所生产的剩余价值量同预付的可变资本量成正比。"

这一规律是从剩余价值量取决于剩余价值率和可变资本量这两个重要因素而得出的。如果剩余价值率或劳动力受剥削的程度已定，劳动力价值或必要劳动时间量已定，那么可变资本越大，所生产的价值量和剩余价值量也就越大。如果工作日的界限及其必要劳动时间已定，那么一个资本家在生产中获得的价值量和剩余价值量，则取决于他所推动的劳动量。根据以上假设，资本家推动的劳动量又取决于他所剥削的劳动力的数量，即受他所剥削的工人人数，而工人人数又是由他预付的可变资

蔬菜罐头加工坊

资本家的资本分为不变资本和可变资本两部分，前者用来购买生产资料，后者用来购买劳动力。在生产过程中，不变资本不能形成产品新的价值，可变资本则刚相反。图中，一群妇女正在生产蔬菜罐头。其中，资本家用来购买蔬菜等生产资料的这部分资本，并不会形成新的价值；而他支付妇女工资的这部分资本，则可以形成新的价值，即妇女们加工出来的蔬菜罐头所产生的价值。

本量决定的。所以，在剩余价值率和劳动力价值已定的情况下，剩余价值量同预付的可变资本成正比。然而，资本家把他的资本分为两部分：一部分用于生产资料的购买，这是他资本的不变部分；另一部分用以购买劳动力，从而形成他的可变资本。在同一生产方式中的不同生产部门，资本划分为不变部分和可变部分的比例却是不同的，并且这一比例也是随着生产过程中科学技术的发展和社会结合的变化而变化的。但是，无论资本是分为不变资本和可变资本，或是后者与前者之比是$1:2$、$1:10$，还是$1:x$，这个规律都不会受到影响。因为，不变资本的价值虽然再现在产品价值中，但它并未形成产品的新价值。在生产过程中，1000个纺纱工人耗费的原料、纱锭，当然比100个纺纱工人耗费得更多。但是，不管这些追加的生产资料的价值是提高、降低，还是不变，也不管是大是小，都不会对劳动力的价值增值过程有任何影响。因此，在劳动力的价值已定和劳动力受剥削的程度相同的情况下，不同的资本所生产的价值量和剩余价值量，同这些资本的可变组成部分即转化为活劳动力的组成部分的量成正比。

从上面对剩余价值生产的考察中可以发现，并不是任何一个货币额都可以转化为资本。因为这种转化必须有这样一个前提，即单个货币占有者或商品占有者手中要有一定的最低额度的货币或交换价值。可变资本的最低额度，就是为取得剩余价值全年按日使用的一个劳动力的成本价格。假定某个工人自己占有生产资料，而且只用于满足自己的生活，那么只要有再生产他的生活资料的必要劳动时间，比如每天8小时，这对他而言也就够了。但资本家要工人在这8小时以外，再追加4小时剩余劳动，同时他就需要一个追加货币额，以购置追加的生产资料。我们假定资本家要满足自己的生活必需，像工人那样的生产资料，他必须使用两个工人，并占有其每天的剩余价值。在这种情况下，他生产的目的，只是维持生活，尚不能增加财富；而资本主义生产的目的就是财富的增加。如果资本家要使自己的生活比工人好一倍，并且把所生产的剩余价值的一半转化为资本，他就必须把预付资本的最低限额，以及工人人数增加到原来的8倍。当然，资本家自己也可以和工人一样，直接参与到生产过程中。但这时，他一定是介于资本家和工人之间的"小业主"。当资本主义生产发展到一定高度时，资本家就把他作为人格化的资本执行职能的全部时间，都用以占有控制工人的劳动，用以出售这种劳动的产品。只有当为生产所预付的最低限额大大超过"小业主"时，货币或商品的占有者，才可能真正变为资本家。这也证明了黑格尔在他的《逻辑学》中所发现的规律，即单纯的量的变化到一个点时就会发生质的变化。

  单个货币占有者或商品占有者要蛹化为资本家，他必须拥有的最低货币额度在资本主义发展的不同阶段是不同的。一方面，在资本主义生产的初期阶段，某些生产部门所需要的最低货币额度，往往不是由单个人所提供的，而是由国家对私人的补助完成的。另一方面，这也促使了享有合法垄断权的公司的形成，这种公司就是现代股份公司的前身。

  在这里，资本的作用已表现出它不容忽视的重点：在生产过程中，资本逐渐演变成一种对劳动，即对工人本身的指挥权。首先，作为人格化的资本，资本家监督工人按规则和相应的强度工作。其次，资本产生一种强制力量，它迫使工人阶级超出自身生活的需要范围从事更多的劳动。作为工人辛勤劳动的制造者，作为剩余劳动的榨取者，资本家在贪婪和效率方面，远远超过了过去一切以直接强制劳动为基础的生产制度。资本最早是在历史上既有的技术条件下使劳动服从于自己的。因此，它并没有直接改变生产方式。

如果从劳动过程的角度来考察生产过程，那么工人并没有把生产资料当作资本，只是把它当成有目的的生产活动的手段和材料。比如在制革厂，工人只是把皮革当作自己的劳动对象。但是，当我们从价值增值过程来考察生产的过程时，情况就不同了。这时，生产资料转化成了吮吸工人劳动的手段，不再是工人使用生产资料，而是生产资料在使用工人；也不再是工人把生产资料当作自己生产活动的物质要素来消费，而是生产资料在消费工人，并且资本的生活过程也只是资本自行增殖的价值的运动。任何一点停顿，资本家都会视为资本"纯粹的损失"。因此，熔炉和厂房就有了对劳动力"做夜工的要求"。货币单纯地转化成生产过程的物质因素，转化成生产资料，就使生产资料变成了榨取他们劳动和剩余价值的合法权和强制权。

第三章　相对剩余价值生产的三个阶段

在资本主义生产方式的发展过程中，相对剩余价值的生产经历了简单协作、工场手工业和机器大工业三个发展阶段。但其生产的关键则是缩短必要劳动时间。要缩短必要劳动时间，就必须降低劳动力价值；要降低劳动力价值，则必须降低生产和再生产劳动力所必需的生活资料的价值。为此，就必须提高生活资料生产部门的劳动生产率。

相对剩余价值

工作日的一部分劳动时间，只是生产出资本所支付的劳动力价值的等价物，这一部分时间是不变量，在现有的经济发展阶段及相应的技术条件下，实际情况也是如此。一个工作日除了这一必要劳动时间之外，工人还可以劳动2小时、3小时、4小时，或者6小时等，这部分延长的劳动时间决定了剩余价值率和工作日的整个长度。如果必要劳动时间可以不变，那么整个工作日却是可变的。现我们假定有一个工作日，它的总时间长度、必要劳动时间和剩余劳动时间都是确定的。如ac线（a————b—c）表示一个12小时的工作日，其中必要劳动时间线ab为10小时，剩余劳动时间线bc为2小时。那么，如果没有ac线的进一步延长，怎样才能增加剩余价值的生产呢？或者说，怎样才能延长剩余劳动时间线bc呢？

尽管ac线已确定，但bc线看来仍有延长的空间，也就是说，在起点

转炉炼钢

1856年，发明家贝塞麦发明了转炉炼钢法，其效率比过去常用的坩埚法高出百余倍。它有效地缩短了工人的必要劳动时间，使剩余劳动时间得以延长，从而生产出更多的相对剩余价值。为了占有更多生产剩余价值的时间，资本家积极地采用这种新的生产方式来缩短必要劳动时间。

a和终点c已经固定的情况下，b向a端推移，bc线就可以延长。可见，这里所改变的不是工作日的长度，而是工作日中必要劳动时间与剩余劳动时间的划分。

知道工作日的量和劳动力的价值，显然也就知道剩余劳动量。劳动力的价值，即生产劳动力所需的劳动时间，决定了再生产劳动力价值所必需的劳动时间。因此，我们知道劳动中所必需的生活资料的价值，也就知道了劳动力价值[1]，进而知道他的必要劳动时间：从整个工作日中取出必要劳动时间，就可以得到剩余劳动量。如此看来，资本家通过人为压缩劳动力价值，也可以增加剩余劳动量。比如，资本家将每个工作日所付的5先令，改为付4先令6便士，或者更少，那么原来10小时必要劳动时间有9个劳动小时也就够了。这样，剩余劳动就可以增加1小时。但是，这是将工人的工资压低到了劳动力的价值以下的结果，这样，工人的劳动力只

---

〔1〕劳动力价值：生产、发展、维持和延续劳动力所需的生活资料的价值。由于劳动力只能作为活着的劳动者的能力而存在，而劳动力的生产要以劳动者的生存为前提，劳动者的生存和维持，则需要有一定数量的生活资料。而生产劳动力所需要的劳动时间，也就是生产这些生活资料所需要的劳动时间，便成为劳动力的价值。因此，劳动力的价值，就由维持劳动力所有者的生活资料的价值构成。

能是萎缩的再生产。在这里,剩余劳动时间的延长,是因为打破了必要劳动的正常界限使剩余劳动范围扩大,同时也侵占了必要劳动时间的范围。这也破坏了我们的假定,即一切商品,包括劳动力在内,都是按其十足的价值买卖的。

因此,要在不减少劳动力价值的前提下,缩短必要劳动时间,以延长剩余劳动时间,可行办法只能是提高劳动生产率。比如一个鞋匠,他使用一定的劳动资料,在12小时工作日内只能做一双皮鞋,那么在同样的时间内要做两双,他的劳动生产率就必须提高一倍。不改变他的劳动方法或劳动资料,或不同时改变二者,就不能将劳动生产率提高一倍。因此,资本家必须变革劳动过程的技术条件和社会条件,从而改变生产方式本身,以提高劳动生产率,缩短再生产劳动力价值所必需的工作日部分。

通过延长工作日而生产的剩余价值,叫绝对剩余价值;相反,通过缩短必要劳动时间,即相应地改变工作日的两个组成部分比例而生产的剩余价值,叫做相对剩余价值。

要降低劳动力的价值,生产力的提高就必须扩大到日常生活资料或能够替代这些生活资料的产业部门。但是,商品的价值由两部分构成:一是使商品取得最终形式的那种劳动的量;一是该商品生产资料所包含的劳动量。比如皮靴,它的价值不仅取决于鞋匠的劳动,而且也取决于皮革、蜡和线的价值。因此,当那些为生产必要生活资料提供不变资本物质要素的产业部门的生产力提高了,当它们生产的商品相应地便宜了,劳动力的价值才会降低。而那些既不提供必要生活资料,也不为制造生活资料提供生产资料的部门生产力的提高,则不会影响到劳动力的价值。

变得便宜的商品,当然只能相应地降低劳动力的价值。比如衬衫,它是一种必要的生活资料,却只是许多必要生活资料中的一种。这一商

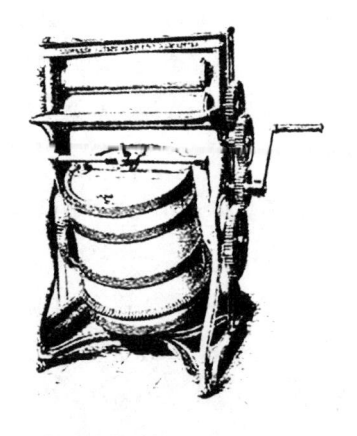

第一台手动洗衣机

1858年,美国人汉密尔顿·史密斯制成了世界上第一台洗衣机,标志着用机器洗衣的开端。图中,该洗衣机的主件是一只圆桶,桶内装有一根带有桨状叶子的直轴,轴是通过摇动和它相连的曲柄转动的。它的发明,为资本家节省了劳动力,缩短了生产商品的必要劳动时间,延长了剩余劳动时间,榨取更多的相对剩余价值。不过,由于这台洗衣机使用费力,且损伤衣服,并没有被广泛使用。

品即使变得便宜,也只是减少工人购买衬衫的支出。但是,正是这个商品,即各个产业部门的产品相加才构成了生活资料的总和。反过来说,每一种商品的价值是劳动力价值的一个相应组成部分。劳动力价值随着它再生产的必要劳动时间的缩短而降低,这种必要劳动时间的全部缩短,等于所有这些生产部门的该劳动时间缩短的总和。在这里,我们可把这个总的结果看成是每个生产部门的直接结果和目的。当一个资本家为使衬衫便宜而提高劳动生产力时,他绝不是必然抱有减少必要劳动时间的目的。但是,只要他最终促成了这一结果,他也就促成了一般剩余价值率的提高。因此可见,资本的一般的、必然的趋势,与这种趋势的表现形式是有很大区别的。

在此,不考察资本主义生产的内在规律是怎样表现为资本的外部运行,怎样成为了强制的规律对竞争发生作用,从而怎样成为单个资本家的意识动机。但有一点很清楚,只有了解了资本的本性,对竞争才能进行科学的分析。但是,为了理解相对剩余价值的生产,我们根据已有的结果做出如下说明。

如果一个工作日12小时生产出6先令的价值,那么一个劳动小时就是1/2先令,即6便士。在一定劳动生产力的条件下,我们假定12个劳动小时生产12件商品，每件商品耗去的生产资料等的价值为6便士。在此情形下，每件商品所花费1先令，其中6便士是生产资料的价值，那么另外6便士就是加工时新加进的价值。在生产资料价值不变的情况下，假定有一个资本家将劳动生产率提高了一倍，即在12个劳动小时内生产24件商品，那么每件商品的价值就会降低到9便士，即6便士的生产资料的价值，3便士新加进的价值。劳动生产率虽然提高了一倍，一个工作日仍然与从前一样只创造6先令的新价值。但不同的是，这6先令新价值分散了增加一倍的产品上，因此，分摊到每件产品上的价值便不再是6便士，而是3便士了。很明显，生产这个商品所花费的劳动时间，少于在社会平均条件下生产同类商品所花费的时间，即这个商品个别价值已明显低于它的社会价值。此时，资本家若按1先令的社会价值出售自己的商品，那他就会获得3便士的超额剩余价值。但资本家往往更需要的是加倍的销路或大一倍的市场。因此资本家会选择高于商品的个别价值，同时又低于它的社会价值来降价销售，比如一件商品现在只卖10便士，这样他们就可以从每件商品获得1便士的超额利润或更多的剩余价值。对资本家而言，剩余价值总是这样以占有更大的市场份额来增加的。因此，每个资本家都必然地抱有提高劳动生产率的动机，以使商品价格更便宜。

即使如此，剩余价值仍然是靠生产的增加和缩短必要劳动时间，相对延长剩余劳动时间来实现的。假定必要劳动时间是10小时，剩余劳动时间是2小时，劳动力的日价值为5先令，那么每日生产的剩余价值则为1先令。但是现在，资本家在新的生产方式下，12小时可生产24件商品，可卖20先令，其中12先令用来补偿消耗掉的生产资料的价值，剩下的8先令则是体现一个工作日的价值的货币表现。这个货币表现相比同类社会平均劳动的货币表现要多，因为12小时的同类社会平均劳动只表现为6先令。生产力特别高的劳动有着增倍的作用，即在相同的时间内，它比同种的社会平均劳动所创造的价值要多。而资本家只需和从前一样，用5先令作为劳动力的日价值，就可以使工人在比过去少的时间内再生产这个价值。可见，采用新的生产方式的资本家，相比同行业，可以在工人的一个工作日中占有更多的剩余劳动时间。个别资本家所做的，就是所有资本家在生产相对剩余价值时所追求的。但是，当新的生产方式被普遍采用，生产出来的比较便宜的商品的个别价值同它的社会价值之间的差额消失的时候，超额剩余价值也会消失。因此，只有当社会劳动生产力的提高扩展到与生产必要生活资料有关的生产部门，从而使属于必要生活资料范围，也就是构成劳动价值要素的商品变得便宜时，这一过程才会最终对一般剩余价值率构成影响。

  商品的价值与劳动生产力成反比。劳动力的价值也是这样，因为它是由商品价值决定的。相反，相对剩余价值则与劳动生产力成正比——相对剩余价值随着生产力的提高而提高，也随着生产力的下降而下降。在货币价值不变的情况下，一个12小时社会平均工作日总是生产6先令的价值产品——不管这个价值额按怎样的比例分割为劳动力价值的等价物和剩余价值。如果生产力提高，每天的生活资料价值以及与之相应的劳动力的日价值，从5先令下降到3先令，那么剩余价值就会从1先令增加到3先令。同时，再生产劳动力的价值的时间，也由从前需要的10个劳动小时减少为现在的6个劳动小时，那么多出来的4个劳动小时便并入了剩余劳动时间的范围。因此，通过提高劳动生产力来降低商品价格，从而降低工人本身的价格，是资本的内在冲动和永恒的趋势。

  资本家并不关心商品的绝对价值本身，他只关心商品出售时实现的剩余价值。剩余价值的实现自然包含了对预付价值的补偿。因为相对剩余价值的增加与劳动生产力的发展成正比，而商品本身价值的降低与劳动生产力的发展成反比，即是说，同一过程使商品便宜，并使凝结在商品中的剩余价值提高。所以就揭开了一个谜团：为什么只关心生产交换价值的资本家，总是力求降低商品的交换价值。这也正是资产阶级古典政治经济学奠基人弗朗斯瓦·魁奈（Francois Quesnay, 1694—1774年）用来为难他的论敌，而他的论敌们至今未能回答的那个矛盾。魁奈说："你们认为，只要不损害生产，那么在工业产品的生产中，越能节约费用的劳动越有利，因为这会降低产品的价格。虽则如此，你们又认为，工人劳动创造的财富的生产，重点在他的产品的交换价值是否增大。"

由此可见，在资本主义生产中，资本家提高劳动生产力的目的，绝不是为了缩短工作日，而是为缩短生产一定量商品所必要的劳动时间。在劳动生产力提高时，工人在1小时内，例如可生产出过去10倍的商品，因而每件商品需要的劳动时间只是过去的1/10，但并不能改变他仍需劳动12小时，甚至还可能延长他的工作日。因此，在资本主义生产过程中，劳动生产力发展的目的，一定是为了缩短工人必须为自己劳动的工作日部分，并以此无偿地延长工作日的另一部分，即为资本家劳动的那一部分。

协作劳动

工人在同一时间，集中在同一空间，在资本家的统一指挥下生产同一种产品，这在历史上和逻辑上都是资本主义生产的起点。在资本主义初期，无论是从劳动的生产技术条件看，还是从劳动的分工协作程度看，除了同一资本同时雇用的工人较多、劳动规模较大以外，它与行会手工业几乎没有区别。就是说，在生产方式上，最初的资本主义生产和行会手工业生产只是量的区别，并没有质的不同。

这种量的区别表现在：一定的资本所生产的剩余价值量，等于一个工人所提供的剩余价值乘以同时雇用的工人人数。工人人数的多少对剩余价值率不会产生任何影响。并且，根据价值的性质，就商品价值的生

纺线工场

1776年，亚当·斯密在《国富论》中第一次提出了劳动分工的观点，并系统全面地阐述了劳动分工对提高劳动生产率的巨大作用。这一劳动方式很快被资本主义生产采用，成为提高资本剩余价值率的手段。图中，一家纺线工场内的工人正在进行分工劳动。

产而言，劳动过程中任何质的变化看来都不会产生影响。假如一个12小时工作日对象化为6先令，那么1200个这样的工作日就物化为（6×1200）先令。在前一种情况下，产品体现为12个劳动小时，在后一种情况下，则体现为（12×1200）个劳动小时。在价值生产上，总数是由许多个数构成的。因此，1200个工人无论是单独生产，还是在同一资本家的指挥下联合劳动，就价值生产来说，都不会引起任何差别。

但是，这一情形在一定限度内也会发生变化。对象化为价值的劳动，是社会平均劳动，也就是平均劳动力的表现，但是平均量始终只是作为同种的众多不同的个别量的平均数而存在。在每个产业部门中，个别工人——工人甲或工人乙，都与平均工人有所偏离，这种偏差在数学上叫做"误差"。虽然如此，但是只要把众多的工人聚集起来，这种偏差就会因相互抵消而消失。有一个事实是很明显的，如果将同时雇用的许多工人的总工作日除以工人人数，就可以得到一天的社会平均劳动。

例如，我们将一个人的工作日假定为12小时，那么同时雇用的12个工人的总工作日就是144小时。虽然这12个工人的单个工人的劳动都多少偏离12小时的平均劳动，但是每个工人的工作日作为144小时总工作日的1/12，都具有社会平均性质。对资本家来说，工作日仍然作为12个工人的总工作日144小时而存在，而且不管这12个工人是协同劳动，还是各自独立地劳动，只要他们为同一资本家劳动，那么他们每个的工作日都是总工作日的组成部分。反之，如果将这12个工人按两人一组进行分配，每一组为一个小业主雇用，那么，这6个小业主能否生产出同样价值量，从而实现一般剩余价值率，就带有很大的偶然性了。也就是说，这里就有可能出现个人偏离。如果一个工人生产一种商品所花费的时间明显高于社会必要时间，并且他的个人劳动时间也明显地偏离社会必要劳动时间或平均劳动时间，那么，他的劳动就不能被视为平均劳动。这样的劳动力要么卖不出去，要么只能以低于劳动力的平均价值出卖。因此，劳动力的售卖，必须要有一定的最低限度的劳动熟练程度作为前提。以后我们会看到：资本主义生产找到了衡量这个最低限度的方法，虽然它们会偏离平均水平，但资本家仍会以劳动力的平均价值来支付劳动报酬。因此，上述的6个小业主中，有人赚到的会比一般剩余价值率高，有人赚到的则会低于一般剩余价值率。这种差别对整个社会来说会互相抵消，但就单个业主来说却不会。只有当单个生产者作为资本家进行生产，同时使用许多工人，并因此在一开始就推动社会平均劳动时，价值增值规律才会完全得到体现。

即使劳动方式不变，如果同时使用较多的工人，也会在劳动过程的物质条件上引起革命性的变化。诸如做工的厂房、储藏原料的仓库、工具和器具等，都是在劳动过程中为许多人共同消费。一方面，商品和生产资料的交换价值，丝毫不会因为它们的使用价值得到更有效的利用而有所增加；另一方面，由于同时使用较多的工人，生产资料的规模也会相应扩大。比如，20个织布工人用20台织机劳动的房间，必然比一个独立织布者和两个帮工劳动的房间要大得多。但建造一座容纳20个人的工厂比建造10座只能容纳两个人的作坊所耗费的劳动要少。因此，大量聚集起来共同使用的生产资料的价值，通常不会同这些生产资料的规模及其效果成比例地增加。共同使用的生产资料转移到单个产品中的价值部

剪羊毛

与同样数量的个人工作日的总和相比较,结合工作日可以生产更多的使用价值,从而减少生产商品的必要劳动时间。图中,捉羊、剪羊毛、搬运羊毛的劳动分别由不同的工人进行,这一分工与协作可以大大提高工人剪羊毛的速度,最终提高资本生产的剩余价值率。

分之所以较小,是因为这些生产资料转移的总价值被同时分配在大量的产品上;并且,这些生产资料加入生产过程的价值同分散的生产资料相比,虽然绝对值较大,但相对于它们作用范围来说却要小许多。因此,不变资本的价值组成部分降低了,商品总价值也随着这部分价值量的减少而降低,其结果与商品的生产资料变得便宜时所产生的结果相同。生产资料的这种节约,仅是因为众多工人在劳动过程中共同消费它们。即使众多工人只是在空间上聚集在一起,并不协作劳动,这种生产资料也与单干的个体劳动者或分散的小业主分散地花费较大的生产资料不同。

许多人在同一生产过程中,或相互联系的生产过程中,有计划地协同工作,这种劳动形式就叫协作。

一个骑兵连的进攻力量,与每个骑兵分散展开的进攻力量的总和有着本质的差别。同样,单个劳动者的力量的机械总和,与许多人手同时完成一项不可分割的操作所发挥的社会力量也有本质的差别。此时,协作劳动所产生的效果,要么是个人劳动根本不可能达到的,要么只能耗费更长的时间或是在很小的规模上才能达到。协作在这里不仅提高了个人的劳动生产力,而且创造了一种更强大的新的生产力,这种生产力的本身就是集体力,我们又称之为凝聚力。

在大多数生产劳动中,多种力量融合在一起而产生的新力量,仅是社会接触就会激发劳动者的竞争心理，从而振奋精神，提高个人工作效率。因此，12个人在一个144小时的共同工作日中生产的总产品，一定比12个劳动者每人单干12小时，或一个劳动者连续劳动12天所生产的产品要多得多。因为，人虽然不是天生的政治动物，但人无论如何也是天生的社会动物。

虽然同一项工作是由众人协作完成，但是个人劳动作为总劳动的一部分，仍可以代表劳动过程本身的不同阶段。由于协同劳动，劳动对象可以更快地通过这些阶段。例如，砖匠站成一排，把砖从脚手架的下面传到上面，虽然每个人做的都是同一件事情，但这些单个操作却构成了一个总操作的连续部分，成为每块砖在劳动过程中必须通过的各个特殊阶段。因此，24只手同时传砖，比单独的劳动者用两只手搬着砖上下一趟要快得多。比如另一种情况，即一座建筑物，如果同时从各个方面动工兴建，虽然协作者有可能做的是同一或同种工作，劳动的结合也会发生，因为产品在不同空间部分同时成长。在协作中，许多劳动者做着同一种工作，在工作中可以互相补充，因为这种最简单的共同劳动的形式即使在最发达的协作形态中也起着重大作用。如果劳动过程过于复杂，只要有大量的人共同劳动，就可以把不同的操作分给不同的人，然后同时进行操作，这样，制造总产品所必要的劳动时间就可以缩短。

许多生产部门都有特殊的紧急时期，它是由劳动过程的性质决定的，例如，剪一群羊的毛或收割若干谷物。在这种情况下，产品的数量和质量取决于劳动能否在一定的时间内开始并在一定的时间内结束。在这里，劳动时间是事先就确定的，就像捕鲱鱼一样。一个人若从一天中分割出一个工作日，例如12小时，那么100个人协作劳动就可以把一个12小时的工作日扩大为1200小时的工作日。短促的劳动期限可以由投入巨大劳动量来补偿。在这里，能否不失时机地获得成果，取决于是否同时使用许多协同劳动的工作日，而成效的大小则取决于劳动者的数量；这样的人数总比在同样长的时间内，为达到同样效果所投入的单干劳动者的人数要少。

协作，在一方面可以扩大劳动的空间范围，比如筑堤和修路等，这些劳动过程由于劳动对象在空间上的联系，是需要协作的。另一方面，协作在生产规模上，可以相对地缩小生产领域的空间。在劳动的作用范围扩大的同时，劳动空间的缩小，可以节约生产费用；与同样数量单干的个人工作日的总和相比，结合工作日可以减少产生一定效用所必要的劳动时间，以生产更多的使用价值。无论在一定的情况下，结合工作日的特殊生产力都是社会劳动的生产力，它是由协作本身产生的。劳动者在有计划地同别人共同的工作中，摆脱了他个人的局限，并发挥出了他的种属能力。

总之，与同样数量的个人工作日的总和相比，结合工作日可以生产更多的使用价值，同时减少生产商品的必要劳动时间。在任何情况下，结合工作日的特殊生产力[1]都是劳动的社会生产力或社会劳动的生产力，这种生产力是由协作本身产生的。

既然劳动者集合在一定的空间是进行协作劳动的条件，那么，一个资本或同一个资本家，如果不同时雇用众多工人，即同时购买他们的劳动力，协作劳动就无法进行。因此，在劳动力本身聚集在生产过程之前，这些劳动力的总价值或工人的工资总额必须已经被揣在资本家的衣兜里。一次性支付300名工人的劳动报酬，哪怕是一天的报酬，也比全年按周支付少量工人的报酬需要更多的资本支出。所以，协作劳动人数即协作规模，首先取决于资本家能同时支付多少资本量来购买劳动力，

---

[1] 特殊生产力：指劳动者在有计划地与他人的分工协作中摆脱个人局限，发挥出他的种属能力。

即取决于一个资本家在多大规模上拥有满足许多工人所使用的生活资料。

不变资本与可变资本的情形一样。比如原料的支出，一个雇用了300个工人的资本家，其支出是30个各雇用10个工人的资本家每一个人的30倍。自然，共同使用的劳动资料，在价值量和物质量方面，都不会同雇用的工人人数按同一程度增加，但他们的增加还是很显著的。因此，生产资料较大量地积累在单个资本家手中，是雇用众多工人并使之进行协作的物质条件，而且协作的范围，即生产的规模也取决于这种积累的程度。

起初，为了有足够的工人人数，从而产出足够的剩余价值量，以便让雇主摆脱体力劳动，由小业主变成资本家，从而在形式上使资本关系建立起来，则需要一定量的、最低额度的单个资本。现在，这个最低限额又变现为使许多分散的单个劳动过程，转化为一个结合社会劳动过程的物质条件。

同样，最初资本指挥劳动也只是表现为这样一种形式上的结果：工人不是为自己，而是为资本家劳动，所以是在资本家的支配下劳动。随着许多雇佣工人的协作，资本家指挥劳动逐渐发展成为劳动过程中所必要的条件，成为实际的生产条件。现在生产场所不能缺少资本家的命令，就如战场上不能缺少将军的命令一样。

一切规模较大的共同劳动，都或多或少地需要智慧，以协调个人的活动，并执行总体的生产运动所产生的各种一般职能。与一个单独的提琴手不同，乐队都需要一个乐队指挥，也就是说，一旦从属于资本的劳动或者协作劳动，对劳动的管理、监督和调节的职能就成了资本的职能。其中，这种管理的职能作为资本的特殊职能而取得了特殊的性质。

资本主义生产过程的动机和目的，首先是资本尽可能多地自行增殖，即尽可能多地生产出剩余价值。随着同时雇用的工人人数的增加，

刨木地板工人

劳动分工使同样数量的人们单个所能完成的工作量大大增加，这是因为：第一，它提高了每一个工人的熟练程度；第二，它节约了由一种工作转到另一种工作所损耗的时间；第三，它发明了很多机器，简化了劳动过程。图中的刨木地板工人正进行分工劳动。

资本家对剩余价值量的无尽追求，必然引起工人的对抗，因此，资本家为压制这种对抗而加强管理便显得必要。资本家的管理，不仅是一种由社会劳动过程的性质所产生，并属于社会劳动的特殊职能，而且同时也是剥削的一种社会劳动过程的职能。同样，随着生产规模的扩大，生产资料的增加，对这些生产资料的合理使用进行监督的必要性也增加了。其次，雇佣工人的协作，只是资本家同时使用他们的结果。雇佣工人在职能上的联系，以及他们作为生产总体所形成的统一，因此也存在于他们之外，存在于把他们联结在一起的资本之中。因此，他们的劳动联系，在实践中作为资本家的权威，在观念上作为资本家的计划，作为他人意志的权力而与他们相对立。

因为资本主义生产过程本身的二重性：一方面是制造产品的社会劳动过程，一方面是资本的价值增值过程；所以资本主义的管理就其内容而言也是二重的，就其形式而言是专制。随着协作劳动规模的不断扩大，这种专制也有了自己独特的形式。正如起初，当资本家的资本达到开始真正的资本主义生产所必需的最低额度时，资本家就摆脱体力劳动一样，如今资本家把直接和经常监督工人的职责交给了特别的雇佣工人，他们以资本的名义进行指挥。而监督工人工作成为他们的专职。

工人作为自己劳动力的所有者，当他将劳动力与资本家进行交易，便只能出卖他所拥有的东西——个人的、单个的劳动力。这种关系绝不会因为资本家购买的不是一个劳动力，而是100个劳动力而有所改变。工人作为单个的人与资本发生关系，他们的协作，即他们彼此间则不发生关系，是在劳动过程中才开始的。在劳动过程中，工人已经不属于自己，而是整个并入了资本。作为协作的人，作为一个工作有机体的一个部分，工人只不过是资本的一种特殊存在方式。因此，在协同劳动中，工人作为社会工人所发挥的生产力，是资本的生产力。只要把工人置于一定条件下，劳动的社会生产力就无须支付报酬而发挥出来，而资本正是把工人置于这样的条件下。因为劳动的社会生产力并不耗费资本，又因工人在他的劳动本身属于资本之前并不能发挥这种生产力，所以劳动的社会生产力仿佛成了资本天然具有的，而且仿佛是资本内在的生产力。

正如协作发挥的劳动的社会生产力表现为资本的生产力一样，协作劳动本身表现为与单个的独立劳动者或小业主的生产过程相对立的资本主义生产过程的特有形式。这是劳动在实际过程中因为隶属于资本而发生的第一个变化。这种变化是自然发生的，其前提就是，在同一个劳动过程中同时雇用大量的工人，从而构成资本主义生产的起点。这个起点是和资本本身的存在相结合的。因此，一方面，资本主义的生产方式表现为劳动过程转化为社会过程的历史必然性；另一方面，劳动过程的这种社会形式表现，成为资本通过提高劳动过程的生产力来更有效地剥削劳动过程的一种方法。

简单协作是同规模较大的生产结合在一起的，但它并不是资本主义生产方式的一个特殊发展时代的固定特殊形式，而是模糊地表现在仍然保持手工业性质的初期工场中，表现在那种和工场手工时期相适应的，仅仅由于同时使用众多工人和所聚集的生产资料的规模才与农民经济相区别的大农业中。

在那些大规模运用资本而分工合作的生产部门，在那些机器还没有起到重大作用的生产部门，简单协作始终是占统治地位的形式。

古代的亚洲人、埃及人、伊特鲁里亚人的庞大建筑，显示了简单协作的巨大效力。

"在过去，这些亚洲国家可以调动几乎全部非农业人口的双手，以兴建那些遍布全国的宏伟纪念物……在移动巨大雕像和庞大的重物方面，当时便具有令人惊讶的搬运本领。那些君主和僧侣，因为对剩余生活资料拥有唯一的支配权，所以他们只需拥有这些劳动者的人数，并把他们的努力集中，就能生产出那些巨大的建筑。正是由于劳动者赖以生活的可以获得的收入都集中在一个人或少数人手里，才使得这一类事业成为可能。"

亚洲和埃及的国王，或伊特鲁里亚的神权政治统治者的这种权力，在现代社会中已经转移到资本家手里，无论他是单个的资本家，还是在结合的资本家的股份制公司。但古代的协作不同于资本主义协作。在人类文明的初期，或者在印度公社的农业中，我们所看到在劳动过程中占统治地位的协作，要么以生产资料的公有制为基础，要么如单个的蜜蜂离不开蜂房一样，以个人尚未脱离氏族或公社的脐带这一事实为基础。相反，资本主义的协作形式，一开始就以自由雇佣工人出卖自己的劳动力给资本为前提。纵观历史，资本主义的协作形式，是与农民经济和独立的手工业生产相对立而发展起来的。对农民经济和独立的手工业生产来说，资本主义协作不是表现为协作的一个特殊历史形式，而是表现为资本主义生产过程所固有的，并表现其特征的历史形式。

分工和工场手工业

在工场手工业中，以分工为基础的协作劳动形成了自己的典型形态。协作作为资本主义生产过程的特殊形式，在16世纪中叶到18世纪的最后30多年，也就是真正的工场手工业时期，占据着统治地位。

工场手工业的二重起源

工场手工业的产生方式有两种：一种是同一个资本家把那些不同的、独立的手工业工人组织在一个工场里，实行分工协作，产品必须经过这些工人之手才能最后完成。例如，资本家把马车匠、马具匠、裁缝、钳

小规模工场手工业

  手工工场是资本雇用劳动的生产形式，是资本主义生产发展的早期阶段。它的出现，标志着资本主义的萌芽。工场手工业一方面在生产过程中引进并发展了分工，另一方面又把过去分开的手工业结合起来，但它的最终形态是把人变成生产机构的一个组成部分。

工、铜匠、旋工、饰绦匠、玻璃匠、彩画匠、油漆匠、描金匠等手工业者组织在一个工场内，他们在那里同时协力地进行劳动。此时，他们还是简单的协作，因为这种协作在人和物等方面的材料都是现成的。但是很快，这些专门从事马车制造的裁缝、钳工和铜匠等等，逐渐失去了全面地从事原有手工业的习惯和能力。另一方面，他们的片面活动现在取得了一种最适合于狭隘活动范围的形式。马车生产逐渐地分成了各种特殊的操作，每一个工人也因此有了自己固定的专门岗位与技能，全部工作均由这些局部工人的操作联合完成，即不同的手工业从此开始在同一个资本的指挥下结合起来而产生。

  但是，工场手工业也以相反的方式产生。许多从事同一类工作或同一行业的手工业者集中在一个工场里受同一个资本所雇用，这是最常见的协作。每个手工业者按工序完成制造整个商品中属于自己的操作，但他们仍按原有的手工业方式在进行劳动。后来为了在一定期限内完成大

工场手工业的生产方式

手工工场里，资本家把制造一件产品的各个阶段分离开来，让每个工人负责其中一个阶段的操作。这样，一件产品就由多个工人共同完成。这种方式是工场手工业的典型生产方式。图中，手工工场里的工人正在按这种生产方式有条不紊地工作着。

量的商品，就对劳动进行了分工，把制造一件产品的各工序环节分离开来，孤立起来，又在空间上并列在一起，把每一道工序分配给一个手工业者，全部操作由所有协作者同步进行。商品从一个独立手工业者的个人产品，转化为众多手工业者的联合体的社会产品，其优越性是肯定的，因为这种开始时偶然的分工，后来一再重复，并逐渐地固定为系统的分工。将一个德国的行会造纸匠依次完成的、呆板连接的那些操作，与荷兰的造纸手工工场里独立的、协作的、同时的操作作比较，更能证明这种方式的优越性。

可见，工场手工业的生产方式是二重的：一方面，它在生产过程中进行了分工，也可以说是进一步发展了分工；另一方面，它又把过去分离的手工业结合在了一起。但是，不管它的出发点如何，它最终的形态却总是如此：一个以人为组成部分的生产机构。

要正确理解工场手工业的分工，必须把握它以下特点：首先，工场手工业仍然属于手工业性质，因而它的生产完全取决于工人使用工具的技艺和手工操作的熟练程度，但手工业仍旧是基础。其次，在工场手工业的生产中，每个工人都只适合于从事一种局部的手工劳动，他的劳动力也就转化为只能终身从事这种局部操作的"构件"。最后，工场手工业是一种特殊种类的协作，其许多优越性都是由协作的一般性质产生的，而不是协作的这种特殊形式产生的。

在工场手工业中，由于工人终身只从事同一种专门的简单操作，这使他们把自己的整个身体逐渐转化成了适应这种专门操作的、自动的、片面的器官，从而使他花费在这一操作上的时间，比进行整个系列操作的手工业者要更少。因此，与独立的手工业相比，工场手工业能在较短时间内生产出更多的产品，即劳动生产率提高了。另外，在局部劳动独立化为一种专门职能后，局部劳动的方法也会更加完善。也就是说，当一个人经常重复同一种有限的动作，并把注意力更多地集中在这一动作上，就比较容易从经验中学会事半功倍。又因为许多时候都是几代工人在一个手工工场内共同生活和劳动，从而又有利于技术的巩固、积累，以及经验的快速传授。单个手工业者在生产中必须依次完成各个局部工作过程，他必定会因为时而变更位置、时而调换工具而打断他的劳动流程，使他的工作日出现某种空隙。而在工场手工业生产中，由于局部工人整天不断从事同一种操作，这就可以避免因为变更位置、调换工具而造成的时间浪费，工作日的空隙就会缩小，甚至可能随着工人操作变化的减少而趋于消失。在这里，劳动生产率的提高，不但在一定时间内增加了劳动力的支出，还减少了劳动力的非生产耗费。

另外，劳动生产率的提高，不仅取决于劳动者的技艺，还取决于劳动者工具的完善程度。劳动工具的分化和专门化，是工场手工业的重要特征。劳动工具的分化，使每一种特殊工具获得了适合每种特殊用途的固定形式；而劳动工具的专门化，则使每种特殊工具只有在专门的局部工人手中才能发挥作用。在工场手工业时期，劳动工具适合于局部工人的专门的特殊职能，使劳动工具简化、改进和多样化，从而为机器产生创造了物质条件，因为后来的机器正是许多简单工具的组合。

工场手工业的组织有两种基本形式——混成的工场手工业和有机的工场手工业。这两种形式虽然有时相互交错，但它们仍然是本质不同的两个类别。尽管这两种形式来源于产品本身的性质，但其制品，或者是由各个独立的局部产品纯粹机械地组合而成，如钟表、马车等是结合的工场手工业生产；或者是一次经过一系列相互联系的操作过程完成，如制针、烧砖等是有机的工场手工业生产。

有机的工场手工业是工场手工业的完成形式，这种工场手工业生产的制品要经过一系列相互联系的发展阶段，例如，在制针手工工场中，针条的制作要经过72个甚至92个专门的局部工人的手。有机的工场手工业把原本分散的手工业结合在一起，这样就缩短了制品的各个特殊生产阶段之间的空间距离和转移时间，从而用在这种转移上的劳动也会相应减少。这同传统的手工业相比，工场手工业的劳动生产力便有了极大的提高，而这种提高是由工场手工业的一般协作性质产生的。

工场手工业的分工，使工人能够按特长进行分类，这样，一些局部工人便终身从事某一操作。由于操作也有简单和复杂之分，因此，这些局部工人需要的教育程度也极不相同，而不同的教育程度决定了他们的劳动力价值也完全不同。这样，工场手工业就出现了劳动力的等级制度以及与之相适应的工资等级制度。在等级制度的阶梯旁边，工人被简单地分为熟练工人和非熟练工人。前者，由于操作简单，不需要专门的培训，因而完全不需要培训费用；后者，由于职能的简化，尽管需要培训，但培训费用也比手工业者要低。这两种情况，都会使劳动力的价值降低。这种因为培训费用的减少或消失所引起的劳动力的相对贬值，实际上是资本的更大增殖，因为凡是缩短劳动力再生产的必要时间，都会扩大剩余劳动的领域。

工场手工业的分工和社会内部的分工

我们在前面不仅考察了工场手工业的起源，而且考察了它的简单要素——局部工人和工具，最后还考察了它的总机构。现在我们对工场手工业的分工和构成商品生产的一般基础的社会分工之间的关系作简单描述。

单就劳动而言，它本身便把社会生产分为农业、工业等类型，这种分工叫一般的分工；如果把这些生产大类再分为种和亚种，就叫特殊分工；而工场内部的分工则叫个别分工。

社会内部的分工以及个人被相应地限制在某种特殊职业范围内的现象，与工场手工业内部的分工一样，是由完全相反的两个起点发展而来的。其一，在家庭内部，随后是氏族内部，由于纯生理的原因而产生的一种自然分工。随着氏族公社[1]的扩大，当一个氏族征服另一个氏族，这种分工的材料也随之扩大了。另外，产品交换是在不同的家庭、氏族和公社的互相接触中产生的。因为在人类社会的初期，以独立资格互相接触的是家族和氏族，而不是个人。不同的氏族公社生活在不同的自然环境中，他们能找到和使用的生产资料和生活资料是不同的，因而他们的生产方式、生活方式和产品也各不相同。正是这种自然的差别，使氏族公社在互相接触时产生了产品的交换，从而使这些产品变成了商品。产品的相互交换并没有扩大生产领域之间的差别，而是将不同的生产领域联系起来，并把它们转变成为社会总生产中的各个相互依赖的部门。在这里，社会分工是由各个互不依赖的氏族在产品交换的过程中产生的。其二，以生理分工为起点的地方，互相联系的整体的各个特殊器官的互相分开和分离——而推动这一分离过程的主要动力，则是氏族公社间产品的相互交换，并且这一交换可以把不同的劳动联系起来。第一种情况使原本独立的东西丧失了独立，第二种情况使原本非独立的东西获

---

[1]氏族公社：原始社会的基本单位，是以生产资料公有制为基础、以血缘纽带和血统世系相联结的社会组织形式。它曾普遍存在于世界各地的原始社会中，是人类社会发展的必经阶段。

得了独立。由于所有以商品交换为媒介的社会分工，都是建立在城乡分离的基础上，因此，社会的全部经济史，都可以概括为这种对立的运动。

同时使用一定量的工人，是工场手工业内部分工的物质前提，而人口数量和人口密度则是社会内部分工的物质前提。在这里，工人在同一个工场内的密集程度被人口数量和人口密度代替，但人口密度具有相对性。人口较少而交通工具发达的国家，比人口较多但交通工具不发达的国家人口更加密集，从这个意义上说，美国北部各州的人口比印度的人口更加密集。

因为资本主义生产方式存在的一般前提是商品生产和商品流通，所以工场手工业的分工要求社会内部的分工必须发展到一定的程度。同时，工场手工业的分工还具有反作用，它促进并增加社会分工。随着劳动工具的分化，生产这些工具的行业也日益分化。一旦工场手工业的生产发展到这样一种行业——以前作为主要行业或辅助行业与其他行业联系在一起，并由同一生产者经营——就会立即发生分离和互相独立的现象；一旦工场手工业的生产扩展到某种商品的特殊生产阶段，该商品的各个生产阶段就会变成各个独立的行业。前文已经表明，在成品是一个由局部产品机械组合而成的整体市场，局部劳动可以独立化为特殊的手工业。为了使工场手工业的内部有更完善的分工，同一生产部门根据不同的生产原料和同一原料不同的形式，可以分成不同的（有时是全新的）工场手工业。比如18世纪上半叶，仅法国就织出有100多种不同的丝织品；阿维尼翁的法律还规定"每个学徒只能始终从事一种产品的制造，不得同时学习多种产品的制造技术"。这种把特殊生产部门固定在一个特殊地区的地域分工，由于各具特点的工场手工业生产的出现，获得了新的推动力。在工场手工业时期，世界市场的扩大和殖民制度的产生，更为社会内部的分工提供了丰富的材料。

工场内部的分工与社会内部的分工，虽然两者有联系而又有许多相似点，但却有着本质的区别。在通过内在联系把不同的生产部门联系起来的工场中，两者的相似点表现得更为明显。例如，牧人生产毛皮，皮匠把毛皮制成皮革，鞋匠再把皮革制成皮靴。在

工场手工业的分工

在工场手工业中，工人按其特长进行分类操作。但部分工人不能生产完整的产品，他们是以不同的劳动力出卖给同一个资本家，而资本家则把他们当作一个结合劳动力来使用。由于这些分类操作有简单和复杂之分，因此局部工人需要的教育程度也各不同，而不同的教育程度使他们的劳动力价值也完全不同。

这里，每个人所生产的只是一件中间制品，而最后的成品形态则是他们特殊劳动的结合产品。那么，使牧人、皮匠和鞋匠的独立劳动发生联系的是什么呢？那就是他们各自生产的产品都是作为商品而存在，也就是说，他们生产的产品都是商品。那么，工场手工业分工的特点又是什么呢？那就是在工场手工业中，局部工人不生产商品，能转化为商品的只是局部工人生产的共同产品。社会内部的分工是以不同劳动部门的产品交换为媒介；工场手工业内部各局部劳动之间的联系，是因为不同的劳动力都出卖给了同一种资本家，而这个资本家则把它们作为一个劳动力整体来使用。工场手工业分工是以生产资料积聚在一个资本家手中为前提，而社会分工则是以生产资料分散在许多互不依赖的商品生产者手中为前提。

在工场手工业中，资本家使一定数量的工人从事一定的职能，并保持一定的比例数，这是铁的规律。不同部门劳动中，其商品生产者及其

制鞋工场

在工场手工业的分工协作中,每个工人都只完成一种中间制品,最后的成品则是他们特殊劳动的结合产品。局部的工人不生产商品,变成商品的只是局部工人生产的共同产品。在图中的这家制鞋工场里,磨皮、制模、缝线、下料等工序分别由不同的工人完成,这就是分工协作。

生产资料的分配,其偶然性和任意性仍发挥着自己的作用。当然,不同的生产领域也力求保持平衡,一方面,因为每个商品生产者都必须生产一种使用价值,即满足一种特殊的社会需要,而这种需要的范围在量上是有差别的,这些各不相同的需要量通过一种内在联系组合成一个自然的体系;另一方面,因为商品的价值规律决定社会在它所支配的全部劳动时间内能够用多少时间去生产每一种特殊商品。这种在不同生产领域中保持平衡的经常趋势,不过是对这种平衡经常遭到破坏的一种反作用罢了。它们在工场内部的分工中预先地、有计划地、有目的地发挥着作用的规则;而在社会内部的分工中,则只是在事后作为一种内在的、无声的自然必然性发挥着作用。这种自然必然性只会在市场价格晴雨表的变动中表现出来,可以被人觉察到,而且限制着商品生产者无规则的任意行动。工场手工业分工是以资本家享有的对人的绝对权威为前提的,人只是资本家所占有的总机构的一个部分而已。社会分工则使独立的商品生产者互相对立,他们不承认任何权威,只承认竞争的权威和权益强加在他们身上的压力。

因此,资产阶级意识一方面认同并实行工场手工业分工,把工人固定在某种局部上,把绝对服从资本家统治的局部工人,歌颂成提高劳动生产力的劳动组织,同时又大声谴责对社会生产过程的一切有意识的社会监督和调节，认为它们侵犯了资本家个人的财产权、自由权和自决的"独创性"。

在资本主义社会的生产方式中，社会分工的无政府状态与工场手工业分工的专制性互相制约。相反，在早期社会形式中，职业在自然发展中逐步分离并固定下来，最后由法律加以巩固。在这种社会生产方式中，社会劳动是有计划、有权威地组织的，而且工场内部完全没有分工，或者说分工只是在狭小的范围内只是间或/和偶然地得到发展。

前面已经谈到，行会[1]的规章严格限制一个行会师傅雇用工人的人数，有计划地阻止行会师傅成为资本家，同样，行会师傅也只能在他自己身为师傅的行业中雇用工人。行会竭力抵制商人资本入侵，因为这种资本形式是自由而又与行会的规章对立的。商人可以购买任何商品，但不能购买作为商品的劳动，即他只能充当手工业产品的定购人。如果外部情况引起进一步的分工，现有行会就有可能分为几个亚种，也可能在原有行会之外出现新的行会。但无论怎样，各种手工业都不会联合在同一个工场里。因此，虽然行会组织造成手工业分离、孤立，甚至发展为工场手工业时期的物质存在条件，但行会组织仍然在排斥工场手工业的分工。总的来说，此时工人和他的生产资料还相互结合在一起，生产资料还没有独立化为资本，从而与工人相对立。

不管是否以商品交换为媒介，整个社会的分工都是各种社会经济形态所共有的，而工场手工业分工却是资本主义生产方式所独创的。

由同一资本指挥人数较多的工人，即是一般协作的自然起点，也是

---

[1]行会：它是在封建社会，随着城市的兴起和手工业生产的繁荣，为了保护同行业的手工业者的利益不受外人的侵犯，为了阻止外来手工业者的竞争和限制本地同行业的手工业者之间的竞争，城市手工业者建立起的一种组织。行会发展到后来，其代表还可以通过选举进入市政会。

工场手工业的自然起点。反之，工人人数的增加，又是工场手工业在分工后的一种技术要求。一方面，分工决定了单个资本家使用工人人数的最低限额；另一方面，单个资本家要得到进一步分工可能带来的利益，就必须进一步增加工人人数，即只能倍数增加。因此，随着资本的可变组成部分的增加，资本的不变组成部分相应地也必须增加，比如建筑物、炉子等生产资料的规模要扩大，原料要大量增加，甚至比工人人数的增加更快。因为分工使劳动生产力得到了提高，所以一定劳动量在一定时间内消耗的原料数量会按比例增大。因此，工场手工业的技术性质必定产生这样一个规律，即随着分工的深入与细化，单个资本家手中的资本最低限额会越来越大，或者说社会的生活资料和生产资料会越来越多地转化为资本。

同简单协作一样，在工场手工业中，执行职能的劳动体也是资本的一种存在形式。由许多单个操作的工人组成的社会生产机构是属于资本家的，因此由各种劳动的结合所产生的生产力就表现为资本的生产力。真正的工场手工业不仅使以前独立的工人服从资本的指挥，而且还会在工人中产生等级的划分。简单协作基本上没有改变工人个人的劳动方式，而工场手工业则使工人的劳动方式发生了彻底的革命，即从根本上侵袭了工人个人的劳动力。起初，工人因为没有生产商品的物质资料，只能把劳动力卖给资本家，而现在则是，他的劳动力如果不卖给资本家，就完全得不到利用了。它只有在一种与他人的联系中才能发挥作用，而这种联系却只存在于资本家的工场中。工场手工业的工人按其自然的性质没有能力做一件独立的工作，他只能作为资本家的附属进行生产活动。就像上帝的选民在额头上都写着自己是上帝的财产一样，分工在工场手工业工人的身上也烙下了自己是资本的财产的烙印。

独立的手工业者曾经拥有的知识、判断力和意志，现在于整个工场而言才是必需的。生产上的智力，在某一方面扩大了工场的规模，而正是因为它在其他方面的消失，集中在与它们对立的资本上的东西，也正是局部工人所失去的。工场手工业分工的一个产物就是物质生产过程的智力，作为他人的财产和统治工人的力量与工人相对立。这个分离的过程，开始于简单协作，却在工场手工业中得到发展，最后在大工业中得以完成。在简单协作中，在单个工人面前，资本家代表社会劳动体的统一和意志；在工场手工业则使工人畸形发展而变成局部工人；大工业则把科学作为一种独立的生产能力，与劳动相分离，并迫使科学为资本服务。

在工场手工业中，工人总体效率的提高，从而促成资本在社会生产力上的富有以工人在个人生产力上的贫乏为条件。正如亚·弗格森所说：

"无知是工业之母。思考和想象会产生错误，但手足活动的习惯与思考和想象无关。因此，在用脑最少的地方，工场手工业最繁荣。所以，工场只是一部机器，而人只是机器的部件。"

事实上，在18世纪，为了保守工场的秘密，某些手工工场主甚至雇用智力低下的工人来从事某些简单的操作。亚当·斯密曾在描述局部工人的愚钝后说：

"因此，他在自己的专业职业中的技能，是靠牺牲他的智力的、社会的和军事的品德而取得的。但这正是每一个工业文明的社会中，劳动贫民必然陷入的境地。"

工人在智力和身体上的畸形化，同整个社会的分工也是分不开的。但是，一方面因为工场手工业时期大大加强了劳动部门的这种分裂，另一方面，正因为它以自己特有的分工，才从生命之源侵袭着个人，所以工场手工业时期也给工业病理学提供了材料。所以戴·乌尔卡尔特在其《家常话》中说：

"对劳动者的分割，就是对民众的谋杀。"

以分工为基础的工场手工业，最初是自发形成的，但它一旦得到一定程度的巩固和发展，它便成了资本主义生产方式的有意识、有计划和系统的形式。同时，工场手工业的分工作为社会生产过程的特殊的资本主义形式，它只是靠牺牲工人，以加强资本自行增殖的一种特殊方法。工场手工业分工不仅是为资本家发展社会的劳动生产力，而且导致各个工人畸形化，使工人成为社会的劳动生产力。它生产了资本统治劳动的新条件，一方面表现为社会经济形成过程中的历史进步，另一方面表现为文明和精巧的剥削手段。

在真正的工场手工业时期，它的特有倾向的充分实现仍然有许多方面的障碍。工场手工业既不能掌握，也无力从根本上改造全部社会生产。作为经济上的艺术品，工场手工业虽然建立在城市手工业和农村家庭工业的基础之上，但它本身狭隘的技术基础发展到一定的程度，就会和它自己创造出来的生产需要发生矛盾。

工场手工业最完善的产物之一，就是生产复杂劳动工具本身。工场手工业分工的这一产物，又生产出机器。机器使手工业的活动不再成为社会生产的支配原则。因此，一方面工人终身固定从事某一局部职能的技术基础被消除了；另一方面，支配原则加于资本身上的统治限制也消除了。

机器和大工业

资本家使用机器的目的，与使用其他一切发展劳动生产力的方法和目的一样，都是为了使商品便宜，并缩短工人为自己获得工资的工作日时间，以便相对延长资本家无偿占有的剩余劳动时间。所以，机器的本质是生产相对剩余价值的又一种手段。约翰·穆勒（1806—1873年，英国著名哲学家、心理学家和经济学家）在他的《政治经济学原理》一书中说："值得怀疑的是，一切已有的机械发明，是否减轻了任何人每天的工作辛劳。"

机器的发展

生产方式的变革在工场手工业中以劳动分工为起点，而在大工业中则是以劳动资料为起点。因此，首先应该研究，劳动资料怎样从工具转化为机器，或者说，机器同手工工具有什么区别。

有数学家和力学家曾说，工具是简单机器，而机器是复杂的工具。一些英国经济学家也在重复这样的说法。他们没有看到两者间的本质区别，甚至把杠杆、螺旋、楔等也视作简单的机械力。诚然，无论任何机器怎样改装和组合，它都是由此类简单的力构成的。但从经济学的观点来看，这没有丝毫意义，因为其中缺少历史的要素。从另一个角度，也有人认为，工具和机器的区别在于：工具的动力是人，而机器的动力是自然力，如风、水和牲畜等等。按照这一说法，如果畜力真是机器的动力，那么机器生产就应该在手工业生产之前了。这显然背离了历史事实。

所有发达的机器都是由发动机、传动机、工具机或工作机这三个有着本质区别的部分组成。发动机为整个机器提供动力，并且可以自己产生动力，如蒸汽机、内燃机、电动机等，也可以接受某种现成的自然力的推动，如水车受水的落差推动，风推动风磨等。传动系统由转轴、齿轮、皮带、联结装置和各种附件构成。它调节或在必要时改变机器运动

珍妮纺纱机

18世纪中期，英国商品越来越多地销往海外，手工工场的生产已供应不足。为了提高产量，人们想方设法改进生产技术。18世纪60年代，织布工哈格里夫斯发明了一种名为"珍妮机"的手摇纺纱机。"珍妮机"一次可以纺出许多根棉线，极大地提高了生产率。图为一名女工正在使用"珍妮机"纺纱。

纺织厂内景

18—19世纪，经过工业革命后，机器在生产中广泛应用，为资本主义生产方式奠定了坚实的物质技术基础。资本主义经济凭借机器化大生产，最终战胜封建经济和小商品经济，确立了自己的统治地位。图为19世纪一家采用机器生产的纺织厂内景。

的方式，将动力传送到工具机上。这两个部分都是为了把动力传送到工具机上，使工具机牢牢地抓住劳动对象，并按一定的目的进行改造。在今天，每当手工业或工场手工业向机器生产过渡时，工具机仍然是这一切的起点。

真正的工具机，大体还是以前手工业者和工场手工业工人所使用的那些器具和工具，虽然它们在形式上有很大的变化。但是，现在它已不再是人的工具，而是机械工具了。工具与工具机或工作机真正机体的区别主要表现为，工具仍然由手工业或工场手工业生产，然后才装到由机器生产的工作机的机体上。工具机是这样一种机器，它通过适合的运动，用自己的工具来完成过去工人用类似的工具所完成的一系列操作。至于动力的来源，不管是来自于人还是其他机器，都不会改变问题的实质。在工具从人那里转移到机器上以后，机器便代替了过去的单纯的工具了。人能够同时使用的工具数量，会受到他自身器官数量的限制。在德国，曾经有人试图让一个纺纱工人脚踏两架纺车，但要一个人双手双脚同时劳动太困难了，因此未能成功。尽管后来有人发明了脚踏的双锭纺车，但能够同时纺两根纱的纺纱能手几乎没有。后来，在工具机问世后，同一工具机同时使用工具的数量从一开始就摆脱了人的器官限制。例如，有一种叫"珍妮"的工具机，在工作时就能使用12~18个纱锭，而织袜机可以同时使用几千枚织针。

作为单纯动力的人和作为真正操作工人的人之间的区别，在许多手工工具上表现得极为明显。如脚在纺车上只起动力的作用，而在纱锭上则从事着真正的纺纱操作。首先受到工业革命侵袭的，正是手工工具的这后一部分。最初，工业革命除了使人用眼看管机器，用手纠正机器的差错这种新的劳动外，还使人发挥着纯机械的动力作用。相反地，比如推磨、拉风箱、抽水等，这些原来以人为简单动力的工具，却最早使用牲畜、水、风等自然动力。这些工具在工场手工业时期，便已全面发展成了机器，但它并没有引起生产方式的革命。比如，在1836—1837年的荷兰，人们用以抽干哈勒姆湖湖水的水泵，即已按普通唧筒的原理设计。不同的是，推动水泵的活塞的动力已发展为蒸汽机。在英国，铁匠的风箱也是如此。

17世纪末，工场手工业时期发明的蒸汽机，一直存在到18世纪80年代初，其间并未引发工业革命。相反，正是工具机的出现，才使蒸汽机的革命成为必要。作为工业革命的起点的机器，是用一整台机器代替只能使用一种工具的工人，这个机器同时使用多种工具作业，却由一个单纯的动力来推动，而这个动力具体怎样的形式却不重要。到此为止，我们只看到了机器，但这里的机器还只是机器生产的简单要素。

工具机规模的扩大和工具机上同时作业的工具数量的增加，需要有一种较大的发动机构。这个机构要克服它自身的限制，就需要一种比人力更强大的动力，因为人力是一种进行整合运动和连续运动的不完善的工具。假定人只作为简单的动力，也就是说，一种工具机已经代替了人的工具，那么，现在自然力也可以作为动力代替人。在工场手工业时期遗留下来的所有动力中，马力是最差的一种，因为它一方面有自己的头脑，另一方面是价格昂贵，而且在工厂内使用范围会有较大限制。但在大工业的初期，马经常被使用，直到今日，仍然有人用马力代替机械

发明家和工业革命的先驱——詹姆斯·瓦特

瓦特是英国著名的发明家，工业革命时期的重要人物。他于1776年制造出第一台有实用价值的蒸汽机，之后又经过一系列的重大改进，使之成为"万能的原动机"，在工业上得到广泛应用。他开辟了人类利用能源的新时代。

力。而风作为动力，很不稳定，又难以控制。此外，在大工业的发源地英国，早在工场手工业时期，水力就已经得到普遍的应用。17世纪，有人试图用一架水车来推动两套磨，但当时，传动机规模的扩大与水力的不足发生了冲突，这也成了促使人们更精确地去研究摩擦规律的原因之一。而且，靠磨杆一推一拉来推动的磨，其动力的作用也不均匀，由此又引出了飞轮的理论和应用。飞轮在以后的大工业中，起着非常重要的作用。大工业最初的科学要素和技术要素，正是在工场手工业时期发展起来的。阿克莱的翼锭精纺机最初便是以水为动力，但水力作为主要动力有许多局限。水不能随意增大，缺乏时也不能及时补充，有时甚至会完全枯竭。更主要的是，水完全受地势限制。直到瓦特发明第二种蒸汽机，即双向蒸汽机后，才找到了一种原动机，它的动力来自煤和水。它能推动自身和他物移动，而且动力完全受人控制；它主要在城市使用，这与农村的水车不同；它便于操作，使用场地受限制范围小。1784年4月，瓦特在他取得的专利说明书中，并没有把蒸汽机说成是一种用于特殊目的的发明，只说它是大工业普遍应用的发动机。他在说明书中指出的用途，例如蒸汽锤等，在半个多世纪以后才被采用。当时他也怀疑蒸汽机能否应用于航海。1851年，他的后继者博尔顿-瓦特公司才在伦敦工业展览会上展出了专门用于远洋轮船的最大蒸汽机。

在工具由人的肌体变为机械装置即工具机以后，发动机才摆脱了人力的限制，并取得了完全独立的形式。于是，我们前面所说的单个工具机，便成为机器生产的一个简单要素。现在，一台发动机可以同时带动多台工作机，随着发动机功率的增大，它同时带动的工作机数量也在增加，而传动机也随之扩展为一个庞大的装置。

现在，工场生产和机器生产之间出现了本质的区别。在工场手工业中，单个或成组的工人，必须用自己的手工工具来完成每一个特殊的局部过程。工人适应这个过程，这个过程也适应了工人。但在机器生产中，这个主观的分工原则消失了，被客观的技术过程所取代。每个局部过程的组合和完成，都由力学、化学等技术应用的原则来决定。当然，在这里，理论的方案需要通过大量实际经验的积累来完善。一台机器将原料供给下一台机器，当所有的机器同时动作时，产品便不断处于生产过程的各个阶段，而且不断地从一个阶段转向另一个阶段。即使如此，与工场手工业一样，在这个有组织的机器体系中，各局部机器不断的工作交换，也使局部机器的数目、规模和速度形成一定的比例；不同的是，在工场手工业中，形成一定比例数的是一个特殊工人小组。现在，各种单个工具机和各组工具机形成了一个有组织的体系，这种结合工具机所完成的整个过程越是连续不断，即原料从最初阶段到最后阶段的中断越少，原料就越是不靠人力，而是靠机构本身传送。由此可见，在发达的工厂中起支配作用的，不再是各个特殊过程分离所带来的分工原则，而是各特殊过程的连续性。

一个机器体系，无论同种工作机的单纯协作基础（织布业），还是以不同种工作机的结合为基础，一旦它由一个自动的原动机来推动，它本身便成了一个大自动机。也就是说，当工具机不需要人的帮助就能完成自行运动，人只需从旁适度照料时，我们就有了自动的机器体系，即便这个机器体系的某些细节还待不断改进。由一个中央自动机推动的工具机有组织的体系，是机器生产的最发达的形态。

但是，在沃康松、阿克莱、瓦特等人的发明之前，工场手工业已为机器的发展提供了相当数量的熟练的机械工人。这些工人中，一部分是各种独立的手工业者，另一部分则联合在分工严格的手工工场中。随着发明的增多和对新机器要求的增加，机器制造业的独立部门日益增多，制造机器的工场手工业内的分工也日益发展。工场手工业生产了机器，而大工业则借助于机器，在它占领的生产领域排除了手工业生产和工场手工业生产。因此，在与它不相适应的物质基础上自然兴起的机器生产，当发展到一定程度时，必定推翻在其旧形式中进一步发展了的基础本身，从而建立与它自身的生产方式相适应的新基础。

一个工业部门生产方式的变革，必然引起其他部门的变革。比如纺纱机，它的出现，必然促使相关生产部门用机器织布，同时又必然促使漂白业、印花业和染色业进行力学和化学革命。同时，在它的上游，棉纺业的革命又会促进轧棉机的发明，因为只有这样，才能满足棉纺业对棉花生产的巨大需求。工农业生产方式的革命，尤其会促使交通运输手段发生革命，因为它是决定整个社会生产过程的一般条件。而庞大的交通运输工具的生产，只有机器制造业才能胜任。因此，大工业必须掌握它特有的生产资料，即机器本身，必须用机器来生产机器，这样大工业才建起自己的技术基础，才能得以自立。

劳动资料要取得机器的这种物质形式，必须以自然力来代替人力，以自觉运用科学技术来代替经验中得到的成规。在工场手工业中，社会劳动过程的组织纯粹是主观的，是部分工人的结合；在机器体系中，大工业具有完全客观的生产机体，它作为现成的物质生产条件出现在工人面前。不管是在简单协作中，还是在因分工而产生的专业协作中，社会化的工人排挤单个工人的想象，依然存在着偶然性，而机器只有通过社会化的或共同的劳动才会起作用。劳动过程的协作性质，现在已经成为由劳动资料本身的性质所决定的技术上的必要。

机器的价值向产品转移

我们知道，由协作和分工产生的生产力，不需要投入资本；用于生产过程的自然力，如蒸汽、水等，也不需要资本的投入。但正如人呼吸需要肺一样，人要在生产上消费自然力，就需要一种"人手的创造物"。比如，要利用水的动力，就要有水车；要利用蒸汽的压力，就需要蒸汽机。利用自然力和科学也是如此。

机器大工业时期，工具并没有被机器排挤掉，只是它由人的机体发展成为由人创造的机器。现在，资本家已经不需要工人用手工工具去做工，而是要他们用会自行操纵工具的机器做工。机器大工业把巨大的自然力和自然科学并入生产过程，从而极大地提高了劳动生产率。但是，以这种方式提高生产力并不是通过增加劳动消耗换来的。作为不变资本的组成部分，机器本身并不创造价值，但当它把自身的价值转移到它所生产的产品上时，机器的价值便得以体现。机器不是使产品的价值变大，而是按照它自身的价值使产品增值。显然，作为大工业时期特有的劳动资料的机器，其价值要比手工业生产和工场手工业生产时期的劳动资料大得多。

虽然机器总是全部进入劳动过程，但只有部分能进入产品的价值增值过程。它附加于产品中的价值，绝不会大于它因为磨损而平均丧失的价值。因此，机器的价值和机器定期转移到产品中的那一部分价值，有着很大差别。同一种机器在同一种劳动中反复使用的时间越长，这种差别就越大。我们已然知晓，所有真正意义上的劳动资料或生产工具，虽然总是全部地进入劳动过程，但始终是依据它每天的平均损耗而部分地进入价值增值过程。使用和磨损这两种差别，在机器上比在工具上大得多，因为机器是由比较坚固的材料制成的，寿命较长。同时，在使用机器时必须严格遵照科学规律，能够更多地节约它的各个组成部分和减少消费资料的消耗。另外，机器的生产范围比工具的生产范围更加广阔。

如果我们不计算机器和工具每天的平均费用，即不计算它们每天的平均损耗和因机油、煤炭等辅助材料的消费而附加到产品上的那些价值，那么，机器和工具的使用是不需要花费代价的，这和使用未经人类加工就已然存在的自然力完全相同。机器的生产作用越是大于工具，它无偿服务的范围就越广。只是在机器大工业时期，人们才学会使自己已经过去的、物化的劳动产品大规模地、像自然力那样无偿地发生作用。

在考察协作和工场手工业时，我们发现，共同消费某些生产条件比单个工人分散消费的生产条件要节约，因而能使产品更便宜。在机器生产中，不仅一个工作机的许多工具可以共同消费一个工作机，而且许多工作机可以共同消费同一个发动机和一部分传动机。

如果机器的价值和机器转移给每日产品的价值之间的差额固定不变，那么，这个价值部分使产品变贵的程度，就取决于产品的数量。

如果工作机的作用范围固定不变，也就是说，工作机的工具数量已定或工具的规模已定，产品的数量便取决于工作机工作的速度。

如果机器转移给产品的价值比率已定，这个价值的大小就取决于机器本身价值的大小——机器本身包含的劳动越少，它转移到产品上的价值也就越小。它转移的价值越小，生产效率也就越高，其服务也就越接近自然力的服务。如果用机器生产机器，会使机器的价值相对其规模和作用而言有所降低。

比较一下手工业或工场手工业与机器大工业生产同一种商品的价格，普遍得出这样的结论：在机器大工业中，产品由劳动资料转移而来的价值组成部分的相对量增大了，但绝对量减少了。就是说，如果生产一台机器所费的劳动，与使用该机器所节省的劳动相等，那么，生产这个商品所需要的劳动总量并没有减少，或者说，劳动生产力并没有得到提高，这只是一种劳动形式的变换而已。但是，机器所耗费的劳动与它所节省的劳动之间的差额，或机器生产率的高低，并不是由机器本身的价值和它所代替的工具的价值之间的差额来决定的。只要机器所耗费的劳动即机器附加在产品上的价值部分，小于工人用自己的工具追加到劳动对象上的价值，那么，这种差额就会一直存在。从这个意义上讲，机器的生产率是由它代替人类劳动力的程度来衡量的。

例如，用蒸汽机推动的450个自动走锭精纺纱机纱锭及其附属设备，需要用

机器制衣

作为不变资本的组成部分，机器本身并不创造价值，但当它把自身的价值转移到它所生产的产品上时，其价值便得以体现。如果工人使用缝纫机生产衣服，那衣服的价值就包含了机器的价值和劳动力的价值。

两个半工人，一个自动走锭精纺机[1]纱锭在10小时的工作日里可纺出13盎司棉纱，那么两个半工人用一周时间可以纺出大约366磅棉纱。就是说，366磅棉花在变为棉纱时，只需150个劳动小时，或15个10小时工作日。如果不用机器而是用手工纺车，那么，一个手工纺工用60小时只能纺13盎司棉纱，即366磅棉花在变为棉纱时，要用2702.8个10小时工作日，或27028个劳动小时。又比如，过去印制花布采用的是木版印花或者手工印花，现在采用机器印花后，一个成年男工或少年工就可看管一台机器，机器印花在一小时印制的四色花布的数量，相当于过去用手工

---

〔1〕自动走锭精纺机：1779年由塞缪尔·克隆普顿（童工出身）发明。它结合了"珍妮机"和水力纺纱机的优点，又称"骡机"。这种机器纺出的棉纱柔软、精细又结实，很快得到广泛应用。到1800年，英国已有600家"骡机"纺纱厂。

印花时200个成年工人的印制的总和。1793年，在伊莱·惠特尼（1765—1825年，美国人，轧棉机的发明者）发明轧棉机以前，轧除1磅棉花的棉籽平均要耗费一个工作日。但自轧棉机出现后，一位妇女只需一天时间就可以轧100磅棉花。随着轧棉机的不断改进，效率也在不断提高。虽然原来每磅50分钱的棉纤维现在只卖10分钱，但利润却提高了，由此可见，其中包含的无酬劳动更多了。在印度，纺织工人在让棉纤维与棉籽分离时，原来使用的是一种半机器式的工具——手工轧棉机，使用这种工具，一个男工和一个女工一天只能轧28磅棉花。但自福尔布斯博士发明了手工轧棉机后，两个成年男工和一个少年工一天就可以轧250磅棉花。在可以用牛、蒸汽或水作为动力的那些地方，只需几个少年男女充当添料工，16台这样的机器，用牛来拉，一天的工作量相当于以前750个人一天的工作量。我们曾提到过，装在蒸汽犁上的蒸汽机在1小时内花费1/4先令完成的工作，等于66个人在1小时内花费15先令所完成的工作。但是，这15先令绝不是这66个人在1小时内增加劳动的表现。假定剩余劳动和必要劳动之比为100%，那么，这66个工人在1小时内就可以生产30先令的价值，虽然其中只有33小时表现为他们自己的等价物，即表现为15先令的工资。假如一台机器的价值等于它所取代的150个工人一年的工资，比如3000镑，那么，这3000镑绝不是这150个工人所提供的劳动在劳动对象上的货币表现，而是他们的年劳动中表现为他们工资的那部分劳动的货币表现。相反，机器的货币价值3000镑则是生产机器时所耗费的全部劳动的表现，无论这一劳动是按什么比例形成工人的工资和资本家的剩余价值。由此可以得出结论：即使机器的价值和它所代替的劳动力的价值相等，物化在机器中的劳动，也会比它所代替的活劳动要少。

如果仅仅把机器当作降低产品价格的手段，那么资本及使用机器的前提就是，生产机器所耗费的劳动要少于使用机器所代替的劳动。对资本而言，由于它支付的不是所使用的劳动，而是所使用的劳动力的价值，所以，只有在机器的价值和它所代替的劳动力价值之间存在着差额的前提下，才会使用机器。因为工作日中必要劳动和剩余劳动的比例在不同的国家是不同的，或者在同一时期的不同生产部门是不同的；又因为工人的实际工资有时在劳动力价值之下，有时又在他的劳动力价值以上，所以，即使生产机器所必需的劳动量和机器所代替的劳动总量之间的差额保持不变，机器的价格和它所代替的劳动力的价格，两者之间的差额也可能会有很大变动。

机器生产对工人的直接影响

机器生产使肌肉力成为多余，它成了一种雇用没有肌肉力或身体发育不成熟但四肢灵活的工人的手段。因此，资本家使用机器生产的第一个口号是让妇女和儿童参加劳动。这样一来，工人家庭全体成员都受到资本的直接统治，致使雇佣工人的数量增加。而资本家进行的强制劳动，不仅剥夺了儿童的游戏时间，还剥夺了家庭本身所需要的、在家庭范围内从事的自由劳动时间。

劳动力的价值不仅取决于维持成年工人个人所必需的劳动时间，还取决于维持工人家庭所必需的劳动时间。在机器把工人家庭的全体成员都抛到劳动市场后，家庭中男性劳动力的价值便分摊到全家人身上，男性劳动因为机器的使用而贬值。例如，现在购买一个家庭中的四个劳动力，也许比以前只购买这个家庭的一个家长劳动力要花费得更多。但现在四个工作日代替了原来的一个工作日，而现在的剩余劳动肯定超过原来的剩余劳动，因此劳动力的价格也随之下降。现在，要维持一家人的生活，四口人不仅要给资本家提供必要劳动，还要为他们提供剩余劳动。由此可见，机器在扩大资本固有剥削范围的同时，也提高了剥削程度。

机器还从根本上使资本关系的形式表现——工人和资本家之间的契约发生了革命。在商品交换的基础上，首要前提是资本家和工人作为自

棉纺女童工

资本主义经济发展到机器大工业阶段之后，机器的大规模使用改变了生产结构和劳动力需求状况，为资本家使用童工提供了可能。为了减少成本，童工逐渐成了一个社会性问题。图为在美国一家棉纺工厂内，一个女童工正在工作的情景。

由人和独立的商品所有者而相互对立：一方是货币和生产资料的所有者，一方是劳动力的所有者。但在资本家购买未成年劳动力后，工人除了出卖自己的劳动力，还出卖妻子儿女的劳动力。

如果说机器是提高劳动生产率，即缩短生产商品的必要劳动时间的最有力手段，那么，在机器大工业时期，机器作为资本的承担者，在它直接占领的工业中，成为把工作日延长到超越一切自然界限的强有力的手段。一方面，机器创造了新条件，让资本能够任意发展自己的一贯倾向——尽可能地延长剩余劳动时间；另一方面，机器创造了新动机，使资本增强了自己的贪欲。

劳动资料在机器上的运动和活动是离开工人而独立的。劳动资料如果不是在自己的助手——人的身体和意志上遇到其自然界限的限制，它就会连续不断地进行生产。因此，劳动资料作为资本，具有这样一种欲望：试图把有反抗性但又有伸缩性的人的自然界限的反抗压到最低限度。而且，由于在机器上的劳动相对简单，妇女和儿童又比较温顺，这种反抗的可能无疑更小。

机器的生产率同机器转移到产品上的价值大小成反比。机器运行的期限越长，生产的产品——机器加进价值量的承担品越多，机器加到单个商品上的价值也就越小。而机器的使用寿命，取决于它工作日的长度乘以劳动过程反复进行的天数。

机器的磨损，包括有形磨损和无形损耗，并不能精确到与它的使用时间一致。机器的有形磨损有两种，一种是由于使用而磨损，另一种是由于搁置不用而锈损。前者与机器的使用频率成正比，后者与机器的使用频率成反比。无形损耗是指，只要结构相同的机器能够再生产出来，而且价格更便宜，或是生产出更好的机器，那么原有机器的交换价值就会降低。在这两种情况下，即使原有的机器还有很长的使用期限，它的价值也不再由物化在其中的劳动时间来决定，而是由它本身的再生产时间或更好的机器再生产的必要劳动时间来决定，所以，它会或多或少地贬值。当某个部分采用新机器生产以后，那些让机器更廉价地生产出来的新方法，或涉及机器整个结构改良的新工艺便会接连不断地出现。因此，在资本家采用新机器生产的前期，延长工作日的动机就会显得格外强烈。

在工作日已定及其他条件不变的情况下，资本家要实现对工人的双倍剥削，就必须把投在机器、厂房、原料、辅助材料上的不变资本增加一倍。但随着工作日的延长，生产规模不断扩大，投在机器和厂房上的不变资本却保持不变。如此，不仅增加了剩余价值，还使榨取剩余价值所必需的支出相对减少。机器生产的发展使资本中越来越多的组成部分固定在这样一种形式上，即一方面资本可以不断地增殖，另一方面随着资本与活劳动接触的中断而丧失价值和使用价值。

机器之所以生产相对剩余价值，不仅因为它的使用至今造成劳动力贬值，让劳动力再生产所必需的生活资料价格下降，从而间接地使劳动力的价格下降，还因为它在最初偶尔被采用时，会把工人的劳动转化为高效率的劳动，把机器产品的社会价值提高到它的个别价值之上，从而使资本家用日产品中较小的价值部分就可以补偿劳动力的日价值。因此，当机器生产还处于垄断的过渡时期时，产品的利润特别高，为了彻底利用这段黄金时期，资本家总是尽量地延长工作日，高额的利润激起了他们对更多利润的贪欲。

当机器在同一生产部门得到普及应用时，机器产品的社会价值就会降到个别价值的水平。在这种情况下，剩余价值便不再来源于资本家用机器代替的劳动力，而是来源于资本家所雇用的使用机器的劳动力。剩余价值来源于资本的可变部分，而剩余价值量则取决于剩余价值率和同时使用的工人人数。在工作日已定的情况下，剩余价值率便取决于工作日中必要劳动和剩余劳动之间的比例。同时，使用的工人人数，则取决于资本的可变部分和不变部分之间的比例。显然，机器生产想要提高劳动生产力，或减少必要劳动来扩大剩余劳动，就必须以减少一定资本所使用的工人人数为前提。机器生产使以前的可变资本中的一部分，也就是曾作为活劳动力资本的一部分转化为机器，即转化为不生产剩余价值的不变资本。比如，在2个工人身上无论怎样也榨不出与24个工人同样多的剩余价值，24个工人只要在一天12小时的工作日中，每人提供1小时的剩余劳动，就可以提供总数为24小时的剩余劳动，而2个工人一天的全部劳动也只有24小时。因此，利用机器生产剩余价值包含着一个内在矛盾：在一定量资本所提供的剩余价值的两个因素——剩余价值率和雇佣工人人数中，机器要提高剩余价值率，就必须减少雇佣工人人数。一旦机器生产的商品价值随着机器的普及而成为所有同类商品起调节作用的社会价值时，这个内在矛盾就会暴露出来。资本并没有意识到这个矛盾正拼命推动延长工作日，以达到相对剩余劳动和绝对剩余劳动的增加，并以此弥补被剥削工人的相对减少。

机器在资本主义生产中的应用，一方面创造了无期限延长工作日的强大动机，并且使劳动方式本身和社会劳动体的性质发生变革，以打破对延长工作日这一趋势的任何抵抗；另一方面使资本过去无法控制的那部分工人受到资本的支配，并使一部分被机器排挤的工人失业，从而造成了过剩的劳动力，致使他们不得不面对资本家强加给他们的规律，从而产生了近代工业史上一种值得关注的现象——机器消除了工作日的一切道德和自然界限。因此产生了一个经济上的悖论：缩短劳动时间的最强手段，竟然成为把工人及其家属的全部生活时间转变为受资本家支配的价值增值的最可靠手段。

资本家手中的机器所造成的工作日的无限度延长，使社会的生命根源受到威胁，并因此引起社会的反应，从而产生了受法律限制的正常工作日。

向资本家抗议的工人

机器的广泛应用，一方面使资本家获得更多的剩余价值（因为机器生产能把工人的劳动变成高效率的劳动）；一方面使大量的劳动力被机器排挤，失去了工作，而没有被淘汰的劳动则对资本家制定的苛刻规定更加唯命是从，对延长工作日的要求更是不敢有任何反抗。此图中为机器大生产时代的工人，他们因失业而向资本家提出抗议。事实上，他们既是失去工作的不幸者，也是逃脱被资本家剥削的"幸运儿"。

在正常工作日的基础上，劳动强化现象便具有了决定性的意义。前面，在分析绝对剩余价值时，我们首先涉及了劳动的外延量，而劳动的强度则是假定不变的。现在我们考察外延量是怎么转变为强度的。

很明显，随着机器的改良和工人操作经验的积累，无论是劳动速度，还是劳动的强度都会增加。但是，如果这种劳动是有规律地、日复一日地进行，那么一定会出现这样一种情况：工作日的延长和劳动的强化相互抵触，以至要延长工作日就必须降低劳动强度，反之要提高强度只有缩短工作日。自从工人阶级的反抗迫使国家强制缩短劳动时间，并强行规定正常工作日以来，剩余价值的生产不再通过延长工作日来增加时，资本家便竭尽全力发展机器生产，这样相对剩余价值的性质也发生了变化。生产相对剩余价值的方法，通常都是通过提高劳动生产力，即让工人在相同的时间内，以相同的劳动消耗，生产出更多的东西。同样的劳动时间在总产品上的价值，仍然与以前一样多，从而使单个商品的价值下降。但是，现在情况不同了。强制缩短工作日，一方面会有力地推动生产力的发展，同时促成了生产条件的节约；另一方面，会迫使工人在同样的时间内增加劳动消耗，提高劳动力的紧张程度，也就是使劳动凝缩到只有已缩短的工作日中才能达到的紧张程度。现在，计算劳动时间的，除了"外延量"[1]，还有"劳动密度"[2]。即一个10小时工作日中强度较大的1小时，同一个12小时工作日中较松弛的1.2小时相比，会包含更多的劳动力消耗。因此，强度较大的1小时生产的产品，和较松弛的1.2小时生产的产品相比，会具有相同或更多的价值。

那么，劳动强化是如何产生呢？

工作日缩短的第一个结果是，劳动力的活动能力同它的活动时间成反比。因此，在一定的限度内，在力的作用时间上损失，可以通过提高力的作用强度来弥补。事实是，资本家也会通过付酬的方式，促使工人在规定的工作日内付出更多的劳动力。

缩短工作日，创造了使工人劳动凝缩的主观条件，也就是让工人在一定时间内付出更多的劳动，它一旦由法律来强制实行，资本家手中的机器就成为一种客观的、系统的、在同一时间获取更多劳动的手段。而达到这个目的需要提高机器的运转速度和增加同一个工人看管的机器的

---

[1] 外延量：马克思把工作日的延长称为劳动的外延量。随着社会生产力的提高，以及科学技术的进步和劳动者的经验积累，劳动的外延量可以转化为劳动的内含量。

[2] 劳动密度：在正常的人体劳动能量消耗范围内，除去无效活动的成分，其中劳动成分占所有活动的比重称为劳动密度。

数量，也就是扩大工人的劳动范围。

毫无疑问，当法律强制资本家不能随性延长工作日时，资本家便在力图以提高劳动强度来补偿剩余价值的损失，而且将机器不断改进视作加紧吮吸劳动力的手段。资本家的这种倾向很快使劳动时间不可避免地再一次缩短，但产品的输出量却在不断地增加。

工人和机器之间的斗争

在资本关系出现的同时，资本家与工人之间的斗争也开始了。在整个工场手工业时期，这种斗争一直如火如荼地进行着，但工人反对劳动资料本身，即反对资本的物质存在形式，是在资本家使用机器之后。

17世纪，在整个欧洲爆发了一场反对使用一种织带子和花边的机器的工人暴动。17世纪30年代，一个荷兰人在伦敦附近开办的风力锯木场被工人暴动摧毁。1758年，埃弗雷特制成了第一台水力剪毛机，但它很快被10万名失业者烧毁。5万名以梳毛为生的工人向议会请愿，反对梳毛机和梳棉机。19世纪最初15年，英国发生了大规模破坏机器的所谓"卢德运动"。由此看来，工人要学会把机器和机器的资本主义应用区别开来，以学会把自己的攻击目标从物质生产资料本身转向其社会使用形式上来，还需要一定的时间和经验。

机器一作为劳动资料的出现，立刻成为了工人的竞争对象。资本家借助机器进行自行增殖，与生存条件被机器破坏的工人数量成正比。工人把自己的劳动力当作商品出卖，是资本主义生产体系的基础。分工使这种劳动力片面化，使它只具有操纵局部工具的特定技能。一旦工具由机器操纵，那么劳动力就会失去其使用价值，相应地，它的交换价值也会一起消失。工人也仿佛停止流通的纸币，再也无人问津。一部分会成为过剩人口，不再为资本增殖所需要，他们中的一部分在与机器生产的斗争中被毁灭，另一部分则涌向所有比较容易进去的生产部门，充斥在

失业工人的小孩

图为一名失业工人的小孩，手举一块写着"Please give my dad a job（请给我爸爸一份工作）"的牌子。

劳动市场，从而使劳动力的价格降低到它的价值以下。

在这一部分开始时，我们参考了工厂作为躯体的存在形式，即机器体系的构成。接着，我们看到，机器通过占有妇女和儿童的劳动，增加了资本剥削的人身材料，然后通过无限度地延长工作日，以侵吞工人的全部生活时间。最后，机器的发展虽然缩短了工作日，却同时提供了数量惊人的产品，即在每一时刻内获取更多的劳动。接下来，我们将参考工厂的整体，而且是它的最发达形态。

尤尔博士曾对自动工厂有这两种含义不同的描述：

工厂是"包括成年和未成年在内的所有工人的协作，他们熟练而勤勉地看管着，由一个中心动力推动的不断生产的机器体系"；又说，工厂是"一个由无数机械与由自我意识的器官组成的庞大的自动机，这些器官从属于一个自动发动的动力，为生产同一个物品而不间断地协调运动"。前一说法，总体上工人表现为积极的行动主体，机械自动机则表现为客体；而后一说法中，自动机本身成了主体，工人只是作为只有意识的器官，与自动机的无意识的器官并列，而且都一同从属于中心动力。第一种说法适用于机器体系一切可能的大规模应用，后一种说法则表现了现代工厂制度的特征。因此，尤尔不仅把中心机器描述成自动机，而且也描述为"专制君主"。

由此，劳动工具的操作技巧同劳动工具一起从工人身上转到了机器上面。工具的效率被解放出来，不再受人类劳动力的人身限制，工场手工业分工的技术基础也因此消失了。在自动工厂里，代替工场手工业所持有的专业化工人等级制度的是机器的助手，主要在于这些有助于所需完成的各种劳动均等化的趋势；代替局部工人之间的人为差别的主要是年龄和性别的自然差别。在自动工厂里，就分工的重新出现而言，分工首先是把工人分配到各个专门化的机器上去，以及把众多并不形成组织的小组分配到工厂的各个部门，他们在那里并列着，在同种工作机上工作。因此，他们之间只有简单的协作。

虽然从技术上看，机器打破了旧的分工制度，但由于习惯，这种旧制度作为一种传统在工厂里延续着。只是后来，它被资本家当作剥削劳动力的手段，在令人厌恶的形式上，得到了系统的恢复和巩固。在工场中，工人终身只使用一种专门的局部工具；但在工厂里，他们只能终其一生专门服侍一台局部机器。这样不仅工人自身再生产的费用大为减少，而且工人毫无办法地只能依赖整个工厂，从而依赖资本家。

在工场手工业和手工业中，工人利用工具；但在工厂中，则是工人服侍机器。在前者，劳动资料的运动从工人出发，工人是一个活机构的肢体；而在后一场合，则是工人随劳动资料运动，工人被当作"活的附属物"而并入死机构，死机构独立于工人而存在。

弗里德里希·冯·恩格斯在《英国工人阶级状况》中说：

"这种苦役永无止境，不断反复地完成同一个机械过程；这种苦役乏味得令人丧气，就像西西弗斯[1]的苦刑一样；无休止的劳动的重压，一次又一次不断反复地落在疲惫不堪的工人身上。"

―――――――――――

〔1〕西西弗斯，希腊神话中一个贪婪的国王。他一度绑架了死神，让世间没有了死亡。最后，因触犯了众神，诸神为了惩罚他，让他把不断从山上垒起又滚落的石块推上山顶。

机器劳动抑制了肌肉的多方面运动，损害了神经系统，强行拿走了人身体上和精神上的一切活动的自由。即使减轻劳动，也成了折磨人的手段，因为机器本身，并不使工人摆脱劳动，而是使工人的劳动毫无内容。一切资本主义生产都不只是劳动过程，而是资本的增殖过程。因此，它有一个共同点，即不是工人支配劳动条件，而是劳动条件支配工人。而且这种颠倒，只是因为机器的使用才取得了技术上明显的现实性。正如前面已经说过的那样，生产过程的智力与体力劳动分离，智力转化为资本的权力，以支配劳动，是在以机器为基础的大工业中完成的。此时，科学、巨大的自然力、社会的群众性劳动都体现在机器体系中，并同机器体系一起，构成"主人"的权力。因此，当这位"主人"同"人手"发生冲突时，他就会轻蔑地说："工厂工人们，应该牢牢记住，他们的劳动实际上只是一种低级的熟练劳动。"

工人在技术上对劳动资料的服从，要求工人必须有一种划一的生活，并构成一个特殊的劳动体，实行一种兵营式的纪律。这种纪律发展成为完整的工厂制度，以利"监督劳动"得到充分发展，同时将工人划分为监工和劳工。

只是在工厂制度下，社会生产资料的节约才成熟起来。在资本家手中，这种节约却同时变成了对工人劳动时的生活条件的系统性掠夺。人为的高温、充满原料碎屑的空气、震耳欲聋的喧嚣等，不停地损害人的一切感官，没有福利设施，没有保障安全和健康的设备系统。因此，傅立叶把工厂称为"温和的监狱"，是多么恰如其分。

面对需要救济的工人，有人说，他们的痛苦只是"短暂的不便"；机器只是逐渐地完全占据一个生产领域，而它的破坏作用的范围和强度也会缩减。这只是相互抵消的两种安慰。在某一生产领域，机器的逐渐占领给与它竞争的工人阶层造成了"慢性的贫困"。在过渡迅速的地方，机器的影响广泛而强烈。英国手工织布工人的缓慢毁灭过程，延续了几十年之久，直到1838年，其可怕的景象在世界历史上也极为罕见。许多工人饿死了，许多人长期每天仅靠2.5便士维持全家人的生活。与此相反，英国棉纺织机在东印度的影响都十分强烈，1834—1835年，东印度总督确认：“织布工人的尸骨填塞着印度平原，其恐怖的程度，在整个商业史上也是绝无仅有的。”

对这些织工凄惨而短暂的一生而言，机器带给他们的诚然只是"短暂的不便"。但随着机器对新生产领域的不断占领，这种所谓的"短暂的"影响，也就成了长期的了。由此可见，随着机器的发展，资本主义生产方式使劳动条件和劳动产品具有的与工人相独立和相异化的形态完全地对立了起来。因而才第一次发生工人对劳动资料的粗暴的反抗。当然，劳动资料对工人的扼杀，这种直接的对立在新采用机器的工场手工业中表现得最为明显。

对工人而言，机器是一个极为强大的竞争者，它随时可以让雇佣工人"过剩"。受机器排挤的工人，被从工厂抛到劳动市场，在那里增加了可供资本主义支配的劳动力的数量。机器的这种作用，是对工人的极端鞭笞。在这里，只强调一点：从一个工业部门排挤出来的工人，当然可以在另一个工业部门找到职业，从而与同他们一道分离出来的生活资料重新建立联系。即使如此，他们也前途渺茫，离开了他们原来的劳动范围，他们不仅一文不值，而且变成了可怜的畸形人。他们只能在工资微薄的劳动部门寻找出路。

机器在应用它的部门必然会排挤工人，虽然它能引起其他部门的就业增加，但这一作用与所谓的补偿理论毫无共同之处。因为任何一种机器产品，都比被它排挤的同种手工产品便宜。所以，机器生产的总量，与它所代替的手工业或工场手工业生产的总量如果相等，那么，它所使用的劳动总量必然是减少的。但事实上，虽然工人的人数减少了，但机器生产的总量与手工业或工场手工业相比，它不是不变的，而是远远超过被排挤的手工业制品的总量。

因此，随着机器生产在一个部门的扩大，给这个部门提供生产资料的另一些部门的生产会首先增加。但就业工人数量会增加多少，在工作日长度和劳动强度不变的情况下，则取决于所使用的资本的构成，即取决于资本不变组成部分和可变部分的比例，而且这比例又随着机器在这些行业所占领范围的不同而发生变化。

采用机器的直接结果是，增加了剩余价值，同时也增加了体现这些剩余价值的产品量，并因此在增加资本阶级机器仆从消费的物质时，增加了这些社会阶层本身。也就是说，奢侈品的生产会增长，而且大工业导致的新的世界市场关系的出现，也让产品更精致和更多样化。大工业领域生产力的极度提高，以及随之而来的对劳动力剥削的加强，也使工人中越来越多的人有可能被用于非生产性劳动，从而导致"仆役阶级"被大规模地生产出来。比如英格兰和威尔士，1861年总人口为20066224人，由仆人、使女、侍从等组成的"仆役阶级"的总人数便高达1208648人，几乎与全部纺织厂、煤矿、金属矿的雇佣人员的总数相当。这就是机器的资本主义所获得的"辉煌"成果。

工人随机器生产的发展而被排斥和吸引

就政治经济学而言，凡是代表人物都承认，机器的使用，对旧有的手工业和工场手工业中的工人带来了灾难性的影响。他们全部为那些沦为奴隶的人而叹息，但他们却拿不出有效的应对之策，以至在机器使用和发展的恐怖时期过去之后，劳动奴隶的数量最终是增加而不是减少。是的，政治经济学正陶醉于一个令人厌恶的定理——一个资本主义生产方式的永恒的自然必然性的"慈善家"都感到厌恶的定理：即使已经建立在机器生产基础上的工厂，经过一段发展时期或长或短的"过渡时期"后，工人进厂所受的苦也远远超过他当初被抛向街头的时候。英国精梳毛纺织厂和丝纺织厂的事例表明，到了一定的发展阶段，在工厂极度扩张的同时，工厂的人数不仅会相对地减少，还可能会绝对地减少。1860年，根据议会的命令，调查委员会对英国所有的工厂进行过一次专门调查，在郎卡郡、柴郡和约克郡地区，属于工场视察员罗·贝克管辖的工厂中，共有652家加工厂，其中570家工厂拥有蒸汽织机85622台、纱锭6819146个、蒸汽机27439马力、水车1390马力和雇佣工人94119人。但在5年后，这些工厂却拥有了织机95163台、纱锭7025031个、蒸汽机28925马力、水车1445马力和雇佣工人88913人。就是说，从1860年到1865年，这些工厂的蒸汽织机增加了11%、纱锭增加了3%、蒸汽机总马力增加了5%、雇佣工人却减少了5.5%。此后，从1856年到1862年，英国的毛纺织业有了更为显著的发展，但工厂雇用的工人人数却几乎没有变化。这表明，新采用的机器在相当大的程度上取代了以前各个时期的劳动。

根据已经验证的事实，工厂工人就业人数的增加大多数都只是表面现象，就是说，这种增加并不是因为以大机器生产为基础的工厂扩大了，而是因为工厂的附属部门被逐渐合并。工厂扩大而工人并没有相应增加，是由于过去用人力推动的织毯机、织带机、织麻布机等，现在采用了以蒸汽机为动力。另外，除金属工厂外，许多工厂的工人都是18岁以下的少年、妇女和儿童。因此，这些工厂工人人数的增加反而表明了就业工人总数的减少。

我们知道，尽管机器生产排挤了大量的工人，但随着工厂数量的增多和现有工厂规模的扩大，工厂工人的人数最终将比被机器排挤的工人人数多。假定在每周使用的500镑资本中，采用旧的生产方式，不变部分将占2/5，可变部分占3/5，也就是说，500镑资本中，有200镑用于生产资料，300镑用于劳动力，即每镑雇一个工人。现在由于采用机器生产，总资本的构成就会发生变化。假定这500镑资本可分为4/5不变部分

月光下的运煤船

资本家使用机器,一方面创造了延长工作日的新动机,另一方面造成大量工人失业,致使工人不得不遵从资本家强加的法则。图中,运煤工人正披星戴月地工作。

和1/5可变部分,那么,用于劳动力的便只有100镑。如果这样,过去雇用的工人中有2/3即200个工人将被解雇。如果工场的生产规模扩大,在其他条件不变的情况下,总资本由500镑增加到1500镑,那么,现在就需要雇用300个工人。如果资本增加到2000镑,就需要雇用400个工人,这比采用旧的生产方式时多了1/3。在人数上,工人绝对地增加了100人,但同预付总资本相比,却减少了800人,因为在旧的生产方式下,2000镑的资本应该雇用1200个工人,而不是400个工人。由此可见,就业工人人数的相对减少和绝对增加是并行不悖的。

以上假定,随着总资本的增加,资本的构成保持不变,因为生产条件没有发生变化。但我们知道,随着机器体系的不断进步,由机器、原料等构成的不变资本部分会不断增加,而用于劳动力的可变资本部分则会不断减少,同时我们还知道,在任何生产方式下,改良都不可能经常进行,因而总资本的构成也不会经常变化。即使有可能出现这种经常的变化,也常常会被间歇时期和在既定技术基础上的单纯量的扩大所中断,于是,就业工人的人数也就增加了。例如在1835年,联合王国的棉、毛、精梳毛、亚麻、丝等纺织厂的工人总数只有354684人,到了1861年,仅蒸汽织机占用的织工就有230654人。当然,如果把1838年不列颠的手工织布工人和他们一起工作的80万家属考虑在内,这种增幅也就不算大了。而且,这里还没有把那些在亚洲和欧洲大陆上被排挤掉的手工织布工人计算在内。

失去工作的矿工

马克思指出,失业是资本积累和财富发展的必然产物。随着资本积累的增长和资本有机构成的提高,资本对劳动力的需求虽然逐渐减少,但劳动力对资本的供给却在迅速增加,这就造成大批工人失业。图中,一群失业的矿工在矿场周围等待工作机会。

另外,需要说明的是,我们在进行理论叙述的时候并未涉及那些纯粹事实方面的情况。在工业部门中,只需牺牲旧的手工业或工场手工业的方式来发展机器生产,就一定会取得成功,这就像用针发枪[1]装备的军队一定能战胜用弓箭装备的军队一样。机器生产出现的早期,因机器

---

[1] 针发枪:用击针击发子弹的步枪。扣动扳机后,枪机上的长杆形击针刺破子弹壳,撞击底火,引燃发射药,将弹丸射出。

生产而带来的高额利润具有决定性的意义。这些利润不仅成为加速积累的源泉，还把很大部分新生的、正在寻找新的投资场所的社会追加资本吸引到有利的生产领域。初创时期的这种特殊利益，不断地在采用机器生产的工厂里重现。但是，一旦大机器生产的工厂制度达到一定的广度和成熟度，特别是在机器本身也用机器来生产，煤、铁的采掘技术以及金属加工技术和交通运输业发生革命时，或者与机器大工业相适应的社会生产条件形成之后，这种生产方式就会获得一种弹性，获得一种突然的跳跃式的扩张能力，此时便只有原料和销售市场能成为限制。这是因为，一方面机器直接引起原料的增加，例如轧棉机的使用促使棉花产量的增长；另一方面，机器产品的便宜和交通运输业的发达为夺取国外市场提供了武器。机器产品摧毁了国外市场的手工业产品，并迫使那些市场变成了它的原料产地。例如，东印度公司就被迫为英国生产棉花、羊毛、大麻、黄麻、靛蓝等。

工业大国中工人的不断"过剩"，大大促进了国外移民，从而促进了外国的殖民地化，被殖民地化的国家许多都变成了宗主国的原料产地，例如澳大利亚就变成了羊毛产地。于是一种与机器生产相适应的新的国际分工产生了，它使地球的一部分地区变成了主要从事农业生产的区域，以服务于另一部分主要从事工业生产的地区。

工厂制度跳跃式的巨大扩展能力和它对世界市场的依赖，必然造成热病似的生产，从而导致市场商品充斥，而当市场收缩时，生产又出现瘫痪状态。整个生产过程按照活跃、繁荣、生产过剩、危机、停滞的顺序不断转换。这种周期变换，使工人在就业和生活上遭遇的无保障和不稳定状态，成为一种正常现象。

除繁荣时期外，资本家之间总是进行十分激烈的竞争，他们不断争夺市场份额。这个份额与产品的便宜程度成正比。竞争迫使他们竞相改良机器以代替劳动力，每当出现这样的局面，为了追求商品便宜，资本家总是强制地将工人工资压低到劳动力价值以下。可见，工人人数的增加是以投入工厂的总资本在比例上迅速增加为条件的。但是，这个过程只在机器生产的高潮和低谷之间实现，即使如此，它还时常被技术进步所打断，这种进步时而潜在地代替工人，时而实际地排挤工人。机器生产中这种质的变化，不断地把工人逐出工厂，或者将新的劳动力拒之门外，而工厂的单纯的量的扩大，在把被逐出的工人吸收回来的同时，还把新的劳动力也吸收进来。随着工人不断地被排斥、吸收，他们在性别、年龄和熟练程度上也会出现不断的变化。

只要粗略地看一下英国棉纺织业的命运，就可以非常清楚地了解工人的命运。

从1770年到1815年，英国棉纺织业有5年时间一直处于不振或停滞状态。在最初的45年，英国工厂主几乎垄断了机器和整个世界市场。1815年到1821年，英国棉纺织业处于不振状态；1822年到1823年，进入繁荣阶段；1824年废除《禁止结社法》[1]后，工厂普遍大扩展；1825年又处于危机状态；1826年，棉纺织业工人因极端贫困发生暴动；1827年情况开始好转；1828年，蒸汽织机大量涌现，棉纺织产品的输出量大增；1829年，棉纺织产品的输出量超过历年总和。但1830年，随着生产过剩而出现市场商品充斥，境况艰难；1831年到1833年，不振状态持续三年，东印度公司对印度和中国贸易的垄断权被取消；1834年，英国棉

---

〔1〕《禁止结社法》：英国没有成文宪法，却存在自由结社的传统。在普通法体系下，社团的成立不需要经过登记程序。服务于慈善目的或文化和政治等其他目的的社团，在18世纪和19世纪开始普遍存在。但出于对工人运动的担忧，英国在1799年和1800年颁布的《禁止结社法》中规定工会为非法团体，禁止工人参加工会，这一规定直到1824年才被废除。1906年，英国承认结社权是一项基本权利，公民有组织宗教、文化、劳工、政治等团体的权利。

纺织业再次进入活跃、繁荣阶段，工厂和机器大增，工人严重不足。《新济贫法》[1]的颁布，促进农业工人向工厂区流动，各农业郡的儿童被劫掠一空；1835年，棉纺织业出现大繁荣，与此同时，手工织布工人艰难度日；1836年，英国棉纺织业依然大繁荣，但在1837年和1838年，又处于危机和不振状态；1839年，英国棉纺织业开始复苏；1840年，又出现严重萧条，工人发生暴动，政府出动军队干涉；1841年和1842年，大量工人穷困潦倒；1842年，政府废除《谷物法》[2]，工厂主将大批的工人解雇，导致成千上万的工人涌向约克郡，被军队驱回，工人领袖被提交兰开斯特法庭。1843年，英国出现严重贫困。

---

[1]《新济贫法》：1834年，英国政府出台了《济贫法修正案》，史称《新济贫法》。《新济贫法》克服了《旧济贫法》中的一些流弊，如滥施救济、管理不善等。它废除了"院外救济"，尤其是流行一时的斯皮纳姆兰制。贫民只有在进入"济贫院"后，方可获得食物救济。

[2]《谷物法》：英国1815年制定的限制谷物进口的法律。它规定，当国内市场小麦价格低于每夸脱80先令时，禁止谷物进口。目的是维护土地贵族的利益。该法实施后，谷物价格骤贵，工人要求提高工资，国外市场也提高了英国工业品进口税，从而损害了工业资产阶级的利益和农民的利益。1846年，该法被废除。

第四章　绝对剩余价值和相对剩余价值的生产

绝对剩余价值的生产和相对剩余价值的生产，并列为资本家提高剥削程度的两种基本方法。绝对剩余价值的生产构成资本主义体系的一般基础，同时也是相对剩余价值生产的起点，因为后者是以工作日延长到必要劳动时间以上为前提的。

在资本主义条件下，工人的工作日分为必要劳动时间和剩余劳动时间。在必要劳动时间不变的条件下，资本家只有把工作日延长到必要劳动时间以上，才能使工人为自己生产剩余价值。资本家对雇佣工人的剥削程度与工作日的延长成正比。工作日越长，剩余劳动时间就越长，剩余价值就越多，剥削程度也越高。

绝对剩余价值和相对剩余价值

一定程度的劳动生产率是剩余价值生产的前提。劳动生产率是同自然条件相联系的，从最一般的意义上说，剩余价值有一个自然基础。自然条件的优劣，对于剩余劳动的数量有一定影响。但良好的自然条件始终只提供剩余劳动的可能性，从而只提供剩余价值或剩余产品的可能性，而决不能提供它的现实性。要想这种可能性转化为现实性，需要资本主义生产关系的强制。

资本主义生产的不仅是商品，它实质上生产了剩余价值。工人的生产不是为了自己，而是为了资本家，所以工人只完成一般意义上的生产

通宵工作的工人

资本家为了追逐剩余价值,采取各种手段来延长工人工作日,如上班后不准中间休息,限制吃饭时间,采取拨弄时针的手段强迫工人提早上班,推迟下班,以及寻找各种借口强迫工人加班等等。图中这些排队领取早餐的工人都是刚结束通宵工作。

还不够,他必须生产剩余价值。只有为资本家生产剩余价值,或为资本自行增殖服务的人,才是生产工人。因此,生产工人的概念不仅包含活动和结果之间的关系,还包括个人和劳动产品之间的关系,以及一种特殊社会的、历史的特殊生产关系。这种关系把工人变成生产剩余价值的直接手段。因此,在资本主义社会,成为生产工人不是一种荣耀,而是一种不幸。

绝对剩余价值的生产构成了整个资本主义制度的一般基础,并且是相对剩余价值生产的起点。因为绝对剩余价值的生产,是将工作日延长,使其超出工人只生产自己劳动力价值的等价物的那个点,并由资本家占有这部分剩余劳动。就相对剩余价值的生产而言,工作日一开始就被分为必要劳动和剩余劳动两部分。为了延长剩余劳动,就必须以各种方法缩短必要劳动,即以较少的时间生产出工人工资的等价物。绝对剩余价值的生产,只与工作日的长度有关;而相对剩余价值的生产,则使劳动的技术过程和社会组织发生彻底的革命。

因此,相对剩余价值的生产,以资本主义特殊的生产方式为前提,这种生产方式,最初是在劳动因形式上从属于资本的基础上自发地产生和发展的。

绝对剩余价值的生产,要求劳动在形式上属于资本就够了,比如,要求以前为自己劳动或作为行会师傅帮工的劳动者，变成直接受资本家雇用的工人。但我们也可以看到生产相对剩余价值的方法，同时也是生产绝对剩余价值的方法。大工业特有的产物，便是对工作日的无限度延长。特殊的资本主义的生产方式，一旦掌握整个生产部门，它就不单是生产相对剩余价值的手段，而是成了生产过程的普遍的、在社会上占统治地位的形式。它作为生产相对剩余价值的特殊方法，现在只在这一情况下起作用：那些以前只在形式上属于资本的产业为它所占领，也就是它扩大了作用的范围；或者已经受它支配的产业，由于生产方法的改变正不断地发生着革命。

从这一观点出发，绝对剩余价值与相对剩余价值之间似乎并无区别。相对剩余价值是绝对的，因为它是以工作日绝对延长到超过工人的必要劳动时间为前提。绝对剩余价值是相对的，因为它以劳动生产率的提高为条件，将必要劳动的时间限制为一个工作日的一个部分为前提。但是，如果仔细观察剩余价值的运动，这种表面的同一性就消失了。在资本主义生产方式一旦确立，并成为普遍的生产方式的情况下，只要涉及剩余价值率的提高，就可以发现绝对剩余价值和相对剩余价值之间的区别。

如果一个工人生产维持自身和家庭所必需的生产资料，需要他付出全部的时间，那就没有剩余时间来为第三者劳动。这种剩余时间的长短受劳动生产率的影响，劳动生产率没有发展到一定程度，工人就没有这种可供自己支配的剩余时间，也就不可能有剩余劳动，更不可能有资本家、奴隶主和封建贵族。

因此，从最一般的意义来说，剩余价值有一个自然基础，即没有绝对的自然障碍，会妨碍一个人把维持自身生存所必需的劳动，从自身解脱下来，并转嫁给他人，也没绝对的自然障碍，会妨碍一个人把他人的肉当作食物。也就是说，只有在人类通过劳动摆脱了最初的动物状态，即他们的劳动本身在一定程度上已经社会化之后，一个人的剩余劳动才能与另一人的生存条件发生关系。在文明初期，劳动生产力很低，但人的需要也很低，同时，依靠他人劳动来生活的人也很少。随着社会劳动生产力的发展，依靠他人劳动来生活的人开始增多，此外，经济土壤作为长期发展过程的产物，资本关系在它的上面产生出来。因此，作为资本关系的基础和起点的现有劳动生产率，并不是自然的恩赐，而是历史的恩惠。

抛开社会生产形态的发展程度，劳动生产率也是同自然条件相联系的。这些自然条件包括人本身的自然（如人种等）和人周围的自然，即外界自然。在经济上，外界自然可分为两大类：生活资料的自然资源，如土地的肥力、水域丰产鱼类等；劳动资料的自然资源，如河流、瀑布、森林、煤炭和金属等。在文明早期，生活资料的自然资源具有决定性的意义；劳动资料的自然资源，在较高的发展阶段，具有决定性的意义。

绝对必需满足的自然需要的数量越少，土壤的自然肥力越高，气候条件越好，维持和再生产生产者所需要的劳动时间就越少，因而，生产者为别人提供的剩余劳动就可以越多。比如，古代埃及那些宏伟建筑的建设，与其说是因为埃及人口众多，还不如说是因为在古代埃及，有很大一部分人口在生产之外可供支配。单个工人的必要劳动时间越少，他所能提供的剩余劳动就越多，即工人人口中生产基本生活资料所需要的部分越少，可以用作他事的部分就越大。

资本主义生产一旦成为前提，在工作日保持一定长度，其他条件也不变的情况下，剩余劳动量往往随劳动的自然条件，特别是随土壤的肥力而变化，但不能反过来说，肥沃的土壤最适于资本主义生产方式的生长。人对自然的支配，才是资本主义生产方式生长的前提，资本的祖国不是草木繁茂的热带，也不是土壤的绝对肥力，而是社会地控制自然力，从而节约地利用自然力——这种必要性在产业史上有着决定性的作用。比如埃及、荷兰、印度、波斯的治水工程，就是驯服自然力最好的例子。

良好的自然条件最多只是提供剩余劳动的可能性，从而提供生产剩余价值或剩余产品的可能，却绝不能提供现实性。不同条件下的劳动，使同一劳动量在不同的国家可以满足不同的需要，因而在其他条件相似的情况下，必要劳动时间也各不相同。这些自然条件只作为自然限制对剩余劳动产生影响，它们只确定工人为别人劳动的起点。而且，产业越进步，这一自然界线便越退缩。

受自然制约的劳动生产力，也同历史地发展起来的社会劳动生产力一样，表现为合并劳动的资本的生产力。

劳动力价格和剩余价值量的变化

劳动力价值是由工人所必需生活资料的平均价值决定的。而剩余价值生产体现着雇佣劳动者和资本家的对立关系，这个关系的量的表现就是劳动力价格和剩余价值量的对比。我们假定：①商品按其价格出售；②劳动力的价格不低于它的价值。此种情况下，劳动力的价格和剩余价值的相对量变化，取决于三种情况：①工作日的长度，即劳动的外延量；②正常的劳动强度，即劳动的量或劳动的密度；③劳动生产力，即等量的劳动由于生产条件发展程度的不同而提供较多或较少的产品量。这三个因素可以有多种组合，以下分析集中最主要的组合及其变化规律。

工作日的长度和劳动强度不变，劳动生产力变化

在这个假定条件下，劳动力价值和剩余价值由三个规律决定：

其一，不管劳动生产力如何变化，也不管产品数量和单个商品的价格如何变化，一定长度的工作日总表现为相同的价值产品，即一定长度

工作日所生产的产品价值总量与劳动生产力的变化无关。例如，一个12小时工作日，可生产10件商品，总价值为6先令。随着劳动生产力的变化，虽然所生产的使用价值会变化，但这6先令的价值总会分配到较多或较少的商品中去。

其二，劳动力的价值与剩余价值呈反向变化。劳动生产力的变化，按相反方向影响劳动力的价值，同时按相同方向影响剩余价值，即劳动生产力提高，剩余价值增加，同时劳动力价值下降。一个12小时工作日的价值产品是一个不变量，为6先令。这个不变量等于剩余价值与劳动力价值之和。很明显，在这个不变量中，如果一个部分不减少，另一个部分便不能增加。也就是说，如果剩余价值不由3先令降至2先令，那么，劳动力的价值就不可能从3先令提高至4先令，反之亦然。因此无论如何，劳动力价值与剩余价值永远不可能同时提高或同时降低。再则，如果不提高劳动生产力，劳动力的价值就不能下降，从而剩余价值也不能提高。仍以前面的例子为例，如果不提高劳动生产力，要使以前6小时生产的生活资料，改为只用4小时就可以生产出来，劳动力的价值就不可能由3先令降到2先令，反之亦然。因此我们可以得出结论，劳动生产力的提高，会降低劳动力的价值，从而提高剩余价值。

其三，在工作日长度不变，并表现为不变的价值量的情况下，剩余价值的增加或减少，始终是劳动力价值相应的减少或增加的结果，而不是其原因。剩余价值量的每一变化，都有劳动力价值量相反的变化与之相适应，而劳动力的价值，又只能随劳动生产力的变化而变化。所以，在这些条件下，剩余价值量的任何变化，都只可能是由劳动力价值量的相反变化所引起。

劳动力的价值由一定量的生活资料的价值所决定。这里指生活资料的价值，而不是量，并随着劳动生产力的变化而变化。在劳动生产力提高时，工人和资本家的生活资料是本身可以同比例增长，而劳动力价格和剩余价值之间不会发生任何变化。如果劳动力原来的价值是3先令，必要劳动时间是6小时，而剩余价值也是3先令，因而剩余劳动也是5小时，那么，在工作的划分不变的情况下，劳动生产力虽然提高了一倍，但劳动力价格与剩余价值仍会保持不变。在此，劳动力的价值虽然没有变化，但它却提高到了劳动力的价格以上，也就是说，在劳动力的价值增加的同时，劳动力的价格都保持不变，相对地说，即同剩余价值的增长相比较，劳动力的价格不是降低了。因而，工人与资本家的生活境况之间的鸿沟也加深了。

工作日和劳动生产力不变，劳动强度变化

劳动强度的增长，是以同一时间劳动消耗的增加为前提的。同时，提高劳动强度对劳动力的价值和剩余价值量变化有着重要的影响。

提高劳动强度，会增大劳动消耗，在相同的时间内，劳动强度较大的工作日比劳动强度较小的工作日提供的产品更多。在工作日长度相同的条件下，提高劳动强度和劳动生产力都能增加产品数量。但是，提高劳动生产力会减少在一定时间内生产商品所耗费的劳动时间。那么，随着产品数量的增加，产品的价格就会下降。而提高劳动强度，在一定的时间内生产更多的产品，要比过去耗费更多的劳动，因此，虽然产品的数量增加，但它的价格却不会下降。就是说，在工作日长度不变的情况下，提高劳动强度，能生产更多的产品，在货币价值不变的情况下，就能获得更多的货币。

商品的价值量是由生产产品所必需的社会必要劳动时间决定的，而平均的劳动强度，是决定社会必要劳动时间的一个重要因素。在工作日长度不变的情况下，生产的产品价值会随着工作日强度的变化而变化。因此，一个工作日的产品价值，就由不变量变成了可变量。而这个产品价值的两个部分，即劳动力价值和剩余价值，则可以同时按照相同或不同的程度增加。然而，劳动力价格的提高并非必须超过它的价值。与此相反，当劳动力价格提高到不能补偿因劳动强度的增加而使劳动力加速消耗时，劳动力价格便可能降低到劳动力的价值以下。

劳动生产力和劳动强度不变，工作日变化

工作日可以向两个方向变化，它既可以延长，也可以缩短，具体分析如下：

其一，假定劳动生产力和劳动强度不变，缩短工作日不会使劳动力价值和必要劳动时间发生变化，但它会缩小剩余劳动和剩余价值。随着剩余价值的绝对量的下降，与剩余价值与劳动力价值的不变量相比的量也会下降。为了避免损失，资本家只有把劳动力价格压低到它的价值以下。因此，资本家会用各种借口反对缩短工作日。实际上，在工作日缩短的前后，劳动生产率和劳动强度总会发生变化。

其二，如果劳动力价格不变，延长工作日就会增加剩余价值的绝对量和相对量。延长工作日后，虽然劳动力价值的绝对量没有变化，但劳动力价值的相对量却降低了。

我们假定必要劳动时间是6小时，劳动力价值为3先令，剩余劳动也是6小时，剩余价值也是3先令，那么，一个工作日便是12小时，并表现为6先令的价值产品。如果劳动力价格不变，而工作日延长2小时，那么剩余价值的相对量就会同它的绝对量一起增加。虽然劳动力价值的相对量没有变化，但其却降低了，而剩余价值的绝对量变化的结果，则表现为劳动力价值相对量的变化。

随着工作日的延长，劳动力的价格尽管能保持不变甚至还稍有提高，但它还是可能降到劳动力的价值以下，因为劳动力的日价值是根据劳动者的平均寿命来计算的。劳动力的消耗不能超过一定的限度，在这个限度内，如果增加劳动力的消耗，可以用增加报酬来补偿；但如果超

劳动的持续时间、劳动生产力和劳动强度三者同时变化

过限度,就无法用任何报酬来补偿了,所以延长工作日将会增加对劳动者的剥削。

之前三种组合都是假定三个因素中两个不变,其中一个因素变化而产生的情况。这里,我们综合分析三者同时变化时所出现的情况:

其一,降低劳动生产力,延长工作日。

机器的附庸

资本主义社会工具的理性发展,以及技术和生产组织的改进使分工越来越细,工人成为一种局部的人、片面的人,成为机器的附属物。工人消耗了大量劳动,提高了劳动强度,为资本家提供了更多的产品,创造了更多的剩余价值,而他们自己,却变成了畸形物,许多生产志趣和生产才能也被压抑。如图中的女工,她们已沦为机器的附庸,根本不可能发展自己的一技之长。

劳动生产力的降低,是指产品决定劳动力价值的劳动部门,由于产品价格上涨而使劳动力的价值提高,从而引起劳动生产力的降低。假定一个工作日是12小时,它的产品价值为6先令,其中3先令是补偿劳动力的价值,另3先令为剩余价值,12小时工作日分为6小时必要劳动和6小时剩余劳动。假定由于产品的涨价,劳动力的价值由3先令提高到4先令,那么,必要劳动时间也应该由6小时增加到8小时。而剩余劳动就会从6小时减少到4小时,剩余价值也就相应地从3先令降低到2先令。如果把剩余劳动延长2小时,即把工作日从12小时延至14小时,那么,剩余劳动还是6小时,剩余价值仍是3先令,但剩余价值量同劳动力价值相比却有所下降。如果把工作日从12小时延至16小时,那么,无论是剩余价值和劳动力价值的比例量,还是剩余劳动和必要劳动的比例量都不会改变,但是剩余价值却由3先令

康奈尔工厂

提高劳动生产力和劳动强度,可以缩短产品的社会必要劳动时间,在工人的劳动力价值没有改变的情况下,降低生产成本。这样,商品就具有相对的价格优势。资本家大都以这种方式提高商品的竞争力。图为工人们(包括许多童工)在马萨诸塞州福尔河康奈尔工厂的纺纱间进行高强度劳动。

增加到4先令,剩余劳动也由6个劳动小时增加到8个劳动小时。因此,在劳动生产力降低的同时延长工作日,即使剩余价值的比例量降低,它的绝对量仍可保持不变,同样地,即使它的绝对量增加,它的比例量仍可保持不变。并且,当工作日延长到一定程度时,剩余价值的比例量和绝对量都可能增加。

其二,提高劳动生产力和劳动强度,缩短工作日。

劳动强度的增加和劳动生产力的提高,都会使一定时间内生产的产品总额增加,它们都能缩短工人生产自己的生活资料所必需的工作日部分。工作日的绝对最低界限,总是由工作日的这个必要的但能缩减的部分形成。但是,如果把整个工作日缩小到这个必要部分,那么剩余劳动就会消失,资本主义也就不复存在了,所以,在资本主义制度下,这种情况是不会发生的。因此,只有消灭了资本主义的生产方式,才可能把工作日限制在必要劳动上。但那时,必要劳动将会扩大自己的范围:一方面是因为工人的物质文化生活日益丰富,从而他们的生活需求也日益增长;另一方面随着社会的发展,剩余劳动中的一部分将会列入必要劳动,也就是说,这种必要劳动是为社会创造准备基金和累计基金。

在劳动强度和劳动生产力不变的条件下,劳动在一切有能力的社会成员中越是平均分配,一个社会阶层把劳动的自然必然性从自身解脱并转嫁到另一个阶层的可能性就越小，社会生产中必须用于物质生产的部分就越小，从而个人从事自由活动和社会活动的时间就越多。从这个意义上来说，缩短工作日的绝对界限就是劳动的普遍化。在资本主义社会，一个阶级享有完全自由的时间，是因为工人的全部生活时间都转化成了劳动时间。

计算剩余价值率的各种公式

计算剩余价值率，可以用以下公式Ⅰ表示：

$$\text{I}.\ \frac{\text{剩余价值}}{\text{可变资本}}\left(\frac{m}{v}\right) = \frac{\text{剩余价值}}{\text{劳动力价值}} = \frac{\text{剩余劳动时间}}{\text{必要劳动时间}}$$

其中，前两个为价值的比率，第三个则表示生产这些价值所需要的时间比率。因为这组公式都表示剩余价值率，所以可以互相替代。然而，在概念上却有严格的区别。这些公式早在古典政治经济学[1]中就已经出现，只是当时并非有意识地制定出来。在古典政治经济学中，我们看到的是下列派生的公式Ⅱ：

$$\text{Ⅱ}.\ \frac{\text{剩余劳动}}{\text{工作日}} = \frac{\text{剩余价值}}{\text{产品价值}} = \frac{\text{剩余产品}}{\text{总产品}}$$

这里，同一比率交替地表现在劳动时间的形式上，以及这些价值借以存在的产品形式上。毫无疑问，这里所说的产品价值，只能理解为工作日的价值产品，并不包括产品价值的不变部分。

在公式Ⅱ中所表现出实际的劳动剥削程度或剩余价值率是虚假的。

---

[1] 古典政治经济学：西欧资本主义诞生时期的资产阶级政治经济学；它产生于17世纪中叶，完成于19世纪初；其主要成果是奠定了劳动价值论的基础，并在不同程度上探讨了剩余价值的各种形式，如利润、利息和地租等问题。

我们假定工作日为12小时,根据之前所举例子的其他各项假设,实际的劳动剥削程度应表现为以下比率:

$$\frac{6小时剩余劳动}{6小时必要劳动} = \frac{3先令剩余价值}{3先令可变资本} = 1（100\%）$$

但是,根据公式Ⅱ得出的比率却是:

$$\frac{6小时剩余劳动}{12小时日劳动} = \frac{3先令剩余价值}{6先令产品价值} = \frac{1}{2}（50\%）$$

这两个派生的公式,实际上表示工作日或其价值产品是按怎样的比例在资本家和工人之间进行分配。如果把这些公式看作是资本自行增殖的直接表现,就会得出一个虚假结论:剩余劳动或剩余价值绝不会达到100%。因为在一个工作日中,剩余劳动始终只是其中一个部分,那么剩余价值也始终只是价值产品的一个部分,所以剩余劳动必定始终小于工作日,而剩余价值也始终小于价值产品。只有当两者相等时,才能达到100%。也就是说,剩余劳动要占据整个工作日（这里指一周劳动或一年劳动等的平均日）,必要劳动就必须为0。但是,如果必要劳动消失了,剩余劳动也就不复存在,因为后者只是前者的函数。因此,在这个派生公式中,剩余价值率永远不可能达到100%的界限,更不会提高到 $\frac{(100+x)}{100}$。但实际上,剩余价值率完全能够达到这种程度。

古典政治经济学派眼中的工作日是一个不变量。而且,这个不变量,因为公式Ⅱ的应用而完全固化,因为人们总是把一定长度的工作日与剩余劳动进行比较。如果仅着眼于价值产品的分配,也会得出同样的结果。已经对象化于一个价值产品中的工作日,因为公式Ⅱ而成了一个总是具有一定界限的工作日了。

把价值产品分为剩余价值和劳动力价值两部分,是资本主义生产方式本身的一种表现方式。这种表现方式掩盖了资本关系的特殊性质,也就是说，它掩盖了可变资本与活劳动力的交换，以及与此相应的工人与产品的分离。资产阶级用一种协同关系的假象，掩盖了资本关系的本质，仿佛工人和资本家在这种协同关系中的地位是平等的，都是按照产品的不同形成要素的比例来分配产品的。

事实上，公式Ⅱ在任何时候都能转化为公式Ⅰ。我们假定：6小时剩余劳动、12小时工作日，那么，必要劳动时间则等于12小时工作日减掉6小时剩余劳动，即：

$$\frac{6\text{小时剩余劳动}}{6\text{小时必要劳动}} = 1（100\%）$$

在前面已经顺便提到的第三个公式Ⅲ是：

$$\text{Ⅲ} \cdot \frac{\text{剩余价值}}{\text{劳动力价值}} = \frac{\text{剩余劳动时间}}{\text{必要劳动时间}} = \frac{\text{无酬劳动}}{\text{有酬劳动}}$$

无酬劳动/有酬劳动，这个公式容易引起误解，仿佛资本家在向劳动支付报酬而不是向劳动力支付报酬，不过，通过之前的分析，这种误解已经消除了。无酬劳动/有酬劳动这个公式，只是剩余劳动时间/必要劳动时间这一公式的通俗表述。资本家用支付劳动力价值，或偏离这一价值支付劳动力价格，从而在交换中取得对活劳动力本身的支配权。他把这种劳动力的利用分为必要劳动和剩余劳动两个时期。在必要劳动期间，工人只生产相当于他劳动力价值的等价物。资本家预付出购买劳动力的资本后，得到一个价格相等的产品，就好像是资本家在市场上购买现成的产品；但在剩余劳动期间，劳动力为资本家生产出产品，而资本家却无须付出任何代价。从这个意义上说，剩余劳动即是无酬劳动。

因此，资本不仅是对劳动的支配权，其本质还是对无酬劳动的支配权。一切剩余价值，不论它后来是以利润、利息、地租等形式表现，还是以其他的特殊形式表现，实质上都是无酬劳动时间的化身。资本自行增殖的秘密，归结起来就是资本对他人一定数量的无酬劳动的支配权。

第五章　工　资

马克思主义工资理论主要包括工资的本质、工资的形式和工资的市场定位三个部分。工资本质的理论阐明了资本主义工资本质上是劳动力的价值而不是劳动的价值，揭示了资本主义的剥削关系。工资形式的理论阐明了各种形式的工资不过是劳动力价值的表现形式，揭示了在工资形式上所形成的资产阶级经济学的颠倒的、虚幻的认识。工资市场定位则阐明了劳动力价值范畴的市场形成机制，揭示了在资本主义经济中，市场运行必然将工资定位在劳动力价值水平，从而保证资本主义生产关系的确立。

工资的本质

在资产阶级社会的表面，工人的工资是劳动的价格表现，即对一定量劳动所支付的相应量的货币。

商品的价值是由耗费于商品生产上的社会劳动的对象形成的，它的价值量用生产商品所耗费的劳动量来计算。比如，一个12小时的工作日价值，由12个劳动小时决定；这样的说法实际是无谓的同义反复。

劳动作为商品在市场出卖，必须在它出卖之前就已经存在。也就是说，如果工人能够使自己的劳动独立存在，那么，工人出卖的就是商品，而不是劳动。

抛开这些矛盾，将货币同活的劳动直接进行交换，要么会消灭在资

艰苦工作

克拉克认为，在资本数量不变的条件下，不断增加工人人数，每个单位工人平均得到的工具设备就会逐渐减少，技术供应状况就会逐步变化，则每一个追加的单位工人的劳动力产生必然递减，这叫作劳动生产力递减规律。最后增加的单位工人就是边际工人，他的劳动就是边际劳动。边际劳动生产力，决定了所有工人的工资。这就是图中工厂里的工人十分辛苦，却工资不高，且容易被解雇的原因。

本主义生产基础上形成的价值规律，要么会消灭以雇佣劳动为基础的资本主义生产本身。假定一个12小时工作日的货币价值为6先令。如果实行等价交换，工人用12小时劳动就能够获得6先令货币，工人劳动的价格就等于他的产品价格。如果这样，工人就没有为购买他劳动的购买者生产出剩余价值，这6先令货币不转化为资本，资本主义生产的基础也就不在了。如果工人12小时劳动获得的少于6先令，即不以等价进行交换。这种不等量的交换，不仅消灭了价值规定，甚至根本不能视作价值规律来阐述。

实际上，在商品市场上，同货币占有者直接对立的不是劳动，而是工人。因为工人出卖的是自身的劳动力，而不是劳动。当劳动实际上已经开始时，劳动就不再属于工人，因而劳动也不能再被工人出卖了。所以，劳动是价值的实体和内在尺度，劳动本身没有价值。

由此我们看到，在"劳动的价值"这个用语中，价值概念不但完

铁路工人大罢工

图为美国历史上最早的一次铁路大罢工——1877年铁路大罢工。这次罢工的起因是铁路工人的工资被削减了10%。

全消失,而且已转化为它的反面。古典政治经济学所说的劳动的价值,实际上就是劳动力的价值。劳动力存在于工人身体内,它不同于它的职能即劳动,正如机器不同于机器的生产过程一样。现在,我们便首先考察劳动力的价值和价格是怎样表现为工资的。

劳动力的日价值根据工人的一定寿命来计算,而与工人一定寿命相适应的则是工作日的一定长度。假定一个普通工作日是12小时,劳动力的日价值为3先令,这3先令是6个劳动小时价值的货币表现。如果工人获得了3先令,也就获得了在12小时内执行职能的劳动力的价值。这时,如果将劳动力的日价值,当作日劳动的价值来表现,就会得出这样一个结论:12小时的劳动等于3先令价值。即这3先令的劳动价值,就变成了12小时劳动的报酬,如此,劳动力的价值就决定劳动的价值,或者用货币来表现,就决定劳动的必要价格。如果劳动力的价格偏离了它的价值,那么劳动的价格也会偏离它所谓的价值。

我们已经知道,劳动的价值只是劳动力价值的虚幻的用语,那么,劳动的价值必定总是小于其价值产品,因为资本家总是使劳动的时间,长于再生产劳动力本身的价值所需要的时间。在前面的例子中,一个劳动力12小时工作日的价值是3先令,为了再生产这一价值,劳动力需要工作6小时。可是,劳动力的价值产品是6先令,因为劳动者实际工作了12小时,而劳动力的价值产品不是由劳动力的价值来决定的,而是由它工作时间的长短来决定。这样我们就会得到一个荒谬的结果：创造6先令价值的劳动只有3先令的价值。

其次，一个劳动力在12小时工作日中获得的3先令价值，但实质上，这既包括6小时的有酬劳动，也包括6小时的无酬劳动。如此，劳动力价值所采取工资的形式，既可以消除工作日分为必要劳动和剩余劳动的界限，也抹去了有酬劳动和无酬劳动的一切痕迹。工人的全部劳动从表面看都表现为了有酬劳动。劳动力价值以工资的形式表现，掩盖了资本对劳动的剥削关系。因此，资本主义的雇佣劳动，比徭役劳动更具隐蔽性。在徭役劳动中，服徭役者为自己劳动和为地主劳动，在时间和空间上都有着十分明显的界限。在奴隶社会，奴隶的全部劳动都表现为无酬劳动，连他们用来生产自己生活资料的工作日部分，也表现为主人的劳动。而在雇佣劳动下，货币关系则掩盖了雇佣工人的无偿劳动。

由此可见，劳动力的价值和价格转化为了工资形式，即劳动力的价值和价格转化为劳动本身的价值和价格，具有决定性的意义。这种表现形式掩盖了资本主义雇佣劳动的剥削关系。工人和资本家的一切法权观念，资本主义生产方式的所有神秘性，这一生产方式所产生的一切自由幻觉以及庸俗经济学[1]的一切辩护遁词，都以这个表现形式为依据。

如果说世界历史，需要很长时间才能解开工资的秘密，那么，了解这种表现形式的必然性和存在的理由却极为容易。

首先，在人们的感觉上，资本和劳动的交换最初完全与其他一切商

---

〔1〕庸俗经济学：资产阶级庸俗政治经济学的简称，是马克思所选定的表明后李嘉图经济学特征的用语。这个词自马克思提出以后，就由马克思主义著述者作了多种含义的表述，它既包括后李嘉图古典经济学，也包括新古典经济学。庸俗经济学特别指专注于分析表面现象（如需求和供给）的著作，而忽视结构上的价值关系，也指不愿意以公正的科学方法探究经济关系，尤其害怕对潜藏在商品交换行为下的阶级关系的研究。

品的买卖一样。买者支付一定数额的货币，卖者付出与货币等价的不同物品。其次，因为交换价值和使用价值本身并不同时存在一个公约数，因此使用"劳动的价值""劳动的价格"这样的用语，似乎并不会比"棉花的价值""棉花的价格"这种用语更不合理。况且，工人是在提供了自身的劳动之后才被支付报酬的，而货币充当支付手段是在事后才实现劳动价值或价格的。最后，工人提供给资本家的"使用价值"，实际上不是他的劳动力，而是劳动力的职能，也就是一定的有用劳动，比如裁剪、纺纱和制鞋劳动等。

工资的两种基本形式

计时工资

前面已经提到，劳动力总是按一定时间来出卖的，这种以劳动时间，即劳动力的日价值、周价值、月价值等的转化形式支付的工资就是计时工资，也是日工资、月工资等。下面，我们将探讨计时工资的若干特点。

靠日劳动、周劳动、月劳动等，工人得的货币额，形成他的名义的按价值计算的工资额。但是，依照工人每天所提供的劳动量，即工作日的长短，同样的日工资、周工资、月工资等，显然可以代表为不相同的劳动价值。因此，在考察计时工资时，必须再把工资总额，即日工资、周工资或月工资等的总额，与劳动价格进行区别。但怎样得出一定量劳动的货币价值，即劳动价格呢？劳动力的平均日价值除以平均工作日的小时数，所得出的就是平均的劳动价格。比如劳动力的日价值为3先令，工作日为12小时，3先令除以12小时，便可得到1个劳动小时的价格为3便士。这个3便士的劳动小时的价格，即是劳动价格的单位尺度。

由此可见，在劳动价格不断下降时，日工资、周工资、月工资等仍

成本计算对象	计件工资/便士		计时工资/便士			工资性津贴/便士			奖金	应分配工资合计/便士
	工日/个	工资	工日/个	日平均工资	工资	工日/个	平均分配率	金额		
织布车间厂房	4000	52000	3800	10	38000	7800	1.2	9360	11200	110560
职工宿舍	2000	26000	2200	10	22000	4200	1.2	5040	6400	59440

工资表

在资本主义体系下，工资包括计件工资、计时工资、津贴和奖金。其中计时工资是指按照劳动者的工作时间来计算工资的一种方式；计件工资是按照工人生产的合格品的数量（或作业量）和预先规定的计件单价来计算报酬的一种工资形式。从上表可看出二者的不同。

然可以保持不变。我们假定一个工作日为10小时，劳动力的日价值为3先令，那么1个小时的价格便是3.6便士，但随着工作日的延长，1个劳动小时的价格就会相应地降低。比如工作日延长至15小时，1个劳动小时的价格便只值2.4便士了，但15小时所累计的日工资、周工资仍然不变。另外，即使劳动价格不变甚至下降，日工资、周工资等不仅不保持变化，反而也可能增加。我们假定，一个工作日仍为10小时，劳动力的日价值仍为3先令，1个劳动小时的价格仍是3.6便士。但是，如果增加工作量，即加强劳动强度，使工人按原来的劳动价格劳动的不是10小时，而是12小时，那么他的日工资就可以增加到3先令7.2便士了。但此时，劳动价格并没有发生变化。同样的结果，在不增加劳动的外延量，而只增加劳动的内涵量时也可以得到。因此，在不减少，甚至提高日工资或周工资的情形下，仍有各种保持不变或降低劳动价格的方法。

计时工资的计量单位，是一个劳动小时的价格，是劳动力的日价值除以工作日小时数所得的商。我们假定工作日为12小时。劳动力日价值为3先令，为6个劳动小时的价值产品，如此1个劳动小时的价格为3便士，但它的价值产品却是6便士，即工人每小时一半的时间在为自己劳

雪地里的工人们

工人们卖力地在雪地里干活,因为在计件工资制度下,表面上工人做得多获得的收益也多。但是,资本家就很容易提高劳动强度和延长工作日。计件工资实际上是计时工资的一种转化形式,而这两种工资形式,都是不合理的。

动。那么,如果他一天的工作不是12小时,比如6小时,那他便只能得1.5先令。前面我们已经分析了过度劳动的破坏性后果,这里,我们又发现了工人由于就业时间不足所遭受苦难的根源。

如果资本家的义务不是支付日工资或周工资,而是只以多少小时来雇用工人,并以劳动小时支付报酬,那资本家就可以使工人的工作时间少于原先计量单位基础上的时间。那么前面设定的计量单位便不再有任何意义,而且有酬劳动与无酬劳动间的联系也被消除了。这样,即使不让工人做满维持基本生活所必要的劳动时间,资本家仍能从工人的劳动中获得一定量的剩余劳动,这种对就业规则的破坏,使极端速度的劳动与之相对应的实业互相交替。在法律对工作日进行限制之前,1860年伦敦建筑工人对小时工资制的反对便引发了一场合理的暴动。

无论如何,从"在劳动力价格已定时,日工资或周工资决定于所提供的劳动量"这一规律中,我们可以得出这样的结论:劳动价格越低,工人为了获得平均工资而付出的劳动量必然越大,即工作日必然延长。劳动力价格的低廉,在这里起到了刺激劳动时间延长的作用,反过来劳动时间的延长又会导致劳动力价格下降,从而引起日工资或周工资的下降。

在资本家看来,剩余劳动时间根本就不存在,因为剩余劳动隐藏于正常工作日之内，而正常工作日，他已经以日工资支付了。资本家并不一定知道，劳动力的正常价格中已包含了一定量无酬劳动，这正是他的利润的源泉所在。即使资本家知道额外劳动时间应支付额外报酬，但他仍然不知道，这种额外劳动时间，也包含着无酬劳动，即正常工作日一个劳动小时，他无偿占有了半个劳动小时的额外劳动小时。虽然比正常劳动小时的3便士多付了1便士，即4便士，但他所无偿占有的仍然会有1/3个劳动小时。

计件工资

计件工资也是占主导地位的基本工资形式，也是计时工资的一种转化形式，正如计时工资是劳动力的价值或价格的转化形式一样。

在实行计件工资的情况下，容易造成这样一种幻象：工人出卖的使用价值不是他的劳动力的职能，而是已经对象化在产品中的劳动，并且，这种劳动的价格也不像计时工资那样，是由劳动小时的价格来决定的，而是由劳动者的工作效率来决定。这一假象掩盖了计件工资是计时工资的转化形式的真相。

计件工资和计时工资，两者的形式都是不合理的。比如，两件商品作为一个劳动小时的产品扣除耗费其中的生产资料的价格后，值6便士，而工人由此得到3便士的价格。实际上，计件工资只是不表现出价值关系。在这里，工人的劳动由他生产的产品件数来计量，因此，劳动时间本身的价格，最终决定于这样一个等式：日劳动价格＝劳动力的日价值。这就是为什么说计件工资只是计时工资的转化形式，并没有改变工资的本质。

现在，我们来考察一下计件工资的特点。

（1）实行计件工资，用来计量的产品必须具有平均的质量，也就是应该有一个统一的标准，如此，计件价格才能完全支付。在实行计件工资的地方，计件工资是资本家克扣工人工资进行资本主义欺诈的最丰富源泉。

（2）计件工资为资本家提供了一个十分确定的计算劳动强度的尺度。在生产过程中只有体现在预先规定的，并由经验确定的商品量中的劳动时间，才被视作必要劳动时间，并以此来支付报酬。如果工人没有平均的工作效率，也就不能提供一定的最低限度的日劳动，工人就会被解雇。

（3）既然劳动质量和强度是由工资形式本身来控制，那么，大部分对劳动的监督就显得多余。因此，计件工资既形成了现代家庭劳动的基础，也成为资本主义剥削制度的基础。资本主义制度有两种基本形式：一方面计件工资使资本家与雇佣工人之间包工制更容易实行。中间人的利润，即是资本家支付的劳动价格与工人实际所得部分间的差额。另一方面，计件工资使资本家能与工头签订计酬合同，工头负责招募帮手并支付他们工资。在这里，资本对工人的剥削，通过工头对工人的剥削来达成。

（4）实行计件工资，会令工人为了获得更多的个人利益，而拼命地发挥自己的劳动力，这使资本家很容易就能提高劳动强度和延长工作日，并最终降低劳动价格。

通过以上所述可以得出：计件工资是最适合资本主义生产方式的工资形式。

工资的国民差异

工资是劳动力的价值或价格的表现形式，工资的运动规律就是劳动力价值或价格的运动规律。在不同国家，或是同一国家的不同时期，决定劳动力价值的因素是不同的。因此，比较资本主义各国工资的差异，必须考虑决定劳动力价值变化的一切因素，即在社会历史发展过程中形成的各种自然因素，如：劳动者必需的生活资料的价格和范围，工人受教育的费用，劳动生产力的发展状况以及劳动的外延量和内涵量。所以，即使最肤浅的比较，也应先将不同国家同一行业的平均日工资转化为长度相等的工作日。此外，还必须把计时工资转化为计件工资[1]，因为只有计件工资才是计算劳动生产率和劳动力含量的尺度。

都柏林的施粥站

由于生产资料掌握在资产阶级手中，工人只得出卖劳动力，取得少量工资，以维持生计。这就使得他们的生活没有保障，长期处于困窘之中。一旦发生经济危机，灾难也就降临了。1846年11月，为了向饥民提供免费餐，都柏林的公益会教徒们在受灾地区组织起第一批施粥站。1847年1月，科克的公益会教徒们每天都要发放6800升粥。

每一个国家都有一个中等的劳动强度，在这个强度以下的劳动，在生产某一商品所耗费的时间要多于社会必要劳动时间，所以不能作为正常水平的劳动。在一个国家内，只有超过国民平均水平的强度以上的劳动，才能改变单纯按劳动的持续时间来进行的价值计量。但世界市场的情形则与此不同，每个国家都有一个中等的劳动强度，国家不同，劳动的中等强度也就不同。国际市场的商品价值是以世界中等劳动强度

---

[1] 计件工资和计时工资是两种劳动报酬的分配方法。计件工资随着泰勒科学管理理论的产生而兴起，它以经济人理论出发，以生产某产品的社会平均工时为基础。故要将计时工资转化为计件工资，需以计时当天开始，以这段时间内所做物件的多少为准。

石匠工厂

资本主义发达国家的名义工资，比不发达国家的高。但是，名义工资高并不代表工人能支配的生活资料就多，还与货币的购买力有关，也就是实际工资不一定高。而在英国的石匠工人，他的劳动强度和生产率，往往是要超过印度的水平。

的平均数作为计算尺度的，因此，在同一时间内，强度较大的国民劳动，将比强度较小的国民劳动生产出更多的价值，从而表现为更多的货币。

但是，价值规律[1]在国际范围的应用，不仅受劳动强度的影响，还受到劳动生产率的影响。只要劳动生产率较高的国家没有因为竞争而把商品的出售价格降低到和商品价值相等的程度，那么，生产效率较高的国民劳动，在世界市场上也应视为强度较大的劳动。

资本主义生产越发达的国家，其国民劳动的强度和生产率超过国际平均水平。因此，在同一劳动时间内，不同国家所生产的同种商品因不同量就有不同的国际价值，从而表现为不同的价值，即表现为不同的货币额。所以货币的相对价值，在生产方式较发达的国家里比在生产方式不太发达的国家要小。由此可得出结论：资本主义发达国家的名义工资

---

[1]价值规律：商品生产和商品交换的基本经济规律，即商品的价值量取决于社会必要劳动时间，商品按照价值相等的原则互相交换。在私有制社会中，价值规律自发地调节生产，刺激生产技术的改进，加速商品生产者的分化。在社会主义社会中，由于社会主义经济是在公有制基础上的有计划的商品经济，因此，社会主义市场经济必须自觉依据和运用价值规律，以促进社会主义经济的发展。

比不发达国家高，但这绝不是说，实际工资，即供工人支配的生活资料也是如此。由于资本主义发达国家劳动强度和劳动生产率较高，工人的日工资、周工资等也就比不发达国家高。但相对的劳动力价格，即同剩余价值和产品价值相比较的价格，在不发达国家却比发达国家高。

第六章 资本的积累过程

17世纪末,那些原始积累的不同因素被英国系统综合为殖民制度、国债制度、现代税收制度和保护关税制度,这些制度大多以最残酷的暴力为基础。资产阶级利用国家权力组织的社会暴力,促进了从封建生产方式向资本主义生产方式的转变。因此,当资本来到世间,它从头到脚,甚至每个毛孔都滴着血和肮脏的东西。

资本积累的两个假定条件

一定额度的货币要执行资本的职能,必须经历三个阶段:

第一,在市场流通领域内,一定的货币额转化为生产资料和劳动力,即货币资本转化为生产资本。

第二,得由一定的货币额转化而来的生产资料和劳动力投入生产过程,从而生产出大于原预付资本加上剩余价值的商品,这一阶段,生产资本转化为商品资本。

第三,将生产出来的商品投入流通领域,通过商品的出售,把这些商品的价值实现在货币上,使这些货币再次转化为资本。这样周而复始地不断循环,便形成了资本流通。

资本积累的第一个条件,是假定资本家能将自己的商品卖掉,并把由出售商品转化而来的绝大部分货币再转化为资本。

资本积累的第二个条件,是假定直接从工人身上榨取无酬劳动的资本家是剩余价值的所有者。直接从工人身上榨取无酬劳动并把剩余价值固定在商品上的产业资本家，是剩余价值的第一个占有者，但绝不是最后的占有者。产业资本家还必须同执行其他职能的资本家，如商业资本家、借贷资本家、土地所有者等共同瓜分剩余价值。因此，剩余价值还要转化为商业利润、利息、地租等各种不同的形式，为各种职能不同的资本所有者占有。

在这里，我们一方面假定，生产商品的资本家是按照商品的价值出售商品。至于资本如何回到商品市场，资本在流通领域里采取了哪些新形式，这些新形式又包含了怎样的再生产条件等，

《资本主义体系的金字塔》

资本在循环中，依次采取货币资本、生产资本和商品资本三种形式。货币资本的职能是为资本主义生产作准备；生产资本的职能是生产剩余价值；商品资本的职能是实现剩余价值。资本只有顺利地通过购买、生产、销售三个阶段，才能实现剩余价值。图为一幅宣传画，它夸张地展示了资本主义体系的金字塔。

我们不做具体研究。另一方面，我们把资本主义的商品生产者当作全部剩余价值的所有者，或者把他们当作所有参与"分赃"各方的代表。首先，我们抽象地考察积累，就是把积累仅仅看作直接生产过程的一个要素。因为只要进行积累，资本家就必定要出售自己所生产的商品，并把由商品转化而来的货币再转化为资本。另外，剩余价值也有各种不同的形式，但这样不能改变剩余价值的性质和资本积累要素的必要条件。不管资本家自己手握的或分给别人的剩余价值的比例如何，资本主义生产者总是剩余价值的最先占有者。因此虽是假定，但符合资本积累过程的

实际情况。

剩余价值的分割以及流通的媒介活动，模糊了资本积累过程的基本形式。因此，在作了这样的两个假定之后，我们便可以暂时抛开掩盖其内部作用机制的一切现象，对积累过程进行纯粹分析，从而揭开资本积累的实质。

简单再生产

无论生产过程具有怎样的社会形式，它都必须是连续的、周而复始地经过一些相似的阶段。社会不会停止消费，它的生产就不能停止，因此，从社会生产过程间的众多联系和它不断地更新来看，每一个社会生产过程同时也必定是再生产过程。

生产的条件同时也一定是再生产的条件。无论是怎样一个社会，如果不能把社会中的一部分产品转化为生产资料或新的生产要素，再生产就会中断。在其他条件不变的条件下，社会在一年里所消费的生产资料，即劳动资料、原料和辅助材料，只有在被实物形式的、数量相等的新物品所替代时，社会才可能在原有规模的基础上进行再生产或保持自己的财富。这些新物品应当从年产品的总量中分离出来，重新进入以后的生产过程。因此，其中会有一定量的年产品是用于生产的，就其所采取的实物形式而言，多数都不适合用于个人消费。

生产和再生产都具有资本主义的形式。资本主义生产方式下的劳动过程只是价值增值的一种手段，同样，再生产也是把预付价值作为资本自行增殖的价值来再生产的一种手段。一个人之所以扮演资本家的经济角色，原因正在于他所拥有的货币在不断地执行资本的职能，比如100镑的预付资本在今年转化成了资本，并创造出20镑的剩余价值，那么在明年及以后各年中，它也必将重复相同的活动。剩余价值作为资本价值运行的周期增加额，或处在这一过程中的资本的周期收益，便获得了源自资本的收入形式。

如果资本家只是把这种收入作为他的消费基金，或者说，他周期性地获得同时也周期性地消费掉，那么在其他条件不变的情况下，这就是简单再生产。虽然简单再生产的生产过程只是在原来生产规模上的重复，但是这种重复也会赋予生产过程某些新的特征，或者说，它消除了资本主义生产作为孤立过程所具有的虚假特征。

酒窖

生产规模的扩大，表明社会的需求在刺激和促进着生产。比如，人类中一大批喜欢酒、热爱酒的酒鬼和酒仙对美酒的渴望，刺激了酿酒业的蓬勃发展。而周而复始的酿酒生产，就是一种再生产过程。图为法国葡萄酒的酿制大师道米克设计的具有赫雷斯"摩尔式"冷色调建筑风格的酒窖。

可变资本的再生产

资本主义的生产过程，表现为以购买一定时间的劳动力作为开端，每当劳动力的出售期限到期，为了维持生产，资本家就必须重新购买劳动力，而这种开端也就自然得到了一次更新。但工人却只有在自己的劳动力产生了作用，即把劳动力价值和剩余价值实现在商品上之后，才可能获得工资。因此，工人的劳动既为资本家生产了剩余价值，也生产了作为他自己报酬的基金即可变资本。这一可变资本在工人取得工资以前就已经生产出来，所以工人只有不断地再生产这种基金，他才会被资本家雇用。因此，工资也表现为产品本身的一部分，即是工人不断再生产着以工资形式付给自己的那一部分产品，只是资本家用货币把这一商品价值支付给了工人，但这些货币只是其劳动产品的转化形式而已。在生产过程中，当工人把一部分生产资料转化为产品时，他以前生产的产品就会重新转化为货币。就是说，工人今天所得的劳动报酬是用他以前的劳动来支付的。资本家不断以货币形式发给工人工资，即发给工人所生产的，由资本家占有的产品中的一部分。同时，工人又在不断地把这一货币形式的票据还给资本家，以便从资本家那里取得产品中属于他自己的那一部分。产品的商品形式与商品的货币形式一直掩饰着这一交易，让人们产生了错觉而已。

因此，可变资本不过是工人为维持劳动力再生产或自己所必需的劳动基金的一种特殊表现形式。不管在怎样的社会制度下，这种基金都必须由劳动者本人来生产和再生产。劳动基金之所以不断以工资支付的形式返回到工人手里，是因为工人自己生产的产品在不断以资本的形式离开工人。但是，劳动基金的这一特殊表现形式并没有改变一个基本的事实：资本家把工人自己的对象劳动预付给工人。也就是说，资本家用来预付工人工资的可变资本，只是工人本身在之前所创造的新价值的一部分。资产阶级经济学家头脑狭隘，不能区别劳动基金的表现形式和它所表现的内容，他看不到这样的事实：甚至在今天，劳动基金也只是例外地表现为资本的形式。

全部资本的再生产

只有把资本主义生产当作一个连续不断的再生产过程来考察，才能消除可变资本是资本家预付的假象。但是，资本主义的生产过程总要从某时某地开始。假定资本家最初的货币资本，不是依靠占有他人无酬劳动而获得，而是通过自己的原始积累而产生，因而能用它们进入资本主义的生产过程，即便是简单生产，其性质作为劳动力购买者的身份进入市场。但也会发生根本性的变化，这些变化不仅对可变资本有影响，还将影响整个资本。比如1000镑的资本，以每年为周期创造剩余价值200

镑。如果这些剩余价值每年都被资本家全部消费掉，那么5年之后，资本家所消费的剩余价值总额就是1000镑，这和他原有的投入的资本价值总额相等。也就是说，资本家原有的资本实际上已经全部消费掉了，现在留下的1000镑货币资本，是由他在生产过程中无偿占有的剩余价值转化而来的。因此，撇开一切积累不说，单纯的生产过程或者简单再生产，经过一段或长或短的时间后，必然会使任何资本都转化为积累资本，即资本化的剩余价值。即使资本在进入生产过程前是资本使用者本人挣得的财产，但它迟早都会变成无偿占有的剩余价值，成为他人无酬劳动在货币形式或其他形式上的化身。

总之，在资本主义的再生产过程中，工人不仅创造了剩余价值和可变资本，还创造了全部资本。

资本主义生产关系的再生产

资本主义简单再生产，使劳动产品和劳动本身分离，劳动条件与劳动力分离，既是物质资料的再生产，也是生产关系的再生产。要使货币转化成资本，仅有商品的生产和流通外，还必须有买者与卖者的对立，即价值（或货币）占有者与价值创造者，生产与生活资料占有者与劳动力占有者互相对立。由此可见，劳动产品与劳动，是资本主义生产过程的起点和基础。

在资本主义生产过程中，作为起点的东西又作为结果不断重新生产出来，而且这一过程一直都在不断重复。一方面，生产过程不断地把物质财富转化为资本，转化为资本占有者获取剩余价值和消费品的手段；另一方面，工人进入生产过程时一无所有，走出生产过程时仍然一无所有。这是因为工人在进入生产过程前，他自己的劳动就已并入资本并归资本家所有了。而且，工人的劳动也不断对象化在他生产的为别人所得产品中。因为资本主义的生产过程，同时也是资本家消费劳动力的过程，所以工人生产的产品转化为商品的同时，还转化为资本，转化为生活资料和劳动力使用者的生产资料。因此，工人是将客观财富当作资本，当作异己的权力来生产，而资本家则把工人当作雇佣工人来生产。

资本主义的再生产，也是劳动力的再生产。而工人的消费，是劳动力再生产的一个重要因素。工人的消费有两种：生产消费和个人消费。生产消费是指在生产过程中，工人通过自己的劳动消费生产资料，并把生产资料的价值转化为高于预付资本价值的产品，同时生产消费也是资本家对他购买工人的劳动力的消费。个人消费是指工人用资本家支付的货币来购买个人所需的生活资料。工人的生产消费和个人消费是两种完全不同的消费形式。工人的生产消费是属于资本家的，起着资本动力的作用，其结果是保证资本家的生存；个人消费则是属于工人自己，这种消费发生在生产过程之外，是工人的一种生活职能，是为了工人自己的生存。从对"工作日"的讨论来看，工人给自己添加生活资料，只是为了维持自己劳动力的运转，他的消费在本质上仿佛与资本生产过程无关。但是，只要我们作为阶层来考察资本家和工人阶级，情况就不同了。在资本家把自己很少的一部分资本转变为劳动力时，他们其实同时也增加了总资本。他们不仅从工人那里取得的东西中获利，而且从他给工人的东西中也取得了利益。因此，作为阶层，工人的个人消费，无论在工厂以内或以外，在劳动过程以内或以外实现，都是资本生产和再生产的一个要素。对工人阶级的不断维持，以实现再生产始终都是资本再生产的条件。资本家可以放心地让工人繁殖后代，从而实现这一条件。在资本家看来，只要是为使工人阶级永久化而需要的，才是生产消费，工人自己的享受消费都不是生产消费。

因此，从社会角度看，即使在直接劳动过程以外，工人阶级同劳动工具一样，都是资本的附属物。从更小的范围看，甚至工人生活所必需的个人消费，也不过是资本再生产过程的一个要素。工人的个人消费，一方面应保证他们维持自己的劳动力以及延续后代；另一方面，通过工人对生活资料的耗费以保证他们不断重新出现在劳动市场上。就如罗马的奴隶受困于锁链，而束缚雇佣工人的那一条无形的线系在资本者手中。工人貌似的独立性，其实是由雇主的经常更换以及法律拟制而来的。

资本主义生产过程，不仅会再生产出劳动力与劳动条件分离，而且会因此再生产出剥削工人的条件，并使之永久化。因此，将资本主义生产过程联系起来，或者作为再生产过程来考察时，就会发现：资本主义的再生产就是资本主义生产关系的再生产，它不仅生产商品和剩余价值，而且还生产和再生产生产关系本身。资本主义再生产的实质，就是资本家和工人相互间的不断对立。

《工人与资本家的对抗》

这是一幅讽刺资本家恃强凌弱，残酷无情地镇压工人的漫画，同时，它也是工人阶级自身力量的真实写照。随着资本主义生产关系的发展，工人和资本家的矛盾也进一步加深，不可避免地发展到对抗阶段。

剩余价值转化为资本

前面，我们考察剩余价值如何从资本产生，接下来，我们考察剩余价值如何转化成资本，以及把剩余价值作为资本，以扩大再生产的过程。

资本主义扩大再生产

对于剩余价值转化为资本的过程，我们将首先从单个资本家的角度来进行考察。例如，一个纱厂主预付了10000镑的资本，其中4/5用来购买棉花和机器等，另外1/5用以支付工人的工资。假定这个纱厂主每年生产棉纱240000磅，价值为12000镑。如果剩余价值率为100％，剩余价值就是2000镑。此时，这2000镑的价值通过出售实现，就会有单纯的2000镑的价值额，这笔货币中没有任何特征能明显表明它是剩余价值。一个价值是剩余价值，只能表明它是怎样来到资本家手中，却丝毫改变不了价值的本性。

如果纱厂主将这2000镑剩余价值再转化为资本，那么，在其他条件不变的情况下，他就必须从中取出4/5来购买棉花和机器等，剩下的1/5用来购买新的劳动力。于是，这2000镑的新资本便在纱厂中通过执行资本的职能，又生产400镑的剩余价值。

最初，资本价值是以货币的形式预付的，而剩余价值则以总产品的一定部分价值而存在。如果在总产品出售后转化为货币，那么资本价值便又回到了最初的形式。但是此时，资本价值和剩余价值也以同一种方式重新转变为了资本。资本家利用两者来购买生产资料或劳动力，以便在更大的规模上重新制造产品。然而，资本家要买到这些商品的必备条件是，市场上也正好有这些商品存在。

纱厂主的商品能在市场上流通，是因为他与其他资本家一样，把自己的商品投入了市场。但是在它的年生产基金中，这些商品在出售前就已经存在了，也就是说，它已经存在于各个单个资本的总额，或社会总资本在一年所转化成的各种物品的总额中，而每个资本家却只能在总额中占与自己相应那一个部分。市场交换只是实现年生产各个组成部分的交换，以使它们从一个资本家手中转到另一个资本家手中，但这种交换，既不能增大年生产的总额，也无法改变产品的本性。由此可见，全部年产品的实际用途，不是取决于它的流通，而取决于它本身的构成。

年生产所消耗资本的物质组成部分，必须由年生产所提供的一切使用价值来弥补。将这部分扣除，剩下的就是包含剩余价值的纯产品或剩余产品。如果这些剩余产品只用于满足资本家阶级的需要和欲望，那么，它们很快就会被挥霍一空，资本家也无法进行扩大再生产。

要实现资本积累、扩大再生产，就必须把一部分剩余价值转化为资本。但是，在常规状态下，能够转化成资本的，只可能是在劳动过程中的可使用物，即生产资料，以及工人用来维持自身需要的物品——生活资料，所以一部分年剩余劳动必须用来制造生产资料和生活资料，而且它们的数量必须超过补偿预付资本所需要的数量。所以，剩余价值要转化成资本，必须使剩余产品[1]包含新资本的物质组成部分。此外，要使这一组成部分真正执行资本的职能，还需要资本家追加劳动。在资本主义生产机制中，被生产出来的工人阶级只能靠工资过活，资本只要向工人阶级追加劳动力，同时，把这些追加的劳动力与在年生产中追加的生产资料合并起来，剩余价值就会实现向资本的转化。所以，具体的积累，就是资本以不断扩大的规模进行的再生产。

现在，我们回头看之前所举的例子。纱厂主用10000镑原有资本获得了2000镑的剩余价值，这2000镑的剩余价值转化成资本；新的2000镑资本又带来400镑的剩余价值；这400镑的剩余价值转化成第二个追加资本，又可以带来80镑的剩余价值。资本追加的过程，可以以此类推。

撇开资本家对自己消费的部分剩余价值不谈，不管追加资本是与原有资本合并，还是与它剥离而进行独立增殖；也不管追加资本是由积累

---

[1]剩余产品：剩余产品在资本主义生产发展之前就已经存在了，并且在资产阶级社会制度消灭以后还会存在下去，但已不再是剥削关系。只是在一段历史时期内，剩余产品具有剩余价值的形式。在魁奈看来，农业中生产出来的产品，除了补偿生产过程中耗费的生产资料即种子、工人的生活资料和农业资本家的生产资料外，还有剩余产品，这些剩余产品被称为纯产品。

搬运工

专门从事商品的流通、销售业务的资本家被称为商业资本家。商业资本家所赚取利润的来源，就是产业资本家手下的工人所创造的剩余价值。另一方面，商业资本家自己也有雇佣工人，他们的劳动力是另一种商品，被商业资本家廉价购买。图为1939年的巴西桑托斯港，搬运工正在往一艘船上装载咖啡，准备运往市场。这些搬运工便是被商业资本家购买的劳动力。

它的统一资本家掌握，还是转让到别的资本家手中。在新形成的资本旁，原有资本仍在继续再生产自己，并生产剩余价值，而且，每一个积累资本也是这样。

比如，纱厂主的原有资本是预付的10000镑货币。那么，这10000镑货币，资本家又是从何而来的呢？一些政治经济学的结论是：通过资本所有者自己和他祖先的劳动得来的，这似乎也是他们唯一符合商品生产规律的解释。事实上，即使最初的预付资本，也一定适应剩余价值转为资本的一般规律。

与纱厂主10000镑预付货币不同，前面所述新的2000镑追加资本的生产过程却更加一目了然。从一开始，它就没有一个价值原子不是由他人的无酬劳动产生的。资本家为扩大再生产而追加的生产资料和生活资料，都来源于剩余产品，即资本家从工人阶级那里夺取的剩余产品中必然隐含的一部分。如果资本家用这些剩余产品中的一部分来购买追加劳动力，即使以十足的价格来购买，也还是会暴露出资本所有者的老把戏：用从工人那里掠夺来的货币去购买工人。

在资本主义生产关系中，工人阶级总是用他们这一年的剩余劳动创造了下一年所雇佣追加劳动的资本，这就是所谓的"资本生资本"。第一个2000镑追加资本，是资本家所预付的、是资本家"最初的劳动"所获得的10000镑价值额的结果。第二个追加资本400镑，是第一个追加资本2000镑的首次积累，也就是2000镑追加资本所创造的剩余价值。由此可见，对过去无酬劳动的所有权，现在已成为不断扩大生产规模的唯一条件。资本家积累得越多，他就能更多地积累。

既然资本家的首次追加资本是一部分原资本购买劳动力的结果，符合商品交换规律，从法律上看，在这一交换关系中，工人也自由地发现了属于他的价值。我们假定这种交易尊重了劳动力的实际价值，那么很显然，以商品生产和商品流通为基础的私人占有规律，通过它自身内在的矛盾运动，会不可避免地转变为自身的直接对立物。工人和资本家最初在劳动力买卖上的等价交换，也已仅是一种形式，因为，一是用来购买劳动力的那部分追加资本本身就是通过不等价交换而占有的工人劳动产品的一部分；二是这部分资本不仅要让作为生产者的工人来补偿，而且还要在补偿时加上新的剩余价值。如此，工人和资本家之间的交换关系，就成了流通过程的一种表面现象，以及与交换内容无关，却只能让内容神秘化的形式。在资本主义，劳动力的不断买卖只可能是一种形式，因为资本家总是以不等价交换的方式占有他人已经对象化的一部分劳动，然后再不断换取更多他人的劳动。在资本积累过程中，对资本家而言，所有权表现为占有他人无酬劳动和产品的权利；对工人而言，却表现为不能占有自己的产品。因此，所有权和劳动权的分离，是资本主义生产关系存在的必然结果。

因此，资本主义的占有方式并未违背最初的商品生产规律，相反，正是对这些规律的应用。首先，一个价值额第一次转化为资本，是完全按照交换规律进行的，即一方购买劳动力，一方面出卖劳动力。按契约，前者用归他所有的劳动，把同样属于他的生产资料转化为一种新的产品，而且这个新产品也归他所有；后者通过劳动，使自己具有商品价值，从而使自己的劳动真正归属前者。其次，新产品的价值包含了劳动力价值和剩余价值，因为在一定时间内，资本家所购买的劳动力价值，一定低于这一时期劳动力所创造的价值，由此可见，资本家付给工人的仅仅是劳动力的交换价值，得到的却是劳动力的使用价值。

劳动力是一种独特的商品，它提供劳动，从而创造价值，并不违背商品生产的一般规律。但劳动力有别的商品不可能具有的独特使用价值，劳动力在工资上的价值额不仅会在产品中简单地再现出来，而且会增加一个剩余价值。只是工人在获得自己商品的价值时，他又消费了这种商品。

由此可以看出，不管它的来源如何，所有预付资本都会转化为积累资本或资本化的剩余价值，即使在简单再生产的情况下也是如此。但是，在生产中，所有预付资本与重新转化成资本的剩余价值或剩余产品相比，其量可以忽略。这正是政治经济学通常将资本说成是"积累的、用来重新生产剩余价值的财富"，或将资本家说成"剩余产品或剩余价值的占有者"的主要原因。

剩余价值分为资本和收入

上文中，我们只是将剩余价值或剩余产品看作是资本家的个人消费基金加以论述；到此为止，我们仅将它视作是积累基金而论之。事实上，剩余价值不仅是消费基金，也是积累基金。剩余价值中的一部分由资本家当作个人收入而消费掉，但另一部分则被当作资本积累起来。

在一定量的剩余价值中，消费基金所占的比例越大，积累基金所占的比例就越小，反之亦然。在其他条件不变的情况下，两者的比例决定着资本的积累量。这种比例分割是由剩余价值的所有者——资本家来进行，体现了资本家的个人意志。资本家也因此执行了使自己富有的职能。

资本家只有在作为人格化的资本时，才具有历史的价值，它本身的暂时必然性也才包含在资本主义生产方式的必然性中。既然如此，资本家的动机也就不是为了追求使用价值和享受，而是为了交换价值和交换价值的增值。资本家狂热地追求价值增值，无所顾忌地迫使工人为生产而生产，从而发展社会生产力和创造更为多样的社会生产的物质条件——也只有这样的条件，才能为一个更高级的、以个人全面而自由发展为基本原则的社会形式奠定现实基础。

作为资本的人格化，资本家同货币贮藏者一样都具有强烈的致富欲。但货币贮藏的狂热仅仅是贮藏者的狂热表现，资本家的致富则是资本主义的共性，资本家不过是资本主义社会的领跑者。资本主义生产的发展，使投入工业企业的资本有不断增长的必要，而竞争却正好迫使资本主义生产方式的内在规律以强行的方式支配着每一个资本家。为维持自己的资本，竞争必定逼迫资本家不断扩大自己的资本，所以也必须不断地积累资本。

加工厂

马克思指出，资本家获得剩余价值后，除了拿一部分来消费，剩下的都被当作资本积累起来。他们狂热地追求剩余价值，并不仅仅为了使用价值和享受，而是为了进一步扩大自己的资本，而扩大资本的办法，就是依靠不断地积累。图为加工厂的工人正源源不断地为资本家生产剩余价值，这些剩余价值除了用来支付工人的工资外，大都被资本家积累起来。

对资本家而言，他的私人消费是对资本积累的掠夺，这正如意大利式簿记中，资本家的私人消费被记在借方一栏，以与资本相对立一样。积累是对社会财富的不断征服，它在扩大被剥削工人数量的同时，也扩大了资本家对资本的直接或间接的支配权。

在资本积累过程中，原罪无处不在。随着资本主义生产方式的发展和财富的积累，资本家不再只是资本的化身。几乎每个资本家都经历过资本主义生产方式的历史初期，在这个时期，致富欲和贪欲作为绝对欲望占据着统治地位。随着资本主义生产的进步，资本创立了一个新的享乐世界；随着投机和金融的发展，资本还获得更多突然致富的渠道。在某一发展阶段，资本家会习以为常地大量挥霍，炫耀财力，并以此为手段取得信贷，甚至成为他们经营的一种必要手段。在旧式货币贮藏者看来，消费是违背其职能的罪恶，而此时，资本家把奢侈的挥霍列入资本的获取费用。

此外，资本家的财富已不同于旧式货币贮藏者，其增长与他榨取的剩余劳动量和迫使工人放弃生活享受的程度成比例，而不是与个人劳动和个人消费的节约度成比例。尽管资本家的挥霍，不像放荡的封建主那样一目了然，但在挥霍背后总是隐藏着资本家最肮脏的贪欲和最精心的算计。因为资本主义的挥霍仍然与积累同时增加，所以在资本家那"崇高"的心胸中，积累欲和享受欲之间并不会发生冲突。

艾金医生在1795年出版的一部著作中，对资本家的节约和挥霍作了如下描述：

"曼彻斯特的工业可分为四个时期。第一个时期，工场主为了维持生活，不得不辛勤劳动。"

"他们靠剥削学徒的父母而发财。那些学徒的父母付给工场主高额的学费，而学徒们却忍饥挨饿。在当时，由于行业的平均利润很低，积累只能靠节俭，所以当时的工厂主都过着守财奴一样的生活，甚至资本的利息也不舍得消费。

"第二个时期，工场主有了少量的财产，但仍需辛勤地参加劳动，因为……他们知道，对劳动的直接剥削要花费劳动。这个时期，他们一如既往地生活俭朴。

"第三个时期，奢侈的生活慢慢开始，原因是企业主派人骑马到王国各商业城市去兜揽生意，因而扩大了经营，加快了财富的积累。在

1690年以前，能在工业中赚到3000～4000镑资本的人极为少见，甚至根本没有。但是稍后一个时期，工业家已积累了一定量的货币，开始建造石头房子以取代过去居住的木棚或土房。但是在18世纪最初的几十年里，在曼彻斯特，如果一个工厂主用一品脱外国葡萄酒来款待自己的客人，都会遭受所有邻居的议论和谴责。"

在工业机器出现前，一个工场主晚上在酒店消费，一般都限于6便士一杯的果汁酒和1便士一包的香烟。直到1758年，工场主的消费才出现根本性变化，实际从事商业经营的人才第一次坐上了自己的马车。

"第四个时期，资本家开始大肆挥霍、穷奢极欲，经营的扩大为他们提供维持这种消费的条件。"

如果善良的艾金医生仍然在世，对眼前发生的一切，他又会说些什么呢？

亚当·斯密在他的《国富论》中说："勤劳生产物资，而节俭把它积累起来。"也就是说，节俭会把尽可能多的剩余价值或剩余产品转化为资本。为积累而积累，为生产而生产，这是古典经济学对资产阶级时期历史使命的阐释。在古典经济学家看来，无产者仅只是生产剩余价

富人的狂欢

随着资本主义生产方式的发展和财富的积累，资本家不再一味地积累资本。在经过了勤俭节约的阶段之后，奢侈的生活逐渐在他们的世界里流行。尤其是当他们的工厂规模发展到一定阶段后，更是学会了开放地消费。他们开始放纵自己的欲望，嘲笑禁欲主义。他们之所以变得如此大肆挥霍、穷奢极欲，是因为生产规模的扩大为他们带来了源源不断的财富。图为这一时期的资本家奢侈生活的真实写照。

值的机器,而资本家则是把这些剩余价值转化为资本的机器,这也是资本家的历史职能。为了让资本家的内心摆脱享受欲和致富欲两者间的冲突,马尔萨斯[1]曾主张维护这样的一种分工:让实际从事生产的资本家专事积累,而让另一些参与剩余价值分配的人,如土地贵族、领受俸禄的人等专事挥霍。马尔萨斯说,重要的就是"把支出欲和积累欲分离"。这样的言论,让享乐成性和善于交际的资本家们唏嘘不已。他们中一名李嘉图派的代言人叫道:马尔萨斯先生鼓吹高额地租、高额税收等,难道就是为了让不参与生产的消费者不断刺激工业家?这里所指的生产,是规模不断扩大的再生产。但是,这种分离,与其说会促进生产,还不如说会阻碍生产。况且,由一部分游手好闲的人去刺激另一些人,似乎也不太公正。

虽然他们意识到了靠这样的方式,刺激资本家去积累不太公正,但他们却一样觉得,"要迫使工人勤奋工作",必须把工人的工资尽可能减至最低。他并不讳言生财之道正在于对无酬劳动的尽量占有。

在经济状况极不相同的社会形态中,不仅都存在简单再生产,而且也存在规模扩大的再生产,尽管程度有所差别。因为生产和消费会不断累进增加,所以转化为生产资料的产品也会相应累进增加。然后,只要工人的生产资料、产品和生活资料,还未以资本的形式与他对立,这一过程就不会表现为资本积累。因为资本的积累,其生产过程一定会有资本家介于其间,而生产和规模扩大的再生产却不尽然。几年前去世的曾在黑利伯里东印度学院坚守政治经济学课程的理查·琼斯,用两个他所了解的事实证了上述观点。在印度,人民大部分为自耕农,他们的产

---

〔1〕马尔萨斯:全名为托马斯·罗伯特·马尔萨斯(1766—1834年),英国教士、人口学家、经济学家,代表作为《人口学原理》。

品、劳动资料及生活资料，从来不具有"通过节约而来的预先的基金积累过程"；同样在印度，那原有制度被英国的统治破坏最小的地区，非农业工人由豪门直接雇用，剩余农产品则以地租形式交给豪门。实际上，这种剩余产品的一部分则由工人将之转化为奢侈品和其他消费品，而为豪门所有；最后剩余的一部分则为占有劳动工具的工人的工资，在这里，虽然没有资本家的介入，但其生产和规模扩大的再生产却在自然进行。

决定剩余价值积累量的因素

如果剩余价值中资本和收入的比例已经确定，那么，资本的积累量则明显取决于剩余价值的绝对量。假定剩余价值的80%转化成资本，20%用于个人消费，那么，积累的资本是2400镑还是1200镑，就取决于剩余价值的总额是3000镑还是1500镑。由此不难看出，决定剩余价值量的因素，也同时影响着资本的积累量。

对劳动力的剥削程度，决定剩余价值率。由于政治经济学非常重视这种剥削程度所起的作用，以至于有时会把因提高劳动生产力导致的积累加速与对工人的剥削程度加重而形成的积累加速等同起来。在论述剩余价值生产时，我们曾假定工资至少与劳动力的价值相等。但是，在资本的运动中，把工资强行压低到劳动力的价值以下，其作用却更为重要，我们应对此略加考察。在一定限度内，将工资强行压低到劳动的价值以下，实际上是隐秘地把工人的必要消费基金转化为资本的积累基金。

约翰·穆勒说："工资不是生产力，它只是一个劳动力的价格，与机器一样，它不会同劳动本身一起参与商品生产。如果劳动无须购买就可以得到并使用，那么工资就是多余的。"

但是，工人不能依靠空气来生活。如果工人可以靠空气生活，那么

印度煤矿工人

资本积累不仅会相对地减少对劳动的需求,还会造成超出工人人口自然增长的劳动供给。这样就必然产生出相对的,即超出资本增殖平均需要的过剩人口。过剩人口增多,还使在业工人受到巨大压力,资本家借此压低工人的工资,而在业工人为了维持生活,不得不拼命干活。图为印度的煤矿工人,他们正是这一时期在业工人的缩影。

不管多少价格都无法购买他们。不费分文,雇佣工人在数学意义上只可能是一个极限,虽然在资本的运动中,也可能逐渐接近这一极限。

在一切产业中由劳动资料构成的不变资本,并不总是按所使用的劳动量的比例增加,其设备规模决定工人的数量,必须足够供这一数量的工人使用。假定一个工厂有100个工人,每个工人的工作日是8小时,那么日工时数则为800个小时。如果资本家想把总工时数增加50%,合理的办法是再雇用50个工人。如果这样,他不仅要预付新的工资,而且还要在劳动资料(比如机器设备与厂房)上预付新的资本。但是,如果他将原来的工作日由8小时延长到12小时,现有的机器设备与厂房不仅无须增加,而且即使工资资本有所增加,却不会太多。所以,由提高劳动力的紧张程度而获得的追加劳动,在不变资本并未增加的前提下,也能够增加剩余产品和剩余价值。

在采矿业中,劳动的对象不是过去劳动的产品,而是大自然的无偿赠予,其原料并非预付资本的组成部分。不变资本几乎全由劳动资料组成,它很容易地容纳增加的劳动量,如工人日夜开采。在这里,生产的第一天便形成了产品的原始要素,从而也就形成资本物质成分的要素,即人与自然,而且两者同时携手并进。在这里,也由于劳动力可以放大,因此,即使不预先增加不变资本,资本积累的范围也会扩大。

在农业生产中,扩大耕作面积,必须以事先预付种子和肥料为前提。但是，如果这一前提已经具备，只需进行纯粹机械性耕作，产量便会奇迹般地得以提高。只要原有数量的工人付出更多的劳动量，即使不预付新的劳动资料，土地肥力也能提高。这也是人对自然的直接作用，即使没有新资本的投入，资本积累的源泉也会直接扩大。

在严格意义的工业生产中，追加的任何劳动消耗都要求相应地追加原料的消耗，但不一定要追加劳动资料的消耗。因为采掘工业和农业为加工工业提供了它本身需要的原料和劳动资料的原料，所以都无须追加资本便能生产追加产品，这对于加工工业也非常有利。

总之，资本一旦与形成财富的劳动力和土地合并，就会获得一种扩张的能力，这种能力可以把资本积累的要素扩展到超出资本本身的范围，即超出体现资本存在的、已经生产的生产资料的价值和数量所确定的范围。

社会劳动生产率水平是资本积累的另一重要因素。

劳动生产力的提高，体现一定量的价值增值，进而体现剩余价值的产品量也会增加。即使在剩余价值率不变或者下降时，只要下降的速度低于劳动生产力提高的速度，剩余产品量也会增加。因此，在剩余产品分为收入和追加资本的比例保持不变的情况下，资本家享用的消费品与过去相比，虽然消费基金减少，但由于商品变得便宜，资本家享用的消费品并没比过去减少，甚至还有所增加。积累基金的相对量的增加可以通过减少消费基金来提高。前面，我们已经了解到，剩余价值率的提高，与劳动生产率的提高是携手并进的，即便在工人实际工资提高的情况下也是如此。工人的实际工资从来不会和劳动生产率保持同步增长，就此而言，工人实际工资仍会变得便宜。随着劳动生产力的发展，同一可变资本价值就可以推动更多的劳动力，从而推动更多的劳动；同一不变资本价值，也可以体现在更多的生产资料上，即体现在更多的劳动资料、劳动材料和辅助材料上，从而提供更多的形成产品和价值要素，或者说，提供更多的吮吸劳动的要素；最终，在追求资本的价值并不变的情况下，积累仍会加快。这样一来，不仅在物质上扩大了再生产的规模，而且剩余价值的生产也比追加资本的价值增长更快。

劳动生产力的发展还会对原资本或已经投入生产的资本起反作用。一部分执行职能的不变资本是由机器与厂房等劳动资料所构成的，这些劳动资料被完全消费掉，一定会经过一个较长的时期，其间它们或被再生产出来，或在不能使用前被新的同一物品所替换。由于这些劳动资料每年都有一部分会淘汰，或是到了它生产职能的终点，因此，每年都有一部分劳动资料处于周期的再生产阶段，或者被新的同一物品所替换的阶段。随着科学和技术的进步，生产劳动资料的部门劳动生产力也在不断提高，同时，新的、效率更高、价格更便宜的机器、工具和器具等也会被不断生产出来，以代替那些旧的机器、工具、器具等。此外，撇开已有劳动资料在细节上的不断改进不谈，旧的资本在生产效率更高的形式上也会被再生产出来。不变资本的另一部分，即原料和辅助材料，也会在一年中被不断再生产出来，其中由农业生产的大多是一年再生产一次。因此，每一次改良方法的采用，都会同时对追加资本和正在执行职能的资本产生影响。化学研究所取得的每一个进步，不仅扩大了有用物质的数量和已知物质的用途，也会伴随资本的增加扩大投资领域；同时，它还让人们学会如何将生产过程与消费过程中产生的废料，重新投回再生产过程的循环中，从而不需预支资本，就能创造新的资本材料。如同采矿只需提高劳动力的使用效率，就可以增加对自然财富的获取一样，科学技术使执行职能的资本具有一种不受其投入数量限制的扩张能力，而这种扩张能力，对原资本中已进入更新阶段的那部分资本也会同时产生反作用。资本以新的形式无代价地合并了其旧形式背后所实现的社会进步。但是，生产力的这种发展会使正在执行职能的资本部分地贬值，当这种贬值在竞争中被资本家清楚地觉察到，他们就会强化对工人的剥削，将主要负担转移到工人身上，希望以此来弥补自己的损失。

劳动一方面将自己所消费生产资料的价值转移到产品中；另一方面，一定量的劳动所提高的生产资料价值和数量，同劳动生产效率的提高成正比。因此，虽然等量的劳动只会给自己的产品增加同量的新价值，但随着劳动生产率的提高，由劳动转移到产品上的旧资本的价值也会增加。

同样是纺织工人，如果一个在英国，用一架自动机纺织，一个在中国，用手摇纺车纺织；相同的劳动时间和劳动强度，两者一周所产出的价值相差巨大。在同样的时间内，中国工人只能纺一磅棉花，英国工人却可以纺好几百磅。一个被几百倍放大的旧价值总额使英国人的产品价值高度膨胀，这些旧价值却以新的有用形式保存在产品中，又重新执行资本的职能。弗里德里希·冯·恩格斯告诉我们："1782年的英国，由于缺少工人，3年前剪下的羊毛都没有加工，正是因为新机器的发明和投用，将所有剪好的羊毛纺完，使这些羊毛避免了无限期的存放。"在机械化生产中，对象化劳动虽然没有直接创造出一个工人，但它却使为数不多的工人通过追加相对较少的活劳动，不仅可以把羊毛以生产的方式消费掉，并对羊毛加入新的价值，而且还以毛纱形式保存了羊毛的旧价值，同时，它还为羊毛的扩大再生产提供了必要的刺激和手段。在创造新价值的同时又保存旧价值，这是活劳动的自然恩惠。随着劳动生产资料的效能、规模和价值的增长，劳动生产力得到了发展而形成的积累增长，劳动在不断更新的形式中将不断膨胀的资本价值保存了下来，并使其永久化。劳动的这种自然能力表现为资本固有的自我保存能力，正如劳动的社会生产力表现为资本的属性，资本家对剩余劳动的不断占有表现为资本的不断自行增殖一样。劳动的一切力量都表现为资本的力量，正如商品价值的一切形式都表现为货币形式一样。

在资本增长的过程中，使用的资本与消费的资本间的差额也在增大。换言之，一切劳动资料，如建筑物、机器、排水管、役畜以及各种器具的价值量和数量都会增加，这些整体执行职能的劳动资料在一段时期内，在反复不断的生产过程中，为了服务于某种有用的效果，它们本身也在逐渐损耗。这些逐渐丧失的使用价值，会慢慢转移到产品中去。这些劳动资料不是整个地被使用，而只是部分地被消费，它们就更像我们上面所说，如水、蒸汽、空气、电力等那样为资本提供无偿的服务。过去劳动的这种无偿服务，会随着积累规模的扩大而被积累起来。

在对劳动力的剥削程度不变的情况下，剩余价值量取决于同时被剥削的工人人数，而工人人数和资本量是相适应的，即使它们的实际比例一直都在变动。资本由于连续的积累而不断增加，消费基金和积累基金的价值额也就不断增加，所以资本家既能生活更优裕，又能更加"节制"。最后，随着预付资本量的扩大，生产的规模也不断扩大，生产的全部"发条"也运行得更为有力。

资本主义积累的一般规律

在这一章里，我们主要研究资本的增长对工人阶级命运所产生的影响，其重点在资本的构成与它在积累过程中的变化。

当资本的构成不变，资本对劳动力的需要会随积累的增长而增长

我们可以从两方面来理解资本的构成。从价值方面来看，资本的构成是由资本分成不变资本和可变资本的比率，或者说是由分成的生产资料的价值和劳动力的价值——工资总额的比率决定的；从资本在生产中发挥作用的物质方面看，构成资本的生产资料和活的劳动力是由生产资料的量及其相应的劳动量间的比例决定的。前者为资本的价值构成，后

者为资本的技术构成，两者之间关系密切[1]。为了更好地说明这一关系，我们把由资本的技术构成决定并且反映技术构成变化的资本价值构成，描述为资本的有机构成。在后文中，除了特别说明以外，所说的资本构成都是指资本的有机构成。

同一生产部门中的不同的单个资本，它们各自的构成不尽相同。将这些资本的有机构成加以平均，就可以得出这个生产部门的总资本的构成；如果把所有生产部门的平均构成进行总平均，可以得出一个国家的社会资本的构成。

资本的可变组成部分，即转化为劳动力的部分，会随着资本的增长而增长。而转化为追加资本的剩余价值总有一部分会再转化为可变资本或追加的劳动基金。假定资本的构成不变，想要推动一定量的生产资料或不变资本，其需要的劳动力始终都会是同量的，同时，如果其他情况也不变，那么，对劳动的需求和工人的生存基金，则明显会按照资本增长的比例增长，即资本增长越快，这种需求就越快。资本在每年都会生产剩余价值，其中的一部分每年都会并入原资本，因为资本的增殖额每年都随着执行职能的资本量的不断扩大而增长，而且，在特殊的财富欲望的激励下，只要改变剩余价值分为资本和收入的比例，积累的规模就会陡然扩大。所以，资本的积累需求，能够超过劳动力或工人人数的增加；对工人的需求，必须超过工人的供给。如此，工人的工资就会提高。

---

[1]在资本主义的现实经济生产中，资本价值构成的变化并不总是与资本技术构成的变化相一致。其间大体上存在着三种情况：第一种情况，技术构成变化了，但价值构成并不按同比例变化。第二种情况，资本技术构成变化了，资本价值构成也可以保持不变。（劳动生产率的提高，使每个劳动力推动的生产资料数量发生了变化，但由于生产资料价值和劳动力价值变化情况不同，就会出现技术构成的上述两种组合情况。）第三种情况，价值构成变化了，而技术构成却没有变化。如果劳动生产率不变，但生产资料价格因供求关系的变化而发生变化，就会出现这种情况。

资本的积累

钢铁大王安德鲁·卡内基就是其中的一个。图为19世纪末的卡内基钢铁公司,在当时,它的钢铁生产已经处于世界领先地位。

只要上述假设一直不变,雇佣工人必定一年比一年多,当积累的需要开始超过劳动的供给,工资必然会提高。但这些有利于雇佣工人的情况,并不会对资本主义生产的基本性质有所改变。简单再生产不断地再生产出资本关系本身,即一方是资本家,另一方是雇佣工人。同样,规模扩大的再生产生产出资本关系,而且会让这一关系的两极更为分化:一方面出现更大或更多的投资家,一方面是更多的雇佣工人。劳动力不能脱离资本,同时,劳动力必须不断地以价值增值的手段并入资本。虽然劳动力的买家不断更换,但这丝毫不能掩盖它与资本的从属关系,所以,劳动力的再生产实际是资本再生产的一个因素。从这个意义上说,资本的积累就是无产阶级的增加。

以上所假定的累积,是对工人最有利的积累,工人与资本的从属关系,是一种可以忍受的,或如伊登所说的是一种"安适和宽松的形式"。显然,在这样的形式里,随着资本的增长,工人与资本的从属关系不是表现为更为加强,而是更为扩大,即资本的剥夺和统治的范围只是随着资本本身规模的扩大与它所统治的工人数量的增加而扩大。在工人自己生产的日益增多的产品中,虽然投入生产的追加资本还在增加,但仍有较大部分会以支付手段的形式流回到工人手中,使他们能够有较多的消费基金以提高基本生活的质量,甚至还小有一笔积蓄。但是,即使吃穿好了一些，个人财产多了一些，也无法消除雇佣工人的从属关系和资本家对他们的剥削。因资本的不断积累而提高的劳动价值，只不过表明雇佣工人为自己铸造的锁链已越来越重，也越来越长，资本家只是容许把它略微放松了一点而已。

对于这一点，很多人都把资本主义生产代表性的特征忽略了。在这里，资本家购买劳动力不是为了给自己服务，而是为了生产商品。但前提是，他必须使自己的资本增殖，使其中所含的劳动比他支付了报酬的劳动多，也就是说，资本家通过出售他购买的劳动力所生产的商品，就能够实现剩余价值，即赚钱的目的。这是资本主义生产方式的绝对规律。在这一规律中，劳动力要能够卖出去的条件是，它必须能够把生产资料当作资本加以保存，必须能够把自身的价值当作资本再生产出来，而且必须能够以无酬劳动提供追加资本。所以劳动力的出卖条件不管对工人多么有利，总要不断地被再出卖，从而使财富作为资本不断地扩大再生产。我们已经知道，就工资的本性而言，它必定要求工人不断地提供一定数量的无酬劳动。即使在劳动价格下降的情况下，工资的增加不过是相对减少了工人必须提供的无酬劳动量而已，但这种减少永远不会达到威胁制度本身的程度。

由资本积累而引起的劳动价格的提高主要有两种情况：一是劳动价格提高使无酬劳动减少，但这并不是影响资本积累的进程，更不会妨碍到资本统治的扩大。二是积累由于劳动价格的提高而削弱。随着积累的减少，资本与可供剥削的劳动力之间的不平衡也逐渐消失，资本主义的生产机制会自动修复，重新找到这一平衡，即劳动价格重新降低到适合资本增殖需要的水平，而不管这个水平是低于、高于还是等于工资提高前的正常水平。由此可见，第一种情况的出现，并不是因为劳动力或工人人数的绝对增加或相对增加的减缓所引起的资本过剩所致，相反，它是因为资本的增长引起可供剥削的劳动力的不足；第二种情况的出现，也不是因为劳动力或工人人数的绝对增加或相对增加造成资本不足所致，相反，它是因为资本的减少造成了可供剥削的劳动力过剩。可供剥削的劳动力数量的相对运动，正是资本积累的这些绝对运动的反映，因此，从表面上看，它好像是由前者的运动引起的。对这一对现象，用一句数学术语来表达：积累量是自变量，工资量是因变量[1]。同样地，在工业周期的萧条阶段，商品价格的普遍降低表现为货币相对价值的提高，而在繁荣阶段，前者的提高则表现为后者的降低。

对作为所谓"自然人口规律"基础的资本主义生产规律，我们可以作这样的简单归纳：资本、积累与工资率之间的关系，不过是转化为资本的无酬劳动和为推动追加资本而必需的追加劳动之间的关系。因此，这绝不是资本量和工人人数两个彼此独立的量的关系。相反，这只是同一工人数量所提供的无酬劳动

商量对策

劳动力的买卖不仅是资本主义生产过程的要素和前提，而且也是它的经常结果。一方面，工人的产品不断地转化为商品；另一方面，工人不断地像进入生产过程时那样走出这个过程，没有任何生产资料，只有他唯一的商品——劳动力。一旦经济有了风吹草动，工人就只能在贫困线上挣扎。图中，处于经济萧条时期的资本家正商量对策，他们的决定将影响一些工人的命运。

---

[1] 自变量是数学名词。在数学中，$y=f(x)$。任何一个系统（或模型）都是由各种变量构成的，当我们分析这些系统（或模型）时，可以选择研究其中一些变量对另一些变量的影响，而我们选择的这些变量就称为自变量；在函数关系式中，某特定的数会随一个（或几个）变动的数的变动而变动，即因变量。因变量是因为自变量的变化而产生的现象变化或结果。

和有酬劳动之间的关系。如果由工人阶级提供的而由资产阶级积累的无酬劳动量增长迅速，以至只有大量追加有酬劳动才能转化为资本，那么，工资自然就会提高，而在其他全部不变的情况下，无酬劳动就会相应减少。但是，一旦这种减少达到某一限度，致使滋养资本的剩余劳动不再有正常数量的供应时，反作用就会发生，即收入中作为资本化的那部分就会减少，积累削弱明显，工资的增长就会受到阻碍。可见，在资本主义社会，劳动价格的提高永远都被限制在一定的范围内。

资本主义的积累规律，虽然被神秘化为一种自然规律，但实际上只是资本主义积累的本质绝不允许劳动剥削程度的任何降低或劳动价格的提高，危及资本关系的不断再生产和规模不断扩大的再生产。在资本主义生产方式下，物质财富不是为工人的发展需要而存在，相反，是工人为现有价值的增值需要而存在。正如人在宗教中受自己头脑的产物支配一样，在资本主义生产中，人永远只受他自己双手的产物的支配。

在积累的进程中资本的可变部分相对减少

经济学家们有这样的见解：导致工资上涨的原因，既不是社会财富的现有量，也不是已经获取的资本量，而是资本积累的不断增长及其增长速度。上面，我们仅考察了这一过程的某个特殊阶段，即在资本的构成不变时，资本增长的一个特殊阶段。

资本主义制度的一般基础一旦奠定，在资本积累的过程中，这一阶段便一定会出现，此时，社会劳动生产率的提高会成为资本积累的强力杠杆。亚当·斯密说："资本的增长，会促进劳动生产能力提高，使较少的劳动生产出较大量的产品，从而为工资的增长留下应有的空间。"

如果不考虑土地肥力等自然条件，不考虑单个劳动者独立生产的技能水平，仅就社会劳动生产率的高低而言，其水平的高低则表现为一个工人在一定的时间内，以同样的劳动力强度使劳动力转化为产品的生产

利润和野心

资本主义所确立的"金钱至上"和贪婪且不择手段地追逐金钱的意识形态和制度模式，打破了人们的信仰和道德基础，把人变成了金钱的奴隶。图中，船上坐着一群加拿大的皮毛商人，虽然河水湍急，危机四伏，但对利润的追求让他们无所畏惧。

资料的相对量。工人劳动时所需的生产资料的量，随着他们劳动生产率的提高而提高。在这里，这些生产资料起着双重作用：一些生产资料的增长是劳动生产率提高的条件，另一些生产资料的增长又是劳动生产率增长的结果。无论条件还是结果，只要生产资料的量比并入生产资料的劳动力的量大，就表明劳动生产率在提高。

生产资料的量比推动它的劳动力的量相对增长，是资本的技术构成的一个明显变化，而这一变化又体现在资本的价值构成上，即资本价值的不变部分靠减少资本价值的可变部分的量而增长。比如一笔资本，最早在生产资料上，投入了总资本的50%，另外50%投在劳动力上。后来，劳动生产力提高了，投入资本的比例也发生了变化，总资本的80%投入到了生产资料上，劳动力上则只需投入总资本的20%。资本的可变部分比不变部分相对减少，只是近似地表示出资本的物质组成部分构成上的变化。不变资本与可变资本间差额的增大，与前者转化成的生产资料的量，以及后者转化成的劳动力的量之间的差额相比，终归要慢得多。随着后一个差额的增长，前一个差额也随之增长，只是这一增长的幅度很小。

同时，我们必须看到，积累的增长虽然会导致资本的可变部分的相对量减小，但绝不能因此便认为它的绝对量不会增加。假如，资本价值中最初的不变资本和可变资本相同，各占50%，后来变为80%的不变资本和20%的可变资本。如果原有资本在此期间由原来的6000镑增加到18000镑，那么，它的可变部分也要增加1/5，从原来的3000镑增长到现在的3600镑。因此推算，如果要提高20%的劳动需求，以前只需要增加20%的资本，而现在则要求原有资本追加三倍。

　　前面已经指出，社会劳动生产力怎样以大规模的协作为发展前提；在此前提下，怎样实现劳动的分工与结合，怎样才能使生产资料大规模聚积而实现节约，从而产生只适于共同使用的劳动资料，才能使巨大的自然力服务于生产，才能使科学技术转化为生产过程的工艺应用。在商品生产中，生产资料归私人所有，所以劳动者要么独立生产，要么把自己劳动力作为商品出卖；但上述前提，只有通过单个资本的增长才能实现，或者表述为只能随着社会生产资料和生活资料转化为资本家的私有财产来实现。只有在资本主义的形式里，社会生产的基础才能担负起大规模的生产。因此，单个商品生产者手中所积累的一定程度的资本，是特殊的资本主义生产方式的前提，所以，在从手工业向资本主义的过渡阶段，我们必须假定存在着这种积累。我们可以把这种积累称为原始积累，因为它不是特殊的资本主义生产的历史结果，而是这种生产的历史基础。在此基础上所产生的一切提高社会劳动生产力的方法，同时也是提高剩余价值或剩余产品的生产方法，因为剩余价值或剩余产品是资本积累的来源和基础，所以，这些方法也是加速资本积累的方法。剩余价值不断再转化成资本，引起进入生产过程的资本量不断增长，这种增长又引起生产规模的不断扩大，成为随后出现的提高劳动生产力和加速剩余价值生产方法的基础。由此可见，一定程度的资本积累表现为特殊的资本主义的生产方式的条件，而特殊的资本主义的生产方式又反过来加速了资本的积累，所以，特殊的资本主义的生产方式随着资本的积累而发展，资本的积累又随着这种特殊的资本主义的生产方式而发展。由于这种相互推动的关系，必定引起资本技术构成的变化，从而使资本的可变部分与不变部分相比越来越少。

集中不受社会财富的绝对增长或积累的绝对额的限制

每一个单个资本都是规模不等的生产资料的积聚，都无一例外地聚积着大小不等的劳动群体。许多单个资本的增长促进社会资本的增加。如果其他一切条件不变，各个单个资本以及与之相应的生产资料的积聚，会按照它们各自在社会总资本中所占比例增长，同时，一部分单个资本会分出新的独立资本而执行资本的职能。那么，随着资本的积累，资本家的人数也会增加。这种直接以积累为基础的积聚，其特征有二：第一，在其他条件不变的情况下，社会财富的增长程度会限制社会生产资料在单个资本家手中的增长速度；第二，资本家作为独立的商品生产者，他们彼此相互竞争，相互对立，因此，积累还表现为众多单个资本的互相排斥。

共同构成社会总资本的单个资本在相互排斥的同时，又同时存在着相互吸引的反作用。这已不再是生产资料和对劳动力发配权的简单的积聚，而是已经存在的各资本的积聚，是资本家对资本家剥夺，是许多小资本向大资本的汇集和转化。这一过程与上面的过程不同，它的作用范围不受社会财富的绝对增长影响，也不受限于积累的绝对额。资本在一个资本家手中大量积聚，是因为在许多资本家手中丧失了积聚。这是一种集中，已不具备积累和积聚的本意。

较大的资本战胜较小的资本是竞争的结果。竞争往往通过使商品廉价来进行，当其他条件不变时，商品的便宜度取决于劳动生产率的高低，而劳动生产率又取决于生产的规模。我们知道，随着资本主义生产方式的发展，在正常条件下，经营某个行业所需的单个资本的限量也在提高，因而，较小的资本只能生存于大工业仅零散占据的生产领域中。在那里，竞争的程度与相互竞争的资本的多少成正比，却同相互竞争的资本的大小成反比。在那里，许多较小资本家的破产是竞争的必然结果，他们的资本一部分转入胜利者手中，一部分自行消失掉。与此同时，信用事业作为一种崭新的力量，伴着资本主义的生产而形成。刚开始时，信用作为积累的助手不声不响地挤入到竞争中。它经由许多无形的细线使分散在社会表面的大小不一的货币资金聚合到资本家手中。但不久，它就成了一个可怕的武器，参与到激烈的竞争中去。最后，它成了实现资本集中的庞大的社会机构。

资本集中运动的相对广度和强度，在一定程度上取决于资本主义财富已经达到的数量和经济机构的优越程度，可以通过单纯改变既有资本的分配，即通过单纯改变社会资本各组成部分的组合量来实现。资本在一个人手中增长成巨大的量是因为它在许多人手中被夺走了。如果投入的全部资本已融合为一个单个资本，在一个生产部中，集中便达到了极限，但在一个社会里，只有当社会总资本合并在唯一资本家或唯一的资本家公司时，集中才能达到极限。

集中是对积累的补充，它使工业资本家能更快地扩大规模。无论规模的扩大是因为积累，还是因为集中；无论集中是通过吞并来实现，还是通过组建股份公司将资本融合在一体，其经济作用总是相同的。很明显，积累资本逐渐增大的过程，它与仅仅要求改变社会资本各组成部分的量的集中相比，其过程则极为缓慢。假如以单个资本增长的积累量来实现铁路的修建，恐怕直到今天，也难实现。但是，通过股份公司对众多单个资本的集中，许多原来困难的事转瞬间就可以完成。集中不仅可以加强积累的作用，而且可以同时扩大和加速资本的技术构成的变革，使资本更多地集中于它的不变部分，减少它的可变部分，从而减少对劳动的相对需求。

与其他资本量一样，集中集合起来的资本量也会不断再生产和增大，但它的速度会更快，从而成为社会积累强有力的新杠杆。因此，当人们在面对社会积累的增进时,已悄然把集中的作用包括在其中。

相对过剩人口的形成

在前面我们已经看到,资本积累是资本构成通过不断发生的质的变化来实现的,即通过减少资本的可变部分来增加不变部分而实现。它最初只表现为资本量的扩大。

与资本主义的生产方式相应的劳动生产力的发展,所引起的资本有机构成的变化,并不与积累的增加或社会财富的增长保持固定的一致。它变化的进度要快得多,原因在于总资本的绝对扩大即简单的积累,总会与资本的集中相伴,而追加资本的技术变革,也与原资本的技术变革相随。因此,与积累的进程相随,资本的可变部分与不变部分的比例会发生变化。因为总资本的大小,并不影响对劳动的需求。而影响到劳动需求的是总资本可变组成部分的大小。所以,对劳动的需求并不像前面假定的那样,会按比例随这种资本的增长而增加,相反,却会随总资本的增长而相对地递减。为了吸取一定数量的追加工人,甚至为了雇用已经在职的工人,总资本必须以不断递增的速度加快积累,而且这种积累和集中本身又会成为使资本构成发生变化的动力,即成为资本可变组成部分与不变组成部分相比,再次迅速减少的一个动力。这表现为,一方面,随着总资本的增长,总资本的可变组成部分相对减少加快;另一方面,则相反地表现为,好像工人数量的绝对增长总是比可变资本,即工人人口的就业手段增长更快。事实是,资本主义积累,总是以与它的能力和规模不断地生产出超过资本增殖的平均需求,因而是过剩的工人人口。

从社会总资本的角度考察,资本积累运动时而引起周期性变化,时而将各个因素分布到各个不同的生产部门。在某些生产部门,由于积累变成了单纯的集中,尽管资本的构成发生变化,但资本的绝对量却并未增加;有些生产部门则是资本的绝对增长与劳动力的绝对减少同时并存；还有一些生产部门，资本时而在原本的构成上持续增长并按增长比例追加劳动力，时而又改变它的构成，并以此减少工人。但是，不管在怎样的生产部门，资本的可变部分的增长以及就业人数的增长，总是与过剩人口不断波动的变化结合在一起。随着资本积累的增长、生产规模的扩大和工人人数的增加以及劳动生产力的发展和社会财富源流的增长，资本对工人的吸引力与排斥力相互结合的规模也不断扩大，资本有机构成与技术形成的变化速度也不断加快，而那些卷入这些变化的生产部门的数量也会不断增加。因此，工人在生产出资本积累的同时，也在生产出使自身成为相对过剩人口的手段。这就是资本主义生产方式特有的相对过剩的人口规律。

相对过剩人口是资本积累或资本主义财富发展的必然产物。同时，这种过剩人口反过来又成为资本主义积累的杠杆，也是资本主义生产方式存在的一个条件。因为相对过剩人口会形成一支可供支配的产业后备军，它绝对地属于资本，仿佛是资本养大的一样。过剩的工人人口不受人口实际增长的限制，因此能为不断变化的资本增殖需要创造出更多随时可用的雇佣劳动者。与积累相随的劳动生产力的发展，使资本的膨胀力突然剧增，这不仅因为生产技术有可能迅速地把剩余产品转化为追加的生产资料，而且当特殊的刺激出现时，信用会体现其强大的力量，转瞬间把那些绝对或有弹性的财富作为追加资本交给生产支配。随着可能转化为最佳资本的大量财富疯狂地涌进生产部门，在不影响其他部门生产规模的条件下，这些新增或旧部门的扩大部分，都需要大批人力投入到关键地方。这些人便来自过剩人口。

现代工业以十年为一个周期，由一般活跃、高度繁忙的生产，危机和停滞等几个时期构成，其间仅有较小的波动。这一周期形式正是建立在过剩人口不断形成、变化，然后再形成的规律基础之上。反过来，工业周期的阶段变化又使过剩人口得到补充，这也是过剩人口再生产的最有利原因之一。现代工业的生活过程，其独特性，我们在人类的过去时代都不曾见过，即使在资本主义出现的早期，这一过程也不可能出现。因为那时，资本构成的变化还极为缓慢。因此，总的来说，对劳动需求的增长与资本积累的增长是相应的。生产规模的突然扩大是它突然收缩的前提，而后者又引起前者；但是，如果没有可供支配的雇佣劳动者，没有工人人口的增加，生产规模的突然扩大也不可能。因此，现代工业的全部运动形式，源于它同时又在不断生产失业或半失业人口。而这一切是通过使就业工人人数比扩大的生产相对减少而形成。

相对过剩人口的存在形式

每个工人在半失业与全失业时期，都属于相对过剩人口。相对过剩人口周期反复的形式，在工业周期更替阶段表现更为显著。但在通常情况下，过剩人口往往具有三种形式：流动形式、潜在形式以及停滞形式。

在工厂、矿山等现代工业中心，有时工人被排斥，有时工人又在更大的规模上被吸收。在这里，过剩人口以流动的形式出现，但总的来说，就业人数在增加，虽然增加的比例远不如生产规模的扩大那么迅猛。工人数量的增长往往超过资本积累的需要，但同时又不能满足这种需要，这是资本运动本身具有的一个矛盾。无论在手工工场中还是在仅仅开始现代分工的大工厂中，都需要大量少年期的男工，年龄稍大的男工大多数通常会被解雇。资本需要少年工人数量较大，成年工人数量较小，这是一个矛盾；另一个矛盾则是因为分工，把工人需求束缚在一定的生产部门所致，一方面有人抱怨人手大量不足，而另一面却是大量工人流落街头。

资本主义生产一旦影响到农业，对农业工人人口的需要会随着在农业中执行职能的资本的积累而绝对减少，而且，对人口的这种排斥也是绝对的，不会像在非农业的生产部门中那样，有时会因为大规模的吸引而得到补偿。因此，农村人口中的一部分，虽然希望加入城市无产阶级队伍，却只能经常地处于等待之中。在全部相对过剩人口中，这部分一直是一个潜在源泉。

停滞形式的相对过剩人口，是现役劳动大军中的一部分，其就业极不规则。因此，他们为资本提供了储存劳动力的蓄水池。这类过剩人口的主要来源是：大工业和农业的失业者、破产的手工业者以及倒闭的工场手工业工人。他们的生活状况在工人阶级平均正常水平以下，其特点是劳动时间最长、工资最低、数量随"过剩"工人的增长而增加。

最后，陷入最底层的相对过剩人口是需要救济的赤贫阶层。排除流浪者、罪犯和妓女等流氓无产阶级，这个阶层通常由三个群体组成：第一类是有劳动能力但无固定职业的工人。当经济危机发生时，这个群体的人数就会增加，而当经济复苏时就会减少。第二类是候补劳动者，即孤儿和需要救济的贫民子女。这个群体的人往往只在经济高度繁荣时才能有工作机会。第三类是丧失了劳动能力的无家可归者，主要有因分工而被淘汰的工人、老年人及残疾人。这个群体的人几乎永远不可能获得工作机会。

社会积累的资本越大，资本主义生产增长的规模就越大，无产阶级的绝对数量，即产业后备军也越大。由于可供支配的劳动力和资本都是由同一原因发展起来的，所以产业后备军的相对数量与财富的力量同时增长。但是，与在职工人相比，产业后备军的数量越大，社会常备的过剩人口也就越多，并且他们的贫困与在职工人所受的劳动折磨程度成正比。工人阶级中贫苦阶层和产业后备军越大，需要社会救济的贫民也就越多。这就是资本主义积累绝对的、一般的规律。

资本主义生产和积累的机制，总在不断地使相对过剩人口的数量适应资本增殖的需要。（这种适应，基于它一开始就创造出大量的相对过剩人口，然后是在职工人中不断增大的各阶层的贫困，以及需要救济的赤贫阶层的重荷。）

精打细算的债主

资本主义的人生观、价值观的核心是私有观念。对金钱的追逐和贪婪成为资本主义社会的普遍信条，金钱拜物教是资本主义社会的最高信仰。由于金钱至上的社会效应的膨胀和蔓延，人们对金钱的追逐势必走向疯狂。图中，一位富商正在称量他的金币。

由于社会劳动生产率的提高，只需花费极少的人力就可以推动越来越多的生产资料。这个规律在不是工人役使劳动资料，而是劳动资料役使工人的资本主义的基础上表现为：劳动生产率越高，工人对自己的就业手段的压力就越大，因而他们的生存条件就越没有保障。所以，生产资料和劳动生产率比生产人口更快增长这一事实，在资本主义社会却完全相反：工人人口总是比资本的增殖需要增长得更快。

在资本主义制度内部，牺牲工人个人的权利是提高社会劳动生产力的全部方法；一切发展生产的手段都是统治和剥削生产者的手段，都会把工人贬低为机器的附属品并使劳动失去内容，而且由于科学技术力量不断加入到劳动的过程中，更使工人与劳动过程的智力相异化，从而使工人畸形发展，成为局部的人。但是，一切生产剩余价值的方法都是资本积累的方法，而积累的每一次扩大又成为这些方法的手段。由此可见，不管工人的报酬是高是低，他们的生存状况必然随着资本的积累而日趋恶化。由于相对过剩人口与资本积累的规模和能力会始终保持平衡，这一规律便把工人死死地钉在资本上而为资本所支配。

资本的原始积累

原始积累的秘密

原始积累在政治经济学中的作用，与原罪在神学中的作用几乎一样。人们在解释原始积累时，仿佛面对着一段过去的奇闻轶事：在不为人知的年代里，有两种人：一种人勤劳、聪明，节俭；另一种人则懒惰，而且毫无节制，是十足的无赖。随着时间的累积，导致了这样一种局面，即前者积累财富，而后者却仅剩皮囊，穷得除了自己的劳动力便没有任何东西可以出卖。然而，少数人的富有和大多数人的贫穷，正是从这种"原罪"开始的。虽然后一种人无论怎样劳动，他所拥有的除了自身的劳动力之外便身无长物。

货币和商品与生产资料和生活资料一样，它们在一开始并不是资本，都是需要转化为资本。但这种转化需要有一定的条件，这些条件归结起来就是：两种极其不相同的商品的所有者必须相互接触，而且相互对立；一方是货币、生产资料和生活资料的所有者，他们需要购买他人的劳动力来增值自身资本的价值；另一方则是自由劳动者，即劳动力的出卖者。自由劳动者具有双重含义：他们既不像奴隶、农奴那样，是生产资料的一部分，也不像自耕农，有一定的生产资料。相反，他们同生产资料完全分离，并因脱离生产资料而自由。商品市场的这种两极分化为资本主义的形成创造了基本条件。资本关系的产生以劳动者与生产资料的所有权的分离为前提。资本主义生产关系一旦确立，这种分离不仅会永远保持，而且会以不断扩大的规模再形成这种分离。因此，资本关系的生成过程，只能是劳动者与他劳动条件的所有权不断分离的过程，这一过程不仅使社会的生产资料和生活资料转化为资本，而且使直接劳动者转化为雇佣工人。因此，所谓原始积累，不过是劳动者和生产资料分离的历史过程而已。由于这一过程发生在资本主义生产方式确立

掘地运动

资本的原始积累导致了英国的长期内战。1649年4月，一群自称掘地者的贫苦农民在伦敦附近的乔治山开垦荒地，过着一同劳动、吃饭的生活。不久，各地响应掘地者号召的人多达数千。掘地运动引起了资产阶级和新贵族的恐慌，他们要求政府将这些掘地者予以驱逐。图中，一群贫苦农民正在掘地，他们是资本原始积累的间接受害者。

之前，是资本主义生产关系的前史，所以其表现是"原始的积累"。

资本主义社会的经济结构产生于封建社会的经济结构中，因为封建社会经济结构的解体使资本主义社会经济结构的要素得到解放。

只有在自身不再束缚于土地，不再隶属于他人之时，直接生产者、劳动者才能支配自己。但他要成为劳动力的自由出卖者，能将自己的商品带到任何一个市场中去，则必须摆脱行会的控制，摆脱学徒和帮工制度对劳动的约束。因此，生产者转化为雇佣工人的历史，一方面表现为生产者从农奴的地位和行会的束缚中解放出来；另一方面，被解放的生产者同时又失去了生产资料或旧制度曾经给予的一切生存保障，而只能成为他自身劳动力的出卖者。这种残酷的剥夺，是被血与火的文字载入人类编年史的。

作为新权贵的工业资本家，不仅要排挤行会的手工业师傅，而且还要排挤占有财富资源的封建主。由此而言，工业资本家的兴起是战胜封建势力和封建特权的结果，也是战胜了行会束缚的结果。对劳动者的奴役，是产生资本家和雇佣工人的发展过程的起点。而这一发展过程，也仅仅是这种奴役状态的形式变换，即由封建剥削变为资本主义剥削。虽然，在14、15世纪，资本主义生产的萌芽已在地中海沿岸某些城市出现，但资本主义时代则起于16世纪。在资本主义时代出现的地方，农奴制早已废除，在主权城市——这一中世纪的顶点也早已衰落。

在原始积累的历史进程中，凡是对资产阶级的形成起过推动作用的一切变革，都是历史上划时代的事件，但首要的原因是：大量的人与自身的生存资料分离，被当作不受法律保护的无产者抛向劳动市场。并且这种分离是被强制的，突然地对农业生产者土地的剥夺是资产阶级全部形成过程的基础。这种剥夺的历史在不同的国家带有不同的色彩，并按照各自不同的顺序，在不同的历史时代经历不同的阶段。

对农村居民土地的剥夺

在英国，农奴制[1]实际上在14世纪末期就不复存在。到15世纪，绝大多数人口已经是自由的自耕农，尽管他们的所有权还有着封建的外衣。在较大的封建领地上，那些曾经也是农奴的管事，最终被自由的租地农场主排挤掉了。农业中被雇用的有两种人：一种是农民，他们利用空闲时间为大土地所有者做工；一种是雇佣工人阶级，这部分是独立的，而且数量较少。后者实际上也是自耕农，因为除了工资，他们还可

---

[1]农奴制：是一种封建社会中封建领主在其领地上建立起来的剥削奴役农奴的经济制度，故又名封建领主制。在这种制度下，少数封建领主或农奴主占有土地、山林、草原和河流等绝大部分生产资料，并部分地占有农奴；农奴从农奴主手中分得一块份地，作为代价，他们必须无偿耕种领主土地，服各种劳役，并上缴大部分劳动产品。农奴制的基本特征是农奴被束缚在土地上，不得不依附于农奴主。而农奴主则利用这种人身依附关系，对农奴实行超经济的强制剥削。农奴制的地租形式主要是劳役地租，辅以少量的实物地租和货币地租。

"羊吃人的运动"

资本原始积累的历史,是一部血泪史。15世纪末,英国毛纺织业迅速发展,使牧羊业有利可图。于是,贵族侵占大量公有土地和农民的耕地,并用壕沟马栅栏将其圈起来,雇少量工人放牧羊群。大量失去土地的农民沦为流浪者。因此,圈地运动又被称为"羊吃人的运动"。

分得4英亩或更多的耕地和居所。另外,他们还与真正的农民一样拥有公有地的使用权,可以在上面放牧自己的牲畜,还可从其中获取木材、泥炭等燃料。在欧洲,所有国家封建生产的特点都是将土地分给尽可能多的臣属。同所有君主一样,封建主的权力并非由地租的多少来决定,而是由自己拥有的自耕农的人数决定的。因此,虽然英国的土地在诺曼人入侵后被分割为巨大的男爵领地,而一个男爵领地往往包括了900个盎格鲁-撒克逊[1]旧领地,但小农户仍然遍布全国,较大的封建领地只是偶尔出现于其间。

直到15世纪最后三十余年与16世纪初的几十年,资本主义生产方式的变革序幕才被拉开。由于封建家臣的解散,无产者失去保护,他们被大量地抛向劳动市场。资产阶级为夺取王权,用暴力加速了封建家臣的解散,但王权绝不是无产者被抛向劳动市场的唯一原因。同王室和议会顽强对抗的大封建主,将农民从土地上赶走,并夺去他们的公有地,由此造成了不计其数的无产阶级。而在英国,特别是弗兰德毛纺织工场手

---

〔1〕盎格鲁-撒克逊(Anglo-Saxon):由盎格鲁(Angles)和撒克逊(Saxons)两个民族结合而成的民族,是一个集合用语,通常用来形容5世纪初到1066年诺曼征服之间,生活于大不列颠东部和南部地区,在语言、种族上相近的民族。

工业的繁荣，以及由此而引起的羊毛价格上涨，对这件事起了直接的推动作用。旧的封建贵族被大规模的封建战争所消灭，而新的封建贵族则成了资产阶级时代的"儿子"。在这一时代，货币是一切权力的权力。因而把耕地变为牧羊场也成了资产阶级的口号。哈里逊在其著作《英国概述》中，描述了对小农的剥夺给国家造成的巨大破坏。他写道："我们的大掠夺者什么也不在乎，农民的住房和工人的小棚屋被强行拆除，或者任其坍毁。"他说："我们查看每一个骑士领地的旧财产清单，就会发现无数小农户和房产消失了。现在，土地供养的人口越来越少，虽有一些新的城市繁荣起来，但仍有许多城市衰落了……为了做牧羊场，城市和乡村被大量毁坏，只有领主的房屋得到了保留。"这些编年史家的抱怨虽有些夸大其词，但他们却准确地描绘了生产关系的革命留给当时人们造成的后果。

在当时，立法对这一变革毫无准备，它还没能达到这样一种文明程度：把"国民财富"，也就是把资本的形成、资本对人民的剥削以及把人民群众的贫困化当作全部国策的极限。培根在他的《亨利七世执政史》中写道："此时，越来越多的人在抱怨，耕地变成了只需少数牧人就可以照管的牧场。定期租地、终身租地和年度租地几乎全变成了领地，人民开始衰落，城市、教会也开始衰落。但是，国王和议会为防止

被围困的自耕农

英国自耕农的消失促进了英国资本主义的发展，为资本主义提供了劳动力和市场，为后来的工业革命准备了条件，但对农民来说，失去土地是一场灾难。图中，在一名自耕农的前方是日渐繁华的贸易港口，这表示资本主义商业对自耕农的蚕食在一步步紧逼。

这一弊端所采取的治理措施所表现出的智慧也十分可取，他们采取了一些措施来制止对公有土地的掠夺，制止随之而来的牧场的扩张。"

1489年，亨利七世颁布的第19号法令规定，禁止拆毁附有20英亩土地以上的农民房屋。随后亨利八世又颁布法令，重申了这条法律。其中写道："由于租地与大牲畜群，特别是大羊群，集中在少数人手中，导致地租猛涨、田地荒芜、教堂和房屋被拆毁，无力养家糊口的人更是多得惊人。"因此，该法律规定重建已经荒废的农场，并重新规定了耕地和牧场的比例。鉴于不少所有者拥有24000只羊，1533年的制定限定所有者所拥有的羊不得超过2000只。但自亨利七世以来的150年中，相继颁布的禁止剥夺农民的法律都毫无成效。而导致它们毫无成效的原因，培根已在他的《文明与道德论文集》第29节中写道："亨利七世的法令是经过深思熟虑的并非常值得赞赏的，因为它为农场和农舍制定了一个标准，即为农场和农舍保留了一定数量的土地，以使其能为国家提供相当富裕的而非处于奴隶地位的臣民，同时又能使耕犁掌握在有产者手中，而不是雇工手中。"

但是资本主义制度却要求人民处于奴隶的地位。资产阶级野蛮地掠夺人民的土地，继而将失去土地的人转化为雇工，以使自身的劳动资料转化为资本。立法在这一过渡时期，也曾试图使农业雇佣工人的小屋保留4英亩土地，但禁止他们用自己的小屋招揽房客。1627年，查理一世时期，丰特米尔的罗吉尔·克罗克在领地上修建一座小屋时，因为没有划拨出4英亩土地作为小屋的永久附属物而被判有罪。

1638年，查理一世还任命一个皇家委员会来监督旧法律的实施，特别是4英亩土地法律的实施。克伦威尔还禁止在伦敦周围4英里的地区内，修建未附有4英亩土地的房屋。18世纪上半叶，如果农业工人的小屋未附有1~2英亩土地，他还会到法院去控告。但是现在，小屋能附有一个小园子，或者能在远处租到很小的一块土地就算是幸运的了。汉特医生说："地主和租地农场主认为，小屋如果附有几英亩土地，就会使工人过于独立。而且他在这方面的行动非常一致。"

16世纪，与宗教改革相随的对教会地产的大规模盗窃，暴力剥夺人民土地的过程有了新的推动。在宗教改革时期，作为封建所有者的天主教会，在英国占有相当多的土地。资产阶级不断对修道院进行迫害，将住在里面的人大批地抛进了无产者的行列。教会的很大一部分地产被资产阶级送给了国王的宠臣，或者廉价地卖给了租地农场主和市民，这些人将旧的世袭佃户大批地赶走，把他们耕种的土地集中在一起。而法律赋予贫苦农民对教会的什一税的所有权，也因此被暗中取消了。教会所有权，是古老的土地所有权关系的宗教堡垒。随着这一堡垒的倾覆，古老的土地所有权关系也就难以维持了。

在17世纪后期，自耕农比租地农民阶级的人数还多，他们曾经是克伦威尔时代的主要力量。这个时期，农业雇佣工人仍然是公有土地的共有者。大约在1750年，自耕农消亡了。18世纪后期，最后的农民公有地也被消灭了。在这里，我们不谈农业革命的纯经济原因，只研究其中的暴力手段。

在斯图亚特王朝[1]复辟时期，土地所有者通过立法的形式来掠夺，而在欧洲大陆国家中，这种掠夺不需要通过立法手续就可以直接实现。资产阶级取消了封建土地制度，使土地摆脱了对国家的贡赋，而采取对农民和其他人民群众课税的方式来进行"补偿"。由于资产阶级对地产只有

---

〔1〕斯图亚特王朝：14世纪初，斯图亚特家族开始统治苏格兰，1603年，英国都铎王朝末代女王伊丽莎白一世死后，斯图亚特家族后裔詹姆士六世继承英国王位，成为英王詹姆士一世，从此，斯图亚特王朝开始统治英国。1649年英国资产阶级处死了詹姆士的继承者查理一世，推翻了斯图亚特王朝的统治。英国宣布成立资产阶级共和国，由克伦威尔统治。但由于克伦威尔实行独裁统治，其死后政局混乱。1660年，查理二世继位，斯图亚特王朝复辟。

封建所有权，因此，他们要求对地产实行现代私有权，最后，他们强制实行定居法。"光荣革命"之后，他们开辟了一个全新的时代，他们把以前对国有土地有节度的盗窃推向了一个空前的规模，土地被廉价地卖掉、赠送，或者直接被掠夺而合并到私人地产中去。但这一切都是在无视法律成规的情况下进行的。用这种欺骗方法攫取的国有土地和教会地产，在历经共和革命时，并未再度失去，从而理所当然地成了现今英国寡头政治贵族领地的基础。城市资本家鼓励这种做法，其目的是把土地变为纯粹的商品，以扩大农业的生产规模和范围，增加来自农村的不受法律保护的无产者的供给。

前面已经谈到，对公有地的暴力掠夺，大都伴随着变耕地为牧场的过程，它从15世纪末开始，直到16世纪还在进行。但是在当时，这一过程始终是以个人的暴力行为来进行的，法律与这种暴力行为进行了150年却毫无效果的斗争。到18世纪，社会的进步则表现为：法律本身成了掠夺人民土地的工具，虽然大租地农场主也是用自己的手段。大租地农场主利用议会形式即"公有地圈围法"，也就是以法律的形式把掠夺人民土地的行为合法化。当自耕农被小租地农民完全代替，大地主对国有土地的肆意掠夺，特别是对公有土地的不断窃取，促使大租地农场在18世纪不断增长，并促使农村居民被迫变成无产阶级，即把他们从土地上"游离"出来投向工业。

但是，18世纪的人不可能像19世纪的人那样清楚地意识到，国民财富[1]与人民贫困是同一回事。因此，在当时的经济著作中，有许多关于

---

[1] 国民财富：国家（地区）一定时间内所拥有的全部物质资料，包括国民财产和自然资源两部分。国民财产是历年劳动产品的积累，在存在形态上又可分为固定资产、流动资产、金融资产三部分。自然资源是自然界的产物，如土地、森林、矿产、水等资源，它们不是人类劳动的产物。

"公有地的圈围"的论战,这些论战十分激烈。下面几段话可以便生动记录了当时的情况。

在论战中,一位作者愤慨地写道:

"在哈特福郡的许多教区,有24个平均占地50～150英亩的租地农场被强行合并为3个租地农场。""在北安普顿郡和林肯郡,圈围公有土地的做法也十分流行,由此形成的新领地大部分都变成了牧场。现在的领地中,许多领地的耕地面积还不到50英亩,而过去用于耕种的有1500英亩……曾经的住宅、谷仓、马厩等变成的废墟"是以往居民留下的唯一痕迹。

"在一些地方,100所房屋和家庭已经减少到8所或10所,在15年或20年前才开始圈地的教区,土地所有者的数量比以前耕种开放地的农民人数减少了很多。情况往往这样:四五个富有的畜牧业主就可以侵吞不久前圈围的大片领地,而这些土地以前为20～30个租地农民和其他居民所掌握。土地被圈围,这些人及其家属,从他们自己的土地上被赶走,而同他们一起被赶走的,还有替他们做工以维持生活的许多家庭。"

在圈地的借口下,邻近的地主不仅侵占荒地,而且还侵占个人租来的耕地,以及人民共同的耕地。

"甚至为圈地辩护的人也承认,此举强化了大租地农场的垄断地位,拉高了生活资料的价格,而且造成了农耕人口的减少……"

普赖斯博士说:

"土地都落到大租地农场主手中,小租地农民要维持生活,就必须为别人劳动,而且还不得不去市场上购买自己需要的一切……因为对劳动的强制加大了,劳动也就更重了……城市将会扩大,因为更多人只有在那里才能找到工作。"

他总结说：

"因为圈地，下层人民的状况几乎全面恶化，小土地占有者和小租地农民沦为短工和雇工；在这种情况下，下层人民谋生将变得更为困难。"

资产阶级从掠夺教会地产、欺骗性地出让固有土地，到窃取公有地，把封建财产转化为现代私有财产，这就是"田园诗式"原始积累的各种途径。这些途径不仅为资本主义农业夺取了地盘，而且使土地与资本合谋，为城市工业储备了必要的不受法律保护的无产阶级。

惩治被剥夺者的血腥立法

被解散的封建家臣以及土地被剥夺而被驱逐的人，他们是不受法律保护的无产阶级，不可能很快被新兴的工厂手工业吸收，因为他们诞生得太快了。这些被突然抛出生活常轨的人，大批地转化为乞丐、流浪者，甚至盗贼。他们中其中一部分是由于习性，但更大多数是因为不能适应新状态，而为环境所迫。因此，在15世纪末以及整个16世纪，当时的西欧各国都颁布了惩治流浪者的严酷法律。现代工人阶级的祖先，在当时曾被迫转化为流浪者和贫民，却同时遭到惩罚。法律将他们视作"自愿的"罪犯，其依据是：只要他们愿意，是可以继续在已经不存在的旧的劳动条件下劳动。

英国惩治流浪者的法律是在亨利七世时开始制定的。

在亨利八世期间，即1530年，法律允许年老和无劳动能力的人行乞，但身强力壮者行乞被禁止，违者将遭到鞭打和监禁，并遣返回原籍或最近3年所居地去劳动。在亨利八世二十七年，被修订后的法令更严厉了。比如，在流浪时第二次被捕，不仅要受更残酷的鞭打，还要被割去半只耳朵；如果第三次因行乞被捕，就会被当成重犯和社会的敌人被处死。

  在爱德华六世即位的第一年颁布的法令中规定：若拒绝劳动的人被告发，被认定为游惰者，就会被判为告发者的奴隶。主人应当用稀汤、面包和水，还有适当的肉屑给奴隶吃。主人有权给奴隶戴上镣铐并鞭打他们，以强迫奴隶从事一切劳动。奴隶逃亡时间达到14天，会被判为终身奴隶，并面刺"S"字样；逃亡达3次者，会被视为叛国贼处死。主人可以出卖、遗赠、出租奴隶，完全像自己的私产一样。对逃亡的奴隶，治安官必须根据报告全力搜捕。流浪者3天无所事事，一旦发现，会被送回原籍，而且会在其胸部烙上"V"字样，套上锁链服劳役。对流浪者的子女，任何人都有权领去当学徒，直到男的年满24岁止，女的年满20岁止。如果他们逃亡，则沦为他们师傅的奴隶，直到这个法定年龄。师傅可以随意给他们戴上镣铐，进行鞭打等。为了注明身份，每个主人都可以在自己奴隶的脖子上，或手、脚上戴上铁环，以便识别。在这个法令的最后部分还规定，贫民必须在愿意让他们劳动，给他们食物的地区或个人那里干活。在英国，这种教区奴隶在游荡者的名义下一直保留到19世纪。

  在伊丽莎白执政时期，颁布的法令规定：没有获得行乞许可的14岁以上乞丐，如果没人愿意使用他两年，应遭受严酷的鞭打，并在左肩打上烙印；如果这样的人再次行乞，且年龄超过18岁，又没有人愿意使用两年，就会被处以死刑；如果还有第三次，作为重犯就会立即以叛国罪处死。在伊丽莎白十八年颁布的第3号法令，以及在1597年的法令中，也有类似规定。

  詹姆士一世时期，法律宣布游手好闲和行乞的人都为流浪者，即判决法庭的治安官可以当众鞭打他们，第一次被抓到的监禁2年。对于不可救药的流浪者，不仅要在其左肩烙上"R"字样，还要从事强制劳动。如果再度在行乞时被抓到，就会被处死。

正是这些令人恐怖的法律，土地被剥夺而变成流浪者的农村居民，被迫习惯于劳动制度所必需的纪律。

在一方面有劳动条件作为资本出现，在另一方面有除了劳动力便没有别的东西可卖的人，单是这样还不够，这还不足以迫使他们自愿出卖自己。伴随资本主义生产的进程，工人阶级日益发展，由于教育、传统和习惯，他们视这种生产方式的要求为理所当然的自然规律。发达资本主义生产过程的组织会粉碎一切反抗；相对过剩人口的不断生产，可以把工资限定在资本增殖需要的相应轨道内；经济关系的这种强制更保证了资本家对工人的统治。新兴资产阶级为了把工资强制在有利于赚钱的界限内，便需要并运用国家权力。这也是原始积累的一个重要因素。

14世纪下半叶，雇佣工人阶级开始出现，直到15世纪，也只占居民中的很小部分；它的地位受到独立的农民经济和城市行业协会的双重保护。无论在城市还是在农村，雇主与工人在社会上是接近的，劳动对资本的从属也只是一个形式，因为那时生产方式本身还没有具备特殊的资本主义的性质。后来转化为资本积累基金的大部分国民产品，在那时也还是工人的消费基金。

雇佣劳动的立法，始于1349年爱德华三世的劳工法。这些法规的制定，自始就是为了剥削工人。这些法律规定了城市与农村、计件劳动与日劳动的工资率。支付和接受高于法定工资的人要被监禁，但对后者更为严厉。国家规定了工资的最高限度，却从未规定过工资的最低限度。但是，在真正的工场手工业时期，资本主义生产方式已发展到相当强大，用法律来限定工资不仅行不通，而且没必要。一些雇主与雇佣工人关系的条款，直到现在仍未废除。这些条款规定，对雇主违约，只能提起民事诉讼；而对违约的工人，则可提起刑事诉讼。

租地农场主的产生

在考察了不受法律保护的无产者的产生过程，考察了使他们转变成雇佣工人的血腥的法规，考察了各国用暴力手段强化对劳动的剥削程度以加速资本的积累之后，我们或许会问：对农村土地居民的剥夺让大量的土地归大土地主所有，并没有产生资本家，那么资本家最初是怎样产生的呢？

在英国，最早的租地农场主是农奴中的管事。他们本身也是农奴，地位与古罗马的斐力卡斯相似，但活动的范围相对较窄。在14世纪下半叶，这种管事被租地农民所替代。租地农民的地位与农民的区别并不大，但他已开始剥削雇佣劳动。不久，这些农民就成为半租地农场主，农业资本的一部分由他们自己筹集，其余部分由地主提供，双方按合同分配总产品。但这种形式，在英国很快就消失了，同时代之的是真正的租地农场主，他通过雇佣工人来增殖自己的资本，并把剩余产品按一定比例，以货币或实物的形式向地主交纳地租。

到15世纪，当独立的农民和那些既当雇工又独自耕作的雇农靠自己的劳动致富的时候，租地农场主的境况和生产规范与前者并无多大差别。在15世纪末期及整个16世纪大部分岁月所进行的农业革命，在使大量的农村居民变穷，使租地农场主变富。对公有牧场的掠夺，让租地农场主的牲畜数量剧增，这也为土地耕作提供了大量的肥料。

在16世纪，又一个具有决定性的因素产生了。当时，租约的期限往往长达99年。贵金属价值的下降引起货币价值的不断下降，这让租地农场主获得了大量的意外财富，而雇佣工人的工资也随之降低，其工资的一部分变成了租地农场主的利润。一切农副产品，如谷物、羊毛、肉类的价格不停地上涨，让租地农场主再一次毫不费力地增大了自己的货币资本，而他所支付的地租，却按以前签订契约的货币价值支付。由此可见，租地农场主财富的积累主要有两个渠道：一是牺牲雇佣工人的利益，二是牺牲地主的利益。因此，在16世纪末的英国，富有的"资本主义租地农场主"阶级的出现，十分自然。

工业资本国内市场的形成

对农村居民持久的剥夺和驱逐，不断为城市工业提供大批无产者，这些无产者处于行会之外。老亚·安德森在他的商业史中甚至相信，这一美妙现象的出现，一定是神的恩赐。若弗鲁瓦·圣伊莱尔在他的《对自然哲学的认识》中，用世界物质在一处的稀薄化，解释它的另一处的稠密化，但是，与独立的自耕农的稀薄化相对应，则不仅是工业无产阶级的稠密化。在农村，虽然种地的人数大为减少，但是土地提供的产品有变化，这是因为土地所有权关系革命而来的，是耕种方法的改进、协作生产的扩大，以及生产资料的集聚等。农业雇佣工人在租地农场主的压迫下不仅增加了劳动的强度，而且为自己劳动的生产范围也在日渐减少。与一部分农村居民的游离相伴随的是他们以前的生活资料的游离。现在这些生活资料转化成了可变资本的物质要素。被驱逐的农村居民必须从工业资本家那里以工资的形式重新获得转化为生活资料的价值。与生活资料一样，农业所提供的工业原料也成为了不变资本的一个组成部分。

一部分农村居民被剥夺和被驱逐，不仅为工业资本提供了工人、生活资料和劳动资料，同时也建立了国内市场。以前，农民家庭生产和加工的绝大部分是供自己消费的生活资料和原料，但现在，这些东西都变成了商品为大租地农场主出售，手工工场则成了他必然的市场。在以前，纱、麻布、粗毛制品等，这些农民家庭自己既有原料，又可自己加工，以供自己消费的东西，现在成了工场手工业的产品，农村地区反而成了它们的销售市场。过去因大量小生产者独自经营而形成的分散各地的众多买主，现在却集中为一个由工业资本供应的巨大的市场。随着自耕农的被剥夺以及他们与自己生活资料的分离，农村副业消失了，工场手工业与农业开始分离。只有将农村家庭手工业全部消灭，资本主义生产方式才能在国内获得稳固而足够大的市场。

很显然，真正的工场手工业时期并没有出现这一根本性的变革。我们知道，工场手工业在整个国民生产中只占很小一部分，它一直以城市手工业和农村家庭副业为背景。在某

被训斥的学徒

随着生产的发展，一些小行会师傅和众多的个体小手工业者成为了最初的小资本家。他们不断加强对雇佣劳动者的剥削，以积累更多的资本。为此，他们开始录用学徒工。学徒本是封建社会的一种剥削形式，在资本主义企业中被保存了下来。资本家招收童工，多少还要支付工资，而招收学徒工，除供给一些饭食和零用之外，根本不付工资。图中，一名学徒正被喝得醉醺醺的雇主训斥。

种形式下，在某些工业部门或者某些别的地方，工场手工业消灭了城市手工业和农村家庭副业，但在其他地方它又让它们重新出现，因为它还需要它们把原料进行粗加工。因此，它生产了一个以种地为副业，却以工业劳动为主业，把产品卖给手工工场的新的小农阶级。研究英国历史可以发现，从15世纪六七十年代起，一方面，资本主义经济在农村日益发展，旧的农民日益被消灭；另一方面，新的农民又不断重新出现，虽然他们处境不妙，人数也在减少。究其原因，主要是历史上英国的农业，有时以谷物业为主，有时又以畜牧业为主，因而农民的生产范围也相应地不断变化。只有机器化大工业才为资本主义农业提供了牢固的基础，彻底地剥夺了大多数的农村居民，使农业和农村家庭手工业彻底分离，铲除了纺纱、织布等农村家庭手工业的根基。至此，它才为工

业资本征服了整个国内市场。

工业资本家的产生

工业资本家不像租地农场主那样是逐渐产生的。毫无疑问，众多的个体小手工业者、小行会师傅，甚至雇佣工人，他们转化成了最初的小资本家，然后，因为对雇佣劳动的剥削和积累的逐渐扩大，这些小资本家成为相对固定的资本家群体。在中世纪，城市还处于形成期，从耕地上逃跑的农奴中，其逃离的时间先后，决定了谁成为主人，谁成为仆人。这与资本主义生产早期的情形相像。但是这种蜗牛般的进程，根本不能适应各种地理大发现相继出现的15世纪末的贸易需要。而中世纪，在资本主义生产方式到来以前，在极不相同的经济和社会形态中形成了两种不同的资本形式，即高利贷资本和商人资本，而且这两种资本更以成熟的形态保留了下来。

高利贷资本和商业所形成的货币资本转化为工业资本时，曾受到农村封建制度和城市行会制度的极力阻碍。这种限制随着封建家臣的解散、农村居民被剥夺和被驱逐而消解。在通海港口和不受旧行会制度控制的内陆地区，新的工场手工业开始出现。

美洲金银矿的发现，土著居民被围剿，对东印度的征服和掠夺，非洲成为商业性猎获黑人的场所——这一切都标志着资本主义生产时代的到来。这些过程是原始积累的主要因素。原始积累也有许多不同因素，这些因素按时间顺序出现于西班牙、荷兰、法国和英国。在17世纪末的英国，这些因素系统地表现为殖民制度、国债制度、现代税收制度和保护关税制度。这些制度一部分——例如殖民制度即是以最残酷的暴力为基础。但是，所有这些制度都利用国家权力，也就是利用集中的、有组织的社会暴力，来大力促进社会制度从封建制度向资本主义制度的转变，而且也极大地缩短了转变的时间。暴力是孕育着新社会的旧社会的

鸦片战争

英国资本主义是超越其国界发展的。19世纪上半期,英国经济在工业革命的推动下和生产过剩危机的驱动下向全世界扩张。从欧洲、美洲到非洲、亚洲,从近东到远东,从印度到中国,这股扩张潮流漫过旧殖民体系向新世界涌进。鸦片战争便是这股潮流冲击中国社会而掀起的狂澜。

助产婆,其本身也是一种经济力。

荷兰是17世纪标准的资本主义国家,它经营殖民地的历史为我们展现了一幅背信弃义、贿赂、残杀的卑鄙图景。荷兰人为了使爪哇岛得到奴隶,在西里伯斯岛实行盗人制度。为此,他们还训练了一批专事盗人的贼。在装上奴隶船之前,盗来的人被关在西里伯斯岛的监狱,以等待他们长大成人。为了霸占马六甲,荷兰人曾向葡萄牙总督行贿。荷兰人走到哪里,哪里就一片荒芜,变得人烟稀少。这些不堪的因素很具代表性。

再说英国东印度公司。它除了在印度拥有政治统治权,它还拥有与中国的贸易权,以及对欧洲的货运垄断权。对盐、鸦片、槟榔及其他商品的贸易垄断权,成了东印度公司取之不尽的财富源泉。它的高级职员可以自定价格，蓄意勒索可怜的印度人。总督也参与这些私人买卖。巨额财富猛力增长，在没有任何预付的情况下，原始积累却在公开进行。如一个名叫沙利文的商人，他在离鸦片产地很远的地区，接受了一项鸦片契约，并在当天便以4万镑的价格将契约卖给了商人本，也在当天，本又以6万镑将它转手卖出。仅一张契约，直到契约履行，经手的任一方都声称赚到了一大笔钱。在1769—1770年间，英国人以出不起骇人听闻的高价就拒不出售的方法囤积大米，从而制造了一次大饥荒。

殖民制度极大地促进了贸易和航运的发展，为迅速产生的工场手工业开辟了销售市场，保证了通过对市场的垄断来加速资本的积累。在欧洲以外的殖民地上靠杀戮和奴役掠夺的财富，正源源不断地流回宗主国，然后在那里转化为资本。第一个在海外实行殖民制度的荷兰，于1648年达到了商业繁荣的顶点。

现在，工业上的霸权带来了商业上的霸权。在工场手工业时期，却与之相反，往往是商业上的霸权造就工业上的优势。在当时，殖民制度起着决定性的作用，它仿佛在宣告：赚钱是人类最终的也是唯一的目的。

公共信用制度即国债制度，产生于中世纪的热那亚和威尼斯，到工场手工业时期开始在整个欧洲流行。殖民制度和它的海外贸易与商业战争孕育了公共信用制度。这正是它最早在荷兰得以确立的原因所在。无论是专制国家、立宪国家还是共和国家，国债都会在资本主义时代烙下自己的印痕。在所谓的国民财富中，唯一被现代人共有的部分，就是国债。因此，一个国家的国民负债越多就越富有这一学说是合乎逻辑的。公共信用成了资本的信条。

作为原始积累最强有力的手段之一，公债就像挥动着的魔杖，让不生产的货币也具有了繁殖力，从而使货币转化为资本，却又无须承担投

荷兰贸易船队

　　17世纪，荷兰是世界上最强大的海上霸主，被称为"海上马车夫"。这个绰号形象地说明了17世纪的荷兰在商业、海洋和殖民掠夺方面所拥有的霸权。荷兰一度成为欧洲的储蓄和兑换中心，现代人称它为"17世纪的华尔街"。图为17世纪荷兰进行世界贸易的船队。

资于工业，或高利贷所面对的劳苦和风险。国家债权人其实并未付出什么，因为他们所贷出的金额其实只是容易转化的、可以在手中与等量现金起着相同作用的公债券。于是，那些在政府和国民之间充当中间人的包税者、商人和私营工场主就成为一种有闲的食利者阶级。每次国债的大部分，都成为从天而降的资本落入他们手中，使其大发横财。除了上述几类人，股份公司、各种有价证券都获得了交易和投机的机会，并因此使投机的交易所和现代银行兴盛起来。

　　以国家的名义成立的大银行，不过是投机者的公司。它们从产生那一天起，便依靠从国家获得的特权，把货币贷给政府。因此，这些银行的股票不断涨价，便成了国债积累的最准确尺度。1694年创立的英格兰银行，正是这些银行开始充分发展的标志。

随着国债的出现，国际信用制度也出现了。这个或那个国家原始积累的源泉常常隐藏在国际信用制度之中。例如没落的威尼斯，由于它把巨额货币贷给荷兰，威尼斯劫掠制度的可耻行径便成了荷兰资本财富隐藏的基础。英国与荷兰之间也是这样。因为工场手工业开始落后，18世纪初的荷兰已不再是一个具有统治地位的工商业大国。因此，在1701—1776年间，荷兰的主要营业之一就是巨额资本放贷，其对象主要是它的强大竞争者英国。现在，美国与英国间的情形也基本类似。

由于国债依靠国家的收入支付利息等，因此，现代税收制度便成了国债制度的必要补充。一方面，借债可以方便政府应付额外的开支，而对纳税人而言，即使国家提高了税收，也不会立即有所感觉；另一方面，由于国债的逐笔积累而增税，同时也迫使政府在遇到新的额外开支时举借新债。因此，以对生活必需品为轴心的现代财政制度，本身便包含了税收自行增加的动力。与其说这种制度对雇佣工人的生活状况造成了破坏性影响，不如说它是对农民、手工业者等一切下等阶层的暴力剥夺。现代财政制度的剥夺作用，又被这一制度另一组成部分，即保护关税制度加强了。保护关税制度，是造就工场主、剥夺独立劳动者、强行缩短新旧生产方式过渡时间及使国民生产资料和生活资料资本化的一种人为手段。欧洲国家为了获得这种发现的专利权，甚至钩心斗角。这种制度一旦效力于谋利者，不仅会间接通过保护关税和通过出口补助金等掠夺本国人民，而且会摧毁其附属邻国的全部工业。

殖民制度、国债、重税、关税保护制度和商业战争等，在真正的工场手工业时期还是嫩芽，但在大工业的幼年时期则迅速成长起来。在大工业时期，工厂大规模掠夺儿童作为童工，同时也就像皇家海军强征水兵一样招收工人。

随着资本主义生产在工场手工业时期的发展，欧洲的社会舆论丢掉了最后一点良心和羞耻心。各个国家都恬不知耻地夸耀积累资本的一切卑鄙行为。

要使资本主义生产方式"永远的自然规律"得以充分展示，要实现劳动者与劳动条件的分离，要在一极使社会的生产和生活资料转化为资本，在另一极，又使人民转化为雇佣工人，转化为自由的"劳动贫民"这一历史的现代杰作，必定经受这样的苦难，即如奥日埃（1820—1889年，19世纪法国诗人、剧作家，法国风俗喜剧代表人物）所说："货币来到人间时，其一边脸上必定带着天生的血斑，那么，资本来到人间，从头到脚，每个毛孔都滴着血和肮脏的东西。"

资本主义积累的历史趋势

资本的原始积累，即资本的历史起源，究竟是什么？它既然不是奴隶和农奴直接转化成雇佣工人，因而也就不是简单的形式变换。那么，它就意味着直接生产者的被剥夺，也就是说，以自身劳动为基础的私有制被解体。

作为社会所有制、集体所有制的对立物，私有制只有在劳动和劳动资料属于私人时才存在。但它的性质，却因这些私人是劳动者或非劳动者而有所不同。

劳动者拥有生产资料的私有权，是小生产的基础，而小生产既是发展社会生产的必要条件，也是保障劳动者本人自由个性的前提。诚然，这种生产方式在奴隶社会和农奴制度中虽然已经存在，但是，只有在劳动者、农民以及手工业者成为自身领域的私有者时，它才能得到充分发展，力量才能充分展现，从而获得适当的典型形式。

小生产以土地及其他生产资料的分散为前提。它既排斥生产资料的积聚，也排斥协作，还排斥同一生产过程内部的分工，排斥社会生力的自由发展，也排斥对自然的社会统治和社会调节。它只与自然产生和社会生产的界限相容。当它发展到一定程度后，就会产生出消灭它自身的物质手段。随着社会生产力的发展，这种生产方式最终必然会被消灭。它的消失使个人的、分散的生产资料转化为社会的、积聚的生产资料，从而导致多数人的小财产转化为少数人的大财产，广大人民的土地、生活资料和劳动工具被剥夺。这些残酷的剥夺，便形成了资本的前史。也就是说，正是此时，靠自己劳动获得的私有制，即以各个独立劳动者与其劳动条件相结合的私有制，便被资本主义所挤占了。

资本主义生产方式一旦确立，劳动就将进一步社会化，土地和其他生产资料也将进一步转化为社会使用的生产资料，从而对私有者进行进一步的剥夺，就会采取新的形式。也就是说，现在要剥夺的已不再是独立经营的劳动者，而是剥削更多工人的资本家。

这种剥夺首先是通过资本主义生产的内在规律，即通过资本的集中来进行的。在激烈的竞争中，一个资本家打垮更多中小资本家。随着这种集中和资本家之间的相互剥夺，规模不断扩大的劳动过程的协作形式日益发展，科学技术日益自觉地应用于生产，土地日益被有计划地利用，劳动资料日益转化为只能共同使用的劳动资料，资本主义制度日益国际化并形成世界市场。随着那些掠夺和垄断社会财富的资本巨头数量的减少，工人的贫困和被剥削压迫程度的不断加深，日益壮大的工人阶级的反抗也不断增长。资本的垄断成了在这种垄断下繁盛起来的生产方式的桎梏。当生产资料的集中和劳动的社会化，已经达到了同它们的资本主义外壳不能相容的境地，资本主义私有制的丧钟就要敲响，剥夺者就要被剥夺了。

由资本主义生产方式发展而来的资本主义占有方式，即资本主义的私有制，是对以个人劳动为基础的私有制的第一个否定。而资本主义生产由于其自然过程的必然性，又造成了对自身的否定。但这种否定不是要重新建立私有制，而是要在资本主义现有成就的基础上，即在协作和对生产资料的共同占有的基础上重新建立个人所有制。

以个人劳动为基础的、分散的私有制转化为资本主义私有制，与事实上已经以社会生产力为基础的资本主义所有制所转化成为的社会公有制相比，后者自然是一个更加长久而且困难的过程。前者是少数掠夺者对人民大众的掠夺，而后者则是人民群众对少数掠夺者的剥夺。

第二卷

　　本卷主要研究资本的流通过程，抽象地考察剩余价值的实现，以及剩余价值实现过程中各生产部门资本的相互联系。这里所说的"流通过程"并不限于资本处在流通领域的过程，它主要是指作为生产与流通的统一的整个资本运动过程，其重点是研究资本的运动过程，即研究资本在运动中所采取的各种形式，以及这些形式对资本运动的具体形态所起的决定作用。

第一章　资本形态变化及其循环

在资本运动的总过程中，资本依次经历货币资本、生产资本和商品资本三种形态变化，与这三种形态变化相适应，资本的循环过程也依次分为购买阶段、生产阶段和售卖阶段。资本的循环过程其实是流通和生产的统一。其中，资本流通是一般商品流通的一部分，货币资本的循环则是产业资本物质刺激的最片面、最明显，也是最经典的形式。

货币资本的循环

资本增殖主要是通过资本循环来实现。资本循环过程则要经过三个阶段：

第一阶段：购买阶段。资本家以买者的身份出现在劳动力和商品市场，在这里，他手中的货币转化成商品，完成G—W这个流通行为。

第二阶段：生产阶段。资本家用购买的生产资料和劳动力从事生产，他的资本完成生产过程，生产出价值大于原生产要素价值的商品。

第三阶段：销售阶段。资本家作为卖者回到市场，通过出售商品，将商品转化为货币，完成W—G这个流通行为。

综上所述，货币资本的循环过程可以表示为：G—W⋯P⋯W'—G'。在这个公式中，虚线表示流通过程的中断，P代表生产过程，W'和G'分别代表包含剩余劳动的商品和包含剩余价值的货币。

为了帮助我们直观地理解货币资本的循环，必须将与形式变换和形

繁忙的威尼斯码头

在资本循环过程中，分为购买、生产、售卖三个阶段，并相应地采取货币资本、生产资本、商品资本三种职能形式。其中第一阶段货币资本的职能是购买生产资料和劳动力，为剩余价值生产作准备。贸易则是先用货币去购买一定数量的商品，再把商品换成货币。图为17世纪繁忙的威尼斯码头，在这里，货币资本正经历它循环过程的第一阶段，执行着购买职能。

成形式的无关变量剔除。所以，在这里我们假定商品是按照它们的价值来出售，并且假定这种出售是在不变的情况下进行的。所以，这里也将循环过程中可能发生的价值变动抛开不谈。

第一阶段：G—W

G—W表示一定数量的货币转化为一定数量的商品。通过这一阶段，买方的货币转化为资本，而卖方的商品则转换为货币。因此，G—W既是一般的商品流通行为，又是资本循环的一个特殊阶段。使这个流通行为成为资本循环中的一个从职能上就能确定的阶段的，首先不是它的形式，而是它的物质内容，是那些同货币换位的商品的特殊使用性质。资本家用货币购买的商品，是生产资料和劳动力，即商品生产的物的因素与人的因素。而它们的特性要与所生产的产品种类相适应。如果用A表示劳动力，用P_m表示生产资料，那么，所购买的商品W就等于$A+P_m$，因此，货币G可以被分成两部分，一部分用来购买生产资料，另一部分则用来购买劳动力。而这两个购买序列分属完全不同的市场，一个是真正的商品市场，一个是劳动力市场。

劳动力的价值是以工资的形式支付的，作为包含剩余劳动的劳动量价格，支付给把劳动当作商品出售的劳动者。要购买的生产资料的数量和规模，必须要让劳动量得到充分的利用。

在G—W（$A+P_m$）中，货币G除了表示所购买的商品具有本质的不同外，它还表示一种量的关系，即资本家购买劳动力A和购买生产资料P_m所用的货币量的关系。这种关系一开始就是由一定数量的工人所要耗费的超额劳动，即剩余劳动的量决定的。在不同的产业部门，对追加劳动力的利用，需要追加多少生产资料形式的价值，在这里与我们讨论的问题是无关的。也就是说，生产资料的数量必须足以满足工人劳动消耗的需要。如果生产资料不足，劳动力就会因得不到充分使用而造成浪费，就会对资本家的剩余价值带来损失。如果生产资料过多，则会造成积压，导致资本家的这部分资本不能如期转移至产品中并进入流通过程而造成浪费。

在G—W（$A+P_m$）中，货币G购买生产资料和劳动力的流通过程一旦完成，资本家就不仅支配着生产某种产品所必需的生产资料和劳动力，还支配着一种比补偿劳动力价值更大的劳动力使用权，或者说，他支配着一种比劳动力自身价值更大的劳动量，同时，还支配着使这个劳动量转化为物化劳动的生产资料。简而言之，资本家所支配的这些因素是一个包含剩余价值的商品量。因此，资本家以货币形式预付的资本，在这一阶段处于一种实物商品形式，在这种形式中，它可以作为会生产出剩余价值的价值来实现。也就是说，这种形式处在具有创造价值和剩余价值能力的生产资本形式中。我们将这种形式的资本称为P。P的价值=($A+P_m$)的价值=转化为A和P_m的货币G，P和G是处在不同的存在方式上的同一个资本价值，也就是说，G是货币状态或货币形式的资本价值，我们称之为货币资本。

因此，G—W这个一般商品流通的行为，从资本的独立循环过程来看，又是资本价值从货币资本向生产资本的转化。作为货币资本，它能够执行一般购买手段和一般支付手段的职能，而它之所以产生这种职能，不是因为货币资本是资本，而是因为货币资本是货币。另一方面，除了执行货币的职能，货币状态的资本价值也无法执行别的职能。

既然生产的物的因素是由人的因素和商品的因素组成，那么资本家就必须将货币资本转化成生产资本来完成这两个因素的结合。

在每个阶段，G—A一般被看作是资本主义生产方式的特征。而由于劳动是以工资的形式用货币购买，G—A又被认为具有货币经济的特征或标志。

综上所述，在G—W（A+P_m）这一行为中，本质上是分配。这里的分配并非消费资料的分配，而是分配生产要素，其中物的因素在一边，劳动力则在另一边，与物相分离。因此，货币资本循环的公式G—W…P…W'—G'才是资本循环的当然形式，这一过程的首要前提是雇佣工人阶级的经常存在。

第二阶段：生产资本的职能

在G—W阶段，通过从货币资本到生产资本的转化，资本价值取得了一种实物形式，而这种形式的资本价值是无法继续流通的，它必须进入消费，即进入生产消费。

在这个阶段，资本的循环表现为G—W（A+P_m）…P，虚线表示资本的流通被中断。货币资本的流通虽然中断，但生产资本的循环过程仍在继续，资本已从商品流通领域进入了生产领域。也就是说，在第一阶段，货币资本转化为生产资本，只是为第二阶段的生产过程作准备。

完成G—W阶段的前提是：完成从货币资本到生产资本转化过程的货币所有者必须同时是商品生产者。货币所有者不仅在某一使用形式上支配着价值，而且必须在货币形式上占有这些价值。但是，要完成这个转化过程需要付出货币，只有在他付出货币和确定这些货币又会回到他的手中时，他才能继续成为货币所有者。而货币只有在转化成商品售出后，才会变为货币重新回到他手中，所以要完成这个过程，他必须是商品生产者。

而在G—A，雇佣工人需要每天消费以维持自身，只能靠出卖劳动力获取报酬。所以，工人会反复进行A—G—W或W—G—W'行为。因此，资本家的资本不断成为货币，与雇佣工人相对立；而另一面，要使工人维持自身，必须不断有生活资料以商品形式和他们相对立。

另一方面，雇佣工人阶级又作为资本主义生产的基本条件，也促使一切商品生产过渡到资本主义的商品生产。在资本主义所到之处，会把一切以生产者劳动为基础的生产形式破坏，也会摧毁把多余产品当作商品出售的形式破坏。资本主义的世界贸易对中国、印度、阿拉伯等国发生的影响就是如此。

资本主义的生产过程，就是生产资料和劳动力的结合过程。

不论社会实行怎样的生产方式，劳动者和生产资料始终都是社会生产的重要因素。但是，在二者彼此分离的情况下，它们只能是可能的生产因素。如果要进入生产过程，它们就必须结合起来。而这种结合的特殊方式，便是区分各个不同社会经济时期的标志。

在生产过程中，生产资料和劳动力对价值的形成起着完全不同的作用，从而对剩余价值的生产也起着不同的作用。作为资本家的预付资本，它们分为不变资本和可变资本。它们的区别还表现在这些方面：生产资料在资本家手中，即便不在任何生产过程之中，也仍然是他的资本；而劳动力只有参与到生产过程之中，才会成为资本的一种形式。如果说，劳动力在它的卖者即雇佣工人手中时是商品，而在它的买者即资本家手中时则成为资本，那么，生产资料只有和劳动力相结合才能成为生产资本的实物形式或生产资本。正如人的劳动力并不是天然的资本一样，生产资料也并非天然的资本。只有在一定的历史条件下，生产资料才取得这种独特的社会性质。这正如贵金属只有在一定的历史条件下，才能成为获得货币和货币资本的独特的社会性质一样。

生产资本执行职能的过程，就是资本家对劳动力和生产资料的消耗过程，它的结果就是生产出一个具有更高价值的产品量。在生产过程中，劳动力仅仅作为生产资本的一个要素而发生作用，它的剩余劳动不仅能生产超出劳动力价值的余额，而且还能为资本家生产出一个无须他花费任何等价物的价值。由于劳动力的剩余劳动为资本家带来剩余价值，因此，劳动力生产的不仅是商品，而且是包含着剩余价值的商品，它的价值等于P+M，P代表生产这种商品所耗费的生产资料的价值，M代表生产资本产生的剩余价值。

综上所述，生产资本的职能，就是生产包含剩余价值的商品。

第三阶段：W'—G'

如果商品作为已经增殖的资本价值和直接由生产过程本身生产的形式存在，那么它就成为了商品资本。如果商品在它的整个社会范围内都按资本主义的方式来经营，那么，所有商品从一开始就会成为商品资本的要素，不论是生铁、布鲁塞尔[1]的花边，还是硫酸、雪茄烟。由于属

---

[1] 布鲁塞尔：（法语：Bruxelles，荷兰语：Brussel）是比利时最大的城市，也是欧洲联盟的主要行政机构所在地。位于布鲁塞尔首都区的布鲁塞尔市，是比利时的首都，也是佛兰德区的首府和比利时法语区的中心。

自由交易

贸易的本质，是先用货币去购买一定数量的商品，再把商品换成货币。货币资本在这种循环中得以积累，其功能得到强化。图中，人们正在伦敦的史密斯肉市上忙碌地交易。

性不同，商品中哪一类是商品资本，哪一类是普通商品，则很难区别。

转变为商品形式的资本，必须执行商品的职能。构成资本的物品，本就是为了市场而生产的，所以必须售出，以转化成货币，即必须完成W—G这一阶段。

假定资本家的商品是10000磅棉纱，在纺纱过程中耗费的生产资料价值是372镑，创造的新价值为128镑，那么，这些棉纱就有500镑的价值。而这个价格是通过W—G过程来实现。在这里，通过W—G过程，商品转化为货币，既是一般的商品流通行为，同时又成为一种资本职能。因为这里的商品是已经增值的商品，即包含着剩余价值的商品。这里，10000磅棉纱是商品资本，即W'，因为它是生产资本P的转化形式。如果这10000磅棉纱按照价值500镑出售，从商品流通的角度来看，它完成了W—G，即由商品形式转化为货币形式。但是，作为单个资本循环的特殊阶段，这10000磅棉纱售出后为资本家带来了100磅的剩余价值。因此，它是W'—G'，是商品资本转化为货币资本。

商品资本能否完成W'—G'过程，对资本的循环有着极其重要的作用。因为在生产过程中，只有完成W'—G'，资本的循环过程才能继续。此时，W'的职能就是一切商品的职能，将商品卖掉转化为货币，从而完成W—G阶段。倘若已经增殖的资本仍以商品资本的形式停滞在市场上，那么，生产过程就会停止。另外，W'—G'的完成速度也将对资本的增殖产生影响。由于资本从商品形式转化为货币形式的速度不同，同一个资本价值在一定时期内发挥的作用也就不同，从而再生产的规模也会以极不相同的程度扩大或者缩小。也就是说，流通过程虽然不能增加新的价值，但它将影响资本的增殖程度。

在W'—G'阶段，商品的出售数量也将影响资本的增殖程度。而作为已经增殖的资本即商品W'，必须全部完成W'—G'这一阶段。作为商品总量中不可或缺的一部分，单个的商品虽然也包含着剩余价值，但它实现的程度取决于商品出售的数量。所以，商品资本要实现自身的职能，必须从商品形式转化为货币形式。

在这里，货币起了双重作用。一是它以原来货币预付的价值又回到过程开始时的价值形式。二是它又以商品形式进入流通的价值的第一转化形式。若构成商品资本的商品，按照它们的价值出售，那么，W+w就会转化为价值相等的G+g存在于资本家手中。资本价值和剩余价值现在都作为货币存在，处在一般等价物形式中。

综上所述，商品资本的职能就是实现剩余价值。

总循环公式

资本的总运动是G—W…P…W'—G'。在这个运动过程中，资本表现为一个价值，它将经过一系列相互联系的形态变化，这些形态变化使资

码头贸易

资本循环的过程,也是实现剩余价值的过程,在这个过程中,生产原材料的占有与商品贸易市场的扩张十分重要,它甚至成了近现代史上大多数战争的导火线。

本的运动过程分为三个阶段。第一阶段G—W,资本家通过购买劳动力和生产资料,将资本由货币转化成商品,由此进入第二阶段;在第二阶段,资本家对劳动力和生产资料进行消费,第一阶段的商品W被另一个包含剩余价值的商品W'所替代。随着商品W的增值,生产过程结束,即进入第三阶段;在第三阶段,资本家将增值后的商品W'售出,使资本由商品形式又转化为货币形式。

在流通形式变化中,G—W和W'—G'两次都是同样大、同时存在的价值互相对立、互相代替。价值的变化因为P即生产过程完全属于形态变化,因此,生产过程与流通不同,表现为资本现实形态的变化。

在资本运动的总过程中,资本依次要经历货币资本、生产资本和商品资本三种形态变化,与这三种形态变化相适应,资本的运动也依次分为购买、生产和售卖三个阶段。其中,购买阶段和售卖阶段属于流通过程，生产阶段属于生产过程。在资本的运动过程中，不仅保存了预付资本的价值，还产生了剩余价值。在运动中，资本以货币形式开始，又以此结束，因此，资本的总过程是一个循环过程。

资本的循环，只有持续不断地运动，才能正常进行。如果资本在购买阶段停下来，货币资本就会凝结为贮藏货币；如果在生产阶段停下来，就会造成生产资料闲置和劳动力失业；如果在售卖阶段停下来，就会造成商品积压和流通中断。

在资本的循环过程要求资本持续不断运动的同时，循环本身又要求资本在各个循环阶段中的一定时间内固定在一定的形式上，即固定在货币资本、生产资本和商品资本的形式上。只有在完成一种和它当前形式相适应的职能之后，资本才能进入下一个新阶段。

一方面，任何单个资本在G—W和W'—G'两个流通阶段中，都是一般商品的流通的一个能动因素，它不是作为货币就是作为商品，在一般商品流通中执行职能。或者，和一般商品流通连在一起，这样它就加入到商品世界一般形态是变化序列中的一个环节。而另一方面，它又在一般流通之内完成自己特有的独立循环，在此循环中，生产领域只起过渡作用，资本以离开起点的相同形式，又回到它的起点。

最后，如果我们将G—W…P…W'—G'作为一种特殊的资本循环过程加以考察，就会得到以下四个特征：

第一，这种循环表现为货币资本的循环。这是因为产业资本的货币形式是它的循环出发点的归宿。由公式可以看出，由于预付的货币并没有被消费，因而它只是资本的货币形式，即货币资本。正是因为价值的货币形态是独立的、可以捉摸的形式，所以以实际货币为起点和归宿的G…G'，赤裸裸地向世人宣示：资本主义生产的最终目的是赚钱。至于生产过程，那只是赚钱过程中必不可少的一些中间环节。

第二，在这个总循环公式中，P的职能，也就是生产阶段，造成

G—W…P…W'—G'流通的中断，而这个中断又是简单流通G—W—G'的媒介。从G—W…P…W'—G'可以看出，P只是预付资本的增殖手段，也就是说，它的最终目的是为了创造包含剩余价值的商品，从而让资本家发财致富。

第三，从G—W…P…W'—G'这一公式可以看出，一方面，资本价值是出发点，已经增殖的资本价值是归宿点；另一方面，由于公式的两极都是可以捉摸的独立的货币，所以货币资本表现为能够生出货币的货币。由此可见，价值产生剩余价值，是用货币来表现过程的开始和终结。

第四，因为G'（已经实现的货币资本）作为G—W运动的补充和W'—G'运动的结果，是处于和它开始第一个循环时绝对相同的形式，所以一旦它跳出这个循环，就能够作为已经增大的货币资本G'=G+g进入新一轮的循环。

资本的循环过程是流通和生产的统一。既然G—W和W'—G'这两个阶段都是流通行为，那么资本流通也是一般商品流通的一部分。货币资本的循环，是产业资本物质刺激的最片面、最明显，也是最经典的形式。货币资本的循环是以流通为前提的，始终都包含着预付价值的增值。作为一切循环都始终包含的形式，货币资本的循环还是为了生产剩余价值的那部分可变资本。因此，资本家必须不断作为货币资本家，他的资本必须不断作为货币资本和工人相对立。

生产资本的循环

生产资本循环的总公式是：P…W'—G'—W…P，它表示着资本的生产过程是价值增殖的再生产过程；表示着资本主义的生产不仅是剩余价值的生产，而且是剩余价值的周期再生产；还表示处于生产过程中的资本不是执行一次价值增殖的职能就退出流通，而是周期反复地执行职能。W'一部分可以直接再作为生产资料，进入将它作为商品生产出来的同一劳动过程。如此一来，它的价值就不用转化为实际的货币，也不用进入流通。这样，有的价值不进入流通过程，但进入生产过程，而W'中被资本家作为剩余产品以实物形式消耗的那部分便是如此。

生产资本循环有两个显著的特点：

第一，在第一种形式G…G'即货币资本循环中，生产过程P只是在G—W和W'—G'这两个阶段之间充当媒介。而在生产资本循环中，在产业资本的总流通过程中，生产过程P则成为再生产过程的媒介。

第二，总流通的形式与货币资本循环具有完全不同的表现形式。后者的总流通过程是G—W—G'，这是资本的流通形式。而前者的总流通过程则是W—G—W'，属于简单商品的流通形式。

简单再生产

我们首先考察生产资本的简单再生产。假定一切条件不变，商品按价值买卖，而剩余价值又全部用于资本家的个人消费，那么，这种没有新增资本的再生产就称为简单再生产。

在简单再生产中，商品资本W'一旦转化为货币，资本价值与剩余价值就会在不同领域流通。货币总额中的资本价值部分，也将在产业资本的循环中继续流通。已经转化为货币的剩余价值则退出资本循环，进入一般的商品流通过程。这个以货币流通为主的一般商品流通，主要用于资本家的个人消费。由于这种消费是在不同时期分散进行的，因此，这种货币一般采取贮藏货币的形式。

在我们考察G'=G+g的流通时就可以看到，G作为货币资本，使资本继续循环；g作为收入被资本家花掉（g—w），进入一般流通，从而退出了资本循环。只有执行追加货币资本的那一部分才进入循环。

在第二阶段G—W中，资本价值G=P又出现了，但已经和剩余价值分

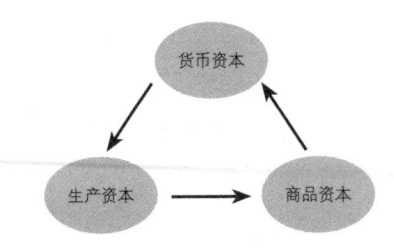

生产资本的循环

资本循环指产业资本从一定的职能形式出发，顺次经过购买、生产、销售三个阶段，分别采取货币资本、生产资本、商品资本三种职能形式，在实现了价值的增值之后，回到原来出发点的全过程。上图为资本循环示意图。

离。因此，它的价值量也和它在货币资本循环G—W中一样大。虽然位置不一样，但现在由商品资本转化成的货币资本职能还是一样，转化为生产资料和劳动力，即P_m和A。

在流通中，有几点需要明确：第一，在G—G′循环中，货币资本G以资本价值预付时的原有形式出现，它一开始就是商品资本在第一阶段W′—G′中转化成货币额的一部分，所以一开始就意味着生产资本P已通过商品产品的出售转化成货币形式。第二，在W—G—W′（A+P_m）中，同一个货币两次变换位置，资本家先作为卖者得到货币，然后作为买者付出货币。只要运动是通畅的，货币资本充当购买手段时就只表现为流通手段；在资本家互相购买时它才表现为真正的支付手段。第三，货币资本不论是充当单纯的流通手段，还是充当支付手段，它的职能只是充当媒介，归根结底，只是商品资本再转化为生产资本的媒介。

生产资本作为资本家的预付资本，在生产过程中转化为商品W′。如果资本主义简单再生产要继续进行，这部分生产资本就必须在资本的运动中继续循环，但这种循环只有在W′转化为货币，并可以购买劳动力和生产资料后才能进行。在售卖阶段，商品W′是由消费者购买还是由经销商购买，对于简单再生产而言，没有直接影响。在资本主义生产方式下，商品的生产数量，不是取决于社会的供需要求，而是取决于生产规模和不断扩大的生产规模的需要。就是说，只要产出的商品能够全部售出，简单再生产就能持续进行。

规模扩大的再生产

如果资本家要进行扩大再生产，就不能把剩余价值全部消费掉，必须将一部分剩余价值积累起来，作为追加资本投入生产。事实上，这些新投入的剩余价值，不会立即进入生产资本的循环，因为扩大生产过程的比例不是任意规定的，而是有严格的技术规定。因此，已经投入的剩余价值虽然要资本化，但还需要经过若干次循环反复，才能达到积累所必需的规模。在没有达到这个规模之前，这些积累中的剩余价值，只能凝结为贮藏货币，成为潜在的货币资本。

资本主义生产的性质，是实现预付资本的增殖，即首先是由生产剩余价值的目的决定，再由剩余价值到资本的转化决定。随着资本的积累和规模的扩大，剩余价值生产也不断扩大。而这种积累和扩大再生产，既是资本家生产的目的和发财的手段，也是资本主义生产的发展趋势。

我们考察简单再生产时，假定的是剩余价值全部被资本家消费掉。然而实际上，在正常情况下，资本家总要将一部分剩余价值积累起来作为资本。因此，在我们考察扩大再生产时，为了简化公式，也假定剩余价值被全部积累起来。如此一来，扩大再生产的生产资本循环公式可表示为：$P \cdots W' — G' — W' < ^A_{P_m} \cdots P'$。它代表一种生产资本按更大的规模和更大的价值被再生产出来，作为已经增大的生产资本，开始了它的第二次循环。在第二次循环中，P又成为起点，不过，与第一个P相比，这个P是更大的生产资本。从这个方面看，它与货币资本循环相同。在货币资本$G \cdots G'$中，G'开始第二次循环时，它执行一定量的预付货币职能，与第一次循环相比，是一个更大的货币资本。

我们拿P—P'和G—G'比较一下就会发现，二者含义完全不同。$G \cdots G'$作为孤立的循环表示：货币资本G是会生出货币的货币，也是会生出剩余价值的价值。而在P的循环中，价值增值过程在第一阶段即生产过程结束时已经完成,在第二阶段中W'—G'完成之后,资本价值加剩余价值就已经是实现了货币资本G'了,而G'在第一种循环中是作为终极出现的。

在P…P'中,P'并非表示剩余价值被生产出来,而是生产出来的剩余价值已经资本化,也即资本已经积累。因此,P'和P不同,它是由原有资本价值加上在资本运动中积累起来的资本价值构成。

货币积累

我们把这个由剩余价值转化而来的货币称为g,这个g能否立即进入资本的循环过程,还要取决于它积累的数量。如果用g来创建一个独立的新企业,它必须达到这个企业所需要的最低限量。如果用它来扩大原有的企业,它也必须达到一定的数量。例如,一个纱厂资本家要扩大他的生产规模,必须同时购置相应数量的梳棉机和粗纺机,否则就无法增加纱锭的数目。另外,生产规模的扩大还要增加棉花和工资的支出,所以要扩大生产规模,剩余价值必须要达到相当的数额。在未达到这个最低限量时,生产资本必须多次循环反复。然而,生产资本只能以货币贮藏的形式来积累,但是贮藏货币并不是目的,它的目的是进行资本积累,从而扩大再生产。在这里,贮藏货币表现为货币资本的形式,货币贮藏也是资本积累暂时发生

1889年世博会期间的埃菲尔铁塔

资本的扩大再生产,一方面可以给资本家带来更多的利润,另一方面也带来社会总产品的极大丰富,促进社会的全面繁荣。图为1889年巴黎举办第三届世博会期间光芒四射的埃菲尔铁塔,它象征着法国在政治、经济、文化上的全面繁荣。

的过程，它充当的是潜在的货币资本这一角色。因为，货币贮藏是在资本循环之外完成的，使剩余价值转化为实际执行职能的资本所进行的职能上的预备阶段。因此，货币积累和货币贮藏，都是为了积累产业资本，进而扩大生产规模。货币贮藏作为潜在的货币资本，在间歇期间还可以"钱生钱"，例如成为银行的有息存款，换成某种票据或有价证券，但这不属于我们的研究范围。

准备金

作为剩余价值存在形式的贮藏货币，是用于资本积累而扩大再生产的，是为积累资本而暂时采取的一种货币形式。就这点而言，它是货币积累基金，也是实现资本积累的必要条件。不过，这种积累基金可以完成一些特殊的附带职能，即可以进入资本的循环过程。例如，当$W'—G'$过程超出了正常时间，使商品资本无法及时转化成货币资本时，或者商品资本虽然完成了向货币资本的转化，但由于生产资料价格上涨，超过了循环开始时的水平，这时，这种货币积累基金就可以暂时充当准备金，用来代替货币资本而进入资本的循环过程，以保证生产的正常进行。

货币积累基金作为准备金，与在$P\cdots P'$循环阶段中的购买手段或支付手段的基金是不同的。这种购买手段或支付手段，执行着货币资本的一部分职能，而准备金不是货币资本的组成部分。它能够进入资本循环，是因为原有的资本循环发生了停滞，而资本家则利用它来消除循环中出现的干扰。由此可见，准备金只是货币积累的一种附带职能，它既不能转化为生产资本，也不能扩大再生产的规模；它只是潜在的货币资本的存在，也是货币到货币资本 转化。

以下公式可以把简单再生产和规模扩大再生产囊括在内：

$$P\cdots\overbrace{W'—G'}^{1},\ \overbrace{G—W}^{2}<^{A}_{P_m}\cdots P\,(^{P'})$$

如果P=P，（2）项的G就等于G'—g；如果P=P'，（2）项的G就大于G'—g。这就是说，g是全部或部分地转化为货币资本。

商品资本的循环

商品资本循环的总公式是：W'—G'—W…P…W"

W'不仅是货币资本循环和生产资本循环的产物，也是它们的前提。因为只要生产资料本身有一部分是另一些处在循环中的单个资本的产品（商品），一个资本的G—W就已经包含了另一个资本的W'—G'。

如果再生产是在扩大的规模上进行，那么，终点的W"就大于起点的W'。

商品资本循环与货币资本循环以及生产资本循环的区别表现在如下两点：

第一，在货币资本循环G—W…P…W'—G'中，G—W是循环的开始阶段，W'—G'是循环的结束阶段。在生产资本循环P…W'—G'—W…P中，总流通过程包含两个互相对立的流通阶段，W'—G'—W只是再生产过程的媒介。在商品资本循环中，则以包含两个对立阶段的总流通过程，即以W'—G'—W作为循环起点。

第二，在货币资本循环和生产资本循环中，即使将已经追加了剩余价值的G'和P'作为公式的起点，这个循环起点也不是G'和P'，而是G和P。因为此时处在循环起点的资本，只是作为待增殖的预付资本执行职能，而不是作为已经增殖的资本价值存在。但在商品资本循环中，它不是以资本价值开始，而是以商品形式上已增大的资本价值开始，因而它一开始就不仅包含商品形式的资本价值的循环，还包含了剩余价值的循环。因此，如果以这种方式进行简单再生产，商品资本循环的终点和起点就会相同，即W'一样大。如果一部分剩余价值进入资本循环，那么，在终点出现的就是一个更大的W''。如果将这个已经增大的商品资本W''又作为下一次循环的起点，那么它会再次表现为W'。不过，与之前的W'相比，这是一个更大的、包含着更多的剩余价值。因此，在所有情况下，W'总是作为一个商品资本来开始循环的，就是说，商品资本的循环是从一开始就包含着剩余价值的循环。

工业化场景

借助牛顿的科学理论，近代工业革命得以产生。但是爱因斯坦揭示，牛顿的"知识"是不确定的。人们用关键性的实验来判断牛顿和爱因斯坦，结果促进了哲学、科技领域的巨大进步，并在技术上促成了一个全新的历史时代，即现代化的工业文明。图为现代工业化社会的一角。

在$G—W（A+P_m）$流通中，A和P_m有相同之处，它们都是卖者手中的商品，一个是出卖劳动力的工人，一个是出卖生产资料的所有者。只要买者还未购买，它们就只执行商品的功能，与买者的货币资本相对立。

商品资本循环的起点是商品形式的资本W'，只有在这些商品全部售出时，循环过程才能继续进行。因此，商品资本循环有着与货币资本循环和生产资本循环完全不同的特点。首先，在商品资本循环的运动过程中，原本的预付资本价值只是运动起点W'的一部分。W'既包括补偿预付的生产资本那部分产品的运动，还包括形成剩余价值那部分产品的运动。其次，除包括生产消费外，商品资本循环还包括个人的消费。因为作为循环起点的商品资本W'，是以具有使用价值的实物形式存在的，这些商品不管是用于生产消费还是个人消费，它作为商品资本，都要进入

荷兰商船

在资本循环过程中，商品流通是一个重要阶段。所以，流通的工具和路线就举足轻重。在世界贸易市场建立之前的一大段时间里，船只的不断更新，与航线的开辟一直是不容更变的主题。图为15世纪的荷兰货船，它的坚固和航速使荷兰人在欧洲大型货运贸易方面，形成了难以匹敌的优势。

资本的循环过程。最后，商品资本W'可以在生产过程结束时保存自己的使用价值，就是说，可以成为个人消费的终端产品。从开始就已表明：以产品形式表现的W'的各个价值组成部分，看W'…W''是作为社会总资本的运动形式还是单个产业资本的独立运动，就必然具有不同的作用和意义。但商品资本循环的特征表明，这个循环已超出了单个产业资本的孤立循环范围，它实质上是社会总资本的运动。要全面掌握商品资本循环的特征，仅仅研究W'—G'和G—W这两个形态变化是不够的，还需要弄清单个资本之间的形态变化，以及某一单个资本形态变化同社会总产品中用于个人消费的那一部分产品错综复杂的关系。

W'…W''是魁奈《经济表》的基础。他选用这个形式，而不同P…P'形式和G…G'（重商主义孤立地坚持的形式）相对立，这就显示出他伟大的正确见解。

产业资本的循环[1]是由货币资本、生产资本、商品资本三个循环形式构成。如果用C_k代表总流通过程，那么，这三种循环形式则可以用

---

[1]产业资本的循环：产业资本运动依次经过购买阶段、生产阶段、销售阶段这三个阶段，分别采取货币资本、生产资本、商品资本等三种职能形式，最后又回到原来的出发点，最终实现价值增值。

以下公式来表示：

（1）货币资本循环：G—W…P…W'—G'；

（2）生产资本循环：P…C_k…P'；

（3）商品资本循环：C_k…P（W'）。

如果对这三种循环形式进行总考察就会发现，循环过程的所有前提都表现为循环过程的结果，即表现为循环过程本身所产生的前提。在循环中，每一个循环因素，比如货币资本G、生产资本P、商品资本W'都既是出发点，又是经过点和复归点。另外，产业资本的循环总过程是生产过程和流通过程的统一，生产过程是流通过程的媒介，而流通过程也是生产过程的媒介。

在产业资本循环总过程中，三种循环都有一个共同点，它们的目的和动机都是为了实现价值增值。在货币资本循环中，价值增值在循环起点G和终点G'上清楚地表现出来。在生产资本循环中，生产资本的起点是P，价值增值是从P即价值增值过程本身开始的。而在商品资本循环中，起点W'本就是凝结着剩余价值的商品资本，即使循环过程以原来的规模反复进行，整个循环运动也是以已经增值的价值开始的。

如果把任何一种循环都看作不同的单个产业资本所处的特殊的运动形式，我们要明白，区别只是一种个别现象而存在。在实际社会发展中，任何一个产业资本，都同时处在这三种循环形式中，即都是同时采取货币资本、生产资本和商品资本这三种职能形式，并同时进行着这三种形式的循环。例如，在产业资本循环总过程中，当执行职能的资本价值中的一部分，在由商品资本转化为货币资本时，另一部分离开了生产过程，这些离开生产过程的资本又作为新的商品资本进入流通过程，与此同时，还有一部分资本则作为生产资本进入生产过程，也就是说，在W'…W"循环形式不断运动的同时，其他两个循环形式也在运动。不管资本表现为何种形式，也不管资本进入哪一阶段，资本的再生产始终连

泰晤士河上

工厂手工业的分工提高了生产效率，促进了社会生产力的发展。但是工厂这个社会生产机构只属于资本家，它的生产力也表现为资本的生产力，为资本家生产出更多的剩余价值。工厂手工业是生产相对剩余价值的一种手段。图中，在繁忙的泰晤士河上，资本家们正悠闲地聊天，不远处，工人们正卖力地为他们生产剩余价值。

续进行着，就如产业资本的形态变化要依次经过三个阶段一样。因此，产业资本总循环是货币资本、生产资本和商品资本循环的统一。

在之前的考察中，我们曾假定，资本的价值总量是全部作为一种形式出现的，或作为货币资本，或作为生产资本，或作为商品资本。例如，当资本以货币形式出现时，即在购买过程G—W完成以前，全部资本只是以货币资本的形式存在。这时，由于还没有进入生产过程，也就没有商品出售。当这些资本转化成生产资本进入生产过程时，它的流通过程又会中断。同样，当这些资本处于流通阶段时，不管是在货币资本阶段还是商品资本阶段，它的总生产过程也会中断。因此，按以前的假定，资本的循环必然会出现生产过程和流通过程的交替中断，从而使生产不能连续地进行。

如果孤立地考察单个产业资本的循环过程，那么，资本的循环过程就是不停地中断。因为它只有离开一个阶段，才能进入下一阶段；抛弃一种形式而存在于另一种形式；其中每一个阶段都以另一个阶段为前提，却又同时排斥另一个阶段。

然而，资本主义生产的特征，是连续不断的再生产，它是由资本主义生产的技术基础决定的。事实上，在资本主义生产中，资本家总是将其资本分为三部分，分别以货币资本、生产资本和商品资本的形式，在不同的阶段上进行循环运动。资本作为整体在空间上同时并列处于不同的阶段，在时间上每一部分资本都不断地依次通过不同的循环阶段，并不断地改变资本的职能形式，完成自身的循环过程。这样，产业资本作为整体就能够同时进行这三种形式的循环，并同时存在于资本循环的各个不同阶段，而资本的每一部分都不断地进行着各自的循环。因此，产业资本连续不断地循环运动，既是流通过程和生产过程的统一，又是产业资本三个循环过程的统一。

只有在三个循环统一中，才不会发生上述的中断，实现总过程的连续性。社会总资本始终都具备这种连续性，过程也始终是三个循环的统一。

在考察循环的一般形式时，在本卷中，我们所说的货币，仅指金属货币。货币的流通速度越快，每一个单个资本经过它的商品或货币的形态变化序列越快，同一货币量就越是让更多的产业资本相继进入流通。货币的支付期（如工资的支付期）越短，同量资本价值的流通所需货币量会越少。若假定流通速度及其他条件不变，作为货币资本流通的货币量，由商品的价格总额决定；或者，若商品总量和价值已定，就由货币本身的价值决定。

产业资本的循环过程，也就是资本主义生产最明显的一个特征：生产资本的形成要素必须来自商品市场，并且需要从市场不断更新，以商品形式购入；另外，劳动产品则作为商品从劳动过程产生，而且又不断地卖掉。我们把苏格兰低地的现代租地农场主和欧洲大陆的旧式小农比较一下，就会发现其中非常明显的不同。也因此，人们把自然经济、货币经济和信用经济当作社会生产三个具有特征的经济运动形式互相对立起来。

但是，这三个形成并不代表对等的发展阶段，信用经济只是货币经济的一种形式，而且必须以货币经济为基础。其次，对于自然经济，强调的不是经济，而是生产过程本身，似乎称为交换经济更合适。最后，货币经济是一切商品生产都共有的。这样，标志资本主义生产特征的，似乎只是产品以怎样的规模作为交易品（商品）来生产，而产品又要以怎样的规模作为交易品（商品）再进入产生它的经济中去。

实际上，劳动越变为雇佣劳动，生产者就越变为产业资本家，在资本家和工人的关系上，货币、买者和卖者的关系成了生产本身所固有的关系。但这种关系的基础是生产的社会性质，而不是交易方式的社会性质，而且后者是由前者产生的。

资本家以货币形式投入流通的价值小于从流通中取出的价值，因为他以商品形式投入流通的价值大于他以商品形式从流通中取出的价值。资本家只是资本的人格化，作为产业资本家执行职能，他供给的商品价值总是大于他需求的商品价值。若在这儿，他的供给需求相抵，那他的资本就没有增殖，资本就没有执行生产资本的职能，生产资本就没有转化为含有剩余价值的商品资本。

资本家的供给和需求的差额越大，他所供给的商品价值越是超出他所需求的商品价值，资本家的资本增殖率就越大。他的目的就是尽可能让二者不相抵，使他的供给超出他的需求。

流通时间和费用

在资本主义生产过程中，流通时间是实现资本增殖[1]的重要条

---

〔1〕资本增殖：指随着企业生产经营规模的不断扩大，将增殖的一部分作为积累再投入到扩大再生产中去，如此周而复始，良性循环，积累不断增加，促进企业的进一步发展壮大。

件。在流通领域内，资本有两个流通过程：由商品形式转化为货币形式；由货币形式转化为商品形式。在这两个流通过程中，资本不是执行生产资本的职能，而是执行商品资本和货币资本的职能，所以流通过程中的资本不能生产商品，更不能生产剩余价值。生产资料的生产时间一般会包括：①生产资料执行职能在生产过程中起作用的时间；②生产过程中断，从而导致生产过程中生产资料的职能中断的休止时间；③生产资料虽已准备好，但尚未进入生产过程的时间，但是，生产过程本身也会使劳动时间发生中断，这个间隙期间，没有人类劳动参加进去。在这里，生产时间比劳动时间长。在流通领域，资本是作为商品资本和货币资本存在的。资本的两个流通过程是由商品转化为货币形式和货币转化为商品形式。商品转化为货币就是包含在其中剩余价值的实现，货币转化为商品就是资本价值转化为各种生产要素的形态。

帕布顿车站

商品流通是资本循环过程中的一个重要环节。交通路线、交通工具等基础设施的建设状况，也是一个国家社会经济发展水平的重要指数。经济发达的国家，总是把改变交通状况放在重要位置。图为法国土木工程师桑巴德·金登·布鲁内尔设计修建的伦敦通往布里斯托尔的"大西方铁路"的一个中间站，为了缩短资本的流通时间，大批商人频繁地带着他们的商品辗转于此，使这个小小的中间站显现出一派繁荣景象。

资本的流通时间与生产时间是互相排斥的。在同一时间内，同一资本不能既处于流通时间又处于生产时间。如果总资本在循环过程中每次都是立即由一个阶段进入到另一个阶段，那么，当资本停留在流通过程之时，资本的生产过程就会中断，它的自行增殖也会中断。另外，生产过程的更新是由资本流通时间的长短快慢决定的，资本的流通时间越

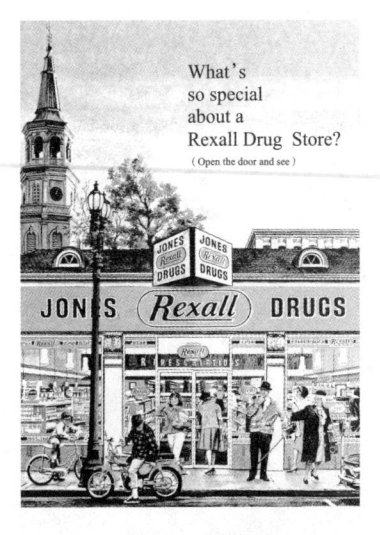

商场

在流通过程中，货币并不因为它最终从一个商品的形态变化系列中退出来而消失，而是不断地沉淀在商品空出来的流通位置。图中，人们购物付出的货币是商品流通的媒介，货币在商品使用价值换位和转手后，流通过程并没有结束，而是不断循环，"永恒地存在着"。在此过程中，资本无疑会耗费一定的非生产性流通费用。

长，生产过程的更新也就越慢。如果总资本的不同部分相继通过循环，资本的各组成部分在流通领域内停留的时间越长，领域内所占据的资本就越多，从而在生产领域内执行生产资本职能的资本就越少。因此，资本流通时间的长短，对于生产时间的长短，或者对于一定量资本作为生产资本执行职能的规模的大小，起着一种消极限制的作用。流通时间越短或近于零，资本的职能就越大，生产效率就越高，从而资本的自行增殖就越大。

在资本流通中，不管是W'—G'还是G—W，它们本身是一定的价值由某种形式到另一种形式的转化。但是，W'—G'同时是W'所包含的剩余价值的实现，而G—W不是这样。因此，卖比买更为重要。

非生产性流通费用

资本在流通领域内所耗费的各种费用称为流通费用，它分为两类：一类是非生产性流通费用，又称纯粹流通费用；另一类是生产性流通费用。

非生产性流通费用是指由资本的价值形态变化所产生的费用，包括买卖时间、买卖行为和簿记。

买卖时间

资本由商品到货币和由货币到商品形式的转化，就是资本家的买卖行为。资本为完成这种形式转化而耗费的时间，就是买卖时间，这是资本家经营时间的一部分。

我们假定商品按照它们的价值买卖，所以，买者和卖者手里的价值量不发生变化，只是商品形式和货币形式的互相转化。但是，形态的变化W—G和G—W，这种买者和卖者的交易是需要时间的，尤其在这里进行着博弈，每一方都想占对方便宜。

买卖行为

买者和卖者之间达成交易是需要时间的，买卖时间并不能创造价值，它只能将价值由一种形式转化为另一种形式。买卖商品需要耗费一定的时间或劳动，尽管这种劳动对资本主义生产过程而言，是必不可少的，但这种劳动既不创造价值和剩余价值，也无法增加商品的价值量。在商品交易中，如果实行等价交换，不管是在买者还是卖者手中，商品的价值量都不会发生变化，变化的只是它的存在形式。如果是不等价交换，已转化的商品价值总额仍旧不会改变，因为一方的增加就是另一方的减少。

簿记

劳动时间除了耗费在实际的买卖上外，还耗费在簿记上。簿记是指以货币为计量单位，通过记账和算账，从而对生产经营过程进行记录和核算的一种活动。它一方面要耗费物化劳动即劳动力，另一方面要耗费劳动资料，如钢笔、墨水、纸张、写字台、事务所等。

资本作为流通过程中的价值，首先是以计算货币的形态观念存在于商品生产者的头脑中。资本的循环运动，无论是在生产过程还是流通过程中，都是由簿记来确定和控制的。因此，生产的运动，特别是在价值增值的运动过程中，商品就表现为一种观念上的货币。商品生产者在簿记时，要耗费一些劳动和劳动资料，由于这些耗费不能增加商品的价值，所以必须从生产时间和劳动资料中扣除，但这种消耗在生产过程中是完全必要的。耗费在簿记上和商品买卖上的费用都是非生产性消费，因而归入非生产性流通费用。无论是商品生产者自己行使簿记的职能，还是簿记独立成为一种专门的职业，它的职能性质都不会改变。

簿记费用和买卖商品的费用虽然都属于流通费用，但是簿记费用与单纯买卖商品的费用有着一定的区别。后者是在商品的生产过程中产生的，离开商品生产和商品买卖的地方，这种费用就不会发生。而簿记则不同，只要商品生产存在，社会就需要簿记。生产过程越是按社会化的规模发展，簿记就越是重要，因此，簿记对资本主义生产的重要性，远远大于手工业生产和农民的分散生产。同样，它对于社会公有化生产的重要性，也远大于资本主义生产。

生产性流通费用

生产性流通费用是指生产过程在流通领域继续进行而产生的费用，它包括保管费用和运输费用。

保管费用

它产生于生产过程，是为保存商品的使用价值而产生的费用，有利于增加商品的价值。

在资本主义生产中，为保证生产过程的持续性，需要储备一定数量的生产资料和生活资料，要保管这些储备物品，就必须支付一定的费用。当产品作为商品资本停留在市场时，即当产品处于生产过程和消费过程之间的间隔时间时，产品就形成商品储备。商品资本作为储备形式的商品，在每一个循环中出现两次：一次是在售卖阶段，它是资本本身的商品；另一次是购买阶段，它被购买后将转化为生产资本。

如果没有商品储备，商品在被生产出来之前，就不能售卖，也就无法转化为生产资本，那么，生产过程就会发生中断。因此，生产过程和再生产过程的不断进行，也要求一定量的生产资料不断出现在市场上，即形成商品储备。但是，商品资本形成储备的状态，是市场上一种违反目的的非自愿停滞。因为出售越迅速，生产过程就越流畅。商品资本要作为商品储备停留在市场上，必须要支付一定的费用。例如，商品储备需要有建筑物、栈房、储藏库、货栈，这些都需要一定的保管费用。同时，要完成商品储备还需要支付仓库保管员、搬运工人劳动力报酬。另外，在储备期间，还会出现商品耗损。因此，资本以商品资本形式进行商品储备期间，会产生一定的费用。储备形成的费用包含：①产品总量的数量减损（如面粉）；②质量变坏；③维持储备的对象化劳动和活劳动。由于这些费用产生于流通领域，因此算作流通费用。但这些费用与纯粹流通费用有一定区别，它们在一定程度上使商品价格上涨。

《东印度公司的船队》　油画　佚名

17—18世纪，荷兰人逐渐在印度洋和印度尼西亚占据了霸主地位，也在中国海上获得了重要利益。它的势力中心是马六甲海峡，并由此通过马来西亚和印度尼西亚借助贸易战向中国和日本辐射。图为17世纪早期荷兰满载香料和其他贵重物品返回阿姆斯特丹港的情景。在此运输过程中，他们要耗费一定量的生产性费用，即运输费。

运输费用

运输是使产品发生场所的变换，即产品由一个地方移动到另一个地方的实际运动。在资本主义生产条件下，产品就是商品，社会劳动的物质变换，是在资本循环和商品形态变化中完成的。因此，商品运输和商品流通是互相联系的。但二者也并非不可分离，不进行物理运动商品也可以流通。同样，没有商品流通，甚至没有直接的商品交换，产品也可以运输。例如，在房屋买卖中，房屋是作为商品流通的，但是它并不经过运输。棉花、生铁之类的商品，可以经过多次流通转手，由投机者反复买卖，但依然留在原来的货栈内。

由于商品运输发生在流通领域，运输费用就表现为流通费用的形式，但它的生产性质并不会因它表现为流通费用而发生改变。商品运输的目的是使商品进入消费领域，从而实现商品的使用价值，所以运输业就成为一种追加的生产过程，耗费在运输业上的资本价值就会转移到所运输的商品中去。既然运输业具有生产性质，那么，商品生产的一般规律也同样适用于运输业。运输费用转移到所运输的商品中有一定的规律：在其他条件不变的情况下，由运输追加到商品中去的绝对价值量，与运输业的生产力成反比，与运输的距离成正比。

简而言之，商品在空间上的位置移动，就是商品运输。一方面，运输业成为一个独立的产业部门，从而形成产业资本的一个特殊投资领域；另一方面，运输业又成为生产过程在流通过程的延伸和继续，并且为了流通过程而继续发挥它的生产性质作用。

第二章　资本周转

资本的周转时间，包含着总资本价值的一个循环周期的总过程，即从一个循环周期到下一个循环周期的间隔时间。资本每周转一次，同一资本价值就能实现一次，增殖过程或生产过程就能更新一次。资本必须以固定资本或流动资本的形式在周转运动中才能实现增殖，这种运动不能孤立地循环一次便停下来，而必须持续不断地周期性地进行。

周转时间与形式

资本总流通的时间就是资本的流通时间和生产时间之和，也就是资本从其出发点开始，经过一次循环再回到出发点所经历的时间，即资本通过购买阶段、生产阶段和售卖阶段所需要的时间。

预付价值的增殖就是资本主义生产的决定目的，不管这个预付价值是以货币形式还是商品形式预付，它的价值形式在预付商品的价格中都只具有抽象意义上的独立性。

无论是G…G'，还是P…P'，这两个形式都包含：①预付价值已经作为资本价值执行职能，并且已经增值；②预付价值在经过一轮循环后又回到最初的形式。预付价值G的增值和与此同时回到货币形式的资本，在G…G'中就一目了然了。

生产具有资本主义的形式，那么再生产也同样具有资本主义的形式。在资本主义生产方式下，劳动过程只是实现价值增值的手段，同

乌干达铁路

商品运输周期的缩短需要便捷的交通作为支持,从而加快资本周转的频率,更快地实现资本价值。乌干达铁路的修建,便是为了加快从肯尼亚蒙巴萨向维多利亚湖运送商品的速度。图为热闹的乌干达铁路修建工地。

样,再生产也只是把预付价值作为资本,也就是作为自行增值的价值来再生产的一种手段。

经济学家们既不区分不同的循环形式,也不分别考察它们和资本周转的关系,他们最关注的就是G…G',因为这个形式主宰着单个资本家,并且对他的计算有用。另一些人则从生产要素形式上的支出出发,一直考察到收回,但对回收的是商品还是货币则闭口不谈。

要区分资本周转的三个形式:在P…P'中即再生产的过程表现为现实的,而在G…G'中,只表现为可能的。但这两者与W…W'又有不同,预付的资本价值,既是出发点,又是复归点。

资本周转时间

资本家投在任何一个生产部门的总资本价值,在完成它的运动循环后,重新回到它最初的位置上,然后重复这一过程。在G…G'中,G'是新的货币资本形式,它要重新开始通过包括资本再生产过程或增殖过程在内的形式转化;在P…P'中,后者的P'是生产处于生产要素上的资本形式,它是形成资本新循环的前提。资本的循环不是一次孤立的行为,而是周期性的循环运动过程,这种资本运动叫作资本的周转。这种周转的持续时间,由资本的生产时间和资本的流通时间之和决定,因此,资本的周转时间包含了总资本价值从一个循环周期到下一个循环周期的间隔时间，包含了同一资本的增殖过程或生产过程更新、重复的时间。

不同的部门、企业，资本的周转时间也各不相同。为了方便考察，必须统一计量单位，正如工作日是劳动力的自然计量单位一样，年也是资本周转的自然计量单位。之所以将年作为资本周转的自然计量单位，是因为在温带，农产品都是一年收获一次。

假定用U表示周转的自然计量单位——年，用u表示资本的周转时间，用n表示周转次数，那么，资本的周转公式便是$n = \frac{U}{u}$。例如，某资本周转时间$u = 4$个月$= \frac{1}{3}$年，那么，周转次数$n = \frac{1}{\frac{1}{3}} = 3$，就是说资本在一年中周转了3次。如果周转时间$u = 6$个月$= \frac{1}{2}$年，那么，周转次数$n = \frac{1}{\frac{1}{2}} = 2$，即资本在一年内只周转了2次。对资本家而言，资本的周转时间，就是他实现预付资本增殖的时间。

资本周转的时间越短，一年内周转的次数就越多，资本家预付资本增殖的次数也就越多。反之，周转时间越长，周转次数就越少，预付资本增殖的次数也就越少。

周转形式之一：固定资本

固定资本是指以厂房、机器等劳动资料形式存在的那部分不变资本。这部分资本是按照它在丧失使用价值时所丧失的交换价值的比例，把价值转移到产品中。至于把多少价值转移到产品中去，需根据平均计算来决定，即根据它执行职能的平均持续时间来计量。

因此，这部分不变资本的特征是：一部分资本以不变资本的形式即生产资料的形式预付。生产资料在它保持着进入劳动过程时的独立使用形式，作为劳动过程的因素执行职能。

作为固定资本的劳动资料一旦进入生产领域，就长期固定在生产过程中，它在执行职能即被损耗时，将一部分价值转移到产品中去，另一部分则依然固定起来。劳动资料转移的价值份额总是和它的全部职能时间成反比。如果有两台价值相等的机器，一台5年内磨损掉，另一台10年，那么，前者在相同时间内转移的价值就是后者的2倍（不考虑残值）。

固定在劳动资料上的这部分不变资本，同其他资本一样也要进行流通。因为全部资本价值都是处在一种不断流通的过程，因此从这个意义上说，一切资本都应该是流动资本。而这里的不变资本的流通是一种独特的流通。首先，这部分不变资本不是在它的使用形式上进行流通，而是在它的价值上进行流通。其次，这部分不变资本的价值流通是逐步地、一部分一部分进行的，流通的价值量与它转移到作为商品进行流通的产品中的价值量相一致。在执行职能的全部时间内，这部分不变资本的价值总有一部分固定在劳动资料中。正是由于这种特性，使它成为固定资本。

同一个使用价值既作为产品来自一个劳动过程，又作为生产资料进入另一个劳动过程。某种产品之所以变为固定资本，仅仅由于它在生产过程中作为劳动资料执行职能。而产品本身则决不是固定资本，它仅在买者手里，即资本家手中进行生产，才成为固定资本。

固定资本独特的流通形式，形成了它独特的周转方式。通过流通，产品由商品形式转化为货币形式，固定资本转移到产品中的那部分价值也变为货币，但是固定资本中还未转移的那部分价值则仍然固定在它最初的实物形式上，由此一来，固定资本的价值就获得双重存在，而它在周转上的特征也随之显露出来。

固定资本的价值转化为货币，是与它的价值承担者——商品转化为货币同时进行的，但是，固定资本由货币形式再转化为实物形式，是与商品再转化为其他生产要素分别进行的，确切来说，是由它本身的再生产时间决定的。在此期间，劳动资料已被损耗掉，必须以同一种新物品来替代。另外，固定资本在进行更新之前，它的价值首先应以货币准备金的形式逐渐积累。我们假定一台价值10000镑的机器使用期为10年，那么，它最初预付资本价值的周转时间也就是10年。在这10年内，机器的价值一部分一部分地转移到产品中去，并通过产品的出售最终转化为货币。10年后，这台机器的价值已全部转化为货币，并由货币再转化为一台新机器，这样，它就完成了周转。也就是说，固定资本只有在它的价值全部转化为货币，货币再转化为新的劳动资料时，它的周转才算完成。

资本周转形式之二：流动资本

流动资本是指投放在原料、燃料和辅助材料等方面的一部分不变资本，此外，资本家用于购买劳动力的可变资本部分也属于流动资本。

用来购买这些材料的不变资本，通过流通将自身的价值转移到产品中。在这一点上，它们和用来购买劳动资料的固定资本相同，只是它们的流通方式和周转方式不相同。

在生产过程中，首先，一些原料在劳动资料执行职能时被消费，这部分资本的价值将转入到新产品中。其次，一部分辅助材料，如照明用的煤气等在劳动过程中被消费掉，但不会在物质上加入产品；另一部分辅助材料的物体加入产品，并成为产品实体的材料。不过这一切差异对于流动资本的周转方式而言，只要在生产过程中，原料和辅助材料在形成产品时被全部消费掉，那么，它们的价值就可以全部转移到新产品中。

而生产资本中另一个可变部分则是劳动力，预付在劳动上的生产资本价值，将全部转移到产品中去（此处不讨论剩余价值），同产品一起经过流通领域的形态变化，不断更新并入生产过程。

在劳动力的使用中，由劳动力创造的，相当于劳动力价值的那部分价值，随着产品的出售转化为货币。如果要使生产过程连续不断地进行，这些货币必须作为可变资本，用来购买劳动力，从而完成它的一次周转。

流动资本的流通和周转具有这样两个特点：①这部分资本在劳动过程中被全部消费掉，因此在新的劳动过程中，必须全部用同一种新的物品来替代。②在生产过程中，它们不能保持自己独立的使用形式，其价值也是一次性全部转移到产品中，从而通过流通来完成资本的周转。

资本家为使用劳动力支付给工人的货币，实际上是工人必要生活资料的一般形式。因此，可变资本在物质上是由生活资料构成的。但资本家购买的，不是工人的生活资料，而是发挥作用的劳动力。因此，和固定资本相对立而取得流动资本的规定性，不是工人的生活资料，也不是工人的劳动力，而是生产资本投在劳动力上的那部分价值。

劳动力在把自身价值加进产品的同时，还不断把剩余价值追加到产品中去，因此，剩余价值也和产品的其余价值要素一样，不断进入流通并转化为货币。

固定资本和流动资本的区别

固定资本和流动资本的区别主要表现为以下四点：

其一，二者的周转方式不同。作为生产资本的不同组成部分，固定资本是在生产过程中部分地损耗，它的价值也就根据物质损耗的程度逐步地转移到产品中；而流动资本是在一次生产过程中被全部损耗掉，其价值也是一次性全部转移到产品中。由于生产资本的物质形式存在着差别，所以才会被区分为固定资本和流动资本。因此，只有生产资本才能被分为固定资本和流动资本。不管货币资本和商品资本怎样执行资本的职能，怎样流通，它们只有转化为生产资本的流动组成部分，才能够变为和固定资本相对立的流动资本。我们以后会看到，亚当·斯密以来的经济学家错误地把它们和生产资本的流动部分一起列入流动资本这个范畴。

其二，固定资本的周转时间比流动资本的周转时间长。在固定资本的一次周转时间内包含着流动资本的多次周转。

固定资本价值的一部分必须束缚在继续保存下来的旧形式上，另一部分则被完成的产品带入流通，却同时把流动资本组成部分的全部价值带入流通。

其三，投在固定资本上的生产资本价值是全部一次预付，而逐步从流通中取回。在生产资本以实物形式执行职能期间，不需要用同一种新物品来替代，只有当这个生产资料完全不能使用时，才会进行实物更新。投在固定资本上的资本价值，在它借以存在的生产资料执行职能期间，不在物质上，只是在价值上经过各种形式的循环。

其四，要使生产过程持续进行，流动资本的各种要素如原料、辅助材料、劳动力等就要与固定资本的各要素相同，不断地固定在生产过程中。但这样固定的流动资本各要素，需要不断地在实物形式上进行更新。原料和辅助材料不断地保存在生产过程中，劳动力也在生产过程中不断更新，同一建筑物、机器等，却在资本反复周转中，在相同的生产过程中继续执行职能。

固定资本的损耗和补偿

固定资本的各个组成要素有不同的寿命，因而周转时间也各不相同。例如，铁路上的铁轨、枕木、车站建筑、桥梁等，它们执行着不同的职能，有着不同的再生产时间，从而使其中的预付资本也有不同的周转时间。

固定资本的损耗首先是由使用引起的，如铁轨的磨损和列车行驶的

波斯沙漠的输油管道

1908年，由加拿大人、波兰人、波斯人组成的打井队，在波斯沙漠中打出了一口喷油15米高的油井。在运送石油的过程中，如果使用一般的交通工具，不仅需要投入大量的固定资本，而且回报率较低。为此，人们发明了管道运输石油，即在沙漠中铺设管道，虽然耗费巨大（投资管道的大量固定资本），但大大提高了劳动生产力。

次数成正比；其次，损耗与自然力的影响也紧密相关，例如，枕木不仅受到实际的损耗，而且还因腐朽而损坏；最后，和其他大工业部门一样，时间的无形损耗也起着重要作用，如原来价值40000镑的机车，10年后只需3000镑就可以买到。

劳动资料大部分都是由于技术进步而不断革新，所以，它们不是以最初的形式而是以新的形式进行补偿。

损耗部分就是固定资本通过消耗而转移到产品中去的价值部分，这种转移是按照固定资本丧失使用价值的平均程度来进行的。

这种损耗有一部分是这样的：固定资本有一定的平均寿命；寿命时间内它将全部预付；一旦时间过去就要全部替换。例如马，作为活的劳动资料，它的再生产时间是由自然本身决定的，而平均寿命则是由自然规律决定的。这段时间一过，损耗掉的匹数就必须用新的马来替换。因为一匹马不能一部分一部分地替换，只能用另一匹马来替换。

如果固定资本是由不同的物质部分组成，那么，由于它们的耐用时间不同，因此整个固定资本可以在不同的时间内被一部分一部分地更换。例如，车站的铁轨要比其他路段的铁轨磨损得更快，因而也替换得更勤些。车站的枕木也是如此。

固定资本需要各种不同的维护费用。固定资本的维护，在一定程度上依靠劳动本身。如果固定资本不在劳动中执行职能，它就会损坏。

所以，每个工厂除了工人之外，还雇有工程师、木匠、机械师等人员，他们的工资是可变资本的一部分，他们的劳动价值分配在产品中。但是，在修理上，追加的资本和劳动力这部分价值，不能随实际支出而一次性加入到商品价格中去，只能增加固定资产价值，逐期分摊入产品中。例如，一个纺织业主不能因为坏了一个轮锤或断了几根皮带，就让棉纱的价格高于上个星期的价格。在这里起作用的是平均数，经验会告诉人们，投在一定生产部门的固定资本，在平均寿命期间所需维修的劳动平均量有多大。

真正的修理和补偿之间，维持费用和更新费用之间带有一定的伸缩性，有的时候，修理和补偿是根本分不开的。因此，按照社会平均数来决定损耗和修理费用时，必然会产生较大的差别，甚至在同一个生产部门，对数量相同且其他条件相同的投资来说，也是如此。

而在农业上，至少在还没有采用蒸汽作业时，要区分固定资本的补偿和维持实际上是不可能的，也毫无意义。而在铁路的车辆来说，修理和补偿又是根本分不开的。

"在现有器具颇为完备但不是特别多的地方，人们常根据情况按原始资本15%～20%的比率，大致平均估算器具每年的磨损和维持。"（基尔霍夫《农业经营学手册》，1852年德绍版，第137页）

预付资本的总周转

生产资本中的固定资本部分和流动资本部分，分别按不同的方式，以不同的周期进行周转。同一企业的固定资本的不同组成部分，根据各自不同的使用寿命，有着不同的周转期间。

在这种情况下，预付资本的总周转用它的不同组成部分的周转平均数来计算。如果预付资本的各个部分只是周转的期间不同，那么，计算它们的平均数就极其简单了。但是预付资本的各个组成部分，不但有量的差别，还有质的差别——资本的组成部分不同，周转方式也各不相同。流动资本的周转，是将自身的全部价值转移到产品中，因此要使生产过程连续进行，它就必须不断进行实物更新。固定资本的周转，只是将它被损耗的那部分价值转移到产品中，一直到实物完全损耗，才用新的实物来更换，这种更换不会像流动资本那样频繁。因此，要计算预付资本的平均周转时间，必须将固定资本不同部分的特殊周转转化为周转的同种形式，即使它们只有周转时间上的差别。

如果用一种连续的生产过程即$P\cdots P'$的形式作为起点，这种质的同一性就不会发生，因为P的某些要素必须用实物来不断补偿，其余要素则不需要，但$G\cdots G'$的形式毫无疑问会提供这种周转的同一性。例如，有一台使用寿命为10年，价值10000镑的机器，那么其每年就有价值的1/10也就是1000镑的价值转化为货币。在一年内，这1000镑由货币资本转化为生产资本和商品资本，再由商品资本转回货币资本。就是说，在生产资本的循环过程中，它的起点和终点是各种生产要素的物质形式的资本，由于它们的性质不同，因此无法进行比较，但只要将这些生产要素全部转为货币形式，就可以计算出预付资本各个组成部分的平均周转，从而也就可以计算出预付资本的周转。

虽然预付生产资本的极大部分是由周转时间形成一个持续多年的周期的固定资本构成，但是，流动资本在一年内能够多次周转，那么，一年内周转的资本价值就可以大于预付资本的总价值。

假定某资本家预付100000镑作为生产资本，其中，固定资本80000镑，流动资本20000镑，生产时间为10年。如果固定资本10年周转一次，每年就有8000镑的价值转化为货币形式。如果流动资本每年周转5次，那么，周转的流动资本价值就是5×20000镑=100000镑。这样，资本家在一年中的周转资本就是：固定资本8000镑，流动资本100000镑，一共是108000镑，大于他的预付资本总额100000镑。此例中，固定资本在资本家的预付生产资本中占有相当大的比例，流动资本虽然只有20000镑，但它在一年中周转了5次，所以资本家在一年内周转的资本总额仍大于预付资本的总价值。

按以上假定，在资本家的生产资本中，固定资本先是作为生产要素执行职能，到最后被新的实物形式所代替。这表明在资本的循环运动中，预付资本价值必须经历一个包含多次周转的周期。所谓周转的周期，就是预付资本中固定资本部分完成一次周转的时间，这个周转的周期由固定资本的寿命来决定，即由固定资本的周转时间决定。如上例，预付资本中固定资本周转一次需要10年，那么，预付资本周转的周期就是10年。一方面，固定资本的发展使平均寿命延长，另一方面，生产资本的不断变换也加快了，使在它们有形寿命终结前，因无形损耗而不断补偿的必要性也增加了。可以认为，大工业中最有决定意义的部门的这个生命周期现在来说，就是平均为10年。资本周转的周期，或者说固定资本的更新是产生资本主义周期性经济危机的物质基础，因为固定资本的更新决定着资本周转的周期。

资本主义的生产过程，一般要经历萧条、复苏、繁荣和危机这几个阶段，虽然各个资本投资的时期各不相同，但危机后的萧条总会成为大规模新投资的起点。当资本主义生产进入危机时期，资本家为摆脱危机，就千方百计地降低生产成本，采用新技术，并不断地更新固定资本。而这种更新，将刺激资本主义生产的复苏。随着资本主义生产进入又一个繁荣时期，下一个生产萧条时期也会随之到来。因此，从整个社会来考察，危机或多或少地成为下一个周转周期的新的物质基础。

资本的不同部分在周转上具有实际差别和表面差别。对单个资本家而言，由支付期限和信用关系而在流动资本某些部分的流动中引起的差别，和那种由资本的性质引起的周转，不能混为一谈。就工资本身而言，也存在着极大差别，因为工资的支付期不同，或长或短，有一周、一个月、三个月、半年等等。一次预付的货币量，与支付的期限长短成正比。

"工厂主、农场主或商人用于支付工资的资本流通得最快，因为如果他对工人每周支付一次，资本就会因为每周的卖货或付账而获得进款每周周转一次。投在原材料和成品储备上的资本流通得没这么快，它每年周转或许2到4次……投在工具和机器上的资本流通得更慢，平均或许5到10年才周转一次，也就是消费掉才被更新。"（斯克罗普《政治经济学》，1841年纽约版）

其次，加入到每周所生产的产品中的，不仅有一周劳动的价值量，还有一周的劳动所消耗的生产资料的价值量，这些价值和产品一起流通。在产品出售之后，这些价值获得货币形式，然后转化成同一生产要素。要保持生产的连续性，就必须有储备的生产资料，这种储备在不同生产部分各不相同，即使在同一部门，就流动资本的不同组成部分而言，也是不同的。虽然这些生产资料必须不断由实物来补偿，但是不需要重新购买。至于劳动力，则不需要这样的储备。投在劳动上的资本和投在原材料上的资本，它们一起再次转化成货币，但是，货币转化成劳动力与它转化成生产资料，则是分开进行的，原因是这两个部分的购买期限和支付期限不同。其中一个组成部分，即生产储备，在较长时间内购买一次；而另一个组成部分劳动力，在较短时期内（如一周）购买一次。

另一方面，资本家不仅要进行生产储备，而且必须有成品的储备。比如，一定量的商品要按订货生产，下批产品在生产时，之前生产的则堆在仓库，直至订货全部完成。只要流动资本的某些要素在生产过程的准备阶段上比其他要素停留得久，就会在流动资本的周期上造成差别。

此外，信用制度也和商业资本一样，对单个资本家而言，会使资本的周转周期发生改变。就社会规模而言，信用制度只有在不仅加速生产，而且加速消费的情况下，才能使资本的周转发生改变。

重农学派和亚当·斯密的理论

在魁奈看来，固定资本和流动资本的区别就是"原预付"和"年预付"[1]。他认为这种区别是进入直接生产过程的资本内部的区别，这种说法无疑是正确的。在他看来，只有农业中租地农场主使用的资本才是唯一的实际的生产资本，因此这种区别也只有在租地农场主的资本中才存在。他认为，资本中的一部分是每年周转一次，另一部分则是多年（10年）周转一次，前者是"年预付"，后者是"原预付"。

从整个社会来说，这两个概念的区别非常重要，许多经济学家，甚至在亚当·斯密以后，还是要回到这两个概念上来。

重农学派

魁奈是重农学派的创始人和首领。在重农学派的发展过程中，虽然也偶尔将"原预付"和"年预付"的区别应用于一般产业资本和其他种类的资本，但大多数还是应用于农业资本，只是将"原预付"改为了"多年预付"。

事实上，这两种预付资本的区别，只有在预付货币转化为生产资本的要素时才产生，也就是说，这种区别只存在于生产资本中，这就是魁

---

[1] 原预付：几年预付一次的部分，如农具、耕畜、仓库等。原预付每年只有部分计入生产费用。年预付：每年要支付的投资，如种子、原料、工资等，即农业年生产中被全部耗费掉的那部分产品，其价值全部转移到农产品的生产费用中，并且必须得到全部补偿，才能使下一个生产阶段得以进行。

重农学派

重农学派是18世纪50—70年代的法国资产阶级古典政治经济学派。他们以自然秩序为最高信条，视农业为财富的唯一来源和社会一切收入的基础，认为保障财产权利和个人经济自由是社会繁荣的必要因素。图为重农学派成员正在讨论资本周转问题。

奈不把货币算在"原预付"和"年预付"内的原因。作为生产预付计入生产资本，这两种预付同货币和市场上出现的商品相对立。其次，魁奈将生产资本的这两种区别总结为它们加入成品的价值方式的不同，从而阐明了它们的价值随着产品的价值一起流通的方式不同，由此导致它们的补偿或再生产的方式也有所不同。因为"年预付"的价值是在一年时间内全部补偿的，而"多年预付"的价值是在较长的时期内一部分一部分地以折旧方式来补偿的。

亚当·斯密的生产资本理论

亚当·斯密吸收了"年预付"和"多年预付"的理论，他的进步是将这两个范畴从租地农场主的资本扩展到涉及每一种形式的生产资本。这样，从农业中得出的年周转和多年周转的特殊区别就具有了一般意义：固定资本的一次周转，总是包含了流动资本的几次周转，而不管流动资本的周转周期是一年、一年以上，还是不到一年。如此一来，亚当·斯密便将"年预付"变为流动资本，"原预付"变为固定资本。

但是，斯密的进步仅局限在一般化的范畴。由于他的研究采用的是粗浅的经验主义方法论，因此，一开始便产生了糊涂观念。他在《国富论》中写道：

"一个资本可以有两种不同的使用方法，并且都会为它的所有者提供收入或利润。"

作为资本执行职能并给资本的所有者带来剩余价值而投入价值的方式，与资本投入的部门一样，是互不相同，且多种多样的，这就是资本为什么可以投入不同生产部门的原因。如果承认了这个问题，那就会进一步引申出另一个问题：价值如果不作为生产资本投入，它又该如何为它的所有者提供资本执行职能，例如，它可以作为生息资本、商人资本等。但在这里，如果要我们回答非生产部门资本的执行职能已经太迟了，因为我们离开真正的分析对象已经太遥远了。因此在这里，我们将不同的投资部门撇开不提，生产资本被分为不同要素，而对这些要素的周转又具有怎样的影响？

亚当·斯密又说：

"第一，一个资本可以用于耕种、制造或购买货物，再将它们出售而取得利润。"

在这里，他只是告诉我们，资本可以用于农业、制造业和商业。他只是谈到不同的投资部门而没有谈及在这些部门中资本执行职能的区别。在这些非生产部门中，资本并未直接进入生产过程，因而不作为生产资本执行职能。我们看到，在这里他将阐明的生产资本的区别与它们对周转的影响所依据的基础抛弃了，他甚至立即以商人资本为例来阐明这个问题。虽然，这里的问题只是关于生产资本在产品形成过程和价值形成过程中的区别，但这种区别又表现为引起资本的周转和再生产中的区别。

亚当·斯密接着说：

"这样使用的资本，如果仍然保留在所有者手中或保持原状时，就不会为它的所有者带来收入或利润。"

亚当·斯密所说的"这样使用的资本"是指投入农业、工业的资本。他还告诉我们，"这样使用的资本"分为固定资本和流动资本，以这种方式投入的资本，既不会使资本变成固定资本，也不会使它变成流动资本。

或者，亚当·斯密想说的是：资本要想获得利润，在转为生产出的商品之后必须通过出售这一方式。这包含两方面内容：①必须由卖者所有转为买者所有；②商品的实物形式必须转化为货币形式。若商品在所有者手中保持原状，它就毫无用处。如此一来，同一资本价值，从前以生产资本的形式存在，以属于生产过程的形式执行职能，现在却变成商品资本和货币资本，以两个属于流通过程的形式来执行它们的职能。因此，它现在既不是固定资本，也不是流动资本。综上所述，不仅适用于原料和辅助材料，即流动资本加入的价值要素，而且也适用于劳动资料的消耗，即固定资本加入的价值要素。因此，我们在阐明固定资本和流动资本的区别这一方面并未前进一步。

亚当·斯密

亚当·斯密，英国哲学家和经济学家，他所著的《国富论》（全名为《国民财富的性质和原因的研究》）成为了第一本试图阐述欧洲产业和商业发展历史的著作。这本书发展出了现代的经济学学科，也提供了现代自由贸易、资本主义和自由意志主义的理论基础。

亚当·斯密的流动资本理论

亚当·斯密接着又说：

"商人的货物在没有售出换得货币之前，是不会为他提供收入或利润的，同理，货币在未换得货物之前也是如此。他的资本不断地以一种状态离开他，又以另一种状态回到他那里，也只有通过这样的流通或连续交换，才能为他提供利润。因此，这种资本可以非常恰当地被称为流动资本。"

亚当·斯密在这里所谈的流动资本，就是我要称之为流通资本的资本。流通资本处在流通过程的形式，只能是商品资本和货币资本，这与属于生产过程的资本形式即生产资本的形式不同而且相对立。这并非产业资本家用来划分他资本的两种特殊种类，而是同一预付资本的价值在它的循环过程中不断重新依次采取和抛弃而变化出的不同形式。我们看到，亚当·斯密将这一点和这样一些形式区别混为一谈。与之前相比，这是一个极大的退步。这些形式的区别，是在资本的价值流通中，在资本价值依次经过各种形式的循环中，是当资本价值处于生产资本形式时产生的，并且是由于生产资本的不同要素，按不同的方式参加价值形成过程，按不同的方式把价值转移到产品上而产生的。预付在固定资本上的资本价值，和预付在流动资本上的资本价值实则相同，都是以产品为媒介流通，都是通过商品资本的流通转化为货币资本。

这样，我们便清楚地了解到：亚当·斯密在这里所说的流动资本就是流通资本，是处在属于流通过程的形式的商品资本和货币资本的价值。

亚当·斯密以一种根本不是执行生产资本职能的资本作为例子，显得非常荒谬，从他的话语中就可以看出：

"一个商人的资本完全是流动资本。"

流动资本和固定资本的区别，正如他之后所说，是一种由生产资本内部的本质区别而产生的区别。可见，在亚当·斯密的头脑中，一方面是所说的区别，另一方面是资本价值在循环过程中所产生的形式区别，他将二者混为一谈了。

亚当·斯密的固定资本理论

货币和商品的形式变换，价值从一个形式到另一个形式的单纯转化，如何能产生利润呢？这是无法想象的。由于亚当·斯密所用的仅是在流通领域内运动的商人资本为例，因此他也绝对不可能说明这一点。关于固定资本，我们先看看他是如何说的：

"资本可以用来改良土地，可以用来购买有用的机器和劳动工具，或者用来购买这一类东西，这些东西不必更换所有者或进一步流通，就可以提供收入或利润，所以这种资本被称为固定资本极为恰当。行业不同，所使用的固定资本和流动资本之间的比例也各不相同……每个手工业主或工场主的资本的一定部分必须固定在他的劳动工具上。可是，这个部分在一些行业中所占的比例极小，而在另一些行业中所占的比例却很大……一切手工场主（如裁缝业主、制鞋业主、织布业主）的资本中的更大的部分，或者作为工人的工资，或者作为原料的价格来流通，由成品的价格偿付，并取得利润。"

我们姑且把他对利润的源泉所下的简单定义撇开不说，他理论的弱点和混乱从下面一点便暴露了出来：对一个机器制造厂的厂主来说，机器是产品，会作为商品资本来流通。用亚当·斯密的话来说就是"会卖掉，会更换所有者，会进一步流通"。

在这里，如果按照亚当·斯密的定义，机器就不是固定资本了，而是变成了流动资本。产生这种混乱的原因是他将以下两种区别混为一谈：一种是生产资本，由于不同要素和不同流通方法而产生了固定资本和流动资本的区别；另一种是同一个资本，由于它在生产过程内作为生产资本执行职能，而在流通领域内却作为流通资本执行职能而产生的形式区别。这种流通资本既可以是商品资本，也可以是货币资本。在亚当·斯密看来，同样的东西，按照它们在资本运动过程中所处的地位，既可以作为固定资本（劳动资料，生产资本的要素）执行职能，又可以作为流动资本和商品资本（即离开生产领域，转入流通领域的产品）执行职能。

亚当·斯密一下子改变了他区分资本的全部基础，这与他之前开始全部研究时所说的话完全矛盾，尤其是与以下的论点相矛盾：

"一个资本可以有两种不同的使用方法，以便给它的所有者提供收入或利润。"

经济危机

1929年10月24日，由于盲目的竞争、生产和消费之间的矛盾，以及主要消费品和固定资本生产过剩等原因，美国爆发了资本主义历史上最大的一次经济危机，随后，它向整个资本主义世界卷席而来。直到1933年，在持续了四年以后，这场经济危机才结束。经济危机造成的损失总计约2500亿美元，欧美各主要工业国家经济瘫痪。图为在这场经济危机中等待救济的美国工人。

"两种不同的使用方法"是说，一种是流动资本，一种是固定资本。按照这个说法，这应该是互相独立的不同资本的不同的使用方法。但是他又说：

"行业不同，所使用的固定资本和流动资本之间的比例也极不相同。"在这里，固定资本和流动资本不再是不同的独立投资，而是属于同一生产资本的不同部分。这些不同部分又在不同投资部门形成这个资本总价值的不同份额。由此说来，这种区别是由生产资本本身的适当分割而产生的，因而只适用于生产资本。但是，商业资本只是作为流动资本同固定资本相对立的说法，又和这一点相矛盾。亚当·斯密自己说：

"一个商人的资本完全是流动资本。"

然而，他所说的资本只是流通领域内的资本，而且总是与进入生产过程中的资本相对立。也就是说，这类资本不应当作生产资本的流动部分，更不能与其中的固定部分对立。

在亚当·斯密所举的例子中，他将"劳动工具"规定为固定资本，把投在工资和原料，包括辅助材料上的部分资本规定为流动资本，由制成品的价格偿付，并取得利润。

就此不难看出他的出发点：将劳动过程分为两个不同的组成部分，一个是劳动力（劳动）和原料，另一个是劳动工具。但是，它们又是资本的组成部分，因为在它们身上已经耗费了一定的、作为资本执行职能的价值额。就这点而言，它们是生产资本在生产过程中执行职能的物质要素和存在方式。为什么只把一部分称作固定的呢？因为"资本的一定部分必须固定在劳动工具上。而机器和劳动工具这一类东西，不必更换所有者或进一步流通，就能提供收入或利润。因此，这种资本可以非常恰当地称为固定资本"。

以采矿业为例，它们完全不需要原料。其劳动对象，例如铜，只是一种自然产物，它首先是要通过劳动才能占有。一方面，这种首先要占有的铜，只是过程的产品，只有在过程结束后才能作为商品或者作为商品资本进入流通，所以它不是生产资本的要素。而且生产资本价值的任何部分都没有投在这种铜上。另一方面，生产过程的其他要素，例如劳动力和辅助材料（煤炭、水等），也同样没有加入产品。煤炭完全被消费掉，只有它的价值留在了产品中，如同机器的一部分价值留在产品中一样。工人也同机器一样，仍然独立于产品铜之外。只有工人通过他的劳动生产出的价值，成为铜价值的组成部分。此例中，生产资本的任何组成部分都没有转手（更换所有者），也没有进一步流通，因而它们都没有在物质上加入产品。那么在这里，还有什么流动资本呢？按照亚当·斯密的定义理解，在采铜业上使用的全部资本，将只由固定资本构成，而没有流动资本。

现在，我们以另一种产业为例。这种产业不仅使用原料，还使用辅助材料。原料和辅助材料会形成产品的实体，在物体上加入产品，而不像燃烧的煤炭那样只在价值上加入产品。构成产品原料，例如棉纱的原料——棉花，一般来说，它可与产品棉纱一起转手，从生产过程进入消费过程。但是，只要棉花作为生产资本的要素——原料执行职能，所有者就不会将它售出，而是会将它加工，形成棉纱。所有者绝不会无故将棉花脱手，或用亚当·斯密的话来说，"通过卖掉，通过更换所有者，或者通过流通"而获取任何利润。所有者不让他的材料流通，就像不让他的机器流通一样。如此一来，这些材料完全和纺纱机、厂房一样固定在生产过程中。诚然，生产资本的一部分，必须不断固定在煤炭、棉花等形式上，就像固定在劳动资料的形式上一样。它们的区别在于：棉纱生产一周所需要的棉花、煤炭等，会不断被消费掉，因此必须补充新的棉花、煤炭。这就是说，生产资本的这些要素虽然总是同一种类，但一个要素要不断地以同一种新的物品补充，而一台纺纱机、一座厂房，却会在许多周的生产上继续发挥作用，无须由同一种新物品来替换。生产资本的一切要素，无论是固定还是流动，只要作为生产资本，都与流通资本，即流通中的商品资本和货币资本相对立。

亚当·斯密的商品资本理论

劳动力也是如此。不论在什么地方，生产资本的一部分必须不断固定在劳动力上，并且一些劳动力与某些机器相同，在较长的时间内由同一个资本家拥有。它们与机器的区别，并不是在于机器和工人的购买方

法国重商主义时期的港口

与重农主义不同,重商主义强调积累金银货币和对外贸易的重要性,把金银看作是财富的唯一形式,认为国家的繁荣依赖于资本(贵金属)的供应,贵金属所代表的资本量可通过多出口少进口来增加,认为财富的真正源泉是对外贸易,主张国家支持对外贸易。图为法国重商主义时期繁忙的港口。

法;而是在于工人耗费的劳动全部加入到产品的价值之中,而机器的价值却只是部分逐渐地加到产品的价值之中。

亚当·斯密在说明与固定资本相对立的流动资本时,就将两个不同的规定混同起来:

"这样使用的资本,在仍然保留在它的所有者手中或保持原状时,不会为它的所有者提供收入或利润。"

亚当·斯密的错误在于:他把产品即商品资本在流通领域中运动、以商品的转手为媒介的纯粹形式上的商品形态变化,与生产资本的不同要素在生产过程中运动的物体上的形态变化相提并论;他将商品和货币之间的互相转换,即卖和买,与生产要素转化为产品混为一谈。他所举的流动资本的例子,是由商品转化为货币,再由货币转化为商品的商人资本,是属于商品流通的形式变换W—G—W'。但流通中的这种形式变换,对执行职能的产业资本而言,具有这样的意义:货币再转化成的商品是生产要素,因此,这种形式变换赋予产业资本的职能以连续性,它使生产过程成为连续的生产过程,即再生产过程。而这种形式的整个变换在流通中进行;这种形式变换使商品实际上从一人手中转到另一人手中。相反,生产资本在生产过程中通过的形态变化,却是属于劳动过程中的形态变化，也是生产要素转化为生产的产品所必需的变化。这样，我们清楚地看到亚当·斯密停留在这个事实上：一部分生产资料（真正的劳动资料）在劳动过程中发生作用（用他的错误说法："给它们的所有者提供利润"），并未改变它们的实物形态，只是逐渐损耗，而另一部分生产资料（材料）却发生变化，并且正是通过这种变化来完成它们作为生产资料的使命。但是，生产资本的各种要素在劳动过程中的不同作用，只是区别固定资本与非固定资本的起点，而不是这种区别本身。这一点可以从以下事实证明：这种不同作用可以存在于一切生产方式，无论是资本主义还是非资本主义的生产方式。但与这种不同物质作用相适应的，则是向产品的价值转移，而与价值转移相适应的，又是通过产品的出售进行的价值补偿。也只有这一点才形成真正的区别：资本成为固定资本，不是因为它固定在劳动资料中，而是因为它投在劳动资料中的一部分价值，而另一部分作为产品的价值组成部分，流通时仍然固定在劳动资料中。

亚当·斯密的经验主义

关于利润粗浅的经验主义观念是从普通资本家的看法中得出来的，这与亚当·斯密自己较为深刻的内在见解完全矛盾。在产品价格中，不仅材料和劳动力的价格得到了补偿，而且劳动工具的磨损并转移到产品中的一部分价值也得到了补偿。因此，这种补偿无论怎样都无法成为利润的源泉。生产产品而预付的价值无论是通过产品的出售全部一次补偿，还是部分地逐渐补偿，所改变的只能是补偿的方法和时间。无论如何，都不能将这两种补偿的共同点，即价值的补偿转化为剩余价值的创造。亚当·斯密的错误是源于一种普通的看法：因为剩余价值必须通过产品的出售、流通才能实现，所以它也只能通过这种形式才能产生。因此，这里所说的利润产生的不同方法，只是错误地表达了对生产资本的

工人的"白日梦"

在资本主义社会,资本家凭借占有大量生产资料而无情剥削只能依靠出卖劳动力为生的工人,这是资本主义产生和发展的条件。在这张剧照中,一位资本家正给一位工人擦皮鞋。事实上,在资本主义社会,这种场面是绝不会出现的,它只是工人做的"白日梦"而已。

不同要素发生的不同作用,也就是错误地表达了对它们作为生产要素在劳动过程中发生的不同作用。最后,这个错误还在于,他所说的区别不是从劳动过程或价值增值过程引出的,也并非从生产资本的本身职能中引出的,而是被认为仅对单个资本家具有主观上的意义。因为在单个资本家看来,资本的一部分在这种形式上有用,另一部分则在其他形式上有用。

可见,亚当·斯密已远远落后于魁奈。因为魁奈的这些区别是从再生产过程和它的必然性本身引出来的:为了使生产过程连续进行,"年预付"的价值必须每年从年产品的价值中得到全部补偿。相反,基本投资的价值只能是一部分一部分地补偿,所以需要许多年才能补偿完全。比如十年,才能完全补偿以至完全再生产出来。而这种补偿是完全由同一种新的物品来替换。

在亚当·斯密固定资本的定义中还有一点,就是固定资本是劳动资料。这种劳动资料虽与它制造的产品相对立,但不会在生产过程中改变它的形态,而是在生产中继续发挥作用,一直到无法使用为止。然而亚当·斯密忘了,生产资本的一切要素,不断以它们的实物形式——比如劳动资料、材料和劳动力与生产产品相对立,与作为商品流通的产品相对立。他也忘了,由材料和劳动力构成的部分与由劳动资料构成的部分的区别仅仅在于:就劳动力而言,它必须不断重新购买,而不像劳动资料是按照自身的全部使用时间来重新购买。就材料而言，在劳动过程中执行职能的，不是同一种东西，而总是另一种新的物品。亚当·斯密的定义同时还产生了一种假象：尽管他在之前已经说明，固定资本的损耗自然是产品价格的一部分，但似乎固定资本的价值永远不会流通。

亚当·斯密在谈到流动资本时，并没有着重指出它与固定资本相对立。而这种对立的存在，是因为流动资本必须全部由产品价值补偿。因此，流动资本必须全部参加产品的形态变化。而固定资本却恰恰相反，他将流动资本与资本从生产领域转到流通领域时所采取的形式——商品资本和货币资本混为一谈。这两种形式，即商品资本和货币资本，既是生产资本固定组成部分的价值承担者，又是它流动组成部分的价值承担者。这二者是与生产资本相对立的流通资本，而不是与固定资本相对立的流动资本。

最后，亚当·斯密认为：固定资本保留在生产过程中而产生利润，流动资本离开生产过程并进入流通而产生利润。于是，由于可变资本和不变资本流动部分在周转中具有同一形式，它们在价值增值过程和剩余价值形成过程的本质区别就被掩盖起来，致使资本主义生产的全部秘密更加隐蔽。在流动资本这个共同的名称下，这个本质区别被抹杀了。之后的经济学走得更偏远，它认定作为本质和唯一的区别，不再是可变资本与不变资本的对立，而是固定资本与流动资本的对立。

然而，现代庸俗经济学中，由于流动资本的量比固定资本的量更频繁地随产量的多少而变化，于是有人就将这种流动资本称为可变资本，妄图偷换经济科学中的可变资本的概念。

亚当·斯密的生产资本组成结构理论

亚当·斯密在说明固定资本与流动资本是两种特殊的投资方式，而且各自都会产生利润之后，又说道：

"任何固定资本，若是缺少了流动资本的帮助，都不会产生收入。例如最有用的机器和劳动工具，如果没有流动资本为它们提供加工的材料，给使用它们的工人提供给养，就无法生产任何东西。"

由此可见，以上所说的"产生收入""取得利润"等，想要表达的就是：资本的两个部分是产品的形成要素。

然后，亚当·斯密举了如下的例子：

"租地农场主投在农具上的资本是固定资本，投在雇工的工资和给养上的资本是流动资本。"

这里，他把固定资本和流动资本的区别仅归结为生产资本不同组成部分的不同的流通和周转。这是正确的。

"他从前一种资本中取得利润，是由于他将它保存在自己手中；他从后一种资本中取得利润，是由于他将它售出。役畜的价格或价值，与农具的价格相同，是固定资本。"

这一说法也是正确的。因为区别同价值有关，而与物质要素无关。

"它（役畜）的给养与雇工的给养相同，是流动资本。租地农场主取得利润的方法，是保留役畜，而售出它的给养。"

租地农场主保留喂牲畜的饲料，不将它售出，而用它来饲养牲畜，把牲畜作为劳动工具来使用。两者的区别仅仅在于：用来饲养役畜的饲料会全部消费掉，必须不断通过从农产品中或将它出售以换取新的牲畜饲料来补偿，而牲畜却只能是因为不能干活而一头头被替换。

"买来育肥的牲畜不是为了役使，而是为了出售，这样所耗费的价格与给养，便是流动资本。租地农场主则将它们出售而取得利润。"

出售他的产品，是任何商品生产者，包括资本主义商品生产者，出售他生产过程的结果。因此，这个被出售的产品既不是他生产资本的固定组成部分，也不是流动组成部分，而是他的产品正处于已经离开生产过程而必须执行商品资本职能的形式。这样，肥胖的牲畜在生产过程中执行着原料的职能，不像役畜那样是执行着工具的职能，所以它作为实体加入产品，而它的全部价值也和作为饲料辅助材料的价值一样，被加入到产品中。因此，它属于生产资本的流动部分。但是，它作为流动资本是偶然的。同时，亚当·斯密本应从此例中看出，生产要素中包含的价值规定为固定资本和流动资本，不是在于生产要素的物质形式，而是在于生产过程中的职能。

"种子的全部价值也是固定资本。虽然种子往返于土地和谷仓之间，但它从未更换所有者，因此，它并没有进入流通。租地农场主取得利润，不是靠种子的出售，而是靠它的繁殖。"

役畜耕田

亚当·斯密在他的生产资本组成结构理论中指出，租地农场主保留喂牲畜的饲料，不将它售出，而用它来饲养牲畜，把牲畜作为劳动工具来使用。租地农场主给役畜的给养和给雇工的给养相同，属于流动资本。在生产过程中，役畜执行的是工具的职能，而其他育肥出售的牲畜执行的是原料的职能。图为农民使用马拉犁耕田的情景，在这里，马作为役畜，执行着工具的职能。

在这里，亚当·斯密所作的区分之荒谬，暴露无遗。依他之见，如果种子不"更换所有者"，也就是说，如果种子直接从年产品中补偿，并从中扣除，它就是固定资本。相反，如果将全部产品售出，而用其中一部分价值来购买他人手中的谷种，它就是流动资本。在后一个场合，"更换所有者"；在前一个场合，没有"更换所有者"。亚当·斯密再次将流动资本和商品资本混为一谈。产品是商品资本的物质承担者，但是只有实际进入流通，而不直接再进入自己作为产品被生产出来的生产过程的那部分产品，此种说法才成立。

不论种子直接作为产品的一部分加以扣除，还是把全部产品售出后，用售出的一部分价值换成向别人购买的种子，这两种场合，其实都只是补偿。这种补偿，不会产生任何利润。在后一种场合，种子和产品的其余部分相同，是作为商品进入流通；在前一种场合，它只是在簿记上充当预付资本的价值组成部分。但是，这两种场合，总是属于生产资本的流动组成部分，被完全消费掉，以便完成产品的生产，并且它必须全部由产品补偿，以便使再生产成为可能。

"原料和辅助材料丧失了它们作为使用价值进入劳动过程时所具有的独立形态，而真正的劳动资料却并非如此。工具、机器、厂房、容器等，只有保持最初的形态，并且在第二天以与前一天相同的形式进入劳动过程，才能从中发挥作用。在它们被消耗殆尽前后的劳动过程中，都与产品保持着相对独立的形态。报废的机器、工具、厂房等，与在它们帮助下所形成的产品总是分开的。"

生产资料在产品的形成上具有不同的使用方法，一种是生产资料与产品相对保持独立的形态，另一种是生产资料改变或全部丧失独立的形态。这一区别属于劳动过程本身。因此，对没有任何交换、没有商品生产，只是为了满足自己需要的劳动过程而言，这也是存在的，例如，家庭自己的需要。然而，这个区别被亚当·斯密歪曲了，因为：①他塞进了和这里完全无关的关于利润的规定，说什么一些生产资料在保持原本的形态时，为所有者带来利润，另一些生产资料在丧失原本的形态时，为所有者带来利润；②他把一部分生产要素在劳动过程中的变化，和属于产品交换、商品流通，同时包含流通中的商品的所有权变换的那种形式变换（买和卖）混为一谈。

周转意味着以流通为媒介的再生产，也就是以产品的出售，以产品与货币之间的互相转化的生产要素为媒介的再生产。如果资本主义生产者本身的一部分产品直接被他重新用作生产资料，那么，他似乎就是将这部分产品售给了作为卖者的自己，而在他的账簿上也是这样表现出来的。因此，再生产的这一部分不是以流通为媒介，而是直接进行的。然而，这样重新用作生产资料的那部分产品是补偿流动资本，而不是补偿固定资本，只需满足两个条件：

第一，它的价值全部加入产品；

第二，它本身在实物形式上全部由新产品中同一种新的物品来补偿。

亚当·斯密接着阐述，流动资本与固定资本的构成部分是怎样的。他列举了构成固定资本和流动资本的物品即物质要素，似乎这种规定性是这些物品在物质上天然具有的，而不是由这些物品在资本主义生产过程中的一定职能产生的。但是，他在同一章中指出，虽然某种物品，例如，一所保留下来供直接消费的住宅，"会为它的所有者提供收入，因此会对他执行资本的职能，但是绝不会为公众提供收入，更不会对公众执行资本的职能。全体人民的收入也决不会因此增加丝毫"。

自动售货机

资本家通过售出商品，使预付资本以货币形式回到自己手中，同时使生产过程中所创造的剩余价值变为货币，但是亚当·斯密却错误地将货币理解成了流动资本。图为一名妇女在自动售货机前选购商品。当交易成功，资本家的预付资本便以货币的形式最终回到他的手里。

因此，在这里，亚当·斯密说得很清楚，资本属性并不是物品本身在一切情况下都固有的，而是一种职能，物品是否承担这种职能，要视情况而定。但对一般资本适用的，对它的部分也适用。

同样的物品是构成流动资本的组成部分还是固定资本的组成部分，要看它在劳动过程中所执行的职能。例如牲畜，当它作为役畜（劳动资料），是租地农场主固定资本的物质存在方式，相反，当它作为育肥的牲畜（原料），却是流动资本的组成部分。另一方面，同一物品可以时而成为生产资本的组成部分，时而属于直接的消费基金。例如，一所房子，用作劳动场所时，是生产资本的固定组成部分，用作住宅时，就不再是资本的形式，而只是一所住宅。在许多场合，同一样劳动资料，可以时而充当生产资料，时而充当消费资料。

亚当·斯密的见解产生的错误之一，是将固定资本和流动资本的性质看作物品固有的性质。我们在劳动过程的分析中已经指出：对劳动资料、劳动材料或产品的规定，是随着同一物品在过程中所起的不同作用而改变的。而固定资本和非固定资本的规定，也是建立在这些要素在劳动过程中，从而在价值形成过程中所起的一定作用的基础上。

其次，亚当·斯密在列举构成固定资本和流动资本的物品时，清楚地表明了他把两种区别混为一谈，一种是仅仅对生产资本（生产形式的资本）才适用、才有意义的生产资本的固定组成部分和流动组成部分的区别，另一种是生产资本和资本在其流通过程中具有的形式即商品资本和货币资本的区别。在同一个地方，他说："流动资本包括……处在各个商人手中的各种食品、材料、成品，以及它们流通和分配所必要的货币。"

事实上，如果我们作进一步考察，就会发现，这里和以上所述相反，又将流动资本同商品资本和货币资本，也就是同两种根本不属于生产过程的资本形式等同起来。这两种形式的资本并不是和固定资本相对立的流动资本，而是与生产资本相对立的流通资本。因此，预付在材料，即原料或半成品上并且实际并入生产过程的生产资本的组成部分，只是与这两种形式的资本并列在一起发生作用。他说："社会总资本自然分成三个部分，第三部分是流动资本，它的特征是，只有通过流通或更换所有者才提供收入。流动资本也由四部分构成：第一，是货币……"

但货币从来不是生产资本即在生产过程中执行职能的资本的形式，它始终只是资本在流通过程中采取的形式之一。

"第二，是屠宰业主、畜牧业主、租地农场主……所拥有的食品储备，他们希望通过出售这种食品而得到利润……第三，是完全没有加工或加工少许的服装、家具和建筑物的材料，这些材料尚未加工成服装、家具和建筑物，还留在农场主、工场主、绸布商、木材商、木匠以及砖瓦制造业主等人的手中；第四，即最后部分，是已经制成但还在商人或工场主手中的产品。"

第二项与第四项包括的，不外乎是那些作为产品已经离开生产过程而且必须售出的东西。总之，它们现在作为商品从而作为商品资本执行职能，因此，按它们所具有的形式和在过程中所占有的位置，不管最后用途如何，它们都不属于形成生产资本的要素。

生产资本与商品资本的区别

这里，亚当·斯密又说到商人，文中又一次暴露出他的混乱。只要生产者将其产品卖给商人，那么，这个产品就不再是生产者的资本的形式。当然，从社会的观点来看，尽管产品在别人手中，而不在它的生产者手中，它仍然是商品资本；但是，正因为它是商品资本，所以它就既不是固定资本，也不是流动资本。

此外，亚当·斯密在这里还自相矛盾。成品，不管它们的物质形态或使用价值如何，也不管它们的效用如何，都是商品资本，都是属于流通过程的形式的资本。处于这种形式的成品，并不是它的所有者可能的生产资本的组成部分；但这绝不妨碍它们出售之后在买者手中重新成为生产资本的组成部分，或者是流动组成部分，或者是固定组成部分。这就表明：一度在市场上作为商品资本出现，而与生产资本相对立的同一物品，在离开市场后，就有可能执行或者不执行生产资本的流动组成部分或固定组成部分的职能。

产品棉纱，是棉纺业主的资本的商品形式，是他的商品资本。当它不再作为他生产资本的组成部分执行职能时，它就既不能作为劳动材料，也不能作为劳动资料执行职能。但是，在购买棉纱的织布业主手中，棉纱进入他的生产资本，就成为其中的流动组成部分之一。而对纺纱业主来说，撇开剩余价值不谈，棉纱是他的一部分固定资本和流动资本的价值承担者。机器也是如此，作为机器制造厂主的产品，它就是他资本的商品形式，是他的商品资本；只要停留在这个形态上，它就既不是流动资本，也不是固定资本。但是，一旦将它卖给一个使用它的工厂，它就成为生产资本的固定组成部分。即使有的产品按其使用形式，能够部分地重新作为生产资料，进入将它生产出来的过程，情形也是如此。例如，煤炭用于煤炭的生产，但用于出售的那部分煤炭产品，恰好既不是流动资本，也并非固定资本，而是商品资本。

需要注意的是，有的产品，按其使用形式，根本无法成为生产资本的某种要素，既不能充当劳动材料，也不能充当劳动资料。例如，某些生活资料就是这样。尽管如此，这些产品对它们的生产者而言，依然是商品资本，是固定资本和流动资本的价值承担者。至于这些产品是哪一种资本的价值承担者，就要看它们在生产之时所使用的资本是必须全部一次性补偿还是部分地补偿，或是这种资本的价值是全部一次性转移到产品中去，还是部分地转移过去。

在第三项中，亚当·斯密谈到包括原料、半成品、辅助材料在内的原材料，这些原材料一方面并不表现为已经并入生产资本的组成部分，另一方面，又确实是被当作并入生产资本的材料，从而被当作生产者手中的生产资本的要素。事实上前者只表现为社会产品由以构成的使用价值的特别种类，即只表现为和第二项所列举的其他各种物质组成部分、生活资料等并列的商品。这里的混乱在于：这些原材料一方面被理解为在生产者（农场主、工厂主等人）手中执行职能，另一方面又被理解为在商人（绸布商、木材商）手中执行职能，然而，在商人手中，它们只是商品资本，并非生产资本的组成部分。

亚当·斯密在此列举流动资本的要素时，实际上完全忘记了只对生产资本适用的固定资本和流动资本的区别，却将商品资本与货币资本这两种属于流通过程的资本形式同生产资本相对立。

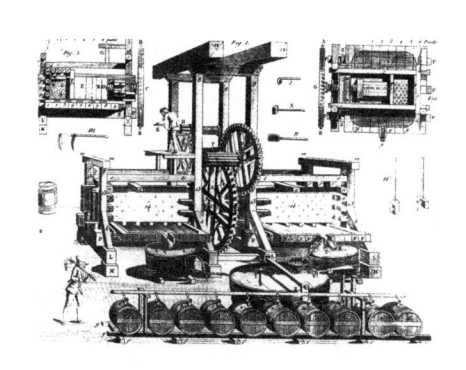

机械榨汁机

机器作为制造厂主的产品，是他的商品资本。当它停留在不使用的形态，便既不是流动资本，也不是固定资本。但它一旦被卖给别的工厂使用，就成为后者生产资本的固定组成部分。图为一架高效的机械榨汁机，据说它只需2个人就能操作，而一般的榨汁机通常需要10个人操作。

最后，亚当·斯密在列举流动资本的组成部分时忘记了劳动力。这个错误是由两个原因造成的：

原因之一正如之前所见，撇开货币资本不谈，在亚当·斯密眼中，流动资本不过是商品资本的另一个名称。问题在于，只要劳动力在市场上流通，它就不是资本，也不是商品资本的形式。劳动力根本不是资本，也不存在所谓的人力资本。工人也不是资本家，尽管他把一种商品，即他自己带到市场上。也只有在劳动力已经出卖，进入生产过程之后，它才成为生产资本的组成部分：作为剩余价值的源泉，它是可变资本。就投在它身上的资本价值的周转而言，它是生产资本的流动组成部分。

另一个原因是，由于亚当·斯密在这里将流动资本和商品资本混同了，因此他绝不会把劳动力列入他的流动资本的项目内。所以，在他看来，可变资本是以工人用自身的工资购买的商品即生活资料的形式出现。在这种形式上，投在工资上面的资本价值才被认为属于流动资本。但是，并入生产过程的是劳动力和工人本身，而并非工人赖以维持的生活资料。诚然，我们说过，从社会的观点来看，工人本身通过他的个人消费进行的再生产，也属于社会资本的再生产过程。但是，这一点并不适用于我们此时所考察的单个的孤立的生产过程。亚当·斯密列入固定资本项目内的"获得的有用的才能"，却恰好是与固定资本相反的流动资本的组成部分，因为它是雇佣工人的"才能"，并且雇佣工人已经将他的劳动连同他的"才能"一起出卖。

亚当·斯密的社会财富构成理论

亚当·斯密的一大错误是将全部社会财富分成三部分：一是直接消费基金；二是固定资本；三是流动资本。这种分法，使财富分为了消费基金和资本。

虽然消费基金的某些部分能够不断执行资本的职能，但它并不构成执行职能的社会资本的部分。而按照这种分法，财富的一部分固然执行资本的职能，但另一部分则执行非资本或消费基金的职能。这时，一切资本是一种绝对的必然性，不是固定的，就是流动的；但是，我们已经知道，固定资本与流动资本的对立，只适用于生产资本的要素；而在这个要素之外，还有相当大量的资本——商品资本和货币资本，它们处在既不可能是固定资本，也不会是流动资本的形式。

因为在资本主义的基础上，除了单个资本主义生产者本人不经过买卖，直接以实物形式重新用作生产资料的那部分产品以外，社会生产的总量是作为商品资本在市场上流通的，所以，从商品资本中取出的，既有生产资本的固定要素和流动要素，又有消费基金的一切要素。这无非是说，在资本主义生产的基础上，生产资料和消费资料首先是作为商品资本出现的，即使它们的使命在以后只是充当消费资料或生产资料；同样，劳动力本身虽然不是商品资本，但也是作为商品出现在市场上的。

亚当·斯密对于这一点的不了解，使他又产生了新的混乱：

"在这四部分中（即"流动资本"的四个部分，实际上是处在两种属于流通过程的资本形式——商品资本和货币资本的四个部分。由于亚当·斯密把商品资本的组成部分又从物质上来区分，两部分就变成了四部分），其中三部分——食品、材料和成品——或者一年，或者在比一年更长或更短的时间内，照例从流动资本转为固定资本，或者是供直接消费的储备。流动资本不但是固定资本的源泉，不断为它提供补充，还是一切有用的机器和劳动工具的源泉。

卖花

商品是用来交换、能够满足人们某种需要的劳动产品。它除了具有使用价值外，还必须具有交换价值。两种商品的使用价值交换的比例并非固定不变，它会随着时间和地点的改变而改变。图中，卖花人的花不可能在任何时间、任何地点都以同一价格出售。

除了不断由生产者本人重新作为生产资料直接消费的那部分产品外，适用于资本主义生产的论点还有：一切产品都是作为商品来到市场，因此，对资本家而言，这些产品都是作为资本的商品形式和商品资本来流通。尽管这些产品以其实物形式和作为生产过程的要素，作为生产资料，从而作为生产资本的固定要素或流动要素执行职能，也能充当个人消费而不是生产消费的资料。因为一切产品都作为商品投入市场，所以一切生产资料和消费资料以及一切生产消费和个人消费的要素，都必须通过它们作为商品的购买再从市场上取出。因此，它既适用于生产资本的固定要素，又适用于生产资本的流动要素；既适用于一切形式的劳动资料，又适用于一切形式的劳动材料。（亚当·斯密在这里又遗漏了生产资本的某些要素是天然存在的，而不是产品这一规律。）机器和棉花都是从市场购买的。但绝不能就此得出结论：任何固定资本最初都来源于流动资本。这一结论的出现，只是亚当·斯密将流通资本与流动资本即非固定资本混淆。此外，以亚当·斯密的说法，机器作为商品是流动资本，这与他之前所说的明显自相矛盾。因此，说它们来源于流动资本，只是意味着：它们在执行机器职能之前，执行过商品资本的职能，但从物质上说，它们是来源于自身的。就如棉花作为纺纱业主的资本流动要素，是源于市场上的棉花一样。但是，倘若亚当·斯密在进一步的叙述中，根据制造机器需要劳动和原料，就从流动资本得出固定资本，那么，第一，制造机器也需要劳动资料，即固定资本；第二，生产原料同样需要机器等固定资本，因为生产资本虽然总是包括劳动资料，但并不总包括劳动材料。

他接着说：

"土地、矿山和渔场，在对它们的经营中，既需要固定资本，又需要流动资本（就是说，他承认，生产原料不仅要有流动资本，而且要有固定资本），并且它们的产品不仅补偿这些资本并取得利润，而且补偿社会上一切其他的资本并取得利润。"

这明显是错误的。它们的产品为一切其他产业部门提供原料、辅助材料。但其产品的价值并不补偿其他社会资本的价值而只补偿它们自身的资本价值（或者加上剩余价值）。

产品的实物形式与所有权证书

从社会的观点来看，下面这一说法是正确的：由只能充当劳动资料的产品构成的那部分商品资本，如果不是生产出来毫无用处，无法售出的话，一定会执行劳动资料的职能。就是说，在资本主义生产的基础上，只要这些产品不再是商品，就必然会如最初预定的那样，成为社会生产资本固定部分的现实要素。

但在这里，出现了一个由产品的实物形式产生的区别：

例如，一台纺纱机，如果不是用来纺纱，那它就不执行生产要素的职能。这就是说，以资本主义的观点来看，不执行生产资本的固定组成部分的职能，就没有实际的使用价值。然而，纺纱机是可以移动的；它可以从出产国输出，在国外直接或间接地卖掉，换成原料或香槟酒等。但如此一来，它在出产国执行的只是商品资本的职能，却不是固定资本的职能，即使在它出卖之后也并非执行固定资本的职能。

相反，那些与土地连在一起，只能固定在某一地，即就地利用的产品，例如厂房、铁路、桥梁、隧道、船坞以及土地改良设施等，是无法将它们原封不动地输出的。因为它们是无法移动的，所以它们或者没有用处，或者在售出以后，都必须执行固定资本的职能。我们发现，资本主义生产者为了搞投机而建造的工厂或改良的土地，目的不是为了生产，而是为了将其出售。对他而言，这些物品是他商品资本的形式，或者按亚当·斯密的说法，是流动资本的形式。但是从社会的观点来说，这些物品要成为并非无用的东西，就要在本国，在一个固定在它们本身所在地的生产过程中，执行固定资本的职能。诚然，我们不能就此断定，无法移动的物品一概都是固定资本。因为，它们可以属于消费基金，所以根本不属于社会资本，即使它们是社会财富的要素。用亚当·斯密的话来说：这些物品的生产者通过将其出售而获得利润，因此，它们是流动资本。而这些物品的使用者，即它们最后的买主，只有将其用于生产过程，才能利用它们，因此，它们是固定资本。

再来看所有权证书，如铁路的所有权证书。这些证书每天都在易手，它们的所有者甚至可以在国外出售这种证书而获取利润。因此，铁路本身虽然不能输出，所有权证书却是可以输出的。但不管怎样，这些物品在其所在的国家内，要么闲置不用，要么必须执行生产资本的固定组成部分的职能。如，厂主A将工厂卖给厂主B而获取利润，并不会妨碍工厂执行固定资本的职能。

因此，那些固定在某一地、与土地无法分离的劳动资料，对其生产者而言，虽然能够执行商品资本的职能，不形成他的固定资本的要素，但必然预期要在本国执行固定资本的职能。这是因为，这些固定资本对他而言是用建造房屋、铁路等的劳动资料构成的。可是，绝不能由此就反推，固定资本必然由不能移动的物品构成。船舶和机车只有通过运动才能发挥作用，才能执行固定资本的职能。但是，这仅是对它们的使用者来说的。另一方面，一些东西确实固定在生产过程中，一经进入便永不离开，由生到死都固定其中。例如，用于生产过程中使机器运转的煤炭，厂房内照明的煤气等就是如此。它们属于流动资本，不是因为在物体上和产品一道离开生产过程，作为商品来流通，而是因为它们的价值全部进入了在其帮助下生产出的商品的价值之中，从而必须全部由商品的出售来补偿。

"工人的给养"与可变资本

在最后引用的亚当·斯密的那段话中，还应注意：

"制造它们（机器等）的工人所需的给养是由流动资本提供的。"

一方面，重农学派将预付在工资上的资本部分正确地列入与"原预付"相对立的"年预付"；但是另一方面，他们却将付给农业工人的生活资料表现为租地农场主使用的生产资本的组成部分。亚当·斯密把这种生活资料称为"工人的给养"。这一点与独特的理论有着密切的联系。在他们看来，由劳动进入到产品中去的那部分价值，正如原料、劳动工具等不变资本的物质组成部分加到产品中去的价值一样，只是等于付给工人的为了维持他们作为劳动力的职能所必须消费的生活资料的价值。亚当·斯密的理论本身使他们不可能发现不变资本和可变资本的真正区别：劳动除了再生产它本身的价格外，还生产剩余价值，它在工业中也像在农业中一样生产剩余价值。按照他们的体系，劳动只在一个农业生产部门中生产剩余价值，因此，他们认为，剩余价值不是由劳动产生，而是由自然在这个部门的特殊作用下产生。仅仅由于这一原因，他们就认定，农业劳动与其他种类的劳动不同，农业才是生产劳动。

亚当·斯密将工人的生活资料规定为与固定资本相对立的流动资本：

发放工资

工人的劳动以工资的形式得到报酬，利润变得不像是由工人劳动创造的，而像是资本家全部预付资本的产物，于是剩余价值也就不再被认为是由劳动创造的。可见，利润这个剩余价值的转化形式源于资本主义生产关系本身，同时它又反过来掩盖了资本主义的剥削关系。图中，资本家正在给工人发放工资。

其一，亚当·斯密把同固定资本相对立的流动资本，与那些属于流通领域的资本形式即流通资本混同起来，而他之后的经济学家又不加批判地将这种混同继承了下来。不言而喻，在社会产品采取商品形式的地方，工人的生活资料与非工人的生活资料相同，材料与劳动资料本身也相同，都必须由商品资本提供。

其二，亚当·斯密的分析中混入了重农学派的见解。显然，这种见解，与他阐述的内在部分即真正的科学部分相矛盾。

一般说来，预付资本会转化为生产资本。就是说，会采取生产要素的形式，而生产要素本身是过去劳动的产物。只有在这一形式上，预付资本才能在生产过程中执行职能。现在，倘若我们以工人的生活资料代替资本的可变部分转化成的劳动力本身，很明显，就价值形成而言，这种生活资料本身，同生产资本的其他要素、原料和役畜的生活资料是没有区别的。亚当·斯密正是以此为根据，效法重农学派，在之前引用的一段话中，将它们相提并论。实则，生活资料本身并不能增值自己的价值，或者说，不能把剩余价值加到生活资料的价值上。生活资料的价值与生产资本其他要素的价值相同，只能在产品的价值中再现。而它加到产品中的价值，不会多于它原有的价值。生活资料和原料、半成品等一样，同由劳动资料构成的固定资本的区别仅仅在于：生活资料全部消耗在它参与制造的产品中，从而它的价值必须全部一次补偿，而固定资本只是逐渐地、一部分一部分地补偿。因此，预付在劳动力（或工人的生活资料）上的生产资本，现在只是在物质方面同生产资本其他的物质要素相区别，而不是在劳动过程和价值增值过程方面有所区别。这部分生产资本只是由于它和产品的客观形成要素的一部分一起归到流动资本的范畴，而同产品的客观形成要素的另一个归到固定资本范畴的部分相区别。亚当·斯密却将它们统称为"材料"。

投入到工资上的那部分资本，属于生产资本的流动部分，它与生产资本的固定部分相反，但与产品物质形成要素的一部分（原料等）一样具有流动性。这种情况同资本的可变部分，在价值增值过程中所起的与不变部分相反的作用绝对无关。问题仅仅在于：这部分预付资本价值必须用怎样的方式，以流通为媒介，由产品的价值得到补偿、更新，从而再生产出来。

劳动力的购买和再购买，属于流通过程。但是只有在生产过程中，投在劳动力上的价值，才会由一个已定的不变量，转化为一个可变量；这个增加的量不是为工人，而是为资本家。并且始终只是由于这一点，预付的价值才转化为资本价值和资本以及自行增殖的价值。但是，如果像亚当·斯密那样，把投在工人的生活资料上的价值，规定为生产资本的流动组成部分，那么，就不可能理解可变资本和不变资本的区别，因而也就无法理解资本主义生产过程本身。这部分资本是与投在产品物质形成要素上的不变资本相对立的可变资本这一定义，被掩埋在这样一个定义之下：就周转而言，投在劳动力上的资本属于生产资本的流动部分。这种掩埋由于只是把工人的生活资料列为生产资本的要素而最终完成。至于劳动力的价值是用货币预付还是直接用生活资料预付，是无关的。

这样，亚当·斯密所下的流动资本的定义，被确定为对于投在劳动力上的资本价值具有决定意义的定义，就使他的后继者无法理解投在劳动力上的资本是可变资本部分。他本人在别处作过的更深刻和正确的阐述并未取胜，而这个谬误却占了上风。致使以后的作者走得更偏。他们不仅认为，投在劳动力上的资本具有决定意义的定义在于，它是与固定资本相对立的流动资本；而且还认为，流动资本的本质定义在于，它是投在工人的生活资料上的资本。由此自然就得出了劳动基金的学说，即由必要生活资料构成的劳动基金，是一个已定的量，这个量一方面从物质上限制了工人在社会产品中占有的份额，另一方面又必定全部花费在购买劳动力上。

大卫·李嘉图的理论

劳动力与固定资本是"比例"关系

大卫·李嘉图谈到固定资本和流动资本的区别，只是为了说明价值规律的例外，即工资率影响价格的各种情况。

他的糊涂观念从一开始就轻率地显现出来：

"固定资本耐久程度的这种差别，和这两种资本可能结合的比例的这种多样性。"

试问，这两种资本又是什么呢？回答是：

大卫·李嘉图

英国资产阶级古典政治经济学的主要代表之一,也是英国资产阶级古典政治经济学的完成者。他最初是交易所的证券经纪人,后受亚当·斯密《国富论》一书的影响,对经济学研究产生了兴趣,其研究的领域主要包括货币和价格,并对税收问题也有一定的研究。

"维持劳动的资本和投在工具、机器和建筑物上的资本可能结合的比例也是多种多样的。"

正是这种多样性,使得柯布(美国数学家)与道格拉斯(保罗·道格拉斯,美国经济学家)能够将这两种资本进行产出的回归分析,得出现代庸俗经济学中著名的柯布–道格拉斯生产函数[1]。倘若这种结合的比例只有一种可能,那么柯布和道格拉斯的回归分析就会因完全共线性而失误。值得关注的是,李嘉图肯定地认为劳动力与固定资本之间是"比例"关系,而不是现代庸俗经济学所谓的"替代"关系。

因此,固定资本=劳动资料,流动资本=投在劳动上的资本。然而,李嘉图说的"维持劳动的资本"是从亚当·斯密那里抄袭来的陈词滥调。亚当·斯密一方面将流动资本与可变资本投在劳动上的那部分生产资本混为一谈;另一方面,由于对立是从流通过程产生的,于是就出现了双重错误。价值增值过程不是从不变资本和可变资

---

[1] 柯布–道格拉斯生产函数:最初由C. W. 柯布(C. W. Cobb)和保罗·H. 道格拉斯(Paul-H. Douglas)共同探讨投入和产出的关系时创造的生产函数,并以二人名字命名。它在生产函数的一般形式上作出了改进,引入了技术资源这一因素,是用来预测国家和地区的工业系统或大企业的生产和分析发展生产的途径的一种经济数学模型,简称生产函数。同时,它也是经济学中使用最广泛的一种生产函数形式,在数理经济学与经济计量学的研究与应用中都具有重要的地位。

本中产生，这是亚当·斯密一贯的混乱。

资本构成理论

第一，李嘉图将固定资本耐久程度的差别与不变资本和可变资本所组成的资本构成的差别等量齐观。但是，前一种差别在考察价值增值过程时，只涉及生产资料的一定价值转移到产品中去的方式；在考察流通过程时，只涉及所投资本的更新时期，或者从另一角度考察，只涉及资本预付的时期。而后一种差别则相反，决定着剩余价值生产上的差别。如果我们仅从已有现象出发来考察，那么，这两种差别事实上就合二为一了。当社会剩余价值在投入不同生产部门的资本中间进行分配时，资本的不同预付期间的差别与资本的不同的有机构成，对于一般利润率的平均化和价值到生产价格的转化，都发生同等重要的作用。不同预付期间的差别体现在固定资本上，表现为不同寿命；资本不同的有机构成表现为不变资本和可变资本的不同流通。

第二，从流通过程来看，一方面是劳动资料，即固定资本；另一方面是劳动材料和工资，即流动资本。但从劳动过程与价值增值过程来看，一方面是生产资料（劳动资料和劳动材料），即不变资本；另一方面是劳动力，即可变资本。然而，在同一价值量的不变资本中，劳动资料与劳动材料的多或少，对资本的有机构成而言是毫无影响的。因为，一切都取决于投在生产资料上的资本与投在劳动力上的资本的比例。反之，从流通过程来看，也就是从固定资本与流动资本的区别来看，一定价值量的流动资本是按怎样的比例分为劳动材料和工资，也同样毫无影响。从这样一个观点看，劳动材料和劳动资料归在同一范畴，是与投在劳动力上的资本价值相对立的；从另一个观点看，投在劳动力上的资本和投在劳动材料上的资本归在一起，则与投在劳动资料上的资本相对立。

这样，在李嘉图那里，投在劳动材料（包括原料和辅助材料）上的资本价值并未出现在任何一方。这就是说，它完全消失了。究其原因：一方面，它不适于放在固定资本中，因为在流通方式上，它与投在劳动力上的资本完全相同；另一方面，它也不适于放在流动资本中，因为如此一来，从亚当·斯密那里继承下来并被毫无声息地保留着的那种将固定资本和流动资本的对立与不变资本和可变资本的对立等同起来的做法，就讲不通了。李嘉图具有丰富的逻辑本能，不会看不到这一点。因此，在他那里，这部分资本就消失得无影无踪了。

劳动与资本"预付"

这里必须指出，资本家投在工资上的资本，以政治经济学的语言表达就是一种"预付"，其期限是依资本家支付一次工资的时间而定。例如每周、每月，或是每三个月。然而，实际情况却相反。"预付"是工人按一周、一个月或三个月，将自身的劳动预付给资本家，并且还要看他是否是每周、每月，还是每三个月得到一次工资而定。如果资本家是购买劳动力，而不是事后支付劳动力的报酬，也就是说，如果他是按每日、每周、每月或每三个月给工人预支工资，那才谈得上按这个期限进行了"预付"。既然他是在劳动已经持续数日、数周、数月之后才支付，就不是购买劳动，不是按劳动要持续的时间支付。工人以劳动形式对资本家的"预付"，竟然变为资本家以货币形式对工人的"预付"，所以这一切只不过是一种资本主义的颠倒。至于资本家根据制造产品与产品流通所需时间的长短，需要经过一个或长或短的时期才能够从流通中实现产品本身的价值或收回它的价值（加上其中包含的剩余价值），那丝毫不会改变事情的本质。然而，事实却相反，我们通常所见的是：资本家已经得到了商品的预付款，也就是说，他们已预先实现了产品本身的价值，其中自然包含着他赚到的剩余价值，但他依然要等工人完成产品一段时间之后才支付相应的工资；甚至，有时已将产品卖出，并收到货币，还要拖延很久才支付工人的工资。商品的买者想怎样处置商品，这与卖者毫无关系。我们看到，资本家在购买机器时，不会因为一次性全部预付它的价值，而且这个价值逐渐从流通中流回，就能使资本家廉价地得到机器。同样，资本家购买棉花时，也不会因为它的价值会全部加入由它制成的产品的价值，从而由一次产品的出售全部得到补偿，就对棉花支付较高的价钱。

可变资本的特征

可变资本的特征是：一个一定的、既定的资本部分，一个既定的价值额与一个会自行增殖、会创造价值的力即劳动力相交换。前者是工资，其本身是不变的，所以是既定的；后者是劳动力的价值。劳动力不仅再生产自身的由资本家支付的价值，而且同时生产剩余价值，即原本不存在的、并非以等价物买来的价值。投在工资上的资本的这个具有特征的属性，使这部分资本作为可变资本而和不变资本完全不同。这样，如果只是从流通过程来考察，投在工资上的那部分资本就作为流动资本而与投在劳动资料上的固定资本相对立，那么，这一属性就会消失。

这一点可以从下面的事实中看出：投在工资上的资本，这时就会在流动资本项目内与不变资本的一个组成部分（投在劳动材料上的部分）合在一起，而与不变资本的另一个组成部分（投在劳动资料上的部分）相对立。在这里，剩余价值，也就是那个使所投价值额转化为资本的条件，就会完全被忽视。同样，下列事实也被忽视了：由投在工资上的资本加进产品的那部分价值是新生产的，也是实际再生产的；而由原料加进产品的那部分价值却不是新生产的，不是实际再生产的，只是维持、保存在产品价值中，因而只是作为产品的价值组成部分再现出来。

流动资本与固定资本的真正区别

现在,从流动资本与固定资本相对立的观点看,区别就在于:一方面,生产商品所使用的劳动资料价值只是部分地加入商品价值,从而也只是部分地由商品的出售得到补偿;另一方面,生产商品所使用的劳动力和劳动对象(原料等)的价值却全部加入商品价值,从而也全部由商品的出售得到补偿。就这点而言,从流通过程看,资本的一部分表现为固定资本,另一部分则表现为流动资本。在这两种情况下,问题都是一定量预付价值向产品的转移以及这个价值由产品的出售得到的再补偿。那么,现在的区别只是在于:价值转移,从而价值补偿,是部分地、逐渐地进行,还是一次性进行呢?如此一来,可变资本与不变资本之间决定性的区别就被抹杀了,剩余价值形成和资本主义生产的全部秘密,即一定的价值与体现这些价值的物品借以转化为资本的条件也同样被抹杀了。资本的一切组成部分,就只余下流通方式的区别,而商品流通当然只与已有的、既定的价值相关;而投在工资上的资本与投在原料、半成品、辅助材料上的资本则共有一种特别的流通方式。

这样,我们就可以理解:为什么资产阶级政治经济学本能地坚持亚当·斯密的做法,将"不变资本和可变资本"与"固定资本和流动资本"的范畴相混同,并且不加批判地在一个世纪中一代代沿用下去。流

"酒桶"雕刻

生产资料和消费资料两大部类各自使用的全部资本,合起来形成社会总资本,它们都是由可变资本和不变资本组成。图中的这个保存于柯尼希施泰因的18世纪的巨大的"酒桶"雕刻,既是消费资本,又是不变资本。

动资产除了投在原料、半成品、辅助材料上的那部分资本外，还包含非生产资本的流通资本，如货币与已经生产出来还未售出的产品及一些债权等，但并不包括投在工资上的资本。在资产阶级政治经济学那里，投在工资上的资本与投在原料上的资本是毫无区别的，我们仅在形式上看它是部分地，还是全部一次性地通过产品而流通。因此，当我们理解了资本主义生产的现实运动的基础，也就进一步理解了资本主义剥削的现实运动的基础。

李嘉图所阐述的价值和剩余价值

对李嘉图而言，不加批判地接受亚当·斯密的这种混同，不仅给以后的辩论者带来困扰，对亚当·斯密造成很大的困扰，也给他自己带来了更大的困扰，因为他与亚当·斯密相比，更合乎逻辑地、鲜明地阐述了价值与剩余价值。事实上，他只是维护了亚当·斯密的内在部分，而反对他的外在部分。

重农学派是没有这种混同的。"年预付"和"原预付"的区别，只是关系到资本不同组成部分的不同再生产时期；而且资本又是专指农业资本。至于关于剩余价值生产所持的见解，则是他们理论中一个与这种区分无关的部分，并且是他们作为自己理论的要点提出的。他们并非从资本本身来说明剩余价值的形成，而是认为只有在资本的一定生产领域，即农业中才形成剩余价值。

可变资本与剩余价值的创造

在可变资本的定义中，本质的东西是：资本家用一个一定的、既定的、在这个意义上是不变的价值量与创造价值的生产力相交换；用一个价值量与价值的生产、自行增值相交换，从而将定义扩大到对任何一个价值额转化为资本的范围。资本家无论是用货币还是生活资料支付工人工资，都不会影响这个本质的规定。因为，这样只是改变资本家所预付价值的存在方式：在某一场合，这个价值以货币形式存在，工人用这些货币到市场上购买生活资料；在另一场合，它以生活资料的形式存在，供工人直接消费。事实上，发达的资本主义生产是以货币支付工人报酬为前提，就如它总是以用流通过程作为媒介的生产过程为前提，从而以货币经济为前提一样。但是，剩余价值的创造，致使预付价值额的资本化，既不是产生于工资的或投在购买劳动力上的资本的货币形式，也并非产生于它的实物形式。而是产生于价值与创造价值的力的交换和一个不变量到一个可变量的转化。

李嘉图认为，劳动资料固定程度的大小，取决于它的耐用程度，也就是取决于一种物理属性。在其他条件不变的情况下，劳动资料损耗的快慢，作为固定资本执行职能的时间的长短，要根据劳动资料的耐用程度而定。然而，作为固定资本执行职能，绝不仅仅由这种耐用的物理属性决定。比如，金属工厂中的原料和用来进行生产的机器一样耐用，甚至比这种机器上的某些由皮革、木头等构成的部分更为耐用。但是，用作原料的金属仍然是流动资本的一部分，而用同一金属制成的执行职能的劳动资料可能正是固定资本的一部分。因此，同一种金属在一个场合归入固定资本项目内，在另一场合归入流动资本项目内，并不是因为物质的物理性质或金属损坏的快慢程度不同，而是由金属在生产过程中所起的不同作用决定的：在一个场合它是劳动对象，在另一个场合则是劳动资料。

在生产过程中，劳动资料的职能，通常来说，总是要求劳动资料在或长或短的时间内，在不断创新和不断反复的劳动过程中发挥作用。因此，物质的耐用程度是由它的职能所规定的。但是，由它制成的物质的耐用性本身，却无法使它成为固定资本。同一种物质，若是原料，就只能成为流动资本；而在那些将商品资本和生产资本的区别与流动资本和固定资本的区别混同起来的经济学家眼中，同一种物质、同一台机器，作为产品是流动资本，作为劳动资料则是固定资本。

虽然使劳动资料成为固定资本的因素，不是用耐用的物质制成的，但它作为劳动资料所起的作用，则要求它应该由比较耐用的材料制成。这样，材料的耐用性是它执行劳动资料职能的一个条件，从而也是使它成为固定资本的流通方式的物质基础。在其他条件相同的情况下，作为劳动资料的物质，其损坏的快慢程度不同，使它具有的固定性的大小程度也不同。因此，劳动资料与它作为固定资本的性质就这样非常密切地联系到了一起。

作坊工人

资本家购买劳动力的可变资本也属于流动资本。它由劳动力创造，相当于劳动力价值的那一部分价值，并随着产品的出售转化为货币。如果要使生产过程连续不断地进行，这些货币就必须作为可变资本用来继续购买劳动力，从而完成它的一次周转。上图为16世纪西西里一家用甘蔗制糖的小作坊，工人们正在辛勤地工作着，他们为资本家创造了再次购买劳动力的可变资本。

既然投在劳动力上的那部分资本，仅仅是从流动资本的观点来加以考察，也就是与固定资本对立起来加以考察的，继而又将不变资本和可变资本的区别与固定资本和流动资本的区别混同起来。那么，自然就像劳动资料的物质现实性是它的固定资本性质的重要基础一样，投在劳动力上的资本的物质现实性得出它与固定资本相对立的流动资本的性质，然后再由可变资本的物质现实性规定为流动资本。

现在，很清楚，投在工资上的资本的现实物质是劳动本身，是发挥作用的、创造价值的劳动力，是活的劳动。资本家用死的、物化的劳动

按在剩余价值生产中的作用区分	资本的各个部分		按价值周转方式区分
不变资本	厂房、机器、设备、工具等		固定资本
	原材料、燃料、辅助材料等		流动资本
可变资本	劳动力		

固定资本与流动资本的划分

固定资本是指以厂房、机器设备等劳动资料存在的那部分生产资本；流动资本是指以原材料、燃料等劳动对象形式存在的和以形式劳动力存在的那部分生产资本。前者是为了考察资本运动速度对剩余价值生产的影响，后者是为揭露剩余价值的来源。二者的划分如上表所示。

即工资来与它交换，将其并入资本。只有这样，他手中的价值才会转化为一个自行增殖的价值。但是，资本家并不出卖这种自行增殖的力。对资本家而言，这种力与他的劳动资料一样，始终只是生产资本的组成部分，而绝非他所出售的成品那样，是商品资本的组成部分。如此一来，在生产过程中，劳动资料就被当作生产资本的组成部分，而不是作为固定资本与劳动力相对立。

同样，劳动材料和辅助材料也不是作为流动资本与劳动力相一致。从劳动过程的观点看，二者都是作为物的因素与作为人的因素的劳动力相对立；从价值增殖过程的观点看，二者则是作为不变资本与可变资本相对立的。或者，如果在这里指的是那种影响流通过程的物质差别，那么，这种差别只在于：从价值的性质和从发挥作用的劳动力的性质中得出，劳动力在它执行职能期间不断创造价值和剩余价值；在劳动力方面，它表现为运动，表现为创造价值的东西；在劳动力的产品方面和静止的形式上，它又表现为已经创造的价值。当劳动力发生作用之后，资本就不再是一方面由劳动力、另一方面由生产资料构成了。投在劳动力上的资本价值，此时已经加到了产品中的价值。为了使过程反复进行，产品必须出售，由此得到的货币又要不断地重新购买劳动力，并将它并入生产资本中。于是，这就使投在劳动力上的资本与投在劳动材料等上的资本一样，取得了与仍然固定在劳动资料上的资本相对立的流动资本的性质。

流动资本与固定资本的耐用程度区别论

相反，如果将流动资本的这个次要的、为投在劳动力上的资本与一部分不变资本（原料和辅助材料）所共有的规定，错误地看作是投在劳动力上的资本的本质规定，或是不变资本的本质规定、看作是投在劳动力上的价值全部转移到由于消费了劳动力而生产出来的产品中去，而并非如固定资本那样部分地逐渐转移到产品中去，因而必须全部以产品的出售才能获得补偿。那么，投在工资上的资本，在物质上也就必然不会由发挥作用的劳动力构成，而是由工人用工资购买的各种物质要素构成，也就是由进入工人消费的社会商品资本构成，即由生活资料构成。若是这样，就必然得出一个荒谬的结论：固定资本是由损坏得较慢，因而可以补偿得较慢的劳动资料构成，而投在劳动力上的资本，则是由必须补偿得较快的生活资料构成。

然而，损坏快慢之间并没有清楚的界限。

"工人消费的食物和衣服，他在其中从事劳动的建筑物，以及劳动时使用的工具，都是会损坏的。但这些不同资本的耐用时间却有极大的差别，比如，蒸汽机比船耐久，船比工人的衣服耐久，工人的衣服又比他所消费的食物耐久。"

在这里，李嘉图遗漏了工人居住的房屋、家具以及消费工具（如刀叉器皿）等，这些都具有与劳动资料同样的耐久性。但是，同一类物品，在这里表现为消费资料，在那里却表现为劳动资料。

李嘉图在谈到区别时说：

"有的资本损耗得快，必须经常再生产，有的资本消费得慢，根据这种情况，就有流动资本和固定资本之分。"

他还加了一个注解：

"这种区分不是本质的区分,不能划出明确的界限。"

如此一来,我们又幸运地回到了重农学派那里。在他们看来,"年预付"和"原预付"的区别就是消费时间上的区别,因而,也就是所使用资本的再生产时间上的区别。不同的是:在他们那里成为社会生产上的重要现象,并且在《经济表》[1]中与流通过程相联系的事情,在李嘉图这里却成了一种主观上的区别,如他自己所言,成了一种多余的区别。

既然投在劳动力上的资本与投在劳动资料上的资本的区别,只在于它的再生产时间和流通时间,既然前一部分由生活资料构成,后一部分由劳动资料构成,那么,前者区别于后者的就只是损坏得快,而且前者本身在损坏的快慢上也是不同的。所以,投在劳动力上的资本与投在生产资料上的资本之间的任何独特的区别,就自然而然地被抹杀了。

前往工厂的资本家

固定资本有着不同的寿命。马作为活的劳动工具,它的损耗是以丧失使用价值的平均程度进行的,它有一定的平均寿命,它为这段时间实行全部预付,一旦丧失劳动力,它的主人就会用一匹新马来替换它。图中,衣着华丽的资本家正乘坐私人马车前往工厂。

---

〔1〕《经济表》:作于1758年末,由法国人弗朗斯瓦·魁奈著述,至今只发现其手稿。次年,该表又修订了两次,刊印量很少。《经济表》实际上是资本主义社会财富的生产、流通、分配有规律的运行过程的简明图示说明,这对经济理论的研究是一个很大的贡献。

李嘉图理论研究的三个基础

李嘉图流动资本与固定资本的耐用程度区别论，与他自身的价值学说完全矛盾，也同他的实际上是剩余价值理论的利润理论完全矛盾。这是因为：他考察固定资本和流动资本的区别，一般只是限于说明：同量资本投在不同生产部门时将会分为固定资本与流动资本，而这两种资本的不同比例对价值规律会产生怎样的影响，进而由这种情况引起的工资涨落，又会对价格产生多大变化。我们看到，即使在这种有限的研究中，由于他将固定资本与流动资本混同于不变资本与可变资本，也犯下了极大的错误。实际上，他的研究是从完全错误的基础上出发的：

人性的异化

上图为著名演员卓别林在电影《摩登时代》中的剧照。资本家的贪婪、工人意识的不自觉使得那个时代的管理环境没有关怀、没有休养生息，也没有对人的尊重，有的只是资本家对利润无休止的追逐，导致工人长期劳累与精神紧张。卓别林塑造的这个因无间歇的劳作而疯狂的舞台形象正是这一时代的写照。

第一，既然他将投在劳动力上的资本价值列入流动资本项目内，那么对流动资本本身的规定，就作了错误的阐述。特别是对投在劳动力上的资本。这就是他将其列入这个项目内作为条件的原因。

第二，他将投在劳动力上的资本是可变资本这一规定，同它是与固定资本相对立的流动资本的那一规定混同了。

事情本来很清楚，投在劳动力上的资本符合流动资本这一规定，但在这个规定中，投在劳动力上的资本在生产过程中的独特区别被抹杀了。因为根据这个规定，一方面，投在劳动力上的资本与投在原料等上的资本具有同等意义；它使一部分不变资本和可变资本合二为一的这个项目，完全忽视了那种与不变资本相对立的可变资本的独特的区别。另一方面，投在劳动力上和投在劳动资料上的这两部分资本虽然已经互相对立起来，但这里所指的，并不是它们以完全不同的方式参加价值的生产，而是它们仅仅在不同的时间内将它们既定的价值转移到产品中去。

所有这样的场合中，问题都是：投入商品生产过程的既定的价值，不管它是工资、原料的价值，还是劳动资料的价值，关键是它们怎样转移到产品中去并通过产品而流通的，又是怎样通过产品的出售回到它的起点，即得到补偿。问题的实质就在于这个"怎样"才是它们唯一区别，在于李嘉图未曾发现的这个价值转移、从而流通的特殊方式。

劳动力价格的货币支付与生活资料支付

在这里，我们还发现：预先由契约规定的劳动力价格，无论是用货币支付，还是用生活资料支付，在任何一种场合，它都是一个既定的价格，性质也不会改变。只是，当工资用货币支付时，货币本身不会以生产资料的方式进入生产过程。也就是，不会如生产资料那样，使价值与物质都进入生产过程。但是，倘若将工人用工资购买的生活资料直接作为流动资本的物质形式和原料等一起列入项目内，并与劳动资料相对立。那么，事情就会出现另一种情形：一些物品即生产资料的价值在劳动过程中转移到产品中，另一些物品即生活资料的价值则在将其消费掉的劳动力中再现，并通过劳动力的作用同样转移到产品中去。然而，无论哪种场合，都是生产中预付的价值在产品中的单纯再现。我们看到，重农学派正是信守这一点，才否认工业劳动会创造剩余价值。而现代庸俗经济学则以为，长期（平均）利润为零。例如，威兰德在我们曾经引用过的《政治经济学原理》中的一段话中说道：

"资本以怎样的形式再现是无关紧要的……人们生存和安乐所必需

的各种食物、衣服和住房同样会发生变化。它们时时被消费掉，而它们的价值……被再现出来。"

于是，以生产资料和生活资料的形式预付到生产中去的资本价值，在这里都同样再现于产品的价值中。如此一来，资本主义的生产过程就变成一个难以解释的东西，而产品中包含的剩余价值的起源，也完全被掩盖了起来。

拜物教的形成

到这里，资产阶级经济学特有的拜物教也就完成了。这种拜物教把物在社会生产过程中获得的社会经济性质，变为一种自然的、由这些物的物质本性产生出来的性质。例如，劳动资料是固定资本这一定义，是一个引起矛盾与混乱的经院式定义。我们在第一卷论述劳动过程时已经指出，各种物质组成部分究竟是充当劳动资料、劳动材料还是产品，完全取决于它们在一定劳动过程中所起的作用和职能。

同样，劳动资料也只有在这种条件下才能成为固定资本：第一，生产过程一般来说是资本主义生产过程，因而生产资料即是资本；劳动资料才具有资本的经济规定性即社会性。第二，劳动资料以一种特殊方式将其价值转移到产品中去；否则，它们仍是劳动资料，而非固定资本。同样，肥料之类的辅助材料虽然不是劳动资料，但是如果它按照与大部分劳动资料相同的特殊方式来转移价值，也会成为固定资本。可见，这里的问题并不在于将各种物品加以归类的定义，而是在于表现为一定范畴的一定职能。

在一切情况下，如果认为生活资料本身都具有成为投在工资上的资本的属性，那么，"维持劳动"也就成为了这种"流动"资本的性质。于是，就会认为如果生活资料不是"资本"，就无法维持劳动力。其实，生活资料的资本性质，恰好使生活资料具有这样一种属性，即通过

伦敦贵族的生活

英属北美殖民地刺激了整个世界的经济发展。殖民扩张必须与运输业、造船业联系起来。贩奴、走私或正常合法的进出口交易,都依赖于航海交通。造船技术的发展在很大程度上又缩短了劳动期间。所以,殖民地的各种产品,如咖啡、茶和巧克力等,会在很短的时间内成为人们时尚的饮食日用品。图为18世纪的伦敦贵族安然享受咖啡的情景。

他人的劳动来维持资本。

如果生活资料本身是流动资本,就会进一步得到结论:在流动资本转化为工资后,工资的多少取决于工人的人数和一定量的流动资本的比例。而这正是经济学家常用的论点。事实上,工人从市场上获取的生活资料量与资本家占有的供自身消费的生活资料量,取决于剩余价值和劳动价格的比例。

李嘉图的理论中总是将可变资本与不变资本的关系,混同于流动资本与固定资本的关系。之后,我们就会发现这种混同使他对利润率的研究走上了怎样的歧途。

不仅如此,李嘉图还将在周转中由其他原因产生的区别与固定资本和流动资本的区别相等同:

"还必须指出,流动资本流通或流回到它的使用者手中的时间可以极不相等。租地农场主买来做种子的小麦,与面包业主买来做面包的小麦相比,是固定资本。前者将小麦播在地里,要等一年后才能收回;后者将小麦磨成面粉,制成面包卖给顾客,一周之内就能自由地用他的资本重新开始同一事业或开始其他事业。"

在这里,小麦具有的特征是:虽然它作为谷种充当的是原料而不是生活资料,但是:①由于它本身是生活资料,因此属于流动资本;②由于它流回的时间要经过一年,因此,又属于固定资本。可见,使一种生产资料成为固定资本的,不只是周转速度的快慢,还有价值转移到产品中的一定方式。

亚当·斯密后继者的固定资本与流动资本理论

由亚当·斯密造成的混乱,引起了如下结果:

第一,固定资本和流动资本的区别,被混同于生产资本和商品资本的区别。例如,同一台机器,作为商品出现在市场时,是流动资本,一旦进入生产过程就成为固定资本。在这里,你根本无法理解一种资本为什么会比另一种资本更为固定或更为流动。

第二,一切流动资本,都与投在工资上的或将要投在工资上的资本等同起来。约翰·斯图亚特·穆勒等人就是如此。

第三,可变资本与不变资本的区别已经同流动资本与固定资本的区别相混同,致使最后完全归结为流动资本与固定资本的区别。而这些,在巴顿、李嘉图等人那里早已混同,后来到拉姆塞那里就更是如此。在拉姆塞看来,一切生产资料、原料等都与劳动资料相同,属于固定资本,只有投在工资上的资本才是流动资本。然而,正是因为这样的归结,致使我们再也无法分辨不变资本与可变资本的真正区别了。

第四,最近一些英国经济学家,特别是苏格兰的经济学家,他们用银行伙计难以形容的偏见来看待一切事物,将固定资本与流动资本的区别变成了"随时可以提取的存款"和"预先通知才可以提取的存款"的区别。麦克劳德、帕特森等人就是如此。

劳动期间

周转时间是生产时间和流通时间的总和。生产时间与流通时间的长短及变化,直接影响着资本周转的速度。而劳动期间则是构成生产时间最关键的因素。所谓劳动期间，是指一定生产部门为完成某件产品所必需的互相联系的工作日的时间。工人的劳动期间是以工作日来计量的，在单个工作日长度相同的条件下，生产部门不同，工人生产某种产品所耗费的劳动期间也不相同。以棉纺业和机车制造业为例，棉纺业一天内就可以提供一定量的棉纱，而机车制造业的工人则需要连续工作3个月，才能制成一台机车。即使两个生产部门所使用的固定资本和流动资本的比例完全相同，劳动期间的差别也会存在。

劳动期间的差别，不仅表现在不同的生产部门之间，还表现在同一生产部门的不同企业中。因为所提供的产品规模有大有小，所需要的连续劳动过程也极不相同。例如，同是建筑业，但修建一所普通住宅需要的劳动期间会比修建一个大工厂需要的劳动期间少许多。

劳动期间的这种差别，在生产资本投入同样多的情况下，必然会引起资本周转速度的差别，从而引起资本预付时间的差别。假定机器纺纱厂和机车制造厂投入的生产资本总额相同，不变资本和可变资本的比例相同，固定资本部分和流动资本部分的比例也相同，最后，工作日长度一样，工作日中必要劳动和剩余劳动的比例也一样。这里，把流通过程撇开不谈，如果机器纺纱厂的劳动期间为一周，那么，纺纱厂主的资本在一周时间内就可以完成周转。而机车制造厂制造一台机车需要3个月的时间，即劳动期间为3个月，那么，机车制造厂主的资本只有在3个月后才能完成一次周转。这样，由于劳动期间的差别，纺纱厂主资本的预付时间为1周，机车制造厂主资本的预付时间则为3个月。另外，劳动期间的这种差别对流动资本的预付量也有着直接影响。假定机器纺纱厂和机车制造厂每周预付的流动资本相同，纺纱厂主只要预付一周的流动资本就可以使生产连续进行。而机车制造厂主必须预付3个月即12周左右的流动资本，才能保证生产过程不中断。就是说，在其他一切条件都相同的情况下，机车制造厂主使用的流动资本必须是纺纱厂主的12倍。

劳动期间的差别对资本主义再生产也将产生一定的影响。资本主义社会的周期性经济危机，会造成生产过程的突然中断，并且所有行业都会受到影响。只是，企业的性质不同，产生的影响也极不相同。一般来说，劳动期间短的部门，如纺织业、煤炭业等因资本周转时间短、速度快，所受影响就相对较小。而资本周转期间较长的，如船舶、建筑物、铁路等部门，由于生产过程的中断，与生产相联系的各种生产行为也会中断，如果生产无法继续进行，那么，已经用在生产上的生产资料和劳动力就会浪费。即使恢复了生产，那些未完成的间歇过的产品也已遭到了损坏。

劳动期间的差别对固定资本与流动资本有着不同的影响。固定资本的预付时间较长，其价值是通过产品逐渐转移的，而且需要相当长的更新时间，所以，劳动期间的长短不会对固定资本的预付产生影响。例如，纺织业和机车制造业都使用蒸汽机，蒸汽机是每天转移一部分价值到棉纱中，还是3个月转移一部分价值到机车中，这对购买蒸汽机所必需的预付资本没有任何影响。但劳动期间的长短对流动资本就有影响了。例如，资本家用来购买劳动力的预付资本，在1周的时间内被耗费掉并产生产品，它只有在周末转化为货币后，才能重新用来购买劳动力。就是说，资本家投在劳动力上的流动资本，在3个月内必须每周循环一次，

斯柯达兵工厂的生产车间

商品生产时间和流通时间的长短，直接影响资本周转的速度。因此，缩短商品的生产时间和流通时间，也就成了资本家必须考虑的问题。子弹、枪支、炮弹等作为一种特殊商品，它们的周转速度直接与军火商的收入相关。因此，军火商们极力缩短这些商品的生产时间和流通时间。图为斯柯达兵工厂的生产车间，工人正争分夺秒地制造子弹。

如果1周内流动资本不能转为货币，为了生产不中断，资本家就必须追加流动资本。流动资本的其他部分，原料和辅助材料也是这样。因此，劳动期间的长短，对流动资本非常重要。劳动期间越长，流动资本的预付时间也越长，预付的流动资本就越多，资本家投入的生产资本也就越多。

在资本主义生产不算发达的初期阶段，那些劳动期间长、需要大量投资的企业，特别是生产规模较大的企业，例如筑路、开凿运河等，单个资本家基本是不能经营的，只能由国家或公共团体出资兴办，并对劳动力采取强制劳动。直到资本主义进入发达时期，大量资本集中于资本家手中，经营这类企业才成为资本主义生产的事情。因为，随着股份公司和信用制度的发展，资本家可以用他人的资本来预付和冒险。

以前，一个建筑业主可能因为投机的目的同时兴建三四栋房屋，现在，他必须购买大块地皮，一口气建一二百栋房子。因此，他的企业竟然超过他本人财产的20倍到50倍。而资金的来源是通过抵押借来的。银行根据房屋修建进度定期拨给建筑业主。现在，如果不从事投机，而且不大规模地进行，任何建筑业主都无法得到发展。

从事劳动期间相当长而规模很大的事业，只有在资本积累很显著，信用制度发展到一定程度，使资本家可以用别人的资本来预付、冒险的时候，才完全成为资本主义生产的事。但预付资本是否属于使用者，对周转速度和时间是毫无影响的。

劳动期间的差别直接影响着资本家预付的流动资本，缩短劳动期间，就会减少流动资本的投入。而缩短期间的最好方法，就是提高劳动生产率。若是在生产过程中实行分工协作，并使用机器，不但可以增加一个工作日的产品，而且还可以在互相联系的生产行为中缩短劳动期间。例如，在建筑业中使用机器，可以缩短房屋、桥梁的建筑时间；在农业收割中使用收割机、脱粒机，可以缩短已经成熟的谷物转化为商品所必需的时间；在造船业中改革造船技术，可以提高制造速度，从而缩短航运业投资的周转时间。然而，在那些自然条件起决定作用的生产部门，例如农业生产，是不能用上述方法来缩短劳动期间的。另外，劳动期间的缩短通常与固定资本的增加相联系，如此一来，又会延长资本的周转时间。因此，只有在缩短劳动期间的同时又不增加固定资本的支出，才能加速资本周转。

随着劳动时间的持续增加，也就是制成可流通的商品所必需的时间的增加，从固定资本中转移到产品中去的价值部分就会渐渐堆积起来。虽然这个价值部分的回流会有所延滞，但这并不会引起固定资本的新支出。对机器而言，不管它所损耗的货币补偿流回得是快是慢，它都继续在生产过程中发挥作用。然而，流动资本却不同，它不仅必须按照劳动期间的持续时间被束缚起来，而且新的资本必须不断预付在工资、原料和辅助材料上。因此，延滞的回流对于固定资本与流动资本的影响也是不同的：对前者而言，不管资本回流的速度是快是慢，固定资本都持续地发挥着作用；至于后者，如果它束缚在未出售或还不能出售的产品形式上，同时又没有新的现成资本使它在实物形式上实行更新，那么，它就会失去执行职能的能力。

"当农民要饿死的时候，他的牲畜却正上膘。雨下得很多，牧草长得茂盛。印度农民在肥牛旁边快要饿死了。迷信的戒律对个人好似残酷无情，但它能保存社会。役畜的存活保证了农业的继续，也就保证了未来生计和财富的源泉。在印度，人的补充比牛的补充更容易，虽然听起来残酷而悲惨，但实情如此。"（《答复，东印度。马德拉斯和奥里萨的饥荒》第4号）

缩短劳动时间的方法，虽然能按不同程度适用于不同的产业部门，但是它们之间持续时间的差别不会因此而相互抵消。由于采用新机器，制成一台机车所必需的劳动时间可以绝对缩短，但是，倘若由于纺纱过程的改良，每天或每周提供的产品迅速增加，那么，制造机器的劳动期间，与纺纱的劳动期间相比，还是相对延长了。

生产时间与流通时间

生产时间

生产时间即资本停留在生产领域的时间。我们可以说劳动时间是生产时间，但不能说生产时间就是劳动时间。因为生产时间大于劳动时间，就是说，资本停留在生产过程中的全部时间，除劳动时间外还包括非劳动时间。

所谓非劳动时间，即产品受自然力约束而使劳动过程中断的时间。这种中断，与其长短无关，是一种受到产品性质和产品制造方式制约的中断。在劳动过程的中断期间，根据受自然过程支配时间长短不一的情况，劳动对象依次要经历物理、化学、生理的变化，在此期间，劳动过程将全部中断或局部中断。例如，制造葡萄酒，首先将葡萄进行发酵，然后再存放一段时期，这样，酒味才醇。一般农作物成熟期为9个月，从播种到收获，整个劳动过程多次中断。在造林方面，播种期间会耗费一些必要的预备劳动，但自此之后，可能要经历100年，才能变为成品。相对来说，在这100年时间内，是不需耗费太多劳动的。

从上述例子可以发现，预付资本的生产时间由两个期间构成：①资本处于劳动过程中；②资本受自然过程的支配，处于非劳动过程中。在这里，劳动期间与生产期间是不一致的，因为后者比前者要长。由于产品只有在生产期间结束之后，才能从生产资本的形式转化为商品资本的形式。因此，资本的周转期间，也要根据生产时间中的那段非劳动时间的长度来延长。倘若生产时间超过劳动时间过多，只要劳动对象并非如谷物、橡树那样，是由自然规律决定的产品，那么，人为地缩短生产时间,就能或多或少地缩短资本的周转期间。例如,在制革业,将鞣酸[1]浸入皮内,如果使用旧方法需要6个月到18个月的时间,但若是使用抽气机,只需一个半月到两个月的时间。

关于这个问题,近百年来的生铁炼钢史提供了最好的例子。在这100年间,由1780年左右发现的搅拌铁法,变成了"贝氏炼钢法"等最新技术。生产时间大大缩短了,但固定资本投资也水涨船高。

酒窖

葡萄酒在酒窖内发酵的过程,是一个非劳动过程,在这期间,生产过程完全中断,葡萄酒处于一个封闭的自然发酵状态。这个过程应当计算在生产时间里,并被算入商品的绝对价值量。

生产时间与劳动时间的差别,在农业上表现得尤为显著。因为,在相当大的程度上,农业都要受自然条件的约束。越是气候寒冷的地方,谷物生长时间就越长,生产时间和劳动时间的差别就越大,从而资本与劳动的支出就越是集中在一个较短时期内。例如,俄国北部一带一年只有130~150天可以进行田间劳动。无法想象,若俄国欧洲地区6500万人中竟有5000万人在冬季6~8个月中停止一切田间劳动而无所事事,俄国将有多么大的损失。因此,除了有20万农民在10500家工厂劳动外,

---

〔1〕鞣酸:从植物五倍子中得到的一种鞣质;为黄色或淡棕色轻质无晶性粉末或鳞片,有特异微臭,味极涩;溶于水及乙醇,易溶于甘油,几不溶于乙醚、氯仿或苯。其水溶液与铁盐溶液相遇变蓝黑色,加亚硫酸钠可延缓变色。在工业上,鞣酸被大量应用于鞣革与制造蓝墨水。鞣酸能使蛋白质凝固。人们把生猪皮、生牛皮用鞣酸进行化学处理,能使生皮中的可溶性蛋白质凝固。这种制革工序,叫作皮革鞣制。

鲜花交易

我们知道，所谓的非劳动时间是指产品受自然力制约而使劳动过程中断的时间。比如培育鲜花，除了播种期间会耗费大量的必要劳动之外，在鲜花的生长过程中是不会耗费多少劳动的，但是鲜花的价格同样受培育时间的影响。图中，一位花商正在兜售自己的鲜花，他的鲜花培育时间越长，价格就越高。

俄国农村到处都发展了自己的家庭工业。只是，这种家庭工业，现在已越来越被迫为资本主义服务了，农业生产的这一特点，是农村副业产生的条件。在寒冷地区，气候越是不利，农民在田间劳动的时间就越短，而从事副业的时间就越长。因此，生产期间与劳动期间的不一致，是农业和农村副业相结合的自然基础。

产品受自然过程支配时间的长短，将对生产资本特别是固定资本和流动资本的周转产生不同的影响。在许多工业部门，如采矿业、运输业等，生产是均衡进行的，劳动时间每年都相同。这些部门流动资本的回流或更新是均衡地分配在一年的各个时期。但是，对于劳动时间只是生产时间一部分的生产部门，在一年的各个不同时期，流动资本的支出是极不均衡的，而资本的回流只是随着自然规律的循环而完成，农业部门便是如此。因此，倘若生产规模相同，即预付的流动资本总量相同。与那些有连续劳动期间的生产部门相比，这些生产部门的资本预付时间就会更长，预付资本量也就更大。其次，投在这些部门中的固定资本，即使在生产过程中断时，也仍然要支出一定的费用。例如在农业方面，如果固定资本是由役畜构成，那么，不使用役畜时仍然要喂养饲料，而机器等劳动资料，即使不使用也会造成无形损耗。而这些损耗都要进入产品的价值。如此一来，产品价格就会上涨，因为转移到产品中去的价值，不是按固定资本的使用时间来计算，而是按它丧失价值的时间来计算的。

非劳动时间还包括生产资料的储备时间。任何生产部门，为了使生产不中断，都会将一定量的生产资料处于或大或小的储备状态，以便逐渐进入生产过程。而处于储备状态的生产资料，虽然还未在生产过程中直接发挥作用，但它已进入了生产领域，因此，生产资料的储备时间也是生产时间的一部分。生产资料储备时间的长短，对资本周转的速度会产生直接影响。生产资料储备量大，储备期长，所占用的资本就必然多，从而资本周转的速度就会变得缓慢。若要加快资本的周转速度，就必须将生产资料的储备量限制在最低限度内。

综上所述，生产时间和劳动时间有各种极不相同的差别。有时流动资本在进入真正的劳动过程前，就已经在生产时间内了；有时流动资本在经过真正的劳动过程后，仍处在生产时间内；有时在生产时间中，有劳动时间插进来；有时产品的很小一部分进入常年的流通，大部分产品仍在生产过程中；流动资本以可能的生产资本形式投入的时间和量的大小，部分取决于生产过程的种类，部分取决于市场远近，总之，取决于流通领域内的情况。

流通时间

在生产过程中，资本周转时间的差别，必然引起资本预付时间的差别。而影响资本预付时间和资本周转时间的，除固定资本与流动资本、生产时间与劳动时间以及非劳动时间的差别外，还包括流通时间的差别。因为资本的周转时间等于资本生产时间与资本流通时间之和，所以流通时间的差别必然造成资本周转时间的差别。

流通时间包括商品出售时间和商品购买时间。

商品出售时间是由资本处于商品资本状态的时间构成的，也是商品资本转化为货币资本必然经过的阶段。因此，商品出售时间在流通时间中具有决定意义。商品出售时间的延长或缩短，直接决定着流通时间以及整个周转时间的延长或缩短。出售商品所需要的时间，对同一生产部门的各个资本家而言，可能是极不相同的，因为资本家投入生产部门的资本量是极不相同的。在其他条件相同的情况下，同一单个资本的商品出售时间，会随着市场情况的变动而变动。关于这一点，这里不作更多分析。我们只是说明一个简单的事实：那些投在不同生产部门的所有资本在周转期间产生的差别，即使它们单个地发生作用（例如，一个资本家有机会比他的竞争对手卖得更快，或者比另一个资本家采用更多的方法来缩短劳动时间），同样会使处在同一生产部门的不同的单个资本的周转产生差别。

商品的销售市场与生产地点的距离，是导致商品出售时间产生差别的一个经常性原因。在商品运往市场的全部时间内，资本处于商品资本的状态，如果是订货生产，商品就要停留到交货时间。如果不是订货生产，商品的出售时间还要加上商品在市场上等候出售的时间。但是，交通运输工具的改善，可以缩短商品的出售时间。例如，帆船和轮船经过改进，可以缩短商品的运输时间，从而也就可以缩短商品到达港口的时间，虽然相对的差别仍然存在，但这种差别缩小了。不过，交通运输工具的发展，可以使产地和销地发生一种与自然距离不相适应的变化。例如，铁路的修建可以极大地缩短运输时间，原本自然距离较远的地点，由于铁路的运行，运输时间大大缩短。原本自然距离较近的地点，由于不通铁路，运输时间反而更长。其次，交通运输工具的改善，还可以减少商品的储备量，缩短商品的储备时间，从而缩短商品的出售时间。运输工具的发展，不仅加快了空间运动的速度，而且缩短了空间距离，原本需要十天半月才能到达市场，现在只需几天甚至一天就能到达。这样，商品储备量就大量减少。随着商品储备的减少，资本也加快了回流的速度。于是，资本的总流通时间就缩短了，因而周转时间也随之缩短。

即使生产中心使销售地点加速集中,会导致运输工具的运行次数有或大或小的增加,也会因为交通便利而加速资本周转。随着大量人口和资本在一定的地点加速集中,大量资本也就集中在少数人手里。这样,旧的生产中心衰落了,新的生产中心兴起了。

资本主义生产的进步与交通运输工具的发展,显然可缩短商品的流通时间。但是,这种进步以及交通运输工具的发展,为资本主义开拓世界市场提供了可能性和必要性。大量的商品运往远方市场,处在流通中的商品资本就会绝对地和相对地增加,同时,投在交通运输工具以及整个交通运输行业上的资本也将大量增加。这样,社会总资本的周转速度就会减慢。

19世纪的千吨货轮

商品流通时间的长短与商品整个周转期间的长短密切相关。为了缩短商品的流通时间,新航线的开辟和造船业的发展都是必然的结果,它在帮助资本家缩短流通时间的同时,强化了资本职能,使之获取更多利润。图为19世纪中叶可以运载一千多吨货物的货轮,它的大容量有效缩短了商品的流通时间。

商品由产地到销售市场的运输相对长度,不仅会在流通中的出售时间上引起差别,而且会在由货币再转化生产资本要素(即购买)的时间上引起差别。如运往印度的商品需要4个月,送回货币又要4个月。由此引起的周转差别,是各种信用期限的物质基础之一,也是真正的信用制度的源泉之一。

"1847年的危机,使当时的银行业和商业能够把印度和中国的汇兑习惯由发票后的10个月,减为见票后6个月。二十年后,由于航运的加速和电报,现在有必要把见票后6个月改为发票后4个月,或者先减为见

票后4个月……"(《经济学家》,1866年6月16日伦敦版)

流通时间的第二段是商品的购买时间,即资本家购买生产资料与劳动力所必需的时间,或者说是资本由货币形式再转化为生产资本要素所需的时间。在此期间,资本必须以或短或长的时间停留在货币资本的状态,为了保证再生产过程不中断,资本家必须不断购买生产资料与劳动力,因而,他全部预付资本中的一定部分,始终以货币资本的形式停留在流通领域中。

商品的购买时间对资本的周转也有直接影响。首先,原料供应地距离的远近直接影响货币资本的回流。倘若原料供应地距离较远、交通不便,那么,资本以商品资本形式停留在流通领域的时间就相对较长,就会造成货币回流的延迟,从而也就会延迟资本由货币资本到生产资本的转化。其次,供应地距离较远势必会增加生产资料的储备量,随着生产储备的增加,在资本家预付的总资本中,用来购买原料的货币资本就会相应减少。这样,在生产规模不变的情况下,资本家一次预付的资本量就会增加,资本的预付时间也会相应延长。

货币是在流通时间的后半段再转化为生产要素的。在这一段时间里,最主要的是考察预付资本有多大部分必须不断处于货币形式,即货币资本的状态。应该注意的是,经济学家们老忘记这点:企业所需的部分资本除了交替成为货币资本,生产资本和商品资本这三种形式外,它的不同部分还会不断地分担这三种形式,并且这部分的相对量在时刻变化中。

周转时间与可变资本

假定某商品资本是一个9周劳动期间的产品,撇开固定资本转移的价值与凝结在产品中的剩余价值不谈,这个产品的价值就等于生产它本身预付的流动资本的价值。如果这个价值为900镑，那么，每周支出的流动资本就是100镑。假定这个产品的生产时间与劳动期间一致，也是9周，而流通时间为3周，那么，这个商品资本的周转时间就等于生产时间加上流通时间，即9周+3周=12周。在9周的生产时间结束后，预付的生产资本就转化为商品资本了。但由于它还要在流通期间停留3周，因此，新的生产期间要等到第12周才能结束，也就是900镑的资本流回后，从第13周才能重新开始。资本在流通期间要停留3周，生产就要停顿3周，或者说，要停顿整个周转期间的四分之一。生产停顿的时间就是资本的流通时间，就是说，每3个月中，生产就要停顿3周，一年中就要停顿12周，即一年中有3个月要中断生产。

如果要使生产过程连续不断地按相同的规模重复进行，可使用两种方法：

第一，缩小生产规模。如果将900镑分配在12周，每周支付75镑，这样，在9周劳动期间结束后，预付的资本就是75镑×9＝675镑，就由生产资本转化为商品资本而进入流通领域，而其余的75镑×3＝225镑就可立即进入生产过程。这样，第二个劳动期间即第二个周转期间，就可以从第10周开始了。然而，这种方法虽然能使生产过程不至于中断，但却缩小了生产规模。原本分配在9周的资本现在分配在12周，生产资本的流动部分由100镑减至75镑，即减少1/4，生产规模便缩小了1/4。由此得出：在无法增加资本的前提下，若要使生产持续进行，就必须缩小生产规模，减少生产资本的流动部分。

第二，追加流动资本。如果企业的性质排除了缩小生产规模的可能性，即排除每周减少预付的流动资本的可能性，那么，要使生产不中断，就必须追加流动资本。上例中，每周预付的流动资本是100镑，流通时间为3周。资本家想要使生产不中断，就必须追加300镑的流动资本。就是说，在12周的周转期间内，要预付1200镑，而300镑是其中的

内陆河上的汽船

运河运输的成本相当于公路运输的四分之一到二分之一。在这种情况下,投资运河的人获得了可观的利润,也为资本节省了流通时间。图为内陆河上,人们乘坐汽船的情景。汽船是运河上的主要交通工具。

1/4,这与流通期间占用的资本量相等。这样,在9周的劳动期间结束后,900镑的资本就由生产资本形式转化为商品资本形式而进入流通过程,而追加的300镑流动资本就可以进入生产过程,即从第10周开始又可以进入第二个生产期间。

因此,资本的周转时间特别是流通时间的差别,对处于生产期间的预付资本有着极大的影响。资本的周转时间越长,维持再生产所需的预付资本量就越大。而在周转时间内,资本流通的时间越长,处在流通阶段的资本就越多。

在此处我们还需要考虑各种要素的价格变动带来的影响:

第一,生产规模不变,生产要素和产品的价格不变,流通期间(周转期间)发生变动。若流通期间缩短,预付资本则减少,生产储备也可以减少。若流通期间延长,就必须预付追加资本。

第二,生产材料价格变动,其他条件不变。生产材料下跌时会有一部分资本分离出来成为货币市场的一个绝对追加资本,成为可供支配的货币资本。

第三,产品本身的市场价格发生变动。如果产品价格下跌,资本会丧失一部分,必须新预付货币资本进行补偿。若价格上涨,资本家就能从流通中占有不是他预付的资本,若生产不扩大,这部分就分离出来形成货币资本。

年剩余价值率

所谓年剩余价值率,即一年内生产的剩余价值总额和预付的可变资本的比率。在资本的周转过程中,只有可变资本才能创造剩余价值,可变资本的每一次周转都会带来一定的剩余价值量。因此,可变资本周转的次数越多,创造的剩余价值就越多。

假定一个周转期间预付的可变资本是500镑,生产的剩余价值也是500镑,那么这个周转期间的剩余价值率就是(500m/500v)×100%=100%。如果这个100%剩余价值率乘以一年周转的次数10,即这个预付的可变资本,一年周转10次,年剩余价值率就是(5000m/500v)×100%=1000%。所以,年剩余价值率又等于预付可变资本在一个周转期间生产的剩余价值率乘以可变资本的周转次数。

在资本的周转过程中,可变资本周转速度的差别直接影响着年剩余价值率的差别。假定一个可变资本A,每周需要预付100镑可变资本,如果剩余价值率是100%,劳动时间等于周转时间,那么,资本A每5周周转一次,就需要预付500镑的可变资本。由于剩余价值率是100%,资本A在5周劳动期间生产的剩余价值就是500镑。如果一年(50周)周转10次,所生产的剩余价值就是5000镑,年剩余价值率就是1000%。再假定另一个可变资本B,每周预付的可变资本也是100镑,剩余价值率同样是100%,劳动期间与周转期间也相等,但是,由于资本B一年只周转1次,因此,必须预付5000镑的可变资本。如此一来,资本B虽然在一年内生产的剩余价值也是5000镑,但年剩余价值率只是100%。

上例中,资本A与资本B每周支出的可变资本相同,都是100镑,价值增值程度或剩余价值率都是100%,可变资本量和生产的剩余价值总额也相同,被剥削的劳动力的数量、工作日的长度、剥削量以及剥削程度也完全相同,一年中使用的可变资本额都是5000镑,但是,资本A的年剩余价值率是1000%，资本B却只有100%，两者的差额高达900%。这种差别的产生，正是由于可变资本周转的速度不同。

可变资本周转速度的差别引起年剩余价值率的差别。产生这种差别的原因，是由于可变资本的周转中，实际使用的可变资本和预付的可变资本是两个不同的量。资本A与资本B每周使用的可变资本量相等，都是100镑，因而在全年实际使用的可变资本也都是5000镑。但是，资本A和资本B的周转期间不同，它们的预付可变资本也就不等。资本A每5周周转一次，预付可变资本500镑，由于这500镑的预付可变资本在一年中周转10次，资本A实际使用的可变资本就是5000镑。因此，资本A实际使用的可变资本与预付可变资本的比率为10∶1；资本B则一年周转1次，一年中，资本B需要预付的可变资本是5000镑，而实际使用的可变资本也是5000镑，二者的比率是1∶1。这样，资本A与资本B在实际使用的可变资本和预付可变资本之间就存在着900%的差别，这种差别也就是年剩余价值率之间的差别。

生产剩余价值的只是劳动过程中实际使用的资本。一切有关剩余价值的规律，包括剩余价值率已定时，剩余价值量由可变资本相对量决定的规律，也只适用这种资本。

另外，剩余价值的生产，取决于所使用的可变资本的量和劳动剥削程度。然而，它最终又会受在一年内推动一定量劳动力所需预付的货币资本量所影响，从而最终决定年剩余价值率。

可变资本的周转对社会再生产的影响

如果从社会的角度来考察，可以发现，可变资本的周转对社会再生产具有极其重要的影响。

我们仍以资本A和资本B为例。这两个周转期间不同的可变资本，对社会再生产的影响，既有相同之处又有不同之处。

资本A和资本B每周预付的可变资本量相同，一年中实际使用的可变资本量相等，生产的剩余价值也相同。因此，它们对社会再生产的影响有着相同之处。

其一，资本A和资本B占有的劳动力，不能再由社会用在其他目的上。假定一个工人每周生活费为1镑，一个工作日为10小时。一年中，资本A和资本B各自雇用100个工人，每个工人一周劳动60小时，200个工人每周劳动12000小时，一年共劳动62万多个小时。这些已经由资本A和资本B一手占有的劳动力，社会不能再用于其他方面。

拉运芦苇

对于工人来说，并不是劳动强度越大，报酬就越高，在资本家眼里，劳动力总是廉价的。由于越是技术含量低的生产，所创造的价值越低，因而他们付给工人的工资也就很低。图中的农民正在拉运芦苇，虽然他的劳动很艰辛，但因为技术含量低而只能获得少得可怜的报酬。

其二，资本A和资本B各自雇用的100个工人，每人每年都得到工资5000镑，200个工人共100万镑，并且从社会取走相当于这笔金额的生活资料。

其三，资本A和资本B的工人在两个场合都是每周得到报酬，并且每周从社会取走生活资料，为此，他们在两个场合也都是每周将货币投入流通。

但是，资本A和资本B的周转期间不同，所以，对社会再生产的影响也有着很大区别。

其一，支付工资的来源不同。由于资本A的周转期间是5周，因此，从第6周即企业开办后的第二个周转期间起，工人投入流通的货币就不只是他的劳动力价值的货币形式，而且是工人在第一个周转期间生产的价值产品的货币形式，工人在第二个周转期间的工资也用这个价值产品来支付。而资本B却不同，虽然它的工人付出的劳动与资本A的同样多，工人获得的货币是他已经完成的劳动的支付手段，但是，由于资本B的周转期间是一年，工人得到的工资不是用这个劳动本身所生产的价值的货币形式来支付。因为在一年时间内，工人生产的价值产品还未转化成货币形式。只有到第二年，工人的工资才能用他们在前一年生产的已经转化为货币的产品价值来支付，所以资本家必须首先预付一定的可变资本作为工人的工资。因此，由于资本的周转期间不同，在劳动剥削程度相等时，为了保证生产过程不中断，必须预付的货币资本量也极不相同。

在生产规模已定时，预付的可变资本的绝对量会因周转期间缩短的比例而减少，年剩余价值则按这个比例提高。当预付资本的量已确定，若再生产期间缩短，则年剩余价值率提高，从而导致生产规模扩大。

其二，提供产品的情况不同。资本B的工人和资本A的工人一样，都要用他们的货币工资来支付他们所购买的生活资料的费用。例如，工人不仅从市场上买走小麦，而且也用一个货币形式的等价物来补偿小麦。但与资本A不同的是，资本B的工人虽然为购买生活资料支付了货币，但却没有为社会提供任何可以用货币购买的商品。资本A的工人生产的产品，在5周时间内就能转化为货币形式。因此在资本A的场合，工人在购买必需的生活资料的同时，也把自己生产的产品作为对货币等价物的补偿投入了市场。

假设一个社会并非资本主义社会，而是共产主义社会。那么，货币资本会首先消失，其引起的交易上的各种伪装也会消失。所以问题的实质就是：社会必须提前预估、精确分配定量的劳动力和生产资料及生活资料在这些产业部门而不受任何损害。

其三，产品的供给情况不同。劳动时间短、资本周转快的企业，例如煤炭生产、服装业等，由于资本在一年中周转次数较多，因此它本身所使用的流动资本要素，可以由它生产的产品来供给。而那些劳动时间长、资本周转慢的企业，特别是一年内无法完成资本周转的企业，由于它们在一年之内不能为社会提供任何产品，因而也就无法用自己的产品来满足自身的需要。

剩余价值的流通

前文已述，即使一年内生产的剩余价值量相等，因为周转期间不同，会导致年剩余价值率有很大差别。但是，剩余价值的资本化即积累，必然又有所不同。即便剩余价值率不变，一年内生产的剩余价值量也会有差别。

我们已经在第一卷看到，积累——剩余价值转化为资本，按其实际内容来说，就是规模扩大的再生产过程。不管它从外延上表现为添设新工厂，还是从内涵上表现为扩充原生产规模。除了实际的积累或向生产资本的转化，剩余价值还进行着货币积累，即作为潜在的货币资本积攒起来，当它达到一定数量时，将作为追加的能动的资本执行职能。

我们分别从简单再生产和积累、扩大再生产两方面考量。

在简单再生产中，每年多次周转中周期性地生产和实现剩余价值，都由资本家用于个人消费，即不投入生产过程中，完全消费掉。产品价值一部分由剩余价值构成，另一部分由产品价值中再生产的可变资本加上消耗掉的不变资本所形成的价值构成。但这些不会影响产品作为商品资本不断进入和离开流通，即使作为生产资料或消费资料进入生产消费或个人消费的总产品数量，同样也不会影响它的价值。这种情况只会影响年产品在工人和资本家之间的分配。在简单再生产中，一部分剩余价值必须经常以货币形式存在，而非产品形式，否则，它就无法为了完成消费而由货币转化成产品。

在积累和扩大再生产中，在追加生产资本执行职能所需的货币资本中，由一部分已经实现的剩余价值提供，这部分剩余价值由资本家投入流通。若没有发生实际的积累，即尚未进行扩大生产规模，一部分已实现的剩余价值会在或长或短的期间内作为货币准备金积累起来，以便以后转化为生产资本。按实际情况进行考察，这些积累的潜在货币资本有以下几种形式：①银行存款，相对地说，银行支配的是较小的货币额；②公债券，这并非资本，而是一国年产品的债权；③股票。

在资本主义生产的基础上，贮藏货币本身不是目的，而是结果，或是流通停滞的结果，或是由资本周转决定的积累的结果；或者贮藏货币只是货币资本的形成暂时处在潜在的形式上，目的是要执行生产资本的职能。

流通中的货币来自哪里？

按照商品流通的规律，市场上的货币量应该等于流通所需的货币加上处于贮藏形式的货币量，后者又会随着流通的缩小或扩大而相应地增加或减少，同时还必须为支付手段准备一定量的准备金。一个反对托马斯·图克，坚持G—W—G'循环的人，质问他道："资本家不断地从流通中取出的货币，为什么能够比他投入流通的货币量更多？为什么不仅资本家A，而且资本家B、C、D都通过交换自己的商品，不断地从流通中取出比他们原来预付的资本价值更大的价值呢？"显然，问题不在于剩余价值从何而来，而是剩余价值借以货币化的货币从何而来？

假定以货币形式预付的流动资本500镑，不论周转期如何，都是社会全部的流动资本，假定剩余价值是100镑，那么，整个资本家阶级怎样才能不断地投入500镑，却又不断地从流通中取出600镑呢？在货币流通速度等其他条件已定的情况下，要使$X \times 1000$镑的商品价值流通需要一定量的货币，但这个货币量同价值有多少归商品生产者所有是完全无关的，于是，问题就变成了：一个国家的商品流通所必需的货币额是从哪里来的？

我们还是举例来说明。资本家是货币流通的起点，假定有一个资本家，他开办了一家企业，在第一年他预付货币资本，比如有5000镑，支付生产资料费用4000镑和劳动力报酬1000镑。假设这里剩余价值率是100%，那么他将占有1000镑的剩余价值。但是人必须生活，由于不到资本周转结束，比如年底，他一点钱也拿不到。假定他的消费额是1000镑，也就是说，在这一年内他必须掏自己的钱袋，而不能用工人的无酬生产来支付他的个人消费。这部分价值是以他的货币形式花费投入流通，而以商品价值的形式从流通中取出。

然后，到了年终，他会把6000镑的商品价值投入流通，将商品出售，那么，流回到他手中的有哪些呢？其一，他预付的货币资本5000镑；其二，货币化的剩余价值1000镑。现在他从流通中取出6000镑，后面这个1000镑不是他作为资本家投入流通的货币，而是作为消费者投入的，也就是花掉的钱，现在作为剩余价值的货币形式流回到他手中。

另外，生产金的资本家以金的形式占有他的全部产品，其中除了补偿不变资本和可变资本的部分，也有构成剩余价值的部分。因此，一部分生产出来的金，就构成了剩余价值，而不是在流通中才转化为金的产品构成的。如果一部分资本家不断地从流通中抽出比他们预付的资本更多的货币，那么，生产金的资本家，则不断地投入比他们以生产资料的形式从流通中取出的更多货币量。即使把金的生产从一个国家转移到另一个国家，事情也不会发生什么变化。

这就是商品流通所需的货币来源的秘密，也是资本家不断地从流通中取出的货币比他投入流通的货币要多的原因。

第三章　社会总资本的再生产和流通

在资本的再生产过程中，生产过程只是资本循环运动中的环节之一。当资本以货币资本的形式循环时，生产过程就是流通过程的媒介；当资本以生产资本的形式循环时，流通过程就是生产过程的媒介。资本的不断更新，以及资本作为生产资本的不断再现，都以资本在流通过程中的形态变化为条件。同时，它的不断更新，又是资本在流通领域不断重新完成各种形态变化的条件，也就是资本交替地转化为货币资本和商品资本的条件。

导　言

研究的对象

资本的直接生产过程，即资本的劳动过程和价值增值过程，其结果是商品，它的决定性动机是生产剩余价值。

资本的再生产过程，不仅包括直接的生产过程，还包括流通过程的两个阶段，即购买阶段和售卖阶段，也就是说，包括资本的全部循环。这一循环作为一种周期性的运动，形成资本的周转。

社会总资本的运动，是社会不同的单个资本运动的总和。一方面，作为社会总资本的一个组成部分，每个单个资本都独立地进行着各自的周转运动；另一方面，不同的单个资本之间的周转相互联系、相互依存，从而构成社会的总资本运动。

无论考察G…G′循环，还是P…P′循环，资本作为生产资本的不断再现，在这两种场合，都以资本在流通过程中的转化为条件。另一方面，不断更新的生产过程，是资本在流通领域不断重新经历各种转化的条件，也是资本交替地表现为货币资本和商品资本的条件。

这个总过程，既包含生产消费和作为其媒介的形式转化（物质交换），又包含个人消费和作为其媒介的形式转化或交换。所谓生产消费和物质交换，是指资本家将预付资本转化为劳动力和生产资料，从而进入生产过程进行生产消费。而个人消费和交换，一方面指工人用工资购买生活资料，进行生活消费的过程；另一方面还包括资本家用剩余价值购买生活资料，进行个人消费的过程。

因此，社会总资本的循环，不仅包括资本的流通，还包括了一般商品的流通。在资本主义社会，一般的商品流通只能由两部分构成：资本的循环和用于个人消费的商品的循环，也就是工人用工资、资本家用剩余价值购买生活消费品的过程。当然，资本的循环也包括剩余价值的流通，因为剩余价值是商品资本的一部分。此外，资本的循环还包括可变资本向劳动力的转化，即工资的支付。但是，耗费在商品上的剩余价值和工资并不构成资本流通的环节。虽然工资的耗费是资本流通的必要环节，但它并不能改变工人的个人消费是一般商品流通性质这一属性。

此前，我们考察的始终只是单个资本，仅是社会资本中一个独立部分的运动。但是，每个单个资本的循环是相互交错的，也是互为前提、互为条件的，正是在这种交结中形成了社会总资本的运动。现在，我们就来考察社会总资本的流通过程。

货币资本的作用

如果将货币资本作为社会总资本的一个组成部分来考察，在考察单个资本的周转时，货币资本的作用如下：

布里斯托尔码头[1]

图为19世纪英国的布里斯托尔码头,它从13世纪以来一直都是英国重要的港口之一。

第一,每个单个资本都是以货币资本的形式来开始它的资本周转过程,因此,它是资本周转过程的第一推动力。

第二,由于资本周转期间的长短不同以及周转期间中劳动期间和流通期间的比例不同,必须不断以货币形式预付和更新的那部分预付资本价值与它所推动的生产规模之间的比例也就不同。但是,不管这一比例

---

〔1〕布里斯托尔:(英语:Bristol)英国英格兰西南区域的名誉郡、单一管理区、城市,建市于1542年。布里斯托尔西临爱尔兰海,是英国西南部的最大城市,自中世纪起就是一个重要的商业港口,地位一度仅次于伦敦,直到1780年才被利物浦、曼彻斯特、伯明翰超过。现今的布里斯托尔乃英国重要的航天、高科技及金融贸易中心,拥有一个国际机场。它是一座充满朝气且具有多元文化的城市,也是英国西南部的商业、教育、文化中心。

如何，能够不断执行职能的那部分生产资本，都会受到与它同时存在的货币资本的限制。因此，要使资本再生产持续不断地进行，资本家必须储备一定量的货币资本，否则，资本的周转就会停滞，再生产过程也会中断。

商品生产必须以商品流通为前提，而商品流通又以货币流通为前提。商品生产分为商品和货币，是产品转化为商品的一般规律。无论是从社会总资本的角度考察，还是从单个资本的角度考察，货币资本始终是资本主义再生产的第一推动力和持续的动力。特别是流动资本，要求货币资本作为动力在相当短的期间内不断反复出现。因为资本家每开办一个新的企业，都需要用货币资本购买生产所必需的劳动力、劳动资料和生产材料。单个资本如此，社会总资本同样如此。

在资本主义再生产过程中，尽管生产资本总是受到与它同时存在的货币资本的限制，但是不能就此推断：资本主义生产规模的绝对界限，取决于执行职能的货币资本量的大小。也就是说，货币资本对生产规模的限制不是绝对的，在一定条件下，即使不增加货币资本，或货币资本不按照生产规模扩大的比例而增加，生产规模仍然可以扩大。

例如，在劳动力报酬相同的条件下，可以从劳动的外延或内涵方面来加强对劳动力的剥削。也就是说，可以通过提高劳动强度或延长劳动时间来扩大生产规模。如果资本家因此提高工人的工资，即增加了货币资本，但货币资本并不会按工人受剥削的程度而成比例增加。其次，生产上利用的自然物质，如土地、海洋、矿山、森林等，虽然不是资本，但却是生产中的物质要素。只要加强对这些自然物质的利用，就可以在不增加预付货币资本的情况下扩大生产规模。若是因为辅助材料的增加而必须追加货币资本，那么，追加的那部分货币资本也不是按生产资本效能的扩大而成比例地增加。

对固定资本的使用，可以采用提高使用强度的办法，也可以延长每天使用的时间。由于固定资本如机器、厂房等被更有效地加以利用，使得生产规模相应扩大而无须为此追加货币支出。此时，固定资本的周转加快了，它的再生产的各个要素也更迅速地提供出来。而那些不费分文的自然力，如风力、水力等，也可以作为要素进入生产过程。随着科学技术的不断发展，这些自然力以或大或小的效能进入生产过程并使生产规模扩大，而资本家却无须追加分文花费。

在不追加货币资本的前提下，可以通过提高劳动生产力的方法来增加产品的数量，产品数量的增加意味着有更多的不变资本价值被保存下来。但是，劳动生产力的提高同时形成了新的资本材料，为扩大资本积累奠定了基础。随着社会劳动生产力的提高，社会的生产规模也在不断扩大。分散的单个资本已无法适应大规模生产的需要，因此要进行大规模的生产，只有通过资本的集中来实现。尽管资本的集中无法使社会资本的总额增加，但它能使社会再生产的规模不断扩大。

通过以上分析，我们可以得出：在一定界限内，生产规模的扩大并不完全取决于预付资本的数量。预付资本只是一个既定的价值额，它一旦转化为生产资本之后就包含着生产的潜力，而这些潜力的界限不受这个预付资本的价值界限的限定。它们能够在一定的活动范围内，在外延方面或内涵方面发挥不同程度的作用。

由于铸币在流通中不断地被磨损，因此，社会劳动和生产资料中每年必须有一部分用来生产或购买货币，用来补偿磨损掉的铸币。显然，这对社会生产规模相应地有一种客观的削减作用。

如果对货币资本的奢求是由劳动期间的持续引起的，那么就是由两种情况造成：第一，货币是单个资本为了转化成生产资本所必须采取的形式，这是由资本主义生产和一般商品的性质引起的。第二，预付货币量的产生，是由在长时间内持续从社会取走劳动力和生产资料，而期间内却不向社会提供任何可以再转化为货币的产品。

前人对这个问题的阐述

重农学派

魁奈的《经济表》粗略表明，国民生产的具有一定价值的年产品如何通过流通进行分配，才能在其他条件不变的情况下，使简单再生产继续下去。上一年度的收获，当然构成生产期的起点。总产品的一部分，同时只是以同一实物形式再现的原有资本价值的承担者。它不流通，而是留在租地农场主阶级手里，以便在那里重新开始它的资本职能。在这里，魁奈把握住了主要问题，即认为农业是使用人类劳动来生产剩余价值的唯一领域，从资本主义观点来看，是唯一真正的生产领域。重农主义体系是对资本生产第一个系统的理解，农业按资本主义方式经营，生产不仅创造使用物品，而且创造价值，生产的动机是获得剩余价值，剩余价值的出生地是生产领域，而不是流通领域。

亚当·斯密

亚当·斯密在他的著作中说道：

"在每个社会中，每种商品的价格最终可以分解为三个部分（工资、利润、地租）之一，或三者全体。或者工资、利润和地租，是一切收入的三个原始源泉，也是一切交换价值的三个原始源泉。"

他还说："一个大国全体居民的总收入，包括他们的土地和劳动的全部年产品；纯收入是在先扣除固定资本的维持费用，再扣除流动资本的维持费用之后，余下供他们支配的部分，或者说，是他们可以列入消费的储备的部分，即用于生活必需品和享受而不侵占资本的部分。"

对此，我们评述如下：

其一，亚当·斯密在这里显然只是考察简单再生产，而不是考察规模扩大的再生产或积累；他所说的只是为维持执行职能的资本的支出。

其二，亚当·斯密借助"总收入"和"纯收入"的名词游戏，从自己的理论中逃了出来。按照他的观点，全部产品的价值不管是单个资本还是全部资本，都会形成某个人的收入，一方面是资本收入，另一方面是与此不同的"收入"。但是，只有那些已经存在于产品中的价值部分，才能够被"收入"。资本要作为收入拿回来，它就必须事先被花费掉。

亚当·斯密还说：

"一个社会的流动资本，在这方面来说是和单个人的流动资本不同的。单个人的流动资本要从他的纯收入中排除掉；个人的纯收入只能由他的利润构成。虽然每个单个人的流动资本都是社会流动资本中的一部分，但决不能因此从社会纯收入中排除掉，它可以成为其中的一部分。一个小商人店里的全部商品，虽然不能列入供他自己直接消费的储备，但可以是另一些人的消费基金。这些人用他们从其他基金得到的收入，有规则地为商人补偿这些商品的价值，并偿付商人的利润，既不会让商人的资本减少，也不会让他们的资本减少。"

这样，我们在这里听到的是：

其一，任何单个资本家用来生产消费资料的流动资本，同固定资本以及为再生产和维持规定资本所必需的流动资本一样，也要从他的利润构成的纯收入中完全排除掉。因此，他的商品产品中补偿他资本的部分，不能分解为任何形成他的收入价值组成部分。

其二，任何单个资本家的流动资本都是形成社会流动资本的一部分，和任何单个固定资本都是形成社会固定资本的一部分完全一样。

其三，社会流动资本有一种和单个资本家的流动资本不同的性质。任何单个资本家的流动资本永远不能形成他收入的一部分，但社会流动资本的一部分，可以同时形成社会收入的一部分。亚当·斯密这里称为流动资本的东西，实际上就是资本家每年投入流通的商品资本。他们的这种年商品产品,全部由可供消费的物品构成,从而形成社会纯收入得以实现或支出的基金。

如果亚当·斯密把他先前在考察再生产时涌现出的一些思想片段综合起来,他就会得出如下结论:

第一,社会年产品由两部类构成,必须分别加以论述。第一部类包括生产资料,第二部类包括消费资料。

第二,由生产资料构成的那部分年产品总价值又分成如下三部分:第一个阶段部分只是生产这种生产资料所消费的生产资料价值;第二阶段部分就是投在劳动力上的资本价值;第三阶段部分就是这个部类产业资本家的利润(包括地租)的源泉。

第三,社会年产品中由生产资料构成的其他价值部分,是掌握在第二部类资本家即消费资料的直接生产者手中,从社会的观点来看,又形成了第一部类的资本家和工人得以实现收入的消费基金。

如果亚当·斯密分析到了这一步,那他离全部解决问题也就相差无几了。

亚当·斯密的教案是:每个单一商品合起来构成社会年产品,一切商品的价格或交换价值都由三个组成部分构成,工资、利润和地租。这个教案可以还原为:商品价值=v+m,也就是预付可变资本的价值加上剩余价值。而且确实可以把利润和地租还原为我们叫作m的共同单位。因此,在亚当·斯密那里,地租和利润只是剩余价值的组成部分,所以是剩余价值m的部分,因而一切商品的价格都分解为v+m。

此案中让我们看到,亚当·斯密如变魔术,把资本的不变价值部分从商品价值中驱逐出去。

"例如,在谷物的价格中,有一部分支付土地所有者的地租,另一部分支付给工人的工资,第三部分支付租地农场主的利润……也许有人以为必须有第四部分,用来补偿租地农场主的资本,或者说,补偿他的役畜和农具的损耗。"

看得出来，他已经在例子中承认，谷物的价格不仅由v+m构成，而且也由生产谷物时所消耗的生产资料的价格，即由租地农场主并非花费在劳动力上的资本价格。那么，商品的价格应该分解为c+v+m（c代表不变资本部分）。

由以上可知，亚当·斯密的第一个错误是把年产品价值和年价值产品等同起来。后者只是过去一年劳动的产品；前者除此以外，还包含在生产时消费掉的前一年，甚至部分是前几年生产的一切价值要素——生产资料，它们的价值只是再现而已。亚当·斯密把这两样东西混同起来，从而巧妙地漏掉了年产品中的不变价值部分。

而这种混淆又建立在他的另一个错误之上：他并没有区分劳动的二重性，也就是，劳动作为劳动力的耗费创造价值，并作为具体的劳动创造可使用的物品（使用价值）。因此，全部年产品是当年耗费的有用劳动的结果，但年产品价值只有一部分是当年创造出来的；这一部分就是年价值产品，它体现为一年所推动的劳动总和。

关于资本和收入，亚当·斯密是这么说的：

"维持生产劳动所使用的资本部分……在为他（资本家）执行资本的职能之后……就形成了他们（工人）的收入。"

我们应当分清：劳动力在工人手中是商品，并非资本，只有在工人出售的时候才构成收入；在它卖掉以后，在资本家手中才执行资本的职能。而亚当·斯密在这里遭遇的错误，都是"收入"这个范畴造成的。他认为，不同种类的收入就是每年生产的、新形成的商品价值的"组成部分"。把收入看成是商品价值的源泉，不把商品价值看成是收入的源泉，这是一种颠倒。

亚当·斯密之后的经济学家也都有类似论述。李嘉图几乎复述了斯密的理论，完全接受了他关于商品价格分解为工资和剩余价值的理论。

但李嘉图反对斯密提出的剩余价值组成部分，他认为应该把地租排除在外。

拉姆塞却反对李嘉图，他说：

"李嘉图忘了，全部的产品不仅分为工资和利润，而且还必须有一部分补偿固定资本。"（拉姆塞《论财富的分配》，1836年爱丁堡版）

拉姆塞所说的固定资本，正是我说的不变资本。亚当·斯密把社会年产品的价值分解为工资和剩余价值，从而分解为单纯的收入，但他反对全部年产品都可以被消费掉这个必然的结论。但后来的让·巴蒂斯特·萨伊轻而易举地解决了这个问题。一个人的资本预付就是另一个人的收入和纯产品，总产品和纯产品的区别纯粹是主观上的，他说：

"一切产品的总价值，是作为收入在整个社会上进行分配的。……任何产品的总价值，都由促成它生产的土地所有者、资本家和勤劳者的利润相加而成的。所以，社会的收入和生产的总价值相等，而不像某些经济学家（重农学派）认为的，只和土地的纯产品相等。"（萨伊《政治经济学概论》）

西斯蒙第虽然专门研究过资本和收入的关系，但他没有阐述过一个科学的字眼，对理论也没有作过一丝一毫贡献。巴顿、拉姆塞和舍尔比利埃都试图超出斯密的解释，但都失败了，因为他们无法把不变资本的价值和可变资本之间的区别，与固定资本和流动资本之间的区别明确开来。

而约翰·穆勒以他惯有的妄尊自大，重复亚当·斯密的理论。而以上的结果就是：亚当·斯密混乱的思想一直延续到今天，他的教条成了政治经济学的正统信条。

简单再生产

如果我们考察社会在一年间提供的总产品,就会清楚地发现社会总资本的再生产过程是如何进行的,以及它和单个资本的再生产过程的联系与区别。社会总产品既包括补偿再生产过程中消耗掉的生产资料产品,也包括由工人和资本家消费的产品。简而言之,社会总产品既包括生产消费,也包括个人消费;既包括资本家阶级和工人阶级的再生产,又包括资本主义生产关系的再生产。

显然,我们在考察社会总资本的再生产时,首先应分析如下公式:

$$W' - \begin{cases} G - W \cdots P \cdots W' \\ g - w \end{cases}$$

公式中,起点是W'=W+w,即商品资本,它既包含着不变资本价值和可变资本价值,又包含着剩余价值,所以商品资本的运动既包括生产消费,也包括个人消费。这与货币资本G—W…P…W'—G'的循环和生产资本P…W'—G'—W…P的循环是有区别的,因为不管是货币资本的循环,还是生产资本的循环,它们的起点都不会同时包括生产消费和个人消费。商品必须出售,但它出售后的情况(由谁购买,如何消费),与单个的资本运动无关。相反,在商品资本W'—G(g)—W(w)…P…W'的循环中,正是要通过说明总产品W'的每一价值部分是由谁购买,又用于哪种消费,才能认识社会再生产的实现条件。因此,只有从社会年总产品出发,才能揭示社会总资本的再生产规律。

考察社会总资本再生产,必须将价值补偿和物质补偿作为主要内容。在分析单个资本的价值补偿时,我们假设,单个资本家通过出售商品,将其资本和剩余价值转化为货币,再用货币购买各种生产要素并把它们转化为生产资本。假设中,资本家的商品售出后,又从什么地方买回生产要素即物质补偿问题,并未经过分析。而现在,它们已经不能再满足于这个假设了。从生产消费方面分析,要使再生产正常进行,社会各部门消耗掉的生产资料必须从社会总产品中得到补偿,而这种补偿的实现,则取决于社会总产品中的生产资料部分是否满足社会各部门补偿的需要;从生活消费方面分析,再生产的正常进行,要求工资和剩余价值能够在社会总产品中买到生活消费品,而这一过程又同各个单个资本的运动相交。因此,用单个资本再生产所作的假设,是无法对社会总资本再生产过程进行解释的。在这一过程中,社会总产品中的一部分再转化为资本,另一部分则进入资本家和工人阶级的个人消费领域。这两方面在社会总资本生产的产品价值内形成一个交换运动。这一运动既是价值补偿,也是物质补偿,因而既要受社会产品的价值组成部分相互之间比例的制约,又要受社会产品的使用价值即物质形式的制约。因为,在资本主义社会中,简单再生产是扩大再生产的基础,所以,考察社会总资本的再生产,必须以简单再生产作为起点。

然而有些前提我们必须明白,既然在资本主义中,无任何积累或规模扩大的再生产是奇怪的假设,而且生产条件在不同的年份也并非一成不变,那么,规模不变的简单再生产就是一个抽象概念。所以,前提就是:一定价值的社会资本,今年和去年提供一样多的商品价值,满足一样多的需要,商品形式在其中可能改变。但是,只要有积累,就总会有简单再生产;因为它是积累的一部分,所以考察简单再生产本身是了解积累的现实因素。

社会生产的两个部类

社会总产品即社会的总生产,分为两大部类:

第一,生产资料:具有能够进入或必须进入生产消费形式的商品。

第二,消费资料:具有进入资产阶级与工人阶级的个人消费形式的商品。

梅尼耶工厂的涡轮机房

在社会总产品中，建筑物既是生产资料，也是消费资料，并且都属于这两种资料的固定资本。作为生产资料的固定资本，它的"固定"是相对的，它不会在生产中被全部消费掉，但会一部分一部分地被转移到产品中去。图为法国19世纪马恩河畔的梅尼耶工厂的涡轮机房，它是生产资料与消费资料的统一体。

所有不同的生产部门，可以分成生产资料和消费资料两大部类。它们各自使用的全部资本，形成了社会资本的一个特殊的大部类。每一部类的资本都分成两个组成部分：一是可变资本，从价值方面看，这一资本等于该部类使用的社会劳动力的价值，即等于为购买劳动力而支付的工资总额。从物质方面看，这个资本是由发挥作用的劳动力本身构成的，即由这个资本价值所推动的活劳动构成。二是不变资本，即该部类在生产上使用的全部生产资料的价值。这些生产资料本身又分为固定资本（机器、工具、建筑物、役畜等）和流动不变资本（生产材料，如原料、辅助材料、半成品等）。

两个部类中，每一部类借助于这些资本而生产的全部年产品的价值，又可以分为三类：

其一，生产过程中消费掉的，按其价值来说只是转移到产品中去的不变资本c的价值部分。

其二，全部年劳动创造的新价值中用于补偿预付可变资本v的部分。

其三，全部年劳动创造的新价值中超过可变资本而形成剩余价值m的部分。

以上每一部类的全部年产品的价值，与单个商品的价值相同，都可以分为c+v+m。但是，代表生产上消耗掉的不变资本的那部分价值c，和生产上使用的不变资本的价值是不一致的。因为在不变资本中，作为流动资本的生产材料会全部消耗掉，从而它的价值也全部转移到产品中去。但是，固定资本的价值只是一部分会被消耗掉，因而只有这部分价值转移到产品中去。由于我们假设社会总产品是在当年同时实现价值补偿和实物补偿，因此，在考察社会总产品及其价值时，我们将固定资本在当年因损耗而转移到年产品中去的那部分价值暂时撇开，因为这部分价值在当年不会得到实物补偿。

研究简单再生产，应以下列公式为基础。全年总商品产品：

第Ⅰ部类　4000c+1000v+1000m=6000（生产资料）

第Ⅱ部类　2000c+ 500v+ 500m=3000（消费资料）

以上公式中，c为不变资本，v为可变资本，m为剩余价值，假定价值增值率$\frac{m}{v} \times 100\% = 100\%$。数字可以表示几百万马克或法郎、英镑。两个部类产品的总价值为9000，按照之前的假定，继续以实物形式执行职能的固定资本不包括在内。

社会总资本的再生产是通过产品的交换过程实现的，根据这个公式，假定剩余价值全用作生活消费，没有积累，作为交换媒介的货币流通也暂且撇开。那么，就得出实现简单再生产的三大要点：

其一，第Ⅱ部类中，工人的工资500v和资本家的剩余价值500m，必须用于生活消费，消费的实物形态就是消费资料，这种消费资料掌握在第Ⅱ部类的资本家手里。因此，第Ⅱ部类的工资和剩余价值，可以通过第Ⅱ部类内部的产品交换来实现。

其二，第Ⅰ部类的1000v+1000m同样必须用于消费资料，即用于购买第Ⅱ部类的产品。由于第Ⅱ部类的2000c是消费资料，而它需要的则是生产资料。因此，第Ⅰ部类的1000v+1000m和第Ⅱ部类的2000c，只有通过它们之间的相互交换才能实现。

其三，通过以上两大交换过程后，第Ⅰ部类还剩下4000c生产资料，这些生产资料只能用于它本身，以便补偿该部类消费掉的不变资本。因此，这4000c只有通过第Ⅰ部类各个资本家之间的互相交换才能实现。

两个部类之间的交换

在第Ⅰ部类生产资料v+m和第Ⅱ部类消费资料c的交换中，第Ⅱ部类的资本家将自己的不变资本2000c，从消费资料形式再转化为消费资料的生产资料形式，使消耗的不变资本得到了补偿，并能重新执行资本的职能。同时，第Ⅰ部类劳动力的等价物1000v和资本家的剩余价值1000m，则由生产资料的实物形式转化为生活资料的实物形式而进入个人消费。

第Ⅰ部类生产资料v+m和第Ⅱ部类消费资料c的交换，是以货币流通作为交换媒介的，因为可变资本部分必须表现为货币形式，也就是表现为由货币转化为劳动力的货币资本。这一交换过程分为两部分：

第一，第Ⅰ部类资本家预付可变资本1000，用来购买劳动力。工人用这1000货币的工资向第Ⅱ部类的资本家购买同等价值的消费资料，这就使第Ⅱ部类的不变资本的一半转化为货币。第Ⅱ部类的资本家再用这1000货币，向第Ⅰ部类的资本家购买价值1000v的生产资料，用来补偿已经消耗的不变资本2000c的一半。这样，就实现了第Ⅰ部类可变资本1000v和第Ⅱ部类不变资本2000c的一半之间的交换，第Ⅰ部类资本家预付的1000v也以货币形式重新流回手中。这1000货币现在可以在第Ⅰ部类资本家手中重新作为货币资本执行职能，它会转化为劳动力，成为生产资本中最重要的要素。

第二，在第Ⅰ部类的剩余价值1000m与第Ⅱ部类不变资本2000c的另一半之间的交换中，双方可以用两种方式预付货币。在此处的前提是：

在任何情况下，资本家手中都不仅仅有生产资本，他必须要有一定的资本储备。①第Ⅱ部类资本家先预付货币资本500，用来向第Ⅰ部类购买与1000m的一半同等价值的生产资料，而第Ⅰ部类资本家用这500（货币），向第Ⅱ部类购买1000c的一半的消费资料；②第Ⅰ部类资本家增加500的预付可变资本，用来购买第Ⅱ部类1000c另外一半的消费资料，而第Ⅱ部类资本家用这500（货币），向第Ⅰ部类购买1000m另一半的生产资料。这样，两个部类的资本家各预付500（货币），实现了第Ⅰ部类1000m与第Ⅱ部类2000c的另一半之间的交换，预付的货币资本同时也回到了他们手中。在这两个场合中，不仅第Ⅱ部类的不变资本由产品再转化为生产资料，同样，不仅第Ⅰ部类的可变资本转化为货币形式，第Ⅰ部类的生产资料剩余价值转化为收入用来消费的形式，第Ⅱ部类为购买生产资料预付的货币资本和第Ⅰ部类购买消费资料预先用掉的货币资本都回流到了各自的手中。最后，他们通过各自的商品等价物的交换，彼此付清了各自的款项。

由此我们可以得出结论：在简单再生产中，第Ⅰ部类的商品资本中的$v_I + m_I$价值额（也就是第Ⅰ部类中总商品产品中与此对应的部分）必须等于不变资本c_{II}，也就是第Ⅱ部类的总商品产品中分出来与此相应的部分；用公式表示为：$v_I + m_I = c_{II}$。

第Ⅱ部类内部的交换

年商品生产的第Ⅱ部类是由种类繁多的产业部门构成的，第Ⅱ部类生产的产品即消费资料，可以分成两大分部类：

分部类a：必要生活资料。这部分产品直接进入工人阶级的消费，同时也构成资产阶级消费的一部分。虽然就质量和价值来说，资产阶级和工人并不相同，但为了研究目的，我们把这个分类概括为必要消费资料项目。

分部类b：奢侈消费资料。它们只进入资产阶级的消费，所以只能与剩余价值进行交换。

第Ⅱ部类生产的这两类消费资料，在预付可变资本的回流过程中是有区别的。分部类a生产的产品，是工人在生产过程中必需的消费资料。而生产这些必要生活资料的资本家，在支付工资后，又将这些必要生活资料卖给他们自己的工人，这样，他们的预付资本，就通过工人用工资购买这些必要生活资料而直接再次流回到他们手中。而分部类b生产的产品，是专门用于资本家的奢侈消费资料，普通工人根本无法购买，只能由资本家用剩余价值来购买。因此，整个资本回流过程是：分部类b的资本家将工资支付给工人，工人用这些货币工资购买分部类a的必要生活资料，分部类a的资本家又用这些货币购买分部类b的奢侈消费资料。显然，这些货币便回到了分部类b的资本家手中。

变成日常用品的"奢侈品"

在商品的生产部类中，消费资料是第Ⅱ部类生产的产品。其中，除了直接进入工人阶级的消费的必要生活资料，还有一部分是奢侈消费资料，这一部分资料直接进入资产阶级的消费。但是这些都不是绝对的，在社会经济不发达的时候，一些商品是资产阶级的奢侈品；当经济发达以后，原先那些奢侈品就成了老百姓的日常用品。图中，漂亮的泳装模特儿正在展示纺织新式泳装所用的有弹力的橡皮筋，这些泳装对她们来说，曾是可望而不可即的。

在第Ⅱ部类内部的交换过程中，两个分部类要保持一定的比例。假定在第Ⅱ部类中，有500v+500m是通过内部交换来完成的，如果分部类a的资本家和分部类b的资本家，将他们的收入按相同的比例，分别用于必要生活资料和奢侈消费资料。也就是说，其中的3/5用于必要生活资料，2/5用于奢侈消费资料，即分部类a的资本家的剩余价值400m的3/5

（240），用于必要的生活资料，2/5（160）用于奢侈消费资料。分部类b的资本家也按同样的比例，来分配他们的剩余价值100m，即3/5（60）用于必要生活资料，2/5（40）用于奢侈消费资料。那么，可变资本和与之相应的剩余价值的分配如下：

分部类a：

必要生活资料为400v+（240+160）m

分部类b：

奢侈消费资料为100v+（60+40）m

于是，得出结论：在第Ⅱ部类内部的交换中，两个分部类要保持一定的比例。其中，分部类a中的v只能同分部类b中m的一部分相交换，剩下的部分则要满足两个分部类资本家的必要生活资料的需要。在分部类a中，400v是资本家支付给工人的工资，该价值可以通过资本家和工人的交换来实现。由此，分部类b工人才能购买到必要生活资料，所支付的工资才能完全回流到资本家手中，第Ⅱ部类内部的交换过程才能实现，社会资本的简单再生产才能正常进行。

总之，简单再生产的基本条件是第Ⅰ部类商品资本中相当于v+m的价值额，必须等于第Ⅱ部类商品资本中相当于c的价值额，其公式为：$v_I+m_I=c_{II}$。

两个部类的可变资本和剩余价值

在简单再生产的前提下，每年生产的消费资料的总价值，等于年价值产品，也就是社会劳动在当年生产的全部价值。因为我们假定，在简单再生产中这全部的价值将被消费掉。

因为社会总工作日可分为两部分：①必要劳动；②剩余劳动。必要劳动创造的价值和剩余劳动创造的剩余价值之和，将等于这一年全年生产的消费资料价值。因此，一年生产的消费资料总价值，也就与社会总工作日当年生产的总价值相等，也与社会可变资本的价值加上社会剩余价值相等，也就等于当年的全部新产品。

具体到两个部类中，每年生产的消费资料总价值，等于当年再生产的第Ⅱ部类的可变资本价值和新生产的第Ⅱ部类剩余价值。再加上当年再生产的第Ⅰ部类可变资本价值，和新生产的第Ⅰ部类剩余价值。也就是说，等于这两个部类当年生产的价值之和。

货币材料的再生产

到目前为止，有个要素我们一直忽略了，那就是金和银的年再生产量。如果它们只是作为制造奢侈品或镀金的材料，那就不必多谈，但它们作为货币的材料，起着重要的作用，此处我们只考虑金。

据统计，每年黄金的产量在80万~90万磅，价值为110000万~125000万马克。据泽特贝尔的统计，1871—1875年，每年平均只产黄金170675公斤，价值约47600万马克。其中澳大利亚约提供16700万马克，美国提供16600万马克，俄国9300万马克。虽然资本主义离开对外贸易是不行的，但在这儿我们必须把它撇开，把黄金看作年再生产的直接要素，而不是看作通过交换从外国输入的商品要素。

黄金的生产和一般金属一样，属于包括生产资料生产的第Ⅰ部类，我们假定每年生产黄金为30，这个价值可分为20c + 5v + 5m，20c要和$c_Ⅰ$的其他要素交换，而$5v_Ⅰ + 5m_Ⅰ$要和$c_Ⅱ$的要素（即消费资料）交换。

每个生产的企业，都要从购买劳动力开始，工人用这5v从第Ⅱ部类那里取得消费资料，然后第Ⅱ部类用这5v向第Ⅰ部类购买生产资料。如果第Ⅱ部类不再向第Ⅰ部类购买材料，那么第Ⅰ部类就把它的黄金作为货币投入流通，来向第Ⅱ部类购买商品，因为黄金可以直接购买任何商品。而在年再生产的最初过程中，实际可能属于流通的货币量已经发生了变化。因为一部分新的黄金生产所提供的货币量中，会留在第Ⅱ部类中贮藏起来。这些货币必须全部由c_{II}转移到m_{II}，无论后者是以必要生活资料的形式存在，还是以奢侈品的形式存在。反过来，就要有相应的商品价值由m_{II}转移到c_{II}。结果就是，一部分剩余价值将作为贮藏货币贮存起来。

如果每年生产的黄金按同一比例继续作为货币材料，在第二个生产年度就同样会有部分黄金流回到第Ⅰ部类，第Ⅱ部类再用实物进行补偿，又有部分黄金作为贮藏货币游离出来。所以，很明显，资本主义生产的年代越久，所有资本家积累的资本总量就越大，从而每年新生产的黄金加进总量中的比例就越小，虽然它的绝对量可能是很大的。

德斯杜特·德·特拉西的再生产理论

有些政治经济学家在考察再生产时，思想混乱、充满着不假思索的狂妄，我们可以借大逻辑学家德斯杜特·德·特拉西为例来说明。他对社会再生产和流通总过程作了这样的说明：

"有人问我，产业主如何赚取这么大的利润，从谁的手里取得的？我回答说，因为他们按高于成本的价格出卖生产的一切产品。比如像下面这样：

第一，他们彼此售卖满足自身需要的全部消费品；他们用自己的一部分利润来支付这些消费品。

第二，卖给雇佣工人，包括他们雇用的和有闲资本家雇用的工人；这样，他们就回收了付给这些工人的全部工资，或许只有工人的少量积蓄除外。

第三，卖给有闲资本家；有闲资本家把收入中还没有付给自己雇佣工人的那一部分支付给他们。他们每年支付给那些资本家的全部租金，就是通过这种或别种途径，再流回到他们手里。"（德斯杜特《论意志及其作用》，1826年巴黎版）

这就相当于说，资本家发财致富，首先是因为他们在交换供他们消费或者作为收入来消费的那部分剩余价值时，互相欺诈，他们不过是用500镑的货币量使400镑的商品价值流通。与其说这是致富的方法不如说是变穷的方法。

其次，他认为资本家把付给工人工资的货币资本流回到自己手中是发财致富的第二源泉。这样一来，就相当于工人用100镑向资本家购买商品，实际得到的只是价值80镑的商品，资本家无疑增加了20镑财富，而工人相当于从名义工资中扣除了20%。这样，德斯杜特先生就必然把资本家阶级怎样发财致富的全部秘密归结为：由于扣除工资，他在第一项和第三项说到的剩余价值的其他基金，也就不存在了。这就是说，资本家先预付100镑货币给工人，为交换这100镑却提供80镑商品，而不是预付80镑货币，并为交换这80镑提供80镑的商品。相当于，资本家为了使可变资本流通，不断地、无益地多预付25%的货币资本，这真是一种独特的致富方法。

最后，资本家把产品卖给有闲资本家。比如他们有200镑利润，为了支付利息和地租给了有闲资本家100镑，有闲资本家直接或间接地向产业资本家购买消费资料。因此，有闲资本家就把100镑货币回流给了产业资本家，并从他们手中取走100镑消费资料。这样一来，交易后，产业资本家手中就只有100镑货币了，比原先还少了100镑，财富反而更少了。

此外，德斯杜特一方面抄袭亚当·斯密说："劳动是一切财富的源泉。"另一方面又说："（产业资本家）养活其他一切人，只有他们能增加公共财富，创造我们的全部享受资料。"这个庸俗经济学家的明星，其混乱和不合逻辑，在这里暴露得淋漓尽致了！

积累和扩大再生产

第一卷中，我们已经分析了单个资本家的资本积累过程：资本家把凝结着剩余价值的商品通过出售转化为货币，用于扩大再生产。这一部分由剩余价值转化而来的货币作为追加的生产资本，再转化为追加的生产要素。这个增大的生产资本，将会为下一个生产过程提供更多产品。这个过程，就是资本的积累过程，即剩余价值资本化的过程。单个资本的积累如此，社会总资本的积累同样如此。这正如我们在考察简单再生产时所看到的，单个资本中的固定资本以折旧形式相继沉淀为贮藏货币，同样会在社会总资本再生产中表现出来。

所谓资本积累，就是将剩余价值转化为资本。在资本主义再生产过程中，并不是所有由剩余价值转化而来的货币都可以转变成资本。剩余价值转变成资本，必须具备两个条件：一是作为资本积累的货币额必须达到一定数量。在一定技术条件下，积累的货币数量应足以增加正在执行职能的不变资本，或者足以开办一个新的工业企业。但是，资本家每次只能把有限的剩余价值用于积累，因此，在进行实际积累和扩大再生产以前，剩余价值转化为货币以及货币的贮藏都需要较长的时间。二是要有扩大再生产所必需的生产资本要素。当积累的货币数量达到足以进行扩大再生产时，货币必须转化为生产资本的要素，并且这些要素必须可以在市场上买到商品。至于这些要素是作为成品来买，还是按订货制造，在这里并无多大差别。但是，要继续扩大再生产，就必须在没有货币的情况下进行，因为货币本身不是扩大再生产的要素。

若资本家把一定时期内相继生产的产品卖掉时，就把作为剩余价值承担者的剩余产品转为了货币，也就把剩余价值本身转化为货币了。这些货币贮存起来，就形成一种可能的新的货币资本。但是，事实上，他只是进行了简单的货币贮藏，这种货币贮藏并非实际再生产的要素。虽然，以货币形式贮藏的剩余价值不代表追加的新的社会财富，但由于贮存后所要执行的职能，它依然代表着新的可能的货币资本。

货币之所以从流通中脱离出来，并作为贮藏货币积累，是因为资本家在出售商品以后并没有接着购买其他商品。如果所有资本家都只是贮藏货币而不购买商品，那么，工厂生产的商品又卖给谁？货币又从何而来呢？这个问题，必须从分析第Ⅰ部类的积累开始。

第Ⅰ部类的积累

货币贮藏

第Ⅰ部类的许多产业部门，由于它们创业的时间不同，其剩余价值转化为货币资本的过程也不相同。一部分资本家不断地将自己积累起来的货币资本转化为生产资本，也就是用剩余价值转化而来的贮藏货币购买生产资料，即追加不变资本。另一部分资本家则继续进行货币资本的贮藏。这两类资本家是作为买者和卖者互相对立的，并且每一方在这两种作用中都只起一种作用。

例如，A和B进行商品交换，A把价值600镑的商品（生产资料）卖给B后，获得600镑的货币，其中100镑是剩余价值。A把这100镑从流通中取出，并以货币形式贮藏起来。在这个交换过程中，A是用生产资料和货币交换，B是用货币和生产资料交换。也就是说，在资本的积累过程中，需要积累的货币可以由这个过程本身来解决。在这里，积累的货币是由进行实际积累的资本家来提供。但货币贮藏不是生产，早在资本主义商品生产以前的简单商品流通中就已经产生了货币贮藏。因此，社会拥有的货币量，总是大于实际流通中的货币量。货币贮藏是作为货币资本的积累过程来进行的，它是资本主义生产过程中的一个内在因素。

所有这些可能的资本，在信用制度下积聚在银行等地，成为可供支配的资本、可贷资本、货币资本，而且不再是被动的东西，而是能动的、生利的东西。

然而，资本家能够进行货币贮藏，就他拥有的剩余产品来说，他只作为卖者，而不作为买者。所以，要进行剩余产品的连续生产，就是这种货币贮藏的前提。

实现资本积累的前提，是货币积累和实际积累要保持平衡。在交换过程中，一方单纯的卖，必须靠另一方单纯的买来平衡。也就是说，作为积累货币的资本家，他生产和卖出的生产资料，必须符合自己用于扩大再生产而进行的实际积累的需要。因此，资本的积累过程中，价值平衡的保持，取决于买卖双方用于互相交换的商品是否具有同等的价值额。

需要注意的是，商品生产这个形式，已经意味着在资本主义生产条件下，货币不仅有流通作用，而且也起着货币资本的作用。同时，货币也会进一步产生资本主义生产方式所特有的，使交换和再生产得以正常进行的前提条件，而这些条件又可能转变为造成过程失常的因素，转变为危机的可能性。因为，在这种生产的自发形式中，平衡本来就是偶然的。

追加的不变资本

资本的积累分为两种：不变资本的积累和可变资本的积累。剩余产品是剩余价值的物质承担者，生产资料是不变资本的物质要素。对于第Ⅰ部类的资本家而言，占有这些剩余产品就是在追加不变资本。因为这些剩余产品从一开始就是由制造生产资料的生产资料构成的。这些剩余产品，只有在第Ⅰ部类的B类资本家即商品售卖者手中，才能执行追加的不变资本的职能。但是，这些剩余产品在出售以前，即在货币贮藏者A类资本家手中时，已经是潜在的追加不变资本了。

如果只考察第Ⅰ部类再生产的价值量，那么，A资本家手中的潜在追加不变资本就仍处于简单再生产的范围内，因为这些剩余产品不是在追加资本的基础上耗费更多的剩余劳动而创造的，而是原产品中剩余价值的一部分。简单再生产和不变资本积累的区别在于，创造剩余产品的剩余劳动形式发生了变化。在简单再生产的情况下，第Ⅰ部类的剩余价值全部被资本家消费掉，即全部用来与第Ⅱ部类的生活消费商品相交换，所以它只是以自身的实物形式来补偿第Ⅱ部类生产的生活资料的生产资料。而在第Ⅰ部类不变资本的积累中，追加的不变资本是用来再生产的生产资料。因此，为了完成从简单再生产到扩大再生产的过渡，第Ⅰ部类的生产就要尽量少为第Ⅱ部类制造不变资本的要素，而应该多为自身制造不变资本的要素。虽然这一过渡的完成有一定的难度，但由于第Ⅰ部类的许多生产资料可以在两个部类起作用，因此就显得容易多了。

由此推断：如果只考察价值量，那么，扩大再生产的物质基础就产生于简单再生产之中。简而言之，这种物质基础就是第Ⅰ部类工人的剩余劳动创造的、用于生产的生产资料，即第Ⅰ部类潜在的追加不变资本的物质来源。

潜在追加资本的生产，在当前场合不外是生产过程本身的现象，即生产资本的要素在一定形式上的生产。因此，追加的潜在货币资本在流通领域许多点上的大规模生产，也就是潜在追加资本多方面的生产结果和表现，而且这种生产资本的形成，并非以产业资本家的任何追加货币支出为前提的。

不变资本的积累量由社会的生产力发展状况而定。在一个国家执行职能的生产资本越多，生产资料的生产规模就越大，劳动生产力就越发达，剩余产品的量也就越大，不变资本积累的量也越来越多。

追加的可变资本

资本主义再生产过程中，由于社会存在着大量的相对过剩人口，使得劳动力总是准备好的。在必要时，只要通过延长劳动时间或提高劳动强度,即使不增加劳动力的数量,也可以推动更多的劳动。因此,对劳动力的追加没有必要作进一步论述,新形成的货币资本中可以转为可变资本的部分,在转化时总会找到劳动力。第一卷曾提过:一定量的资本,虽然没有积累,但仍然能够在一定范围内扩大它的生产规模。但是,这里讲的是特定意义上的资本积累,因此,生产规模的扩大,以剩余价值转化成追加资本为条件,即扩大作为生产基础的资本为条件。

繁忙的矿山

资本家占有了生产资料,用低廉的工资购买了工人的劳动。由于社会存在着大量的相对过剩劳动力,因此尽管廉价,劳动力依然竞争激烈。图为一金矿里工人劳动的场景。工人在露天的恶劣环境中像牛一样劳动,生产出的却是天文数字般的巨额利润。

由于某些生产部门的产品是货币材料,因此,生产者可以将剩余产品的一部分作为潜在的货币资本来积累。他不需要先出售自己的剩余产品,只要作为潜在货币积累的剩余产品达到必要的数量,就可以直接将它转化为新的可变资本。当然,他也可以直接把它转化为不变资本的要素——生产资料。

生产资料可以通过购买存货而追加,也可以通过购买订货而追加,这两种方式都是以增加剩余产品和扩大生产规模为前提。

第Ⅱ部类的积累

在分析第Ⅰ部类的积累时,我们假设它的积累是通过A资本家将他们的剩余产品卖给同属第Ⅰ部类的B资本家而实现的。现在,我们假定

第Ⅰ部类A资本家把他们的剩余产品卖给第Ⅱ部类B类资本家之后，并没有接着购买第Ⅱ部类的消费资料。那么，第Ⅰ部类A资本家只是一种单方面的卖。在第Ⅰ部类的积累中，第Ⅱ部类的不变资本c之所以能够由商品形式转化为生产资料的实物形式，是因为第Ⅰ部类的可变资本v和一部分剩余价值m，同第Ⅱ部类的消费资料c进行了相互交换。此时，第Ⅰ部类A资本家把他的剩余产品m转化为货币后，不是接着购买第Ⅱ部类的消费资料c，而是把货币贮藏起来。这样，第Ⅰ部类的A资本家虽然实现了货币积累，但第Ⅱ部类具有同等价值的消费资料c，由于没有售出而出现生产过剩，于是，这种生产过剩造成了简单再生产的中断。

这种情况的出现，是因为我们在分析资本积累和扩大再生产时，仅仅考察了简单再生产的条件。在以上分析中，第Ⅰ部类A资本家追加的潜在货币资本，虽然是剩余产品的货币转化形式，但是就剩余产品本身而言，它在这里属于简单再生产，而不是规模扩大的再生产。第Ⅰ部类的可变资本v和一部分剩余价值m，必须同第Ⅱ部类的消费资料c进行交换。只有这样，第Ⅱ部类的再生产才能够按原有的规模进行。第Ⅰ部类A资本家将自己的剩余产品卖给第Ⅱ部类B资本家时，虽然以实物形式向第Ⅱ部类B资本家提供了不变资本的相应价值部分，并同时从流通中取出了货币，但并没有以接着购买来补充他的卖出，这就使第Ⅱ部类B资本家具有同等价值的商品无法售出。倘若从整个社会再生产的角度来考察，就会发现，第Ⅰ部类A资本家将剩余产品转化为潜在货币资本后，第Ⅱ部类B资本家具有同等价值量的商品资本就无法再转化为生产资本。也就是说，这不是潜在规模扩大的再生产，而是表示简单再生产受到阻碍。第Ⅰ部类形成潜在的追加货币资本，就是第Ⅱ部类的有效需求不足。第Ⅱ部类的商品储备闲置，无法再转化为生产资本，就是生产的相对过剩。因此，第Ⅰ部类的货币资本过剩，就会造成第Ⅱ部类的再生产不足。

通过以上分析，可以得出：发生在第Ⅱ部类方面的困难，商品资本怎样转化为不变资本的实物形式，与简单再生产有关。在说明简单再生产时，我们把第Ⅰ部类和第Ⅱ部类的全部剩余价值都被作为收入花掉。但事实上，它只有一部分会花掉，总会有部分转化为资本。实际的积累也需要以这个为前提。积累是靠牺牲消费来进行的说辞，不过是与资本主义生产本质南辕北辙的幻想——这种幻想宣称，资本主义生产的目的和动机是消费，而不是积累，也不是剩余价值的获取和资本化。

根据我们先前采用的公式，第Ⅰ部类1000v＋1000m和第Ⅱ部类2000c相交换。假如将第Ⅰ部类的剩余产品的一半，即500m，作为它追加的不变资本c，那么，留在第Ⅰ部类的这部分剩余产品，就不能同第Ⅱ部类的消费资料相交换。这样，两大部类之间的交换就变成第Ⅰ部类1000v＋500m和第Ⅱ部类2000c之间的交换。这一交换中，和第Ⅱ部类2000c相交换的，已不再是第Ⅰ部类的1000v＋1000m，而是 1000v＋500m。如此，第Ⅱ部类中的500c就不能从它的消费资料形式再转化为不变资本的实物形式。于是，第Ⅱ部类就会出现生产过剩的情况，而过剩的程度500c恰好与第Ⅰ部类资本积累的程度500m相适应。

第Ⅱ部类的生产过剩将会如连锁反应一般制约着第Ⅰ部类的再生产。由于第Ⅱ部类生产过剩而使社会购买力变小，以至第Ⅰ部类的工人用1000镑货币购买第Ⅱ部类的消费资料后，第Ⅱ部类的资本家也只能用其中的一部分购买第Ⅰ部类的生产资料，因此，第Ⅰ部类预付的1000镑货币也只能部分地流回。于是，它的简单再生产也不能正常进行。

总之，扩大再生产的必需条件是：第Ⅰ部类必须用它的剩余产品为第Ⅱ部类提供追加不变资本，而第Ⅱ部类也要同样为第Ⅰ部类提供追加的可变资本。

就可变资本来说，当第Ⅱ部类以必要消费资料的形式再生产总产品中的更大部分，特别是其中剩余产品的更大部分时，它就既为第Ⅰ部类又为它自己进行积累了。

在实际生产中，总是以资本的增加为基础，(v_I+m_I)必须等于c_{II}加上再并入资本的那部分剩余产品，加上第Ⅱ部类扩大生产的不变资本追加部分。而第Ⅱ部类扩大生产的最低限度，就是第Ⅰ部类本身的实际积累，即实际扩大生产所不可缺少的最低限度。

用公式来说明积累

现在我们按以下公式来考察再生产：

公式（a） $\left.\begin{array}{l}\text{Ⅰ}.4000c+1000v+1000m=6000\\ \text{Ⅱ}.1500c+376v+376m=2252\end{array}\right\}8252$

首先，年社会产品的总额8252小于第一个公式的总额9000（见第319页）。我们大可以假设一个大得多的总额——比如一个大十倍的总额。而这里之所以选择一个小于第一个公式的总额，正是为了清楚地说明：规模扩大的再生产（这里的再生产只指用较大投资来进行的生产）与产品的绝对量无关；也正是为了清楚地说明：对一定量的商品而言，规模扩大的再生产的所需前提是——既定产品的各种要素已经有了不同的组合或不同的职能规定，因此按价值量而言，这种再生产首先只是简单再生产。这里改变的不是简单再生产的各种既定要素的数量，而是它们的质的规定，并且，这种改变是随后发生的规模扩大的再生产的物质前提。[1]

可变资本和不变资本之间的比例不同时，我们对公式的表述可以不同，例如：

---

[1]这彻底终结了詹姆斯·穆勒和萨·贝利之间关于资本积累的争执。这一争执——在不改变产业资本量的情况下，产业资本作用是否能够扩大——我们已经在第一卷中从另一角度讨论了。我们稍后将再次提到这一点。

公式（b） $\left.\begin{array}{l}\text{I}.4000c+875v+875m=5750\\ \text{II}.1750c+376v+376m=2502\end{array}\right\}8252$

这个公式似乎是为简单再生产而列，以至于剩余价值全都被作为收入花掉，没有积累起来。在（a）和（b）这两个场合，年产品的价值量相同。只不过，在（b）的场合，它的各种要素在职能上的组合使再生产按照相同的规模再开始，而在（a）的场合，年产品各要素在职能上的组合却形成了规模扩大的再生产的物质基础。在（b）的场合，（$875v_I$+$875m_I$）=1750（v_I+m_I），它和$1750c_{II}$交换时没有余额；而在（a）的场合，（$1000v_I+1000m_I$）=2000（v_I+m_I），它和$1500c_{II}$交换时留下了一个余额$500m_I$，以供第Ⅰ部类进行积累。

现在让我们更仔细地分析公式（a）。假定第Ⅰ部类和第Ⅱ部类都把剩余价值的一半积累起来，即把它转化为追加资本的要素而非作为收入花掉。由于$1000m_I$的一半（为500）要以这种或那种形式积累起来作为追加的货币资本投入，即要转化为追加的生产资本，所以只有（$1000v_I+500m_I$）被作为收入花掉。因此，c_{II}的正常量在这里也只有1500。对于1500（v_I+m_I）和$1500c_{II}$之间的交换就不必再作研究，因为其作为简单再生产的过程已经阐明了；对于$4000c_I$也无须再作考察，因为$4000c_I$为重新开始的再生产（此次要按扩大的规模进行）而进行的再组合，同样也作为简单再生产的过程阐明了。

在这里，我们唯一要研究的是$500m_I$和（$376v_{II}+376m_{II}$）。一方面，我们要考察第Ⅰ部类和第Ⅱ部类各自的内部关系，另一方面，我们要考察两个部类之间的运动。因为我们假定第Ⅱ部类的剩余价值也有一半要积累，所以这里应有188转化为资本，其中有部分要转化为可变资本。按整数计，我们可以说有48要转化为可变资本，剩下的140则要转化为不变资本。

这里我们碰到了一个新问题，这个问题的存在本身必然会显得奇怪，因为按照通常的见解，一种商品总是要和另一种商品交换（或者说商品总是要和货币交换，而这个货币又总是要和另一种商品交换）。$140m_{II}$之所以能转化为生产资本，只是因为它们由商品m_I中具有同等价值额的部分来补偿。自然地，m_I中要同m_{II}交换的部分必须由生产资料构成，这种生产资料或者能进入第Ⅰ部类、第Ⅱ部类的生产，或者只能进入第Ⅱ部类的生产。这种补偿之所以能进行，只是由于第Ⅱ部类方面的单方面购买，因为有待考察的全部的剩余产品$500m_I$都要用在第Ⅰ部类的积累上，故不能用来同第Ⅱ部类的商品交换；换言之，第Ⅰ部类的这些剩余产品不能既同时用来积累，又同时用来消费。第Ⅱ部类由此必须用现金购买$140m_I$，而这样用掉的货币不会因为以后第Ⅱ部类把它的商品卖给第Ⅰ部类而流回到它那里。并且，在每年的新生产中，只要这种生产是规模扩大的再生产，这种过程就是不断重复的。对第Ⅱ部类而言，为这个目的所需要的货币源泉，是从何而来的呢？

对于新货币资本的形成（这种形成伴随着实际的积累，它在资本主义生产中是实际积累的条件，在实际上则首先表现为简单的货币贮藏）而言，第Ⅱ部类似乎更像是一块贫瘠之地。

我们首先有$376v_{II}$。这个预付在劳动力上的货币资本376会由于第Ⅱ部类的商品被人购买，不断作为货币形式的可变资本回到第Ⅱ部类的资本家手中。不过，这种不断重复往返起点（即资本家的钱袋）的现象，无论如何也不会增加这个循环中流转的货币。因此，这不是货币积累的源泉，这些货币也不能从流通中取出，以形成贮藏起来的、潜在的新货币资本。

不过，这里难道就没有机会制造些许利润吗？

我们不能忘记，与第Ⅰ部类相比，第Ⅱ部类具有这样一个优点——第Ⅱ部类所使用的工人必须再向第Ⅱ部类购买他们自己所生产的商品。

第Ⅱ部类是劳动力的买者,同时又是向自己所使用的劳动力的所有者出售商品的卖者。因此,第Ⅱ部类的资本家就能:

第一,简单地把工资压低到平均正常水平以下——这是他们与第Ⅰ部类资本家的共同之处。因此,作为可变资本的货币形式来执行职能的货币就会部分游离出来,并在同一过程的不断重复中成为第Ⅱ部类的货币贮藏的一个正常源泉,进而形成潜在的追加货币资本的一个正常源泉。当然,偶然靠欺诈取得的利润和我们这里考察的正常的资本形成的问题无关。但我们不要忘记,实际支付的正常工资(它在其他条件不变的情况下决定可变资本的量)根本不是资本家出于善心才支付的,而是在既定关系下不得不支付的。因此,这种说明方法就被排除了。如果我们假定376v是第Ⅱ部类所消耗的可变资本,我们就不该为了说明一个新的问题而悄然改变我们的假设,说他们只预付350$v_Ⅱ$而非376$v_Ⅱ$。

第二,此外,如上所述,第Ⅱ部类作为总体来看比第Ⅰ部类还有一个优点:它是劳动力的买者,同时又是再向自己的工人出售商品的卖者。每一个工业国家都提供了十分明显的实例,以证明可以如何利用这一优点——可以如何名义上支付正常工资,事实上却一部分用实物工资制,一部分用伪造通货的办法支付工资(也许这还不会受法律的处罚),在不付相应的商品等价物的情况下,把其中一部分再夺回来,或者说再偷回来。例如,在英国和美国就是如此。(这一点要列举若干恰当的例子来加以说明。)这种做法正好与前一点所讲做法相同,只不过略有伪装,而且是迂回执行的。因此,这种做法要和前一种做法一样被排除。我们在这里讲的是实际上支付的工资,而不是名义上支付的工资。

我们知道,在对资本主义机制进行客观分析时,不能利用这个机制所具有的某些特别的污点作为借口来排除理论上的困难。而奇怪的是,那些攻击我的大多数资产阶级批评家责骂我,说得就好像我在冤枉他们一样——以我在本书第一卷中假定资本家支付劳动力的实际价值为例,他们说自己大都不是这样做的。(多谢谢夫勒的慷慨,在这里不妨引用他的一些话。)

因此,要达到上述目的,用$376v_{II}$是不行的。

但用$376m_{II}$似乎更不行。这里只有同一部类的资本家互相对立,他们彼此出售和购买他们所生产的消费资料。这种交换所必需的货币只是作为流通手段执行职能;在正常进程中,这种货币必须按照有关当事人预付到流通中的数量流回到他们各自手中,这样才能始终不断地重新通过同一轨道。

看起来只可能通过两种途径,才能从流通中取出这种货币以形成潜在的追加的货币资本:

一种是,第II部类的一部分资本家欺骗另一部分资本家,用此夺取后者手中的货币。我们知道,新货币资本的形成不需要先增加通货,而只需要把某些方面的货币从流通中取出,作为贮藏货币贮存起来。即使可以把货币偷来,使得第II部类的一部分资本家的追加货币资本的形成可以和另一部分资本家的直接货币损失结合起来,那也不会改变事情的本质。不过是第II部类中受骗的那一部分资本家会生活得差一些罢了,仅此而已。

另一种是,必要生活资料所代表的m_{II}的一部分直接在第II部类转化为新的可变资本。这又是如何发生的?我们将在本章的结尾加以研究。

第一例

(A)简单再生产的公式:
$$\left.\begin{array}{l}\text{I}.\ 4000c+1000v+1000m=6000\\ \text{II}.\ 2000c+500v+500m=3000\end{array}\right\}9000$$

(B)规模扩大的再生产的开端公式:
$$\left.\begin{array}{l}\text{I}.\ 4000c+1000v+1000m=6000\\ \text{II}.\ 1500c+750v+750m=3000\end{array}\right\}9000$$

假定在公式（B）中，第Ⅰ部类的剩余价值的一半（即500）被积累。因此首先，（1000v_I + 500m_I）或1500（v_I + m_I）要由1500c_{II}补偿；如此，第Ⅰ部类留下的是4000c + 500m（后者要用于积累）。（1000v_I + 500m_I）由1500c_{II}来补偿，这是简单再生产的一个过程，这在考察简单再生产时已经阐明了。

我们假定500m_I中有400要转化为不变资本，100要转化为可变资本。需要在第Ⅰ部类内部资本化的400m_I的交换已经阐明；它们能直接并入c_I；如此，第Ⅰ部类为：

4400c + 1000v + 100m（最后一项要转化为100v）

第Ⅱ部类方面出于积累的目的，要向第Ⅰ部类购买100m_I（这以生产资料的形式存在），这100m_I于是形成第Ⅱ部类的追加不变资本；而第Ⅱ部类为此目的而支付的100货币，就转化为第Ⅰ部类的追加可变资本的货币形式。如此，第Ⅰ部类的资本为：4400c_I + 1100v_I（后者以货币形式存在）= 5500。

第Ⅱ部类的不变资本现在为1600c_{II}；第Ⅱ部类要运用这个资本，就必须再投入50v_{II}的货币来购买新的劳动力，从而使其可变资本由750增加到800。第Ⅱ部类这样增加的不变资本和可变资本（共150）要由该部类的剩余价值来偿付；因此，在750m_{II}中只剩下600m_{II}作为第Ⅱ部类资本家的消费基金，他们的年产品现在划分如下：

Ⅱ. 1600c + 800v + 600m（消费基金）= 3000

在消费资料上生产的150m_{II}在这里已经转化为（100c_{II} + 50v_{II}）。它将以它的实物形式全部进入工人的消费：如上所述，100为第Ⅰ部类的工人（100v_I）所消费，50为第Ⅱ部类的工人（50v_{II}）所消费。事实上，因为第Ⅱ部类的总产品要以积累所必需的形式制造出来，所以，增大了100的剩余价值部分要以必要消费资料的形式再生产出来。如果再生产实际是按扩大的规模开始的，第Ⅰ部类的可变货币资本100就会通过他们的工人阶级的手中流回到第Ⅱ部类；第Ⅱ部类则把商品储备中的$100m_Ⅱ$转给第Ⅰ部类，同时又把商品储备中的50转给本部类的工人阶级。

为积累的目的而改变的组合现在如下：

Ⅰ．4400c+1100v+500m（消费基金）= 6000
Ⅱ．1600c+800v+600m（消费基金）= 3000 } 9000，同上

其中资本为：

Ⅰ．4400c+1100v（货币）=5500
Ⅱ．1600c+800v（货币）=2400 } 7900

在开始生产时则为：

Ⅰ．4000c+1000v=5000
Ⅱ．1500c+750v=2250 } 7250

如果实际积累现在是在此基础上进行，也即用这个已经增加的资本实际进行生产，在第二年结束时，就会得到：

Ⅰ．4400c+1100v+1100m=6600
Ⅱ．1600c+800v+800m=3200 } 9800

假定第Ⅰ部类继续按同一比例进行积累，$550m_Ⅰ$被作为收入花掉，$550m_Ⅰ$积累起来。如此，首先，$1100v_Ⅰ$要由$1100c_Ⅱ$补偿，其次，$550m_Ⅰ$也要实现为同等数额的第Ⅱ部类的商品，合计为1650（$v_Ⅰ+m_Ⅰ$）。但是第Ⅱ部类需要补偿的不变资本只等于1600；因此，其余的50必须从$800m_Ⅱ$中补充。这里，如果我们先撇开货币不谈，那么这个交易的结果如下：

Ⅰ．4400c + 550m（要资本化的剩余价值）；此外还有资本家和工人的消费基金1650（$v_Ⅰ+m_Ⅰ$），在商品$c_Ⅱ$上实现。

Ⅱ．1650c（如上所述，其中的50是从$m_Ⅱ$中取出来追加的）+ 800v + 750m（资本家的消费基金）

但是，如果第Ⅱ部类的v和c保持原有的比例，那么，投入$50c_Ⅱ$，就

还要投入25v_{II}；这又必须从750m_{II}中取出。因此，我们得到：

Ⅱ．1650c + 825v + 725m

第Ⅰ部类的550m_{I}要资本化；如果保持此前的比例，其中440就形成不变资本，110就形成可变资本。这110势必要从725m_{II}中取出，也就是说，价值110的消费资料将由第Ⅰ部类的工人消费而不是由第Ⅱ部类的资本家消费，后者由此只好把他们不能消费的110m_{II}转化为资本。因此，725m_{II}就只剩下615m_{II}。但第Ⅱ部类在把110这样转化为追加不变资本时，他们还需要有追加的可变资本55；这就必须再从他们的剩余价值中取出；从615m_{II}中减去这个数额，就只剩下560供第Ⅱ部类的资本家消费。故在完成一切现实的和可能的转移后，现在的资本价值为：

Ⅰ．（4400c+440c）+（1100v+110v）=4840c+1210v=6050
Ⅱ．（1600c+50c+110c）+（800v+25v+55v）=1760c+880v=2640 $\Big\}$ 8690

如果要使事情正常地进行，第Ⅱ部类就必须比第Ⅰ部类积累得快，因为若非如此，（v_I + m_I）中要与商品c_{II}交换的部分就会比它唯一能与之交换的c_{II}增加得快。

如果再生产是在这个基础上（且其他条件不变）继续进行，下一年结束时，我们就得到：

Ⅰ．4840c+1210v+1210m=7260
Ⅱ．1760c+880v+880m=3520 $\Big\}$ 10780

如果剩余价值划分率不变，第Ⅰ部类首先就会把1210v_I和剩余价值的一半（等于605，合计1815），被作为收入花掉。这个消费基金又比c_{II}大55。这55要从880m_{II}中取出，那就剩下825。55m_{II}转化为c_{II}时，又要从m_{II}中扣除相应的可变资本27$\frac{1}{2}$。留下的消费为797$\frac{1}{2}$。

第Ⅰ部类中现在要资本化的为605m_{I}，其中484转化为不变资本，121转化为可变资本，后者要从m_{II}中扣除。m_{II}现在是=797$\frac{1}{2}$，扣除后剩下676$\frac{1}{2}$。因此第Ⅱ部类会把121再转化为不变资本；为此，还需要有可变资本60$\frac{1}{2}$；这同样要从676$\frac{1}{2}$中扣除，剩下用于消费的只有616。

此时的资本为：

Ⅰ．不变资本为4840 + 484 = 5324

可变资本为1210 + 121 = 1331

Ⅱ．不变资本为1760 + 55 + 121 = 1936

可变资本为880 + 27$\frac{1}{2}$ + 60$\frac{1}{2}$ = 968

合计可得：

Ⅰ．5324c+1331v=6655 ⎫
Ⅱ．1936c+968v=2904 ⎭ 9559

年终时的产品为：

Ⅰ．5324c+1331v+1331m=7986 ⎫
Ⅱ．1936c+968v+968m=3872 ⎭ 11858

我们重复这种计算并把分数去掉，就得到下一年结束时的产品为：

Ⅰ．5856c+1464v+1464m=6000 ⎫
Ⅱ．2129c+1065v+1065m=4259 ⎭ 13043

再下一年结束时的产品为：

Ⅰ．6442c+1610v+1610m=9662 ⎫
Ⅱ．2342c+1172v+1172m=4686 ⎭ 14348

在五年规模扩大的再生产期间，第Ⅰ部类和第Ⅱ部类的总资本已经由5500c + 1750v = 7250，增加到8784c + 2782v = 11566，也即按100∶160的比例增加了。总剩余价值原来是1750，现在是2782。已经消费的剩余价值，原来在第Ⅰ部类是500，在第Ⅱ部类是600，合计1100；但在最后一年，其在第Ⅰ部类是732，在第Ⅱ部类是745，合计1477，因此大致是按100∶134的比例增加了。

第二例

现在假定有年产品9000。这个年产品完全是产业资本家手中的商品资本，其中第Ⅰ部类的可变资本和不变资本的一般平均比例是1∶5。这种情况的前提是：资本主义生产已经有了显著的发展；与此相应的，社会劳动生产力也已经有了显著的发展；生产规模在此之前已经有显著扩大；最后，在工人阶级中造成相对人口过剩的所有条件也已经有所发展。这时把分数去掉，年产品就会划分如下：

Ⅰ. 5000c+1000v+1000m=7000
Ⅱ. 1430c+285v+285m=2000 ⎫ 9000

现在我们假定第Ⅰ部类的资本家阶级只消费剩余价值的一半（500）而把其余一半积累起来。这样，（1000_v+500_m）=1500，要转化为$1500c_Ⅱ$。但因为这里$c_Ⅱ$只等于1430，所以要从剩余价值那里补进70。$285m_Ⅱ$减去这个数额还留下$215m_Ⅱ$。于是我们得到：

Ⅰ. 5000c + 500m（待资本化的剩余价值）+ 资本家和工人的消费基金1500（v+m）

Ⅱ. 1430c + 70m（待资本化的剩余价值）+ 285v + 215m

因为这里$70m_Ⅱ$直接并入$c_Ⅱ$，所以为了推动这个追加的不变资本，就要有一个可变资本。这14也要从$215m_Ⅱ$中扣除；剩下$201m_Ⅱ$，我们因此得到：

Ⅱ. (1430c + 70c) + (285v + 14v) + 201m

和$1500c_Ⅱ$的交换是简单再生产的过程，这一点已经讲过了。不过，我们在这里还必须指出某些特征，这些特征所以会发生，缘自于在有积累的再生产中，不是单单由$c_Ⅱ$来补偿，而是由$c_Ⅱ$加$m_Ⅱ$的一部分来补偿。

不言而喻，既然以积累为前提，（v_I+m_I）就会大于c_{II}，而不会像简单再生产那样等于c_{II}；因为，首先第Ⅰ部类已经把其一部分剩余产品并入了自己的生产资本，并把其中的$\frac{5}{6}$转化为了不变资本，所以它不能同时又用第Ⅱ部类的消费资料来补偿这$\frac{5}{6}$；其次，第Ⅰ部类要用其剩余产品为第Ⅱ部类进行积累时所必需的不变资本提供材料，就像第Ⅱ部类必须为第Ⅰ部类的可变资本提供材料一样，这个可变资本应当推动第Ⅰ部类的剩余产品中由第Ⅰ部类自己用作追加不变资本的部分。我们知道，实际的可变资本是由劳动力构成，因此，追加的可变资本也是由劳动力构成。第Ⅰ部类的资本家不必为了他们将要使用的追加劳动力向第Ⅱ部类购买必要的生活资料，把它们储备起来或积累这种必要的生活资料，但奴隶主却不得不这样做。工人自己会和第Ⅱ部类进行交易。但在资本家看来，追加劳动力的消费资料只是生产和维持他们必须要有的追加劳动力的手段，因而是他们的可变资本的实物形式。他们（第Ⅰ部类资本家）自己的直接活动只是贮存为购买追加劳动力所必需的新的货币资本。一旦他们把这个劳动力并入其资本，对于这种劳动力而言，货币就成为了第Ⅱ部类商品的购买手段，因此必须找到劳动力的消费资料。

顺便一提，资本家先生们和他们的报刊——对于劳动力花费自己货币的方式，对于劳动力借以实现这种货币的第Ⅱ部类商品——总是不满。他们因而来思考哲学、谈说文化和论及博爱，例如，英国驻华盛顿大使馆秘书——德拉蒙德先生——就是如此。据他所言，《民族》（一份杂志）在1879年10月底发表了一篇有趣的文章，其中写道：

"工人的文化跟不上发明的进步。许多物品他们已买得起，却不知道如何使用，因而，他们没有为此创造任何市场。"（每个资本家自然都愿意劳动者购买其商品。）"没有任何理由说明，为什么工人不应该像那些赚钱同他一样多的牧师、律师和医生一样，希望得到同样多的舒适用品。"（这种律师、牧师和医师确实可以按照自己的愿望而得到许多舒适用品！）"可是工人没有这样做。问题始终在于，如何用合理、健康的方法来提高他们作为消费者的地位。这不是一件易事，因为工人的全部奢望没有超出缩短劳动时间的范围。煽动者总是煽动他去争取这种事情，而不诱导他借助自己心智和道德力量的进步来提高自身地位。"（《女王陛下的驻外使馆秘书关于驻在国的工商业等情况的报告》，1879年伦敦版，第404页）

延长劳动时间，这似乎就是使工人借助自己心智和道德力量的进步来提高自身地位，并成为一个合理消费者的那种合理、健康的方法的秘密。为了成为资本家商品的一个合理的消费者，工人首先就要让他的资本家用不合理、不健康的方法消费他的劳动力——煽动者却阻止他这样做！而资本家又是怎样理解合理的消费呢？这表现在其不惜自降身价，在消费品贸易上直接和他的工人打交道，实行"实物工资制"，而且，各式各样的实物工资中还包括供给工人住房。如此一来，资本家同时又是工人的房东了。

这位热衷于通过种种资本主义尝试来提高工人阶级地位的心地善良的德拉蒙德，在同一份报告中还谈到了模范的洛厄尔－劳伦斯棉纺织厂。工厂女工的和宿舍属于拥有工厂的股份公司所有；这些宿舍的女工管理是为该股份公司服务的。股份公司制订了女工管理规则，任何女工均须在晚上10点以前回宿舍。而这个制度的精华是：公司所设的特别警察在附近巡逻，以防有人违反宿舍规则。晚上10点以后，任何女工都不准出入宿舍。任何女工都不准在股份公司所属地区以外的地方住宿。地区内的每一栋房屋每周会给公司带来10美元左右的租金。现在我们就来看一看这种满怀荣光的合理消费者：

"许多设备最好的女工宿舍里都备有钢琴。在织机上连续劳动10小时的女工，与其说需要真正的休息，不如说需要调剂单调的生活，因此，至少在她们之间，音乐、唱歌和舞蹈起着重要的作用。"（《女王陛

下……的报告》1879年伦敦版，第412页）

但是，使工人成为一个合理消费者的主要秘密，还在于下面这一点。德拉蒙德先生曾访问过特纳瀑布（康涅狄格河畔）的制刀工厂。股份公司的主任会计欧克曼先生告诉他，美国的餐刀制品已在质量上胜过英国制品，接着又告诉他：

"是时候了，在价格上，我们也要胜过英国；我们已在质量上领先，这是众所周知的；而我们必须有较低的价格；只要我们的钢的价格便宜了，我们的劳动力也便宜了，我们就会有较低的价格！"（《女王陛下……的报告》1879年伦敦版，第427页）

降低工资和延长劳动时间，这就是提高工人地位，使他成为合理消费者的那种合理、健康的方法的实质，只有这样，工人才可以——为一批由于文化和发明的进步而使他买得起的物品——创造一个市场。

因此，就像第Ⅰ部类必须用它的剩余产品为第Ⅱ部类提供追加的不变资本一样，第Ⅱ部类也要同样为第Ⅰ部类提供追加的可变资本。就可变资本而言，当第Ⅱ部类以必要消费资料的形式再生产它的总产品的更大部分，特别是它剩余产品的更大部分时，它就既为第Ⅰ部类又为它自己进行积累了。

在以资本的增加为基础的生产中，(v_I+m_I)必须等于c_{II}加上再并入资本的那部分剩余产品，加上第Ⅱ部类扩大生产所必需的不变资本的追加部分；而第Ⅱ部类扩大生产的最低限度，就是第Ⅰ部类本身进行实际积累，即实际扩大生产所不可缺少的最低限度。

我们回过来讲之前考察的情况，这种情况有一个特点：c_{II}小于$(v_I+\frac{m_I}{2})$即小于第Ⅰ部类产品中作为收入用于消费资料的部分，因此，在和1500(v_I+m_I)交换时，第Ⅱ部类的一部分剩余产品等于70，会立即由此实现。至于1430c_{II}，在其他条件不变的情况下，它总是要由同等价值额的(v_I+m_I)来补偿，由此，第Ⅱ部类的简单再生产才有可能进行，这一点我们在这里不需进一步考察。而补充的70m$_{II}$就不是如此。那种对第Ⅰ部类而言仅仅是以消费资料补偿收入，仅仅是为消费而进行商品交换的事情，对第Ⅱ部类而言，就不像在简单再生产中那样，仅仅是它的不变资本由商品资本形式再转化为它的实物形式，而是直接的积累过程，是它的一部分剩余产品由消费资料的形式转化为不变资本的形式。如果第Ⅰ部类用货币70镑（为剩余价值的转化而保留的货币准备金）来购买70m$_{II}$，如果第Ⅱ部类不用这个货币购买70m$_{I}$，而把这70镑作为货币资本积累起来，那么，这70镑虽然不是再进入生产的产品的表现，但总是追加产品的表现（正是第Ⅱ部类的剩余产品的表现，追加产品是这个剩余产品的一部分）。但如此一来，第Ⅱ部类方面的这种货币积累，同时就是生产资料形式的卖不出去的70m$_{I}$的表现。因此，第Ⅰ部类会发生相对的生产过剩，这是与第Ⅱ部类的再生产不同时扩大相适应的。

但撇开上面这点不谈。在从第Ⅰ部类出来的货币70，还没有通过第Ⅱ部类方面购买70m$_{I}$而回到或者只是部分地回到第Ⅰ部类的期间，货币70会在第Ⅱ部类全部地或者部分地充当追加的潜在货币资本。在第Ⅰ部类和第Ⅱ部类之间商品的互相补偿会使货币再流回到其起点以前，这对双方的任何交换都是适用的。而在事情正常进行的情况下，货币在这里所起的这种作用只是暂时的。在一切暂时游离的追加货币都立即能动地作为追加货币资本执行职能的信用制度下，这种仅仅暂时游离的货币资本可以被约束，例如，可以被用在第Ⅰ部类的新的企业上，而它本来应该实现停滞在第Ⅰ部类的其他企业中的追加产品。其次，我们应该指出：70m$_{I}$并入第Ⅱ部类的不变资本，同时要求第Ⅱ部类的可变资本增加14。这种增加——像第Ⅰ部类剩余产品m$_{I}$直接并入资本c$_{I}$一样——是以第Ⅱ部类的再生产已经具有进一步资本化的趋势为前提的，也就是说，是以第Ⅱ部类再生产包含着由必要生活资料构成的那部分剩余产品的增加为前提的。

我们说过，在第二例中，如果$500m_1$要资本化，9000产品为了再生产的目的，就必须按以下的方法来划分。我们这里不管货币流通，只考察商品。

I . $5000c + 500m$（待资本化的剩余价值）$+ 1500$（v＋m,消费基金）$= 7000$ 商品

II . $1500c + 299v + 201m = 2000$（商品）

上式的商品总额为9000，其资本化的过程如下：

第I部类中要资本化的500m，分成为$417c + 83v$。这个83v会从m_{II}中取出一个同等数额，用以购买不变资本的要素并且加到c_{II}中去。c_{II}增加83，就要求v_{II}也增加17。因此在交换之后，我们得到：

I . （5000c+417m）c+（1000v+83m）v=5417c+1083v=6500

II . （1500c+83m）c+（299v+17m）v=1583c+316v=1899

} 8399

第I部类的资本已经由6000增加到6500（即增加）。第II部类的资本已经由1715增加到1899（即增加）。

在此基础上，第二年的再生产在年终得到的资本为：

I . （$5417_c + 452_m$）c' +（$1083_v + 90_m$）v' = 5869c' + 1173v' = 7042

II . （$1583_c + 42_m + 90_m$）c' +（$316_v + 8_m + 18_m$）v' = 1715c' + 342v' = 2057

第三年结束时得到的产品为：

I . $5869c + 1173v + 1173m$

II . $1715c + 342v + 342m$

如果第I部类和以前一样，把剩余价值的一半积累起来，那么，$v_I + \frac{m_I}{2} = 1173 + 587 = 1760$，大于$1715c_{II}$的总数而多了45。因此，这个差额必须通过同额的生产资料转给c_{II}来抵消。这样c_{II}就会增加45，从而也要求v_{II}增加$\frac{1}{5}$为9。其次，资本化的$587m_I$，也是分为$\frac{5}{6}$和$\frac{1}{6}$，即分为489c'和98v'；这98要求第II部类的不变资本再增加98，这又要求第II部类的可

变资本再增加$\frac{1}{5}$为20。因此我们得到：

Ⅰ．$(5869c+489m)c'+(1173v+98m)v'=6358c'+1271v'=7629$

Ⅱ．$(1715c+45m+98m)c'+(342v+9m+20m)v'=1858c'+371v'=2229$

以上两部类的总资本为9858。

因此，三年的扩大再生产，使第Ⅰ部类的总资本由6000增加到7629，第Ⅱ部类的总资本由1715增加到2229，社会的总资本则由7715增加到9858。

积累时$c_Ⅱ$的交换

可见，在$(v_Ⅰ+m_Ⅰ)$和$c_Ⅱ$的交换上有不同的情况。

简单再生产时，二者必须相等且必须互相补偿；因为若非如此，正如前文所述，简单再生产就不可能不受干扰。

在积累时首先要考察的是积累率。在以上各个场合，我们都假定第Ⅰ部类的积累率为$\frac{1}{2}m_Ⅰ$并且每年保持不变。我们只是假定这个积累资本分成可变资本和不变资本的比例会发生变化。这里有三种情形：

1. $(v_Ⅰ+\frac{m_Ⅰ}{2})$等于$c_Ⅱ$。因此$c_Ⅱ$小于$(v_Ⅰ+m_Ⅰ)$。必须总是如此，否则第Ⅰ部类就无法积累。

2. $(v_Ⅰ+\frac{m_Ⅰ}{2})$大于$c_Ⅱ$。在此场合，要完成这一补偿，就要把$m_Ⅱ$的一个相应部分加进$c_Ⅱ$，使$c_Ⅱ$的总额为$(v_Ⅰ+\frac{m_Ⅰ}{2})$。这里的交换对第Ⅱ部类而言，不是它的不变资本的简单再生产，而已经是积累，即，它的不变资本已经增加了用以交换第Ⅰ部类的生产资料的那部分剩余产品。这种增加同时包括第Ⅱ部类从它本身的剩余产品中取出一部分相应地增加它的可变资本。

3. $(v_Ⅰ+\frac{m_Ⅰ}{2})$小于$c_Ⅱ$。在此场合，第Ⅱ部类没有通过这种交换而全部再生产它的不变资本，所以，必须通过向第Ⅰ部类购买才能补偿这种不足。但这种情况并不需要第Ⅱ部类可变资本的进一步积累，因为它的不变资本只是通过这种购买在原有数量上全部再生产出来。此外，第Ⅰ部类中仅仅积累追加货币资本的那一部分资本家，却已经通过这种交换完成了这种积累的一部分。

简单再生产的前提是$(v_I+m_I)=c_{II}$。这个前提同资本主义生产是不相容的，虽然这并不排斥——在10～11年的产业周期中某一年的生产总额往往小于前一年的生产总额，以致与前一年比较，连简单再生产也不存在。不仅如此，在人口每年自然增殖的情况下，只有在人数相应地增加的不从事生产的仆役参与代表全部剩余价值的1500的消费时，简单再生产才会发生。而在这种情况下就不可能有资本的积累，即不可能有实际的资本主义生产。因此，资本主义积累的事实排斥了$c_{II}=(v_I+m_I)$这一可能性。不过，甚至在资本主义积累中，仍然可能发生这样的情况：由于过去的一系列生产期间进行积累的结果，c_{II}不仅与(v_I+m_I)相等，而且甚至大于(v_I+m_I)。这就是说，第Ⅱ部类的生产过剩了，而这只有通过一次大崩溃才能恢复平衡，其结果是资本由第Ⅱ部类转移到第Ⅰ部类。——如果第Ⅱ部类自己再生产一部分不变资本（例如在农业中使用自己生产的种子），那也不会改变(v_I+m_I)和c_{II}的关系。在第Ⅰ部类和第Ⅱ部类之间的交换中，c_{II}的这个部分和c_I一样无须加以考察。如果第Ⅱ部类的产品有一部分可以作为生产资料进入第Ⅰ部类，那也不会改变问题的实质。这部分产品就会和第Ⅰ部类提供的一部分生产资料互相抵消，如果我们愿意对社会生产的两大部类（生产资料的生产者和消费资料的生产者）之间的交换进行纯粹的、不受干扰的考察，那就应该从一开始就把这一部分从双方都扣除。

因此，在资本主义生产中，(v_I+m_I)不能与c_{II}相等；或者说，二者不能在交换时互相抵消。如果是$(m_I-\dfrac{m_I}{x})$作为第Ⅰ部类资本家作为收入花掉的部分，那么，$(v_1 - \frac{m_1}{x})$就可以等于、大于或小于c_{II}；但$(v_1 - \frac{m_1}{x})$必须总是小于$(c_{II} + m_{II})$，其差额就是第Ⅱ部类的资本家阶级在m_{II}中必须自己消费的部分。

我们必须指出，在关于积累的阐述中，就不变资本是在它参与下生产的商品资本的一部分价值而言，不变资本的价值没有得到精确说明。新积累的不变资本的固定部分，只是逐渐地、周期性地按照这些固定要素的不同性质，以不同程度加入商品资本的；因此，在原料和半成品等大量进入商品生产时，商品资本的较大的部分是由流动的不变组成部分和可变资本这二者的补偿构成的。（鉴于流动组成部分的周转，以上这样阐述是没可能性的；因此可以假定，在一年之内，流动部分以及由固定资本转给它的那部分价值周转十分频繁，以至所提供的商品的总额，在价值上和进入年生产的总资本相等。）但当用机器进行生产时，在只用辅助材料而不用原料的地方，劳动要素v就必然会作为商品资本的较大的组成部分再现。在计算利润率时，剩余价值是按总资本计算的，这与固定组成部分周期性地转移到产品中去的价值的多少无关。但是，对周期性生产的每个商品资本的价值而言，只是按不变资本的固定部分由于消耗而把价值平均转移到产品本身中去的程度，把不变资本的固定部分计算在内了。

补充说明

对第Ⅱ部类而言，原始的货币源泉是第Ⅰ部类金生产者用来和c_{II}的一部分进行交换的$(v_1 + m_1)$。只有在黄金生产者积累剩余价值或把它转化为第Ⅰ部类的生产资料，从而扩大他的生产时，他的$(v_1 + m_1)$才不会进入第Ⅱ部类。另一方面，只有黄金生产者自己的货币积累最终导致扩大再生产，黄金生产中不是用作收入而是用作黄金生产者的追加可变资本的那部分剩余价值进入第Ⅱ部类，并在那里形成新的贮藏货币或提供新的手段，使它能向第Ⅰ部类购买，而不需要直接再向第Ⅰ部类出售。从来源于黄金生产的（v_1+m_1）的货币中，要扣除一部分黄金用作第Ⅱ部类的某些生产部门所需要的原料，等等，总之，是用作它们的不变资本的补偿要素。为了将来扩大再生产，第Ⅰ部类和第Ⅱ部类之间的交换，会在以下场合出现暂时形成的货币贮藏的要素：对第Ⅰ部类而言，只是在这种场合——m_1的一部分单方面卖给第Ⅱ部类而没有相应的购买，并且在那里作为第Ⅱ部类的追加不变资本发挥作用；对第Ⅱ部类而言，是在这种场合——当第Ⅰ部类方面为了取得追加的可变资本时，第Ⅱ部类的一部分单方面卖给第Ⅰ部类而没有相应的购买；再者，是在这种场合——第Ⅰ部类被作为收入花掉的那部分剩余价值没有和$c_{Ⅱ}$互相抵消，以至$m_{Ⅱ}$有一部分被人买去而转化为货币。如果（$v_1+\frac{m_1}{x}$）大于$c_{Ⅱ}$，$c_{Ⅱ}$为了其简单再生产，就不需要再用第Ⅰ部类的商品来补偿$m_{Ⅱ}$中已经被第Ⅰ部类消费的部分。问题在于，第Ⅱ部类各个资本家之间的交换（这种交换只能是$m_{Ⅱ}$的互相交换）在多大程度上能够形成货币贮藏？我们知道，第Ⅱ部类内部之所以有直接的积累，是由于$m_{Ⅱ}$的一部分直接转化为可变资本（正如第Ⅰ部类内部之所以有直接的积累，是由于$m_{Ⅱ}$的一部分直接转化为不变资本）。我们只要指出——第Ⅱ部类的不同生产部门的内部积累，以及每个单个生产部门中的单个资本家的积累，都处于不同的阶段——这个问题就已可得到说明了。如果作出相应的变动，这也完全适用于第Ⅰ部类。一方面还处在货币贮藏、只卖不买的阶段，另一方面却已经处在实际扩大再生产、只买不卖的阶段。当然，追加的可变货币资本首先是投在追加的劳动力上，而这种劳动力向那些从事货币贮藏，且持有追加的、供工人消费的消费资料的人购买生活资料。同这些人的货币贮藏相适应，货币不会从他们手中回到货币本身的起点，货币会被积累起来。

第三卷

本卷主要通过对资本生产总过程的研究，揭示和说明资本运动过程作为整体时所产生的各种具体形式。资本在自己的现实运动中是与这些具体形式互相对立的，对这些具体形式来说，资本在直接生产过程中采取的形态和在流通过程中采取的形态，都只表现为特殊的要素。因此，本卷将要阐明的资本的各种形式，与资本在社会形态上、在各种资本的互相作用中、在竞争中，以及在生产当事人自己的通常意识中所表现出来的形式，是一步一步地接近了。

第一章　剩余价值和剩余价值率

资本家生产剩余价值不仅要耗费不变资本和可变资本，而且全部的预付资本都要加入到生产过程中，这样，剩余价值就表现为全部预付资本的产物。当剩余价值在观念上被看作是全部预付资本的产物时，剩余价值就转化为利润形态，即剩余价值转化为利润。剩余价值和利润属于同一物质，剩余价值是利润的本质，利润是剩余价值的转化形式，二者是内容与形式的关系。

剩余价值率是在资本主义条件下，工人受资本家剥削程度的表现。剩余价值率是剩余价值与可变资本的比率，而利润率是剩余价值与全部预付资本的比率，它们是同一剩余价值量按照不同的计算方法得出的不同比率。利润率是剩余价值率的转化形式。

成本价格和利润

所费资本转化为成本价格

本节从一个部门的利润率展开研究。资本主义企业生产的商品价值即W是由不变资本、可变资本和剩余价值三部分构成，用公式表示为：$W = c + v + m$。如果我们将剩余价值从这个产品价值中减去，那么该商品中剩下的，就只是一个在生产要素上耗费的资本价值c+v的等价物或补偿价值。

例如，生产某件商品需耗费500镑资本，其中，劳动资料损耗20

镑，生产材料花费380镑，劳动力花费100镑，如果剩余价值率为100%，那么，该产品的价值就等于400c + 100v + 100m = 600镑。减去100镑剩余价值后，剩下500镑的商品价值，用来补偿商品使资本家耗费的500镑资本，即生产资料和劳动力的耗费之和，又称为资本主义的生产费用。对资本家来说，这500镑就是商品的成本价格。

商品使资本家耗费的资本与商品在生产过程中自身所耗费的资本，是两个完全不同的量。商品价值中的剩余价值部分，并未耗费资本家的任何资本，它耗费的只是工人的无酬劳动。然而，工人自进入资本主义生产过程的那一刻起，便成为资本家生产资本的一部分，也就是说，资本家才是实际的商品生产者。因此，对资本家来说，商品的成本价格必然表现为商品本身的实际费用。我们将成本价格用k表示，那么，商品价值公式W = c + v + m就转化为W = k + m，即商品价值 = 成本价格 + 剩余价值。

我们将商品价值中用来补偿商品使资本家耗费的资本部分纳入成本价格范畴，即表明商品的资本主义费用是通过资本的耗费来计算的；而商品的实际费用则是通过劳动的耗费来计算的。此外，在现实的商品生产中，商品的成本价格这个价值部分，会通过流通过程，以它的商品形式源源不断地重新转化为生产资本的形式。也就是说，商品的成本价格必须不断买回在商品生产中耗费的各种生产要素，如劳动资料、原料、辅助材料和劳动等。

然而，成本价格其实与商品的价值形成或者说同资本的增殖过程并没有多大的关系，因为旧价值是作为产品价值的组成部分再现出来的，并非由商品的生产过程产生。因此，我们可以发现，成本价格这个要素具有双重的意义：一方面，它加入了商品的价格，是因为它是商品价值中用来补偿耗费掉资本的组成部分；另一方面，它形成商品价值的组成部分，是因为生产资料花了这么多的费用。

劳动中的工人

生产商品本身的耗费，是生产中全部物化劳动和活劳动的耗费，即所生产商品的成本价格。生产中不变资本和可变资本的耗费，则叫作生产商品的资本主义耗费。生产商品的本身耗费和资本主义耗费之间的差额，就是剩余价值，也就是资本家所追求的利润。图中，工人们正在工厂里创造剩余价值。

成本价格的另一组成部分却完全相反——预付的可变资本价值绝不会参加新价值的形成。在预付资本中，劳动力被算作价值，在生产过程中，它作为价值形成的要素执行职能。因为预付的可变资本不把自身的价值加到产品中去，所以，在产品中代替可变资本价值出现的那部分价值，是由劳动创造的。

在考察了商品价值的成本价格要素之后，我们再来看看商品价值的另一个要素——剩余价值。首先肯定的是，剩余价值是商品价值中除去商品成本价格部分的余额。由于成本价格等于所耗费的资本的价值，并被不断转化为商品生产中耗费的各种生产要素，因此，这个价值余额实际上就是商品在生产中耗费掉的并将通过商品的流通不断流回的资本的价值增加额。对于资本家来说，这个价值增加额来自于用资本进行的生产过程中，即来自于资本本身，因为它是在生产结束之后才存在的，而在生产进行之前并不存在。

如果没有生产成本的耗费，资本家就无法进行生产，也无从获取剩余价值，所以剩余价值是资本家以生产资本的形式预付的——预付资本中加入商品成本价格的部分和预付资本中不加入商品成本价格的部分共同产生剩余价值。与此同时，当剩余价值被看作全部预付资本的产物时，剩余价值便转化为利润形态。如果用P来表示利润，那么，公式W =

c + v+m或W = k + m就转化为W = k + p，即商品价值 = 成本价格 + 利润。

在此，我们看到利润的最初形式和剩余价值是一回事，但它具有一种神秘的形式，而且这种神秘形式必然会从资本主义生产方式中产生。由于成本价格的形成具有一种假象，掩盖了不变资本和可变资本之间的区别，因此生产过程中发生价值变化的起源，必然从可变资本部分转移到总资本上面。因为在一方面，劳动力的价格转化为工资的形式，所以在另一方面，剩余价值就转化为利润的形式。

商品出售的最低价格界限，由商品的成本价格规定。如果商品低于它的成本价格出售，生产资本中已经消耗掉的那些部分，就没法由出售价格得到补偿。这个过程一直持续的话，预付资本价值就会消失。因此，从这一点来说，资本家乐于把成本价格看作商品的真正内在价值。所以，在资本家面前，商品出售时实现的剩余价值，表现为商品的出售价格超过它的价值的余额，而不是表现为它的价值超过它的成本价格的余额。

投资者以其耗费的资本作为生产成本

所费资本转化为成本价格，是由资本主义生产方式的性质决定的。生产商品的实际耗费是指生产中全部物化劳动和活劳动的耗费，形成商品的价值；而生产商品的资本主义耗费则是指生产中耗费的不变资本和可变资本的价值。这两种耗费在量上是不等的，前者大于后者，二者的差额便是剩余价值。

资本主义生产的特殊性质，决定了资本家以其耗费的资本来计算生产商品的成本。资本家将生产资料和劳动力作为资本投入商品生产的过程中，他只花费了自己的资本而未花费自己的劳动。工人在进入生产过程后，只是被当作资本的一个要素发挥作用，他们的劳动耗费中的一部分，即用来形成m的部分，属于无酬劳动，无须资本家花费一文。因此，资本家只按其耗费的资本，即c＋v，来计算商品生产上的耗费。在他们眼里，商品的生产成本就是商品生产的实际耗费。所以，在资本主义生产条件下，商品生产的成本只能用资本的耗费来计算，而不能用劳动的实际耗费来计算。资本主义私有制决定了资本家是生产的主人，劳动者只是构成生产资本的一个要素，因此，成本价格只能反映资本的耗费，而不能反映劳动的耗费，剩余价值便表现为成本价格的产物。

所费资本转化为成本价格掩盖了不变资本和可变资本的区别，支出在劳动力上的可变资本和支出在生产资料上的不变资本是预付总资本的产物。因为生产成本这个范畴只是代表商品价值中消耗的部分，这部分价值的存在，是由于它作为预付资本早已存在。至于商品价值的形成过程以及资本的不同部分在剩余价值生产过程中的不同作用，就完全被掩盖了。在生产成本形式上，可变资本作为剩余价值的唯一源泉这个特殊作用被模糊了。而生产成本的形式上，只有固定资本与流动资本的区别明显地表现出来。而在流动资本中，转化为原材料的不变资本和转化为劳动力的可变资本被等同起来。可变资本在价值增值过程中的特殊作用被抹杀，似乎利润是由全部预付资本产生的，由此掩盖了不变资本与可变资本的区别，从而进一步掩盖了剩余价值产生的源泉。

成本价格对企业经营的影响

资本主义生产成本是生产单位商品所耗费的不变资本与可变资本之和，它对资本主义生产有着重大影响，其影响主要表现在两个方面：

一方面，成本价格不断得到补偿，是再生产得以持续进行的一个必要条件。由于生产成本代表了商品中所包含的资本耗费，必须通过出售商品来收回这部分价值，才能重新购买生产要素，继续进行生产。因此，成本价格必须不断在市场上买回商品生产中耗费的各种生产要素，才能使再生产进行下去。

成本价格是资本家盈亏的平衡点，利润是整个资本主义经济活动的出发点和轴心。资本家投资不是为了生产商品本身，而是为了追逐商品价值中包含的利润，这是他们从事商品生产的唯一目的。商品的成本价格与商品的价值之间存在差额——利润。如果资本家以商品价值将商品出售，就可以获得全部剩余价值；如果资本家以高于成本价格而低于商品的价值将商品出售，虽然无法得到全部剩余价值，但仍能获得部分利润。商品出售的最低价格由商品的成本价格决定，因此，生产成本是资本家出售商品的价格底线。以低于成本的价格出售商品，资本家就会亏本；以高于成本的价格出售商品，资本家就会盈利。

体力透支的矿工

为了最大化地追逐剩余价值，资本家不断地降低劳动成本。在资本家眼里，矿工只是会说话的牲畜，是生产剩余价值的机器，所以他们敲骨吸髓地榨取矿工的血汗，支付他们很低的工资，以节约劳动成本。矿工们一到矿山，就如跳进虎口，失去了人身自由，成为资本家的奴隶。图中，一名体力透支的矿工一走出矿井就昏沉沉地睡去。

另一方面，成本价格的高低是企业在竞争中胜败的关键。生产成本既然是商品价值的一部分，那么在商品价值与它的生产成本之间便有一个差额。一般说来，商品的成本价格是资本家出售商品的最低价，而价值则是其最高价，在两者之间可以有无数种销售价格。这就为资本家之间的竞争提供了可能。不同企业生产同种商品的生产成本各不相同，为了获取更多利润，他们不但通过市场提高商品的售价，还通过改进技术来降低成本价格。而一些成本较低的企业可以以高于生产成本而低于价值的价格出售商品，但这样一来就会对那些生产成本高的企业造成威胁。因此，每个资本家都会想方设法降低自己的生产成本。于是，低廉的生产成本便成为了市场竞争的基础。

利润率

剩余价值率转化为利润率

商品价值由生产商品所耗费的劳动量，即有酬劳动和无酬劳动的总和决定。但是对于资本家来说，商品成本只是他所支付的物化在商品中的那部分成本与有酬劳动，而商品中包含的剩余劳动，则无须他耗费任何东西。虽然剩余劳动和有酬劳动一样，需要工人付出劳动，且一样创造价值，并作为价值形成要素加入商品。资本家所获取的利润是这样来的：他可以出售自己没有支付分文的某种东西。剩余价值或利润，就是商品价值超过商品成本价格的余额，或者说，就是商品包含的劳动总量超过它包含的有酬劳动量的余额。因此，不管剩余价值从何而来，它都是一个超过全部预付资本的余额。如此一来，这个余额和总资本之间就会有一个比率，这个比率用分数可以表示为m/C，其中C代表总资本。接下来我们就能得到一个与剩余价值率m/v不同的利润率m/C = m/（c + v），由此，剩余价值率便转化为了利润率。如果用p'代表利润率，则利润率的公式可表示为：p' = m/C。

剩余价值率和利润率是同一个量的两种不同计算方法，前者是用可变资本来计算的，后者是用总资本来计算的。由于计算的标准不同，二者表示的是同一个量的不同比率或关系。利润率是剩余价值率的转化形式。剩余价值转化为利润与剩余价值率转化为利润率有着密切联系。但值得一提的是，应当从剩余价值率到利润率的转化引出剩余价值到利润的转化，而不是相反。实际上，利润率原本就是资本生产的出发点。

剩余价值转化为利润

剩余价值表现为资本家所耗费资本的增加额。随着不变资本价值和可变资本价值的转化，剩余价值就表现为成本价格的增加额。商品的价值原本是由不变资本、可变资本和剩余价值构成，其中剩余价值从可变资本中产生出来——资本家用可变资本购买劳动力，再通过劳动者的有酬劳动和无酬劳动，创造出劳动力价值和剩余价值。但是当不变资本和可变资本共同构成生产成本之后，剩余价值就表现为商品价值中除去生产成本以外的一个增加额，即资本家全部预付资本的产物。由于资本生产的唯一目的和决定性动机就是寻求最大利润。因此，每个资本家唯一关心的是剩余价值，即他出售自己的商品时所获取的价值余额，以及生产商品时所预付的总资本的比率，也就是利润率。而对于这个余额和资本的各个特殊组成部分的特定关系以及二者之间的内在联系，资本家不但不关心，甚至还将这种特定关系和这种内在联系正是自己的利益所在的本质加以掩盖。

其次，剩余价值还进一步表现为全部预付资本的增加额。因为资本家投入的资本虽然不是全部进入生产成本，但它们作为物质要素都参与到了剩余价值的生产过程中。这样，剩余价值也就表现为全部预付资本的产物，资本家生产剩余价值不仅要耗费不变资本和可变资本，而且全

帽子店

剩余价值从形成，再由货币到资本的转化，不能由卖者在商品价值以上售卖，也不能由买者在商品价值以下购买来说明，它不能从商品流通过程中产生，因为在商品流通过程中，商品买卖是按等价交换原则来进行的。图中，在帽子的交易中，并没有产生剩余价值。

部预付资本都要加入生产过程。于是剩余价值作为全部预付资本这一观念上的产物，就取得了利润的形态。

利润是剩余价值的转化形式，或现象形态，二者在本质上是相同的，但是当剩余价值转化为利润之后，它的来源就变得神秘化了。这并非人们的错觉，而是由一定的客观经济条件决定的。一方面，由于资本家预付的不变资本和可变资本采取的是生产成本的形态，这就掩盖了可变资本作为剩余价值的唯一源泉的真相，剩余价值也因此被看作全部资本的产物。另一方面，由于劳动力的价值采取了工资的形式，这就使得工人的全部劳动看似都得到了报酬。因此，剩余价值也不被认为是由劳动创造的，而成为资本乃至全部预付资本的产物，从而使得剩余价值的真正来源变得模糊不清。因此，当剩余价值被看作是全部预付资本的产物时，剩余价值就转化成了利润形态。可见，利润这一剩余价值的转化形式源于资本主义生产关系本身，同时它又掩盖了资本主义的剥削关系。

剩余价值率与利润率

利润率与剩余价值率的关系

剩余价值和利润属于同一种物质，利润率与剩余价值率是同一剩余价值量的不同计算方法。剩余价值率是剩余价值与可变资本的比率，利润率是剩余价值（利润）与总资本的比率，二者在量上必然有所差别。由于预付资本在量上大于可变资本，因此利润率总是小于剩余价值率。对此，我们不妨从纯粹的数学范畴进行证明：

总资本C为不变资本c和可变资本v的总和，生产出剩余价值m。我们将剩余价值m与预付可变资本v的比率m/v叫作剩余价值率，并用m'来表示，即$m/v = m'$，因而$m = m'v$。剩余价值m如果不是与可变资本v相对应，而是与总资本相对应，则叫作利润（p），而剩余价值m和总资本C的比率m/C，就叫作利润率p′。由此我们得到：

p′ = m/C = m/（c+v）。

如果用上述m的值m′v代替m，我们又将得到：p′ = m′v/C = m′v/（c+v）。这个方程式也可以表示为：p′：m′ = v：C；即利润率与剩余价值率之比，等于可变资本与总资本之比。

工人的奢望

为了最大限度地占有工人的劳动时间，获得更多的剩余价值，在资本主义生产方式下，资本家总是千方百计地压缩工人的休息时间。因此，"过劳死"现象非常普遍。像图中这样在劳动后休息的场面，对资本主义机器大生产时代而言，只是一种奢望。

从最后的方程式可以看出，利润率p′总是小于剩余价值率m′，因为可变资本v总是小于总资本C（即可变资本与不变资本之和）。其中似乎应该把v = C这种唯一的情形除外，然而，想要资本家完全不预付不变资本和生产资料，而只预付工资的这种情形根本不可能存在。

此外，我们还应考虑各种对c、v、m的大小有决定性影响的其他因素，如货币的价值、周转周期、劳动生产率、工作日长度、劳动强度和工资等。在诸多因素中，决定利润率高低的主要是剩余价值率和资本的有机构成[1]这两个因素。根据方程式，我们把v、c和C的各种可能的变

---

[1]资本的有机构成：资本的技术构成和资本的价值构成之间存在密切关系。资本的技术构成决定资本的价值构成，并通过价值构成表现出来。为了表现它们之间的关系，马克思把这种由资本技术构成决定并能反映技术构成变化的资本价值构成，叫作资本的有机构成，可用公式表示为c：v。

化情况都列举出来，最后我们将看到：当剩余价值率m′降低或者提高，利润率可以提高，可以降低，也可以不变；当剩余价值率m′保持不变，利润率可以提高，可以降低，也可以不变。因为只要v/c或v/C的比率发生了一点儿变化，利润率就会跟着发生变化。

其次，剩余价值率与利润率所反映的经济关系也不同。剩余价值率反映的是资本家对工人的剥削程度，体现了资本主义的剥削关系；利润率则反映的是预付总资本的增殖程度，掩盖了资本对雇佣劳动的榨取和剥削，表现为资本自身增殖的关系，剩余价值的真正来源被神秘化了。

周转对利润率的影响

周转时间或其包含的两个部分——生产时间和流通时间中的任何一个部分的缩短，都会增加生产的剩余价值量。由于利润率表示的是剩余价值量和参加剩余价值量生产的总资本的比率，因此以上时间的每一次缩短，都会提高利润率。

要想提高利润率，缩短生产时间和流通时间是最为有效的方法。缩短生产时间的主要途径是提高劳动生产率，也就是所谓的工业进步。在冶金工业和化学工业上的许多进步，确实是这样。比如，用煤焦油提炼茜素或茜红燃料的方法，利用现有的生产煤焦油燃料的设备，已经可以在几个星期之内就得到以前几年才能完成的结果。

此外，缩短流通时间的主要途径是发展交通事业，通过以上途径，世界贸易的周转周期已经有了相同程度的缩短，参与到世界贸易中的资本的活动能力也已增至二到三倍多。近50年的交通，已经发生了革命，堪比18世纪下半叶的工业革命。在陆地，碎石路已经被铁路排挤到次要地位；在海上，缓慢不定期的帆船已经被快捷定期的轮船逐步淘汰。并且，整个地球都布满了电报网。1847年，运往东亚的商品流通时间需要12个月，现在已经减少到12个周左右。这无疑将对利润率产生影响。

为了把总资本的周转对利润率的影响更加明晰地表示出来，我们就必须假定，用来作比较的两个资本的其他所有条件都相等。也就是说，除了要假定剩余价值率和工作日相等，还应特别强调假定资本的有机构成相等。假定资本A的构成为80c + 20v = 100C，剩余价值率为100%，资本周转为每年两次，那么，年产品价值为：160c + 40v + 40m。但是在求利润率的时候，我们是按照预付资本价值100来计算40m的，而并非按周转的资本价值200来计算。因此，p′ = 40%。

海上石油钻探船

利润是剩余价值的转化形式，利润率是直接影响资本家获利的重要标志。一个企业的资本有机构成与利润率有很大关系，而改进技术装备，降低商品的个别价值，也是提高利润的方式。在这方面，美国做得比较成功。因为地质研究和石油工业运用的钻探系统。正是因为美国在基础和运用科学方面投入巨资，所以美国才成为了技术革命的先锋。

现在我们将资本A和资本B = 160c + 40v = 200C相比较。资本B的剩余价值率一样为100%，但其资本周转为每年一次。这样，我们将看到资本B的年产品和资本A的年产品价值是一样的，同为160c + 40v + 40m。但此处的40m须按预付资本200来计算，那么利润率就只有20%，只有资本A的利润率的一半。

由此可见：在资本有机构成、剩余价值率和工作日都相等的情况下，两个相比较的资本的利润率与它们的周转时间成反比。周转时间的缩短对剩余价值的生产，进而对利润生产的直接影响在于，可以使可变资本部分因此而提高效率。

最后我们总结出：周转对利润率的影响是不容小觑的。虽然预付总资本数量相同，但利润率会随着资本周转与资本家获得剩余价值量的不同而改变，利润率的高低与资本周转时间成反比。在其他条件不变的情况下，资本周转时间越短，同量资本在一年中所生产的剩余价值量就越多，年剩余价值率就越高，年利润率也相应越高；反之，年利润率就越低。

不变资本和价格变动

不变资本的节约程度影响利润率

不变资本也是影响利润率的因素之一。造成不变资本的节约，进而提高利润率可以从以下几个方面着手：

一是通过延长工作日来节约固定资本，提高利润率。在可变资本不变，即用相同的名义工资雇用的工人人数不变的情况下，延长工作日，不但可以增加绝对剩余价值的生产，还将相对减少不变资本的支出。因为工作日的延长，只会要求增加不变资本中购买原材料部分的支出，而不会使不变资本的固定部分即工厂建筑物、机器等有额外的支出，不管是工作16小时，还是12小时，这部分的支出都将保持不变。有整整一系列经常的非生产费用，不论工作日长短，都几乎是一样或完全一样的。500个工人在18个劳动小时内所需的监督费用，比750个工人在12个劳动小时内所需的监督费用要少。"一个工厂工作10小时和工作12小时的经营费用几乎是一样的。"（《工厂视察员报告》，1848年10月）这样一来，与没有延长工作日的场合相比，延长工作日的场合在同量利润的生产上，不变资本的支出减少了，利润率却提高了。除此之外，延长工作日还可以节省各项非生产费用，如监督费用、国税、地方税、保险费、常雇工人工资、机器的贬值等费用。因此，现代工业制度下不断增长的增加固定资本的必要性，便成了贪利的资本家延长工作日的一个主要动力。

二是由大规模的社会劳动而产生的不变资本的节约。在协作劳动或社会劳动中，生产资料因为被工人共同消费而产生了使用上的节约。也可以说是由于生产资料作为社会劳动的条件而引起了它在使用上的节约。而从机器生产的角度出发，发动机、传动机和工作机的费用，都不会同它们的可能的作用范围按相同的比例增加。由于生产资料的集中，还能相对节省各种建筑物和燃料照明等的费用。然而，这种由生产资料的集中及其大规模应用而产生的节约，都是以劳动的社会结合这一重要条件为前提，也都来源于劳动的社会性质，甚至在此可能进行和必须进行的不断改良，也来自于结合的总体工人的社会劳动所提供的实践经验。此外，社会劳动所产生的生产资料的节约还表现在使生产的排泄物重新转化为新的生产要素。具体指的是将工厂的废料再次利用起来，不过前提是这种废料必须作为共同生产的废料，即大规模生产的废料，否则对生产过程毫无意义。如此一来，被再次利用起来的废料就不用计入必要的损失中，而是通过其价值总额降低了原料的费用。因此，在可变资本和剩余价值率不变的情况下，不变资本这一部分费用的减少，势必使利润率得到相应的提高。

三是技术的进步和劳动生产力的提高所产生的不变资本的节约。在

码头

利润率受不变资本节约程度和商品价格的影响。而不变资本的节约程度又会影响总预付资本的数量，总预付资本的增加则将导致利润率的减少。因此，性能优良的运输设施和发达的交通网络，会缩短商品流通时间，提高利润率。如图所示，码头的出现，在很大程度上缩短了商品流通时间，提高了利润率。

资本主义生产中，不变资本价值的减少并不会减少剩余价值量，而不变资本价值的减少不光与本部门的社会劳动规模有关，还与向它提供生产资料的部门的产品状况和劳动生产率有关。而提供生产资料的部门主要通过机器的不断改良和劳动生产力的发展两个方面造成不变资本的节约。

四是不变资本本身使用上的节约。提高利润率，除了通过不变资本劳动上的节约之外，还可以通过不变资本本身使用上的节约来实现。一个资本在本部门的节约来源于两方面：一方面是工人有酬劳动的减少；另一方面是使用生产资料的最大节省。即在一定的生产规模之上，用最少的费用来实现对他人无酬劳动的最大限度的占有。这种节约的范围包括：使工人挤在一个狭窄的有害健康的场所，用资本家的话来说，这叫作节约建筑物；把危险的机器塞进同一些场所而不安装安全设备；对于那些按其性质来说有害健康的生产过程，或者对于像采矿业中那样有危险的生产过程，不采取任何预防措施，等等。不变资本这部分的节约，要么直接由本部门的协作劳动产生，要么由机器的效率快于价值的增加所引起。

五是靠牺牲工人而实现的劳动条件的节约。为了通过节约工人的能动生活过程的条件来达到提高利润率的目的，资本家无情地牺牲工人的健康和生命来进行节约。就工人而言，工作日的不断延长，工作场所的封闭狭窄，安全设备的匮乏，以及劳动条件的恶劣，都对他们的健康和生命造成了严重的危害。然而单个的资本家却将牺牲工人作为提高利润率的手段，并不遗余力地执行到底。1860年前后，在英国的煤矿中，平均每周有15人死亡。根据《煤矿事故》的报告（1862年2月6日），在1852—1861年近10年内，共死亡8466人。"在煤矿主之间……盛行竞争的情况下，除了为克服最明显的肉体上的困难所必需的费用外，不再花别的费用；在煤矿工人（他们的人数通常总是过多）之间存在竞争的情况下,煤矿工人情愿冒极大的危险,忍受最有害的影响,为的是挣得比附近的农业短工略高的工资。此外,还因为矿山劳动能使他们的儿女找到挣钱的机会。这种双重竞争……使大部分煤矿只有极不完善的排水设备和通风设备;往往是竖井建造得很差,支架很糟,机械师不够资质,坑道和车道设计修建得不好;结果是生命、肢体和健康遭到损害,关于这方面的统计,展示出一幅令人不寒而栗的景象。"(《矿山童工调查委员会的第1号报告》,1829年4月21日)

利润率受价格变动的影响

原料价格的变动对利润率有着直接影响。首先必须说明的是,我们此处研究的原料,并非指作为劳动资料来执行职能的机器所用的原料和使用机器时所需的辅助材料,而是指加入到商品生产过程中的原料。根据利润率为m/C或$m/(c+v)$可知,一切使c的大小并进而使C的大小发生变化的东西,即便在m和v及其相互间保持比例不变的情况下,也会使利润率发生变化。而原料是作为不变资本的一个主要部分而存在的,哪怕是在不使用真正原料的产业部门,原料也会充当辅助材料或机器的组成部分而加入到生产过程中,这样,原料的价格波动便会相应地影响利润率。如果原料的价格降低了,降低数额为d,那么,m/C或$m/(c+v)$就变为$m/(C-d)$或$m/(c-d+v)$;因而利润率随之提高。反过来,如果原料价格提高了,提高数额为d,那么,m/C或$m/(c+v)$就变为$m/(C+d)$或$m/(c+d+v)$,因而利润率就会随之降低。因此,在其他条件不变的情况下,利润率的高低和原料的价格成反比。

所以,废除或减轻原料关税,对工业发展有重要的意义。让原料尽可能自由地输入,已经成为发展更合理的保护关税制度的重要原则。这一点和废除谷物关税一样,是英国自由贸易派的主要目标,他们同样特别关心废除棉花关税。

"大工厂主、精打细算的实业家都说,谷物关税一旦废除,每天劳动10小时就足够了。"(《工厂视察员报告》,1848年10月)谷物关税废除了,棉花和其他原料的关税也废除了。但是这个目的刚一达到,工厂主们反对十小时工作日法案的劲头比以前任何时候都更大了。此后不久,当十小时工厂劳动终于定为法律时,由此产生的第一个结果就是企图普遍降低工资。

除原料价格变动之外,对利润率有影响的还有资本的增值和贬值,以及资本的游离和束缚。增值和贬值的意思是不言自明的,它们不外乎就是指现有资本由于某些一般的经济情况,在价值上增加或减少了,也就是说,预付在生产中的资本,撇开它所使用的剩余劳动造成的增值不说,在价值上提高或降低了。我们把资本的束缚理解为:当生产要按照原有的规模继续进行时,产品总价值中的一部分必须重新转化为不变资本或可变资本的各种要素。把资本的游离理解为:当生产要在原有规模的限度内继续进行时,产品总价值中必须再转化为不变资本或可变资本的部分,现在成为可以自由支配和多余的了。资本的这种游离或束缚和收入的游离或束缚不同。如果一个资本C的年剩余价值等于X,那么由于资本家所消费的商品便宜了,现在用X-a就能获得和以前一样多的享受品。因此,一部分收入a就会游离出来,它可以用来扩大消费,或者再转化为资本。

如果工资因为劳动力价值降低而降低了,那么以前投在工资上面的资本就有一部分游离出来。这就是可变资本的游离。这对新投入资本的影响是:这个资本在执行职能时具有的剩余价值率会提高。它可以用比过去少的货币推动和以前一样多的劳动。但是对于已经使用的资本来说,不仅剩余价值率会提高,而且以前投在工资上面的资本的一部分还会游离出来。过去这个部分被束缚起来,形成一个经常存在的部分,如果企业按原有规模经营,这个部分就要从出售产品所得的货款中扣出,投在工资上面，作为可变资本执行职能。现在，这个部分可以自由支配，因而可以当作新的投资来利用——或者用来扩大同一企业，或者用在另外一个生产部门。

由可变资本的游离产生利益和由可变资本的束缚造成的损失，只有对已经投入生产并且是在一定关系下进行再生产的资本来说，才是存在的。对于新投入的资本来说，利益和损失这两方面，只涉及剩余价值率的提高或降低，以及利润率相应的不成比例的变动。

一般的例证：1861—1865年的棉业危机

1845年，棉纺织业的兴盛时期，棉花价格很低，关于这一点，伦·霍纳曾经说过：

"最近8年，我没有看到过像去年夏秋两季那样活跃的营业时期。特别是棉纺业。整整半年，我每周都收到有关工厂有新投资的报告，或者是建立了新的工厂，或者是少数闲着的工厂找到了新的承租人，或者是正在生产的工厂扩大了，安装了新式的马力更大的蒸汽机，增加了工作机的数量。"（《工厂视察员报告》，1845年10月）

1846年，怨言开始出现了。"很久以来我就从棉纺织厂主那里听到了对营业不振的十分普遍的怨言……最近6周有些工厂开始缩短劳动时间，通常是每天劳动8小时而不是12小时；这种情况看来还在发展……棉花价格大大上涨了……"（《工厂视察员报告》，1846年10月）

对原料需求的增加和市场制成品的充斥，二者自然是齐头并进的。附带说一下，当时产业的扩大和随之而来的停滞，并不限于棉纺织业区。梳毛区和亚麻纺织业的情况也是如此。"这一切在最近10年都多少助长了市场商品过剩，现在的营业停滞大部分归咎于此……在工厂和机器如此急速增加之后，自然会出现营业不振的状态。"（《工厂视察员报告》，1846年10月）

1847年10月发生了货币危机，贴现率8%。在此以前，铁路投机和东印度公司证券投机已经失败。1849年，自1848年最后几个月起，营业好转了。1848年11月，1849年5月和夏季，直到10月，营业越来越兴旺。1850年4月，营业还是很活跃。1853年4月，大繁荣，伦·霍纳说：

"17年来，我因职务关系，对兰开夏郡工厂区的情况有所了解，我从来没有看到过像现在这样普遍繁荣的景象，一切部门都异常活跃。"（《工厂视察员报告》，1853年4月）

1853年10月，棉纺织业萧条，"生产过剩"。1859年，"苏格兰亚麻纺织业的营业状况仍然不振……"

1861—1864年，美国南北战争，发生了棉荒，生产过程由于原料缺乏和昂贵而中断。1861年4月，"目前营业已经不振……少数棉纺织厂缩减了劳动时间，许多丝织厂只是部分开工。原料昂贵，几乎在每一个纺织业部门，原料价格都超过了广大消费者能够承受的程度。"（《工厂视察员报告》，1861年4月）

现在很清楚，1860年棉纺织业已经生产过剩，由此产生的后果在以后几年还可以感觉到。1861年初，兰开夏郡某些地方的动力织机织工举行了罢工。有些工厂主宣布要降低工资5%～7.5%；工人坚持工资率要保持不变，但劳动时间可以缩减。这个要求遭到了拒绝，于是罢工就发生了。一个月后，工人不得不让步。现在他们得到了两个结果：

"除了工人最后同意降低工资以外，许多工厂现在还缩减了劳动时间。" 1862年4月，"从我上次提出报告以来，工人的痛苦大大加深了；但在产业史上工人从来没有表现出这样的沉默退让和这样的容忍克制，来忍受如此突然和深重的痛苦。"（《工厂视察员报告》，1861年4月）1862年10月，在兰开夏郡和柴郡的棉纺织业工人中，当时充分就业的有40146人，占11.3%；半就业的有134767人，占38%；失业的有179721人，占50.7%。如果在这里去掉有关曼彻斯特和博尔顿的统计数字,那么情况就更不妙,充分就业的占8.5%,半就业的占38%,而失业的占53.5%。"(《工厂视察员报告》,1862年10月)

1863年4月,"今年,棉纺织业工人中能充分就业的将只稍多于二分之一。现在,各工厂都不得不使用东印度棉,这造成了非常严重的恶果,使机器的速率必须大大降低。……许多场合,工人的工资减少了5%,7.5%或10%……"(《工厂视察员报告》,1863年4月)甚至在做全日工的地方,工资也少得可怜。

1864年4月,"各地区都可以偶尔听到工人短缺的怨言,这主要是发生在像织布业这样一些部门……这种怨言之所以产生,固然是工人在某种程度上确实不够,但也由于工人所能得到的工资太低,而这又是使用的棉纱质量太差造成的。上月,某些工厂主同他们的工人之间由于工资问题发生了多次争议。我很遗憾,罢工发生得太经常了……"(《工厂视察员报告》,1864年4月)

从危机开始到1863年3月25日,济贫所、中央救济委员会、伦敦市政厅发放的款项已近300万镑。而工人所住的小屋房租正在下跌,如果小屋归工厂主所有,房租就要从工资中扣除。随着就业困难及工资的下跌,许多工人已经开始外迁。工厂主们当然反对工人外迁,因为他们在等待棉纺织业情况好转。另外,许多工厂主就是所雇工人居住的小屋的房主,他们无疑打算以后能够把积欠的一部分租金收回来。

贝尔纳·奥斯本先生于1864年10月22日在议会选举期间向他的选民发表的演说中讲道:兰开夏郡的工人像古代哲学家(斯多亚派)一样行事。不就是说像绵羊一样吗?

第二章　利润转化为平均利润

古典经济学家没有将剩余价值和利润、利润和平均利润、价值和生产价格加以区分，所以无法解决由于资本增量与存量的投入使生产大幅增加，直至出现供过于求，该部门商品的价格大幅度下降，从而引起利润率的下降；而利润率较低的生产部门，由于资本增量很少光顾，资本存量大量转移，生产大量缩减，最终出现供不应求，从而引起价格上涨，利润率提高。

不同生产部门利润率的差别

当劳动的剥削程度不变，利润率会随着不变资本的各个组成部分的价值变化和资本周转时间的变化而变化。由此可知，在其他条件不变的情况下，不同生产部门耗费的资本的周转时间不同，或这些资本的有机组成部分的价值比率不同，那么，同时并存的不同生产部门的利润率就会不同。由于周转时间不同和资本有机构成的差别，各部门资本的利润率也有所不同，这是一个值得研究的问题。不同部门存在的不同的资本有机构成和不同的资本周转速度，是由各部门的劳动对象、生产技术水平及企业间竞争共同造成的一种客观存在。当剩余价值率不变时，不同部门的利润率水平存在着差别。

资本在有机构成上的差别

接下来,我们考察不同生产部门由资本有机构成高低引起的利润率差别,以及由此引发的部门之间的竞争。投在工资上的可变资本的价值只是它所推动的活劳动的指数,而它所推动的活劳动量总是大于它所包含的劳动量。各部门资本有机构成不同,利润率也不同,因为在不同的资本有机构成中,所包含的可变资本部分也不相同,因而所推动的活劳动量,以及它们所占有的剩余劳动量,即剩余价值进而利润量也不同。在不同的生产部门,总资本各个相等的部分,包含着剩余价值大小不等的源泉,而活劳动是剩余价值唯一的源泉。在劳动剥削程度相等的情况下,资本所推动的劳动量,它所占有的剩余劳动量,由它的可变组成部分的大小来决定。此外,由于不同生产部门按百分比考察的资本(或等量资本),是按不同的比率分为不变资本和可变资本,它们所推动的活劳动量并不相等,因此所创造的剩余价值的利润也不相等。这样一来,它们的利润率,即剩余价值与总资本的百分比也不相同。

伦敦贝克尔餐馆

在不同的生产部门,资本的有机构成不同,它们所推动的活劳动量也不同,相应地,它们所造成的剩余价值量也不同。而等量资本所投的生产部门不同,利润率也不同。在众多生产部门中,食品工业的利润率相对较高。图为伦敦以烹调鸡肉而闻名的贝克尔餐馆。

以上论述建立在商品按其价值出售的前提下。商品的价值由该商品中包含的不变资本的价值,以及该商品中再生产的可变资本的价值和这个可变资本的增长额,即所生产的剩余价值组成。当剩余价值率相等,剩余价值量便取决于可变资本量。我们以三类不同的生产部门:机械工

生产

食品工业是从手工作坊开始起家的。由于操作技术决定产品的质量和数量,因此手工操作的生产效率极其低下。机器出现后,手工操作变得简单。但工人的工资却不随着产品数量的增加而提高,除去不变资本的消耗与工资等可变资本,资本家的利润率高出很多。图中,那不勒斯的两位工人正在操作空心面机。

业、纺织工业和食品工业为例,它们的资本有机构成分别为高、中、低三个等级,剩余价值率均为100%,这三个部门均投入等额资本100镑,产出商品按价值出售。

从下面图表中可见,等量资本投在资本有机构成不同的生产部门中,其利润率水平截然不同。其中,资本有机构成较高的生产部门的利润率水平较低;资本有机构成较低的生产部门的利润率水平则较高;中位资本有机构成的生产部门的利润率则属于平均水平。等量资本获得不同的利润,这与资本家要求等量资本获得等量利润相矛盾。这必然导致不同部门之间的竞争,即资本在不同部门间的转移。这种转移包括资本增量投向利润率高的部门和资本存量由利润率低的部门投向利润率高的部门两个方面。在此例中,投资于机械工业的资本家当然不会满足于10%的利润率,他们将资本存量从机械工业中抽出相当部分,然后投向食品或纺织部门,从而形成新的投资并获取更高的利润率。

部门		资本			m′	m	商品价值	p′
		c	v	c+v				
低位构成	食品	70	30	100	100%	30	130	30%
中位构成	纺织	80	20	100	100%	20	120	20%
高位构成	机械	90	10	100	100%	10	110	10%
总 计		240	60	300	—	60	360	—

然而，资本在不同部门之间转移，致使利润率较高的生产部门由于资本增量与存量的增加而使生产大幅增加，直至出现供过于求，此时，该部门商品的价格大幅度下降，利润率也随之下降。相反，利润率较低的生产部门，却因资本增量减少，存量被大量转移而致使产量大幅缩减，直至出现供不应求，从而引起价格上涨，利润率随之提高。这种此消彼长的状况会持续一段时间，直到各个部门的利润率大体上平均为止。

使上述部门能够按照一般利润率实现等量资本获得等量利润。各部门间资本转移后的情况如下表所示：

部门		资本			m′	m	商品价值	p	p′	平均利润率	平均利润
		c	v	c+v							
低位构成	食品	70	30	100	100%	30	130	20	30%	20%	20
中位构成	纺织	80	20	100	100%	20	120	20	20%	20%	20
高位构成	机械	90	10	100	100%	10	110	20	10%	20%	20
总 计		240	60	300	—	60	360	60	—		60

资本有机构成低或周转速度快的生产部门，利润率较高；资本有机构成高或周转速度慢的生产部门，利润率则低，从而使各部门的利

润率存在差别。上述例子中的机械、纺织和食品三个生产部门，除了资本有机构成不同外，其他条件都相同，其资本构成分别为：90∶10、80∶20、70∶30。每个部门投入的资本都为100，剩余价值率都为100%，并假定全部不变资本在某个生产过程中都转移到商品价值中去。由于资本有机构成不同，三个部门生产的商品价值也不同：机械部门为110，纺织部门为120，食品部门为130。如果商品按价值出售，它们的利润率则分别为10%、20%和30%。由此可见：在不同生产部门投入等量的资本，得到的利润并不是等量的。

资本周转时间的差别

除了资本的有机构成不同以外，即除了等量资本在不同生产部门将推动不等量劳动，从而在其他条件相同的情况下将推动不等量剩余劳动以外，造成利润率的不等还有另外一个源泉，那就是不同生产部门资本的周转时间不同。前面的章节中我们提到，在资本构成相同且其他条件也相同的情况下，利润率和周转时间成反比；与此同时，如果同一可变资本的周转时间不同，它生产的年剩余价值量也就不等。因此，周转时间的差别是在相等时间内，等量资本在不同生产部门生产出不等量利润的另一原因也是这些不同生产部门利润率不等的另一原因。

资本周转时间的长短取决于生产时间和流通时间的长短。从生产方面来说，生产时间取决于劳动时间的长短和是否遭受自然力的作用，一般来说，造船业比纺织业的生产时间长，造林业因受自然力作用的限制，生产时间比较长。此外，生产时间的长短，还取决于技术设备、经营管理和劳动生产率水平的高低。从流通方面来说，流通时间取决于原料燃料产地、销售市场的远近，距离越近，便越节省流通时间；它同时还取决于交通运输、通信设备以及信息网络系统的先进程度，这些条件越先进，便越节省流通时间。

当固定资本和流动资本的不同比率引起了实现一定量利润所需的周转时间的差别时,便将对利润率产生影响。然而,周转时间的差别本身,只有在影响同一资本在一定时间内所能占有和实现的剩余劳动量的情况下才有意义。

一般利润率的形成与平均化

由于投在不同生产部门的资本有着不同的有机构成,换言之,由于等量资本按可变部分在一定量的总资本中占有不同的百分比而推动不等的劳动量,等量资本因此占有不等的剩余劳动量,也可以说成是生产不等的剩余价值量。因此,不同生产部门中占统治地位的利润率,原本就是极不相同的。这些不同的利润率,通过竞争而平均化为一般利润率。所谓一般利润率,就是所有这些不同利润率的平均数。而按照这个一般利润率归于一定量资本的利润,即为平均利润。

利润率平均化是资本的必然要求

资本的逐利本性要求等量资本无论投入哪个部门,都要获得等量利润。利润既然表现为预付总资本的产物,它在数量上也就要同全部资本相联系。等量资本要求获得等量报酬,这是资本的必然要求。如果资本有机构成高、周转速度慢的部门长期只能获得较低的利润率,那么,其资本所有者便将放弃经营这个部门。反过来,如果资本有机构成低、周转速度快的部门恒定地获得高额利润率,那么,除了其原有的资本所有者将继续投资以外,还有更多的跨行资本家竞相投资这些部门。而随着资本的大量涌入,这些原本利润率高的部门便会出现生产超过需求的局面,利润率也将随之下降。反观原本利润率低的部门,由于资本的减少造成生产的减量,从而出现产品供不应求的局面,利润率也随之提高。

如此一来，又会引起资本的反向运动，这种运动的直接结果，就是导致利润率的平均化。

利润率通过竞争实现平均化

部门生产的目的具有唯一性——实现利润最大化。追求利润是资本的本能，这一本能决不允许资本投在利润率较低的部门，而必然趋于投向利润率高的部门，这就造成利润率高的部门与利润率低的部门之间展开争夺利润的竞争。

真正困难的问题是：利润到一般利润率的这种平均化是怎样进行的，因为这种平均化显然是结果，而不会是起点。这里面的困难是由这样一个事实产生的：商品不只是当作商品来交换，而是当作资本的商品来交换。这些资本要求从剩余价值的总量中分到和它们各自的量成比例的一份，或者在它们的量相等时，要求分到相等的一份。一定资本在一定时间内生产的商品的总价格，应该满足这种要求。然而这些商品的总价格，只是资本所生产的各个商品的价格的总和。

不管价格是怎样调节的，我们都会得到如下的结论：

其一，价值规律支配着价格的运动，生产所需的劳动时间减少或增加，会使生产价格降低或提高。

其二，决定生产价格的平均利润，必定总是同一定资本作为社会总资本的一个相应部分所分到的剩余价值量接近相等。

竞争首先在一个部门内实现，是使商品的不同个别价值形成一个相同的市场价值和市场价格。但只有不同部门的资本竞争，才能形成那种使不同部门之间的利润平均化的生产价格。这要求资本主义生产方式有更高的发展。例如，机械工业部门利润率较低，为了获取更高的利润率，其资本所有者会将资本从本部门转移到利润率高的食品工业部门。随着投入食品工业部门的资本的增加，其产量也相应增加。在需求不变的情况下，该部门就会造成供过于求的局势，以至价格下跌，利润率下降。而机械工业部门则由于原有资本被部分转移，产量下降，产品供不应求，价格上涨，利润率跟着提高。当机械部门的利润率上升至高于食品部门时，资本又会从食品部门投向机械部门。这种循环就使利润率趋于平均化。

由此可知，一般利润率是资本为争夺有利投资场所而展开竞争的结果，我们将这一过程表示为：资本转移→资本在各部门分配比例发生变化→各部门生产比例发生变化→商品供求关系发生变化→商品价格变化→利润率变化。直到各部门的利润率趋于平均化，部门竞争才逐渐停止。

早期的汽车俱乐部

影响利润率的因素很多，资本有机构成的比例、资本周转速度等，都可以导致利润率的变化。在等量资本获得了不同利润时，就会导致资本在不同部门之间的转移。资本家会把资本存量投向利润率高的部门，结果是，利润率高的部门由于生产大大增加，供过于求，导致价格下降，而其他部门则与此相反。但早期的汽车行业是个特例。由于汽车生产成本高，其产量一般不会出现供过于求的局面，因此价格也一直居高不下。图为早期的汽车俱乐部。

影响一般利润率的因素

一般利润率就是将社会资本看作一个整体时所得到的利润率，即剩余价值总额与社会总资本的比率。各个部门的不同利润率转化为一般利润率，也并非利润率的绝对平均化，它仅是经济活动中存在的一种趋势。对于一般利润率的形成，除了要考虑到不同生产部门利润率的差别，求出它们的简单平均数外，还要考虑到不同利润率在平均数形成上所占的比重。而这取决于投在每个特殊部门的资本的相对量，即取决于投在每个特殊生产部门的资本所占社会总资本的比重。总资本中，由较大或较小的部分提供较高或较低的利润率，差别肯定很大。而这又取决于资本投在可变资本在总资本中所占比例较大和较小的部门的比重。这实际上和高利贷者计算平均利息率是一样的。高利贷者按照不同的利息率，如4％、5％、6％、7％等，贷出不同的资本。而平均利息率则完全以他按各种利息率贷出的资本量而定。一般利润率取决于两个因素：一是不同生产部门的资本有机构成不同，造成各个部门具有不同的利润率。它们的利润水平越高，一般利润率就越高。二是社会总资本在这些不同生产部门中的分配，即投在每个特殊部门，因而获得特殊利润率的资本的相对量；也就是每个特殊生产部门在社会总资本中吸收到的相对份额。社会总资本分配到资本有机构成低的部门的比重越大，一般利润率越高；社会总资本分配到资本有机构成低的部门的比重越小，一般利润率就越低。这表明，一般利润率不是各部门不同利润率的简单平均值，而与社会总资本在不同部门中所占的比重有着密切关系。

生产价格规律并没有否定价值规律

商品的生产价格，由部门平均生产成本和社会平均利润构成，是价值的转化形式。生产价格形成以后，市场价格将围绕生产价格而上下波动，市场价格的这种波动与价值产生了一定程度的背离，但并不是对价值规律的否定，而是价值规律作用的表现形式发生了变化。这是因为：

第一，价格的偏离始终以价值为基础，即价格始终围绕价值上下波动，其波动的幅度受到价值的制约。

第二，从个别部门来看，资本家获得的平均利润可能和工人创造的剩余价值有量的差异；但从全社会来看，被资本家占有的全部平均利润的总和与全部工人所创造的剩余价值总额相等。

第三，从个别部门来看，价值与生产价格在量上有差异；但从全社会来看，生产价格总额等于价值总量。

第四，生产价格的变动，最终取决于生产商品的社会必要劳动时间的变化，生产商品的社会必要劳动时间减少，商品的价值量就会降低，生产价格随之下降。因此，价格围绕价值上下波动并不是对价值规律的否定，而是价值规律作用的表现形式发生变化的结果。

生产价格在价值的基础上形成

汽车啤酒站

商品的价格以价值为基础，生产价格的变动，取决于商品的价值，即生产价格的社会必要劳动时间的变化。同一件商品，在不同的地方价格会有所不同，因为到商品交换时为止，它们所花费的社会必要劳动时间和加入商品的社会价值不同。图中，汽车啤酒站的女郎们所推销的啤酒与便利店的啤酒价格是不同的。

生产价格以价值为基础，生产价格的变动受价值变动的制约。生产价格的变动取决于商品价值即生产商品的社会必要劳动时间的变动，因为无论是成本价格还是平均利润的变化，归根到底都是商品价值的变化，即商品中耗费的活劳动和物化劳动的变化。价值的变化会反映到生产价格的变化上，价值量的增减也影响着生产价格的波动。

一般而言，一般利润率的变动是非常缓慢的，因为生产价格的变化主要受成本价格和生产要素价值的变化的影响。这种变化要么由生产要素部门缩短社会必要劳动时间引起，要么由本部门技术结构变化引起。

从全社会来看，利润量等于剩余价值量，生产价格的总量等于价值量。市场价格围绕生产价格上下波动，这是价值规律作用的表现形式发生了变化。生产价格的确定及其变动归根到底是由生产商品的社会必要劳动时间决定的。

商品价值转化为生产价格

生产价格的形成以一般利润率的形成为前提,一般利润率的形成过程即生产价格的形成过程。随着利润转化为平均利润,商品的价值也转化为生产价格,生产价格由生产成本加平均利润构成。在资本有机构成低的生产部门,商品生产价格小于商品价值;在资本有机构成高的生产部门,商品生产价格大于商品价值;在中等资本有机构成的部门,商品生产价格等于或基本等于商品价值。

那么,商品价值是如何在利润率平均化的基础上转化为生产价格的呢?

生产价格的形成以利润转化为平均利润为前提

生产价格以一般利润率的存在为前提。而只有不同部门的资本产生竞争,才能形成一般利润率,也只有在一般利润率的基础上,商品价值才能转化为生产价格。随着一般利润率的形成,利润转化为平均利润,价值便转化为生产价格。而这个一般利润率,是以每个特殊生产部门的利润率已经分别化为相同的平均率为前提。这些特殊的利润率在每个生产部门都为m/C,并且它们必须从商品的价值中引申出来。如果没有这样的引申,一般利润率就是个毫无意义的概念。因此,商品的生产价格,等于商品的成本价格加上平均利润。我们用一个500的资本来举例说明。假定在这500的资本里,有100的固定资本,400的流动资本,并且在流动资本的每一个平均利润为10%的周转期间内,固定资本的损耗为10%。这样,在单个周转期间内生产的产品的成本价格便为:固定资本的损耗10c + 流动资本400(c+v)= 410,生产价格则为:成本价格410 + 平均利润50(500×10%)= 460。

生产价格是价值的转化形式

生产价格等于商品的成本价格加上平均利润。其中，生产成本原本就是商品价值的一部分，而平均利润则是剩余价值在各个部门之间重新分配的结果，最终将归结为剩余价值。因此，生产成本并未脱离价值，而是在价值的基础上形成的，是价值的转化形式。价值的变动会引起生产价格的变动。商品价值中不变资本和可变资本的变动，将引起生产成本的变动，剩余价值的变动又将引起平均利润率的变动。个别部门产品的生产价格可以高于或低于价值，其差额即为平均利润与剩余价值的差额。但是，一些部门的平均利润高于剩余价值的部分，正是另一些部门的平均利润低于剩余价值的部分。总之，平均利润总额与剩余价值总额是相等的。因此，从全社会角度来看，生产价格总额与价值总额也是相等的。

劳动中的工人

商品的价格包括生产成本和平均利润。平均利润是一个常数，而商品的生产价格则是企业发展与否的关键。因此，资本家总会在生产成本上花费心思。生产成本又与工人的素质、劳动时间和强度、设备的先进与否有很大关系。图中，这些工人的素质越高，劳动时间越长，劳动强度越大，车间的设备越先进，资本家的生产成本就越低，利润也就越高。

生产价格和价值的区别

生产价格和价值的区别在于：从质上看，生产价格只同资本相联系，同活劳动没有联系；而价值同工人的活劳动直接联系。从量上看，生产价格经常和商品价值不一致，因为一般利润率形成后，不同部门得到的平均利润不一定与本部门生产的剩余价值刚好相等。

商品的价值由社会必要劳动时间决定，价格则是围绕价值波动的市场定价。价值规律让位于生产价格规律。价值转化为生产价格后，价值规律作用的形式发生了变化，转化成为生产价格规律。这种变化体现在两个方面：一是商品的交换不再以价值而是以生产价格为基础进行，生产价格成为商品交换的基础和调节商品价格的轴心；二是由于供求关系发生变化，市场价格不再围绕价值而是围绕生产价格上下波动。

平均利润形成与市场

剩余价值转化为利润，只是形式的差别，而没有量的差别。但是当利润转化为平均利润以后，量的差别就出现了，也正是这种差别，将利润的真正性质及起源掩盖起来。

平均利润率形成以后，虽然平均利润与剩余价值在总量上仍然相等，但就某一个特殊生产部门来说，它实际获得的平均利润与它所创造的剩余价值在量上已经有所背离，即平均利润不等于剩余价值，各部门资本家获得的利润量与该部门所生产的剩余价值量也不相等。从整个社会来看，平均利润的形成实际上是全社会的剩余价值在各部门资本家之间重新分配的结果。

剩余价值转化为利润，掩盖了其真正来源

剩余价值转化为利润，二者之间的差别只与质的变化和形式的变换有关，它们在量上是同一的。换言之，在剩余价值与利润的转化的第一阶段上，量的差别尚且存在于利润率和剩余价值率之间，而并未存在于利润和剩余价值之间。

然而，一般利润率的形成，从而有平均利润的形成，使情况变得不同了。现在，只有在极其偶然的情况下，在同一个特殊的生产部门里实际生产的剩余价值或利润，才会与商品市场价格中包含的利润相等。此时，在各个特殊的生产部门内，不管平均利润率和剩余价值率，还是平均利润和剩余价值，通常也都存在实际的量的差别，并完全掩盖了利润的真正性质和起源。对于在这一点上盲目自欺的资本家来说是这样，对工人也是一样。因此，资本主义的剥削关系也随之被掩盖。

价值转化为生产价格，是商品经济高度发展的产物

如前两卷所提到的，价值和生产价格是两个既不相同又紧密联系的经济范畴，不管是从理论上还是历史上，价值都先于生产价格，价值是价格的基础，二者都是在商品交换过程中导致商品的市场价格所围绕着上下波动的中心。

市场价格围绕价值上下波动和围绕生产价格上下波动，是商品经济的两个不同阶段，它们交换的经济条件不同。在简单商品经济中，商品如果要按照接近于它们的价值进行交换，只需：第一，不同商品的交换，不是在偶然或临时的情况下发生，而是一种普遍现象；第二，对于那些直接的商品交换中的商品来说，是根据交换双方以往的经验来确定，按照供求关系的数量来生产的，因此是从连续不断的交换行为中自然产生的结果；第三，在商品出售的过程中，不存在任何来自自然或人为的垄断，即市场价格接近于商品价值。至于偶然的垄断，则被看作是由偶然的供求状况所造成的垄断。也就是说，在部门内部的竞争中，商品的不同的个别价值形成了一个相同的市场价值和市场价格。而要使商品按照生产价格进行交换，则要有资本和劳动的自由流动，即必须经过不同部门的资本的竞争，才能形成使不同部门之间的利润率平均化的生产价格。这就表明，商品按照其生产价格进行的交换，需要资本主义发展到一定高度。这时候，商品就不再按照生产成本加剩余价值的价值

出售，而是按照成本价格加平均利润的价格之和，即商品的生产价格出售。

这样，价值便转化为生产价格，这是商品经济高度发展的产物。

部门内部的竞争造成市场价值规律决定价格变化

不同商品的价格无论最初用怎样的方式来调节，它们的变动总要受到价值规律的支配。对此，有以下结论：其一，价值规律支配价格变化，各部门内部生产所需的劳动时间的增减，会使生产价格降低或提高；其二，决定生产价格的平均利润，总是与一定资本作为社会总资本的一个相应部分所获得的剩余价值量几近相等。商品的价值总量调节剩余价值，而剩余价值量又调节平均利润，进而调节一般利润率——此为一般性规律，即支配各种变动的规律——由此，价值规律调节生产价格。需要再次强调的是：部门内部的竞争形成了市场价值，而在此基础上的部门之间的竞争，促使资本在利润率不同的部门之间自由流动，最终在社会生产各部门之间形成平均利润，进而调节生产价格的变动。

商品按市场价值出售的必备条件

要使相同生产部门的同一种类且质量相近的商品按照其价值出售，必须具备两个条件：

第一，市场价值必须在同种商品的生产者之间形成一种竞争，同时要有一个可供这些生产者共同出售自己商品的市场。为了使在不同条件下生产的同类商品的市场价格与市场价值相一致，无形中就要求各个卖者互相施加压力，以便能够将社会对商品的需求量供应到市场上。如果产品供给量超过社会的需要，商品价格必定低于它们的市场价值；反过来，如果产品供给量不能满足社会的需要，那就说明生产者之间的竞争压力还不足以大到迫使他们加大商品的生产量，并把商品带到市场上来，这时商品价格就会高于市场价值出售。简言之，供求关系调节市场价格。准确地说，一方面调节市场价格同市场价值的偏离；而另一方面，市场价值调节供求关系。同样也可以说是调节一个中心——在供求关系的变动下，市场价格就是围绕这个中心发生波动的。

第二，假定生产的商品总量不变，即为通常的供给量，而社会对这个总量的需求仍然是通常的需求，那么，这个商品就会按照其市场价值出售。如果供给大于或小于需求，价格都会偏离市场价值。因此，我们可以通过购买者之间的竞争，使社会需求量与供应量保持均衡。

供给与市场的关系

供给指处于市场中的产品，或供应给市场的产品。在此只考虑各个产业部门的年再生产总量。这个年再生产表现为一定的量。它们不仅是满足人类需求的使用价值，还表现为一定的市场价值。市场上的商品量和市场价值之间只存在这样一种联系：在一定生产条件下，每个特殊生产部门生产一定量的物品，都需要耗费一定量的社会必要劳动时间，而且所有商品的市场价值都只代表必要劳动。当用来生产某种商品的社会劳动量，比要满足该产品的特殊的社会需要的规模过大或过小，这些商品就必然低于或高于其市场价值出售。因此，只有当用来生产某种商品的社会劳动量与要满足的社会需要的规模相适应，商品才会按照它的市场价值出售。因此，商品按照自身的价值来交换或出售，正是遵循了商品平衡的自然规律。

需求及伸缩性

需求指商品被购买来当作生产资料或生活资料，以便进入生产消费或个人消费。生产者和消费者都对商品有需求。这就意味着，对于社会的一定量的需求，供给方面由不同生产部门的一定量的社会生产与之相适应。即为了满足某种数量的社会需求，也要求市场上能提供相对

自由商品交易的集市

商场与集市是商品流通的载体,商品的交换在这里完成,资本家所追求的利润在这里实现。人们购买商品,参考的是与价值大体一致的市场价格。这样,购买者买到了自己需要的商品,资本家和商人得到了他们想要的利润。图为一个热闹的集市,人们在自由地进行商品交易。

数量的某种物品。但是,从量上来说,这种需要具有伸缩性。市场上出现的对商品的需求,与实际社会的需求之间在数量上存在着差别,而这种差别主要指以下两个方面的差额:一方面是市场上的需求所要求的商品量;另一方面是商品的货币价格发生变化时可能要求的商品量,或者购买者的货币条件或生活条件有所改变时所要求的商品量。

供求与市场价格的关系

供求一致究竟指的是什么?如果供求之间的比例,使某个生产部门的商品总量能够按照它们的市场价值出售,那么供求就是一致的。另外,如果商品都能够按照它们的市场价值出售,供求就是一致的。但是,供求实际上从来不会一致,如果它们一致也是偶然的,在科学概率上几乎接近于0。

供求不能决定市场价格,价格是由价值决定的。但供求可以影响市场价格,供求之间的不平衡,将引起市场价格同市场价值的偏离。那么,如何确定供求是否平衡呢?即供求之间的比例,使某个生产部门的商品总量能够按照其市场价值出售。当供求一致时,它们将不再发生任何作用,这时候商品便按照自己的价值出售。因此,供求一方面说明市场价格同市场价值的偏离;另一方面说明抵消这种偏离的趋势。它可以在极不相同的形式上消除因供求不平衡而产生的作用。总而言之，无论市场价值如何，供求必须一致，才能实现市场价值。换句话说，不是供求比例反映市场价值，而是市场价值反映供求的变动。这就进一步说明，生产价格不依赖供求而决定，因此也几乎不可能由供求来决定。

供求双方的竞争对市场价格和市场价值的影响

在商品的供求关系上，再现了下列关系：使用价值和交换价值的关系；商品和货币的关系；买者和卖者的关系；生产者和消费者的关系。简而言之，就是体现了供给（生产者、卖者）与需求（消费者、买者）的关系。供给，即某种商品的卖者或生产者的总和；需求，则是该种商品的买者或消费者的总和。这两股力量作为统一体在市场上发生作用，相互竞争。个人在其中只是作为社会力量的一部分发生作用。而竞争就是在此形式上，显示出生产和消费的社会性质。对一种商品来说，如果供不应求，那么，一个买者就会在自己的能力范围内，比另一个买者出更高的价格，这就使得该商品对全部买者来说都变得更加昂贵，其市场价格就会超过市场价值；相反的，如果一种商品供过于求，那么，一个卖者就会首先降价抛售，而其他卖者也不得不跟着这样做，于是，买者们便会联合起来，极力压低该商品的市场价格，使其低于市场价值。在资本主义社会，情况要复杂得多，因为这里的商品是资本的产品，供求以资本主义生产过程为前提。在简单的买和卖上，只需商品生产者之间的互相对立就行了。但从更深层次来看，市场供求关系的形成还以不同阶级的分配收入为前提。

部门之间的竞争形成生产价格

在资本主义生产中，用等量资本获得等量利润是资本的一种社会权利，每个资本家都按照其在社会总资本中所占的份额来分享这一权利。

在每一个生产部门里，资本家都只关心剩余价值的生产，并致力于在劳动产品中占有一定量的无酬劳动。而从属于资本的雇佣劳动，则必须按照资本的需要被人们从一个生产部门抛到另一个生产部门。事实上，每一个生产部门的好坏都是一样的，都提供相同的利润。但是，如果商品全都按照其价值来出售，那么，不同的生产部门由于投入的资本量的有机构成不同，将产生出完全不同的利润率。于是，资本便从利润率低的部门投向利润率高的部门，从而使资本在各个部门之间进行重新分配，供求之间也因此形成一种比例，使不同的部门之间有了相同的平均利润，商品价值也就转化为生产价格。要使利润的平均化实现得更快，必须具备两个条件：一是资本的活动性较大，比较容易从一个部门和一个地点转移到另一个部门和另一个地点；二是劳动力能更快速地从一个部门或一个生产地点转移到另一个部门或另一个生产地点。在总资本对总劳动的剥削决定平均利润率的前提下，每一个资本家，如同所有特殊生产部门的资本家一样，为了直接的经济利益，参与到总资本对所有工人的剥削中，并决定这个剥削的程度。

超额利润

竞争下的超额利润

市场价值包含了每个特殊生产部门的生产者在最优生产条件下所获得的超额利润。此外，超额利润还可以在以下情况中产生出来：某些生产部门可以不将商品价值转化为生产价格，而是把利润转化为平均利润。那么，平均利润形成后为何还存在超额利润呢？事实上，超额利润是部门个别生产价格低于社会生产价格的差额。一个部门内部的各个资本家之间，为了获得超额利润不断进行部门内部的竞争。他们通过不断改进技术，提高劳动生产率来加快资本周转，提高利润率，以使自己商品的个别价值低于它的社会价值。由于商品的社会价值通过部门内部的市场竞争形成，所以又叫市场价值。所谓市场价值，一方面应看作是一个部门内生产的商品的平均价值，另一方面又应看作是在该部门的平均条件下生产的、构成该部门绝大部分产品的那种商品的个别价值。这样一来，市场价值看似出现了两个不同的定义，事实上，平均价值和个别价值是相同的。因为商品的平均价值在平均生产条件下，占该部门中很大数量的商品的个别价值。这种情况下的市场价值往往是由个别价值来决定的。因此，优等条件下生产商品的个别价值就会低于市场价值，其资本家就会获得超额利润；而劣等生产条件下的资本家，则由于商品的个别价值高于市场价值，使得一部分剩余价值无法实现。

危险的航行

马克思说："一有轻微利润，资本家就开始胆壮；只要有10％的利润，它就会到处被人使用；若有100％的利润，它就会使人无视一切法律；若有300％的利润，它就会使人不怕犯罪，甚至不怕被杀首。"追逐利润是资本家最大的原动力。图中，资本家们为追逐利润不惜冒险在风浪中前行。

供求关系下的超额利润

一般来说，竞争主要来自买卖双方之间的竞争，这种竞争可以平衡市场的供求关系，而供求关系的平衡又会影响市场价值的形成。

当供求均衡时，部门内部的竞争可以使商品的个别价值均衡化为相同的市场价值。但供求平衡是一种偶然现象，不平衡则是经常现象。无论是供不应求，还是供过于求，都会对市场价值的形成产生影响。然而，在自由竞争市场中，供需可以自动调节，当出现超额利润时，其他

人才市场

> 供求平衡是一种虚拟的状态，它在实际的商品生产与交换过程中是不存在的。影响商品供求关系的因素很多，经济条件、政治环境的改变，新的商品的出现，人口的增减等，都能在商品供求关系上体现出来。图为大量求职者在人才市场前的拥挤场面。它显示出供求关系中存在的供过于求的尴尬情况。

竞争者便会迅速加入，这样供需平衡就会很快恢复正常，超额利润则会迅速消失。

利润率平均化与超额利润

利润率平均化是一种动态趋势，它并不代表不同部门的利润率的绝对平均。一般利润率形成以后，部门之间仍然存在着技术装备水平的差别，以及为追逐超额利润而展开的竞争，同时利润率的差别也客观存在着。因此，利润率平均化反映的是一种动态的相对平均，而不是静态的绝对平均。利润率平均化规律在本质上与等量资本获得等量利润原则有关，但形式上却是资源配置的重要规律。

生产价格形成后，各部门之间的利润率趋于平均化，但是这并不排除各部门中不同企业资本家之间的利润率的差别。我们在分析利润向平均利润转化时，是将各部门作为一个整体来考察的，并以每个部门资本平均有机构成和资本平均周转速度为既定前提。由于各部门的生产条件不同，它们生产的产品的个别价值也不同。然而，商品是按照在平均生产条件下生产的商品的生产价格出售的。因此，那些生产力水平高于部门平均水平的部门，便可以获得超过平均利润的超额利润。总之，部门的生产条件越优越，劳动生产率越高，就会生产出越多的超额剩余价值。部门之间的竞争只会造成不同部门的利润平均化，而不会造成超额剩余价值平均化。由此，超额剩余价值便转化为超额利润，因此超额利润反映的是同一部门内部不同企业资本家之间的关系，平均利润反映的则是不同部门之间的关系。综上所述，平均利润和生产价格形成以后，并不排除部门内部的先进企业仍可获得超额利润。

第三章　利润率趋向下降的规律

资本有机构成的提高，必然使一般利润率呈日益下降的趋势。一般利润率的下降，并不意味着工人受剥削程度的减轻，以及资本家利润量的减少，它实质上是资本主义积累一般规律的一种特殊表现。资本家企图用各种办法来阻止利润率的下降，却导致资本主义基本矛盾日益尖锐化。

一般利润率趋向下降的规律本身

一般利润率下降的原因

一般利润率并非固定不变，它主要取决于整个社会剩余价值总量与资本总量之比。社会总资本中只有可变资本部分产生剩余价值，不变资本并不产生剩余价值。随着资本主义生产的发展，技术的不断进步，劳动生产率的大幅提高，必然引起不变资本部分的显著增大，以及可变资本部分的相对缩小。于是，在资本主义生产中，随着可变资本与不变资本相比逐渐地相对减少，社会总资本的有机构成不断提高，从而造成：当劳动剥削程度不变或剩余价值率不变时，一般利润率将表现为一个不断下降的过程，这就是利润率下降的规律。而利润率不断下降的趋势，只是在资本主义生产方式下，劳动的社会生产力日益发展所特有的表现。

当然，这并非意味着利润率不能因为别的因素而暂时下降，而是通过资本主义生产方式的本质证明一种必然性，即在不断发展着的资本主义生产方式下，平均剩余价值率必然表现为日益下降的一般利润率。因为活劳动中物化为剩余价值的无酬部分，与所使用的总资本的价值量之比在不断缩小。而剩余价值量与总资本价值的比率就是利润率，因此，利润率必然不断下降。总之，利润率主要取决于剩余价值率与资本有机构成的高低。随着资本积累的增加和资本有机构成的提高，利润率明显有下降趋势，也可以说成是存在利润率趋向下降的客观必然性，即利润率趋向下降的规律。

尽管这个规律现在经过以上的论述显得很简单，然而我们之后将会看到，以往的一切经济学都没有把这点揭示出来。经济学家看到了这种现象，并且在各种自相矛盾的尝试中绞尽脑汁去解释它。由于这个规律对资本主义的生产极为重要，因此可以说是它的一个秘密，亚当·斯密以来的全部政治经济学一直围绕着这个秘密兜圈子，而且，亚当·斯密以来的各经济学派之间的区别，也就在于为揭开这个秘密进行不同的尝试。

在说明利润分割为互相独立的不同范畴以前，我们有意识地先说明这个规律。这个说明同利润分割为归各类人所有的各个部分这一点无关。我们这里说的利润，只是剩余价值本身的另一个名称；不过在这里，剩余价值只是与总资本发生关系，而不是与产生它的可变资本发生关系。所以，利润率的下降表示剩余价值本身和全部预付资本的比率下降，因而同这个剩余价值在各个范畴之间的任何一种分配无关。

在资本主义生产发展阶段不同、资本有机构成也不同的各个国家中，剩余价值率在正常工作日较短的国家可以高于正常工作日较长的国家。第一，如果英国的10小时工作日由于劳动强度较高，而和奥地利的14小时工作日相等，那么，在工作日分割相同的情况下，英国5小时剩余劳动，在世界市场上可以比奥地利7小时剩余劳动代表更高的价值。

第二，同奥地利相比，英国的工作日可以有较大的部分形成剩余劳动。

剩余价值率表现为不断下降的利润率这个规律，换个说法就是：某个一定量的社会平均资本表现为劳动资料的部分越来越大，表现为活劳动的部分越来越小。这样，因为追加在生产资料上的活劳动的总量，同这种生产资料的价值相比减少了，所以无酬劳动和体现无酬劳动的价值部分，同预付资本的价值相比也减少了。或者说，所投总资本中转化为活劳动的部分越来越小，因而总资本所吸收的剩余劳动同自己的量相比也越来越小，虽然所使用的劳动的无酬部分和有酬部分的比率可以同时增大。

利润率同资本的有机构成呈反向运动

一般利润率下降并不排斥资本家获得的利润总量的增加。虽然资本有机构成的提高，导致利润率下降，但总资本推动的劳动总量的增加，必定造成剩余价值量或利润量的增加。因此，在资本主义生产方式的发展中，一方面是利润率趋向下降的规律，一方面是所占有的剩余价值量或利润量的不断增加。总之，与可变资本和利润的相对减少相对应的是二者的绝对增加。要想保持利润总量的增加，就必须使总资本增加的速度快于利润率下降的速度。

随着生产力的发展，利润率趋向下降的同时利润量仍会增加这一规律，还表现在：单位商品价格下降的同时，商品所包含的并通过商品出售来实现的利润量仍相对增加。生产力的发展，以及资本构成的相对提高，使数量越来越小的劳动，推动数量越来越大的生产资料，即劳动生产率大幅提高，在单位劳动时间内生产的产品数量也随之大量增加，因而消耗在每件产品上的活劳动就会减少，而且每件产品中只包含少量的物化劳动——所使用的固定资本的损耗以及所消费的原料和辅料中所体现的物化劳动。也就是说，每一个商品中都只包含一个较小的、物化在生产资料中的劳动和生产过程中新追加的少量劳动的总和。这样一来，单个商品的价格就相应降低了。然而，当绝对剩余价值率或相对剩余价值率提高时，单个商品中所包含的利润量仍会增加，因为它所包含的新追加劳动虽然只是少量，但是该劳动的无酬部分与有酬部分相比却增加了。

阻碍利润率下降的五大因素

与以往的一切时期相比，最近三十年的社会劳动生产力有了巨大发展。除了真正的机器，还有大量的固定资本加入社会生产过程的总体，那么，一向使经济学家烦恼的难题——利润率的下降，为什么没有更快、更大的下降呢？其中必然有某些反作用因素，阻止了利润率的持续下降，使它只是呈现出相应的趋势。下面就是这些起反作用的最普遍的因素：

其一，劳动剥削程度的提高。劳动剥削程度的提高既可以增加剩余价值，又可以节约可变资本，使剩余价值率有所提高。而剩余价值率的提高是决定剩余价值量，从而决定利润率的一个因素。然而，使剩余价值率提高的一些原因，具有使一定量资本所使用的劳动力减少的趋势，因此同一些原因也具有使利润率降低的趋势，同时又使这种降低的运动有所减弱。例如，一个工人被迫完成了原本需要两个工人才能完成的劳动，而事实上，他其实能代替三个工人，即完成需要三个工人才能完成的劳动。那么，他所创造的剩余劳动就和以前两个工人创造的一样多，而剩余价值率也自然而然地得到了提高。但是，他所创造的剩余劳动不会和以前三个工人提供的一样多，因此剩余价值量就相对减少了，只不过它的减少会因剩余价值率的提高而得到补偿或受到限制。

这里要再次强调，在资本量已定时，剩余价值率可以提高，而剩余价值量会降低，反过来也是一样。虽然剩余价值量等于剩余价值率乘以

待售的铝

导致利润率下降的原因很多,包括原材料价格上升、物价上涨、工人劳动时间减少、由于激烈竞争导致的销售价格下降、生产过剩导致的产品积压等。日常生活中,竞争激烈导致销售价格下降是利润率下降的主要原因。图为一些正在降价待售的铝制品。

工人人数,但是剩余价值率从来不按总资本计算,而只按可变资本计算,实际上却只按一个工作日计算。相反,在资本价值量已定时,剩余价值量不增加或减少,利润率也就不可能提高或降低。

其二,工资被压低到劳动力的价值以下。这种情况只是作为经验的事实提出,因为它和其他许多似乎应该在这里提到的情况一样,实际上同资本的一般分析无关,而并不属于本书所要考察的竞争的研究范围。工人工资的下降,既可增加剩余价值,又可节约可变资本,它与第一点相同,同样可以导致剩余价值率的提高。它是阻碍利润率下降趋势的一个最重要因素。

其三,不变资本各要素变得廉价。就总资本来看,不变资本的价值并不和它的物质量按同一比例增加。例如,一个欧洲纺纱工人在一个现代工厂中加工的棉花量,同一个欧洲纺纱从业者从前用纺车加工的棉花量相比,是大大增加了。但是加工的棉花的价值,并不和它的量按同一比例增加。机器和其他固定资本的情况也是这样。当生产部门的劳动生产率提高时,生产资料的价值就会降低,不变资本各要素就会变得便宜,从而引起资本有机构成的下降,这在一定程度上阻止了利润率的下降。与此同时,不变资本的物质要素随着工业发展而发生贬值,也会对利润率的下降不断发生相反作用。总之,造成利润率下降趋势的同一些原因,同时也会阻碍这种趋势的发展。

其四，相对过剩的人口。一个国家的资本主义生产方式发展越好，该国的相对过剩人口就越多。一方面，相对过剩人口催生了大量价格低廉的可供支配的或失业的雇佣工人，一些生产部门出于自身利益考虑，更加强烈地反对由手工劳动转化为机器劳动；另一方面，一些新兴的生产部门特别是奢侈品生产部门，吸收以上的廉价劳动力作为创业基础，之后才逐渐走上行业正轨。就这两方面来说，可变资本在总资本中的占比较大，而工资则低于平均水平，这就使这些生产部门的剩余价值率和剩余价值量相对较高。由于一般利润率是由各特殊生产部门利润率的平均化得来的，因此造成利润率下降的某些相同原因就会产生一种与这种趋势相反的对抗力量，它或多或少地抵消利润率下降的趋势。

其五，对外贸易的影响。对外贸易一方面使不变资本的要素变得便宜，一方面使可变资本转化成的必要生活资料变得便宜。它使剩余价值率提高，使不变资本价值降低，从而提高了利润率。而它之所以在这方面起作用，是因为它可以使生产规模扩大。因此，对外贸易在加速积累的同时，也加速了可变资本与不变资本比率的相对降低，从而使利润率不断下降。此外，同一对外贸易一方面使本国资本主义生产方式快速发展，从而使可变资本与不变资本的比率降低，一方面引起国外生产过剩，进而起到反作用。综上所述，在资本主义经济中，造成一般利润率下降的同一些原因，又会产生相反的作用来阻碍、延缓甚至部分地抵消这种下降。但这些原因不会消灭利润率趋向下降这一规律，而是只作为一种趋势发生作用。

在作进一步的研究之前，为了避免误解，我们还要重述一下已经说过的两个论点：第一，在资本主义生产方式的发展进程中，使商品变得便宜的同一过程，也会使生产商品所使用的社会资本的有机构成发生变化，并由此使利润率下降。第二，加在一起构成资本产品的各个单个商品中所包含的追加的活劳动，同其中包含的劳动材料和消费的劳动资料相比，会日益减少。就是说，对象化在单个商品中追加的活劳动量会日益减少，因为生产他们所需要的劳动会随着社会生产力的发展而减少——这种情况同商品中包含的活劳动分为有酬劳动和无酬劳动的比例无关。

其六，股份资本的增加。在和加速积累同时并进的资本主义生产发展过程中，资本有一部分只作为生息资本来计算和使用。这儿的生息资本是指：这些资本虽然投在大生产企业里，但扣除掉一切费用后，只提供或大或小的利息，即所谓股息。这些资本不参加一般利润率的平均化，因为它们的利润率低于平均利润率，如果参加进来，平利润会下降得更厉害。

利润率下降，加深了资本主义的矛盾

平均利润率的下降，使得资本主义生产方式在生产力的发展中遇到一种同财富生产本身无关的限制；而这种特有的限制证明了资本主义生产方式的局限性，以及这种生产方式仅仅是历史的、过渡的性质；证明了它并非像李嘉图认为的那样，是财富生产的绝对生产方式，反而在一定阶段上同财富的进一步发展发生冲突。资本家追求最大利润的结果，反而使平均利润率下降，这背离了资本家最初意愿的客观趋势，加深了资本主义经济的一系列矛盾。

其一，生产扩大和价值增值之间的冲突。资本主义生产的目的是保存现有资本价值，并不断占有更多剩余价值及最大限度地增值资本价值。资本主义生产采取的手段是扩大生产，改进技术，大力发展生产力。而这些手段中包含着使利润率降低，使现有资本贬值以及通过牺牲已经生产出来的生产力来发展劳动生产力等。现有资本的贬值作为通过新资本的形成来加速资本价值的积累手段，将扰乱资本的流通和再生产进程，从而造成生产过程的突然停滞和经济危机的爆发。与此同时，随着生产的扩大和发展，资本有机构成不断提高，进而导致平均利润率下降，价值增值非常困难。这就体现了社会生产力的不断发展，与现有资本的增殖这一目的之间的矛盾。

资本主义生产总是竭力克服它所固有的这些限制，但是它用来克服这些限制的手段，只是使这些限制以更大的规模重新出现在它面前。资本主义生产真正的限制是资本自身，这就是说，资本及其自行增殖表现为生产的起点和终点，表现为生产的动机和目的，生产只为资本而生产，而不是反过来，生产资料只是生产者社会生活中过程不断扩大的手段。以广大生产者群众被剥夺和贫困化为基础的资本价值的保存和增殖，只能在一定的限制以内运动，这些限制不断与资本为它自身的目的而必须使用的，并只在无限制地增加生产，为生产而生产，与无条件地发展劳动和社会生产力的生产方法相矛盾。因此，如果说资本主义生产方式是发展物质生产力，并且创造同生产力相适应的世界市场的历史手段，那么，这种生产方式同时也是它的历史任务和同其相适应的社会生产关系之间的矛盾。

其二，人口过剩时的资本过剩。随着利润率的下降，单个资本家为了生产使用劳动所必需的资本最低限额却会增加，这就造成了资本的生产过剩。在此，资本的生产过剩指的是可以充当资本执行职能，也就是可以用来参与剥削劳动的生产资料——劳动资料和生活资料的生产过剩。资本生产过剩与相对人口过剩都是由积累、生产力发展、资本构成提高等因素所引起的，因此从某种意义上来说，它是相对过剩人口的补充现象。而生产过剩的结果，是造成资本主义生产过程的混乱和危机，以及资本的贬值和生产的缩小。与此同时，资本生产过剩的过程，即劳动生产力提高、商品产量增加、市场扩大、资本的加速积累和利润率降低的同一些情况，又会不断地产生相对过剩的工人人口，这些人口不能为过剩的资本所使用，因此造成了大量的人力和物力的浪费。

生活资料和现有的人口相比，不是生产得太多了。相反，要使大量人口能够体面地、像人一样地生活，生活资料还是生产得太少了。对于人口中有劳动能力的那部分人的就业来说，生产资料生产得不是太多了，相反，首先是在人口中生产出了一个过大的部分，他们实际上不会劳动，他们由于自己的条件可以靠剥削别人的劳动来生活。

其三，生产与消费之间的矛盾。即生产的无限扩大，使有效的需求不足。

其四，资产阶级与无产阶级之间，资本主义国家内部资产阶级与国际资产阶级之间、资本主义国家之间、宗主国与殖民地之间的矛盾。

其五，资本主义生产方式的内在局限性。其限制表现在：一是劳动生产力的发展使利润率下降成为规律。这个规律在某种程度上与劳动生产力自身的发展产生矛盾，因此需要不断地通过危机来克服。二是生产的扩大和缩小取决于无酬劳动的占有及其与物化劳动之比，即一定水平的利润率。因此，即使生产的扩大程度尚未达到满足社会需要的程度，但是只要利润率的下降已经难以从利润量的增加得到补偿，那么它对资本主义生产的限制就出现了。

除此之外，我们还要明白资本主义生产的三个事实：

其一，生产资料集中在少数人手中，因此不再表现为直接劳动者的财产，而是相反地转化为社会的生产能力，即首先表现为资本家的财产。这些资本家是资产阶级社会的受托人，但是他们会把从这种委托中得到的全部果实装进私囊。

其二，劳动本身由于协作、分工以及劳动和自然科学的结合而组织成为社会的劳动。

其三，世界市场的形成。

第四章　商品资本和货币资本转化为商品经营资本和货币经营资本

商业资本是一种独立行使商品资本职能的资本。产业资本家的资本中，本来必须有一部分执行商品资本的职能。无论是单个资本还是社会资本，在它们的运动中，总有一部分资本不断地在商品资本形式上作为流通资本处在市场上以及商品资本到货币资本形态变化的过程中。

商品经营资本

商业资本又称商人资本，是历史上出现最早的资本形式之一。商业资本属于流通资本，包括商品经营资本和货币经营资本两种具体形式。一般情况下，我们所说的商业资本指的是专门从事商品买卖而获取商业利润的商品经营资本。在资本主义生产方式中，商业资本是产业资本的一种形式，即商品资本的转化形式。

商业资本的形成与产业资本的周转密切相关

商业资本是从产业资本循环的商品资本中独立出来的，它与商品资本有着极其密切的关系。社会总资本的一部分总是作为商品处在市场上，以便转化为货币，即使它的构成要素和数量一直在变化；社会总资本的另一部分则以货币的形式处在市场上，以便转化为商品。社会总资本的这种转化，也就是这种形态变化的运动一直持续，从未间断。对于

富商与王子

拥有货币资本的资本家在最初的时候，既从事生产活动，也从事商品销售。随着资本主义生产的发展与市场的扩大，专门从事商品销售业务的商业资本家便产生了。图中，希腊的业界巨头亚里士多德·奥纳西斯正与希腊王子谈笑风生。

处在流通过程中的资本来说，只要这种职能独立起来，成为一种特殊资本的特殊职能并得以稳定，进而成为一种由分工给予特殊种类资本家的职能，商品资本就会成为商品经营资本或商业资本。

商品经营资本是商品资本的转化形式。商品经营资本的本质是：商品资本的独立化形态。在资本主义发展初期，产业资本家本身既从事商品生产活动，又从事商品销售活动。随着资本主义生产的发展，市场范围不断扩大，产业资本家为了集中资金从事生产活动并节约流通资本的数量，便将商品的销售交由专门从事商品销售业务的商业资本家负责。如此一来，产业资本循环过程中的商品资本的职能就逐渐从产业资本中分离，成为由商业资本专门执行的职能。商业资本专门从事商品买卖业务，成为社会总资本中的一种独立资本。而作为专门从事商品经营的商业资本家，他的资本最初必定是以货币资本的形式出现在市场上的，因为他只经营商品而不从事商品的生产活动，在商品的运动中起媒介作用。商业资本家要经营商品，就必须先购买商品，因此他首先是货币资本的所有者。

商品资本会在商品经营资本形式上取得一种独立资本的形态，是由于这样一种情况：商人预付货币资本，这种资本之所以能作为资本自行增殖，能执行资本的职能，是因为它只从事一种活动，即作为媒介实现商品资本的形态变化，实现它的商品资本职能，即实现它向货币的转化，而这一点它是通过商品不断地买和卖来办到的。这是商品经营资本的唯一活动。对产业资本流通过程起媒介作用的这种活动，就是商人使用的货币资本的唯一职能。通过这种职能，商人把他的货币转化为货币资本，把他的G表现为G—W—G′；并且通过同一过程，他把商品资本转化为商品经营资本。

商业资本之所以能够成为一种独立的资本形式，是因为在产业资本的循环中，商品资本职能具有相对独立性。其具体表现在：产业资本运动包括购买、生产、销售三个连续的阶段，产业资本在其循环过程中，依次采取货币资本、生产资本和商品资本三种职能形式，执行着三种不同的资本增殖与价值实现的职能。货币资本负责购买生产资料和劳动力，为生产剩余价值准备条件；生产资本实现生产资料与劳动力的结合，生产剩余价值；商品资本专门出售商品，使资本的价值和剩余价值得以实现。由于三种形态的资本独立执行不同的职能，各自形成了产业资本循环的一个阶段，这就使不同的资本家有了不同的分工，从而分别承担着不同的资本职能。由于商品资本的职能与生产资本和货币资本的职能原本就不相同，这就为商业资本的产生创造了条件。因此，产业资本家的资本中，必须有一部分执行商品资本的职能。无论是单个资本还是社会资本，在它们的运动中，总有一部分资本不断地在商品资本形式上作为流通资本处于市场上以及商品资本到货币资本形态变化的过程中。正是产业资本运动中商品资本形式存在的这种客观必然性，才使处于商品流通领域的商品资本，能够从产业资本中分离出来，独立发挥作用，成为商业资本。

社会分工的发展与市场规模的扩大，又为商品资本的独立化提供了条件。产业资本派生出商业资本是一种必然。在资本主义发展初期，由于生产规模和市场范围较小，产业资本通常是一身二任，自产自销。

随着市场范围和生产规模的扩大，产业资本滞留在流通领域的时间过长，占用的资本量增大，严重地限制了剩余价值生产的扩大，这就在客观上要求商品资本的职能从产业资本中独立出来。随着资本主义生产的发展，商品数量和品种逐渐增加，流通业务趋向专门化和复杂化，产业资本要自行完成销售活动这一职能是不经济，也是不可能的，因此需要专门的人才来从事销售活动。如果产业资本家仍坚持自产自销，无疑会增大商业开支，减少生产领域中的资本投入，造成利润率降低。此时，由于商业资本专门从事商品买卖，具有产业资本家所不具备的商品流通方面的特有优势，产业资本家便将商品流通的业务交给专门的商人去完成，从而使商品资本职能从产业资本中独立出来，成为商业资本。可见，商业资本是从产业资本中分离出来，独立发挥作用的商品资本，是商品资本独立化的形态。

商品资本转化为商品经营资本的条件

商品资本转化或独立化为商业资本的条件是：

第一，商业资本家与产业资本家之间形成了一种特殊的社会分工。商业资本的职能由一个和产业资本所有者不同的专业流通当事人来承担。

第二，商品经济和社会分工的发展。在产业资本家和专门从事商品流通的商人之间形成了特殊的分工，商品的买卖由过去产业资本的自产自销，发展到从产业资本运动中分离出来，由商人独立完成商品资本的职能。如果产业资本自己雇用代理人来推销商品，商品资本则不能转化为独立的商业资本。

第三，商业资本家必须预付一定量的货币。专业流通当事人必须有自己的独立投资，这种投资必须有自己的特殊循环并使之增殖。商人必须预付一定的货币资本，专门进行商品的买卖，并通过经营商品买卖而实现资本增殖，获得商业利润。如果只有流通当事人而没有他们的独立投资及其增殖，那么活动在流通领域的始终是产业资本的职能形态，而不是独立的商业资本。需要补充的一点是，商人预付的货币资本的流通速度取决于两个方面：一是生产过程中更新的速度和不同生产过程中互相衔接的速度；二是消费的速度。

商品经营资本对产业资本和社会总资本发挥着重要作用

商品经营资本不断处于流通领域，将商品买进又卖出，完成从商品资本到货币资本的转化，执行实现包含在商品中的价值和剩余价值的职能，为资本主义的再生产做足准备，对产业资本和社会总资本发挥着重要的作用。

其一，商品经营资本对产业资本的作用在于：

1. 商品经营资本缩短了产业资本循环的流通过程。与产业资本家兼顾生产和销售相比，由专门从事商品经营的商业资本家负责商品销售，产业资本家可以较早地将商品直接批发给商家，转化为货币，从而节约产业资本的流通时间，加快产业资本的循环。因此，商品经营资本比产业资本更快地完成商品的形态转化，有利于增加用于生产过程的资本。

2. 节约流通资本。从整个社会来看，商业资本家能把与商品买卖有关的包装、运输、保管等活动集中起来，这就为产业资本家节约了流通资本的数量。产业资本家将节省下来的流通费用投入到生产领域，从而扩大了生产规模。可见，商人集中地进行商品的买卖、运输和储藏的资本，必然小于产业资本家亲自从事整个商品经营活动所耗费的资本总量。

3. 节省了产业资本家的货币准备金。为了防止不可抗力因素的影响，产业资本家必须留存一定数量的货币准备金。在商品经营资本介入以后，产业资本家的货币准备金部分相对减少，这就增加了生产资本部分的投入，扩大了再生产规模。

4.节省了产业资本家销售商品的时间。与资本主义发展初期,产业资本家独自完成商品的生产和流通等一系列活动相比,商品资本转化为商品经营资本之后,产业资本家便从商品销售中解放出来,集中力量从事商品生产活动,从而提高经济效益,增加利润总额。

其二,商品经营资本对社会总资本的作用在于:

1.促进社会总资本的周转。商业资本可以同时为若干产业资本推销商品。就所有商人资本同产业资本的关系来看,商人资本的一次周转,不仅可以代表一个生产部门许多资本的周转,还可以代表不同生产部门若干资本的周转。商人专门从事商品流通业务,对商品销售的市场情况和消费者需求更为熟悉,可以更迅速地将商品销售出去,这样就可以加速不同部门的若干产业资本的周转。由于商人既能同时为一个产业部门中的多个资本服务,也可以同时为不同产业的资本服务,因此,商业资本的周转可以不受某一产业资本周转的限制,而在产业资本周转一次的时间内,完成多次周转,从而推动社会总资本的周转。

2.促进剩余价值的生产。虽然商业资本不能创造价值和剩余价值,但由于它缩短了流通时间,间接地增加了生产价值的时间,提高了利润率;由于它促进了整个社会资本的周转,减少了流通领域的资本量,生产领域的资本量也随之扩大。

商业利润的来源及实现方式

我们在第二卷中已经提到,商业资本作为单纯的卖和买的行为,在流通领域内的纯粹职能——产业资本家为了实现其商品价值,并把这个价值转化为商品的生产要素所进行的必要活动,它对商品资本的形态变化W'—G—W起媒介作用。这个行为既不生产价值,也不生产剩余价值。

密西西比河上的蒸汽船

商业资本是流通领域的资本，它不创造价值和剩余价值，因此商业利润不会在流通领域产生，而是在流通中实现，即产业工人创造的一部分剩余价值在流通领域中的实现。比如，运输业所争夺的，就是每一种商品的流通资本的份额。图为密西西比河上的蒸汽船，它是运输业中的主要工具。

商业资本获得平均利润的必要性

商业资本，撇开各种与它相关的职能，如保管、运输、分类、包装等不谈，仅就其真正为卖而买的职能而言，既不创造价值，也不创造剩余价值——它仅对商品价值与剩余价值的实现起媒介作用，因此同时对商品的实际交换，对商品从一个人手中转到另一个人手中，对社会的物质变换起媒介作用。但是，由于产业资本的流通阶段和生产阶段一样，都是形成再生产过程的一个必不可少的阶段，因此在流通过程中独立地执行职能的商业资本，也必须如同在不同的生产部门中执行职能的资本一样，提供年平均利润。

对商业资本家而言，其参加对剩余价值的分配，不仅要获得商业利润，还要与产业资本一样获得平均利润。因为在产业资本循环过程中，商品销售阶段与生产阶段一样至关重要。生产过程创造的、凝结于商品中的价值和剩余价值，必须通过销售阶段，使商品转化为货币，才能实现价值和剩余价值。所以，在流通过程中独立执行职能的商业资本必须与在不同生产部门中执行职能的产业资本一样，能够获得平均利润。如果商业资本提供的平均利润比产业资本高，那么一部分产业资本就会转化为商业资本；如果商业资本提供的平均利润比产业资本低，那么一部分商业资本就会转化为产业资本。通过商业资本家与产业资本家之间的竞争，资本在生产部门和商业部门之间自由转移，最终使二者的利润率平均化，分获平均利润。也就是说，商业资本的利润率必须与产业资本的利润率相等。只有当二者相等时，产业资本与商业资本才能各自存在于自己的领域。

因为商业资本自身并不生产剩余价值，所以以平均利润的形式归商业资本所有的剩余价值，仅为总生产资本所生产的剩余价值的一部分。

商业利润的来源

商业利润作为总生产资本所生产的剩余价值的一部分，是产业资本家将其所获得的剩余价值的一部分，让渡给商业资本家。因此可以说，商业利润来源于产业部门的工人所创造的剩余价值。问题在于，商人资本是怎样从生产资本所生产的剩余价值或利润中获得属于它自己的那一部分呢？

商业资本的运动形式是G—W—G'，即商业资本向产业资本购买商品，再将商品售卖出去，通过实现商品的生产价格来获得利润。其中G'=G+ΔG，ΔG表示原付资本的增加额，即由一般利润率决定的商品价格的增加额，这个增加额就是剩余价值，由此可见，商业利润就是商业资本从产业资本中分割到的一部分剩余价值。商业资本是投资流通领域的资本，但它并非产生于流通中，而是在流通中实现，它是产业工人创造的一部分剩余价值的转移，是商业资本参加利润平均化的必然结果。因此，从本质上来说，商业利润是剩余价值的一种转化形式。它的真正来源是产业工人在生产过程中所创造的剩余价值的一部分，是产业资本家转让给商业资本家的一部分利润，它体现了二者共同剥削工人的关系。而产业资本家之所以要向商业资本家转让利润，使其参与对剩余价值的分配，是因为商业资本作为产业资本运动中商品资本的独立化部分，分担了产业资本的一部分职能，即商品销售活动，有利于提高产业资本的利润率。因此，产业资本家必须而且愿意将自己获得的剩余价值的一部分转让给商业资本家，这比他自己兼营销售更为有利，这样，商业资本家便获得与产业资本家几乎相等的平均利润。

商业利润的实现方式

由于商业资本本身不生产剩余价值，从表象看，商业利润是通过商业加价，并且商品价格在名义上高于它的价值的结果，但这只是一种假象。事实上，商业利润是通过参与利润平均化而获得的。产业资本家以低于生产价格的价格将产品卖给商人，商人再以商品的生产价格将其出售。

商业利润是通过商品的销售价格高于商品的购买价格来实现的，二者之间的差额包含着商业利润。

商业资本是怎样从产业资本中分割到剩余价值的呢？大致需要两个环节：首先，商业资本家预付一笔资本向产业资本家购买商品，产业资本家将商品低于生产价格卖给商业资本家；然后，商业资本家按商品的生产价格再将商品卖给消费者，得到多于预付资本的货币。因此，商业资本增殖的关键在于，商业资本家以低于生产价格的价格从产业资本家手里购买商品,再以高于购买价格的价格在市场上销售商品。

然而,商业资本又是怎样实现这种转让的呢?我们先举例说明商业资本参与利润平均化的过程及商业利润的获得方式。

假定一年中预付的产业资本总额为:720c + 180v = 900,剩余价值率为100%,那么一年内生产的商品总价值就为:720c + 180v + 180m = 1080,社会总产业资本的一般利润率就为:180÷(720 + 180)= 20%。假定一年中预付的商业资本总额为100,商业资本经过一次或数次周转将价值1080的社会总产品全部销售出去。这样,社会总资本(1000)= 产业资本(900)+ 商业资本(100),剩余价值为180,社会资本的平均利润率一般利润率为:180÷(900 + 100)= 18%,即产业资本利润为162(18%×900),商业利润为18(18%×100)。可见,商业利润等于商品的出售价格超过它的生产价格的余额;对商人来说,这个生产价格就是商品的购买价格;而商品的实际价格=商品的生产价格+商业利润。正如产业资本之所以能实现利润,只是因为利润作为剩余价值已经包含在商品价值里一样;商业资本之所以能实现利润,只是因为产业资本在商品的价格中实现的并不是全部的剩余价值。因此,商人的出售价格之所以高于购买价格,并不是因为出售价格高于总价值,而是因为购买价

商业资本家

商业资本家在从事商品销售时,首先向产业资本家购买商品,产业资本家按照低于生产价格的价格把商品卖给商业资本家,商业资本家再按照生产价格卖给消费者。这就是货币和商品在商业资本家手里运动的过程。而商业资本家的利润来源,正是工人在劳动过程中创造的剩余价值,它是剩余价值的一种转化形式。图为资本主义初期一位获得高额利润的商业资本家。

格低于总价值。由此可见，商业资本虽然没有参与剩余价值的生产，但它参与了剩余价值到平均利润的平均化。这就意味着，一般利润率中已经将属于商业资本的部分从剩余价值中扣除，换言之，就是首先扣除了产业资本的利润。

商业资本家参与利润平均化对生产价格的影响

商业资本参与利润率平均化，使商品生产价格公式的规定更加严密。原来，商品的生产价格等于成本价格加平均利润；现在，产业资本的平均利润分解为产业利润和商业利润。因此，商品生产价格=成本价格+产业利润+商业利润。一般利润率的公式也应改为：一般利润率＝剩余价值总额÷（产业资本＋商业资本）。

而商业资本家参与利润平均化对产业利润的具体影响在于：一是同产业资本相比，商业资本越大，产业利润就越小；反之，产业利润就越大；二是利润率总是表现得比实际剩余价值率小，即劳动的剥削程度总是表现得比实际程度轻。我们以上面的720c + 180v + 180m的情况为例，100%的剩余价值率表现出的利润率仅为20%。而当商业资本参与利润平均化以后，产业资本的一般利润率即变为：180÷（900＋100）＝18%，此时表现出的一般利润率较之前降低了1/10。因此，直接从事剥削的资本家的一般利润率小于实际的利润率。

从表象上来看，商业资本参与剩余价值的分配，降低了产业部门的一般利润率，似乎对产业资本不利，其实不然。如果没有独立的商业资本，生产企业就必须在流通领域中另外垫支一笔数量大于商业资本的资本，从而导致更多利润的减少。现在，由于有商业资本家专门从事商品销售活动，减少了流通中的资本总量，因而提高了一般利润率，有利于生产企业。因为商业资本虽然不创造价值和剩余价值，但它对商品交换起媒介作用，能够加快商品价值和剩余价值的实现。如果没有商业资本专门负责商品的买卖，产业资本就无法顺畅、快速地实现自己的商品销售，甚至还得耗费更多的资本和流通费用来推销商品，最终造成利润大幅降低。

纯粹流通费用的补偿及其所得的利润

商业资本家经营商品，除了要垫付一定数量的资本购买商品以外，还需预付一个追加资本来购买商品和支付商品流通手段。支付商品流通手段的资本是由固定资本要素和流动资本要素构成的。这样一个要素，即使它与纯粹的商业流通费用一样，不会形成商品价值的实际追加，也会形成一个名义上的价值。但是，无论这整个追加资本是流动还是固定的，都会参与一般利润率的形成。

流通费用按性质分为纯粹流通费用和生产性流通费用。

纯粹流通费用

纯粹流通费用是由商品的价值运动所产生的费用，即在商品的买卖过程中，实现商品的价值、使之由商品形态转化为货币形态或由货币形态转化为商品形态、对商品交换起媒介作用所必需的费用。纯粹流通费用属于非生产性开支，不能增加商品的价值。

纯粹流通费用包括两部分：一部分为商店的建筑、设备、簿记、广告、开拓市场、通信等方面的开支；另一部分为可变资本，主要是为雇用商业工人的工资等方面而预付的。从商品到货币，再由货币到商品的转化过程，既不创造价值，也不创造剩余价值，但它却是产业资本的必要职能和必要流动，所以纯粹流通费用必须获得利润。流通时间和流通中占用的资本对生产时间和生产资本是一种限制。但是，商业资本的加入会加速资本周转，从而降低一般利润率减少的速度。因为如果没有商业资本，产业资本家就要拿出更多的资本来进行商品流通活动。

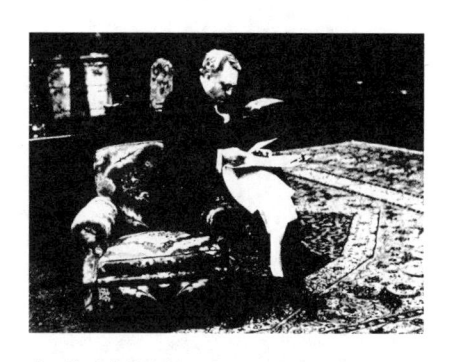

纯粹流通费用作为商业资本家的预付资本，不仅需要得到补偿，而且要求按照平均利润率获取一份相应的利润。纯粹流通费用主要通过实物和价值这两个渠道获得补偿。纯粹流通费用从实物上得到补偿，就是每年都要从社会总产品中拿出一部分物质资料供商业部门当作商业设备、商业办公用品、商业店员的生活用品等使用；纯粹流通费用从价值上补偿，就是从每年的剩余价值总额中扣除相应的部分。由于纯粹流通费用不增加商品的价值和剩余价值，所以它的补偿和获利归根到底是来源于产业工人所创造的剩余价值的一部分。因此，纯粹流通费用的补偿和获利都是对社会剩余价值的扣除，都是在商品价值内实现的。这种补偿和获利，从表面上看，似乎增加了社会负担，减少了产业资本的利润。但实际上，产业资本之所以愿意转让这部分剩余价值，是因为只要纯粹流通费用在社会需要的范围内，商业资本经营商品，比产业资本分散经营流通业务更经济，大大减少了流通中的资本，节约的资本数量远远超过耗费的纯粹流通费用，从而有助于产业资本的节约和利润率的提高。由此可见，在社会再生产需要的范围内，合理发展商业，有利于降低社会总资本的运行成本，提高社会经济效益。

商业资本家的账单

在商品流通过程中，要产生两种费用：纯粹流通费用和生产性流通费用。纯粹流通费用是指在商品的单纯买卖过程中所支出的有关费用、价值形态变化引起的费用，包括计算费、簿记费、广告费、通信费等。生产性流通费用指由商品的使用价值运动所引起的费用，如商品的保管费、运输费、包装费等。对于商业资本家来说，他们对这两种费用都是十分敏感和仔细的，因为这关系到他们利润的多寡。图中，一个商业资本家正在核对他那长长的账单。

生产性流通费用

生产性流通费用是由商品的使用价值运动所产生的费用，主要指商品的保管、运输、包装等与生产过程在流通领域内的继续相关的费用，是一种具有生产性质的费用。

保管费用是由商品储备而引起的一种费用，包括保管储备品所消耗的活劳动和物化劳动，以及储备品本身的数量和质量的损失部分。这种费用虽然是在流通领域内发生的，但它却把商品的使用价值妥善地保存下来，从而为商品进入消费领域提供了条件。商品储备一般有三种形式：生产资本的形式、个人消费基金的形式和商品资本的形式。因为保管费用与使用价值有关，所以能在一定程度上加入商品价值，使商品价格变高。对于单个资本家来说，雇佣工人的保管劳动可以创造价值和剩余价值，使他们发财致富。但从全社会的角度来看，保管费用只是用来保存原有的使用价值，并不会创造新的使用价值；与此同时，保管费用只能从现有的社会财富中扣除，是"生产上的非生产费用"，因此，保管费用只有在正常范围和必要的限度内，才会加入商品价值，而一些不正常的商品储备，如超储积压、囤积居奇等所引起的保管费用，并不加入商品价值，只能从已经实现的商品价值中扣除。

运输费用是用于商品运输上的各项费用支出。运输不同于其他流通活动，它一方面形成一个独立的生产部门，进而形成生产资本的一个特殊的投资领域，一方面又具有如下特征：表现为生产过程在流通过程中的继续，并且为了流通过程而继续。使用价值的生产和实现都需要产品发生场所的变换，即产品从一个地方到另一个地方的转移或运输，这样才能使它的使用价值从生产领域转换到消费领域，这就使运输成为必要的过程。因此，商品的运输过程应看作是一种追加的生产过程，是社会物质资料再生产的内在活动。而运输费用虽然是在流通过程中发生的，但由它所推动的运输劳动，不仅可以把消耗掉的运输工具的价值转移到商品中去，还会给商品增加新的价值，因此它属于生产性劳动。运输费用加入商品的数量变化规律，是基于其他条件不变的情况下，由运输过程追加到商品中的绝对价值量，与运输业的劳动生产率成反比，与运输的距离成正比；而由运输费用追加到商品价格中的相对价值部分，则与商品的体积和重量成正比。与保管费用一样，运输费用也只能在必要的限度内才加入商品价值，而一些不合理的运输费用，如迂回运输或投机等造成的费用，则不加入商品价值，只能从已经实现的商品价值中扣除。由此可见，生产性流通费用可以使商品的价值增加，通过商品的销售即商品价值的实现而得到补偿，并给商业资本家带来相应的利润。

商业资本的剥削和获利

商业劳动的特点

我们先来看看，商品经营者所雇用的商业雇佣工人的情况是怎样的。

商业工人，一方面与其他工人一样，是雇佣工人。这是因为：第一，这种劳动是用商人的可变资本购买，而不是用作为收入来花费的货币购买的，也就是说，商人购买这种劳动不是为了替自己服务，而是为了使预付在这上面的资本进行自我增殖；第二，是商业工人的劳动力的价值，因为他的工资，和所有其他雇佣工人的一样，是由其劳动力的生产费用和再生产费用决定的，而不是由他的劳动的产物决定的。

另一方面，商业工人与产业工人之间存在着差别。因为商人只是单纯的流通当事人，既不生产价值，也不生产剩余价值，所以他雇用的执行相同职能的商业工人，也不会直接为他创造剩余价值。尽管商业劳动不创造价值和剩余价值，但它的无酬劳动部分会为商人创造占有剩余价

缝纫女工

产业工人的劳动与商业工人的劳动有着本质的区别：产业工人在生产过程中从事的劳动，可以创造价值和剩余价值；商业工人的劳动，大部分是从事商品买卖活动，并不创造商品的价值和剩余价值。图中的缝纫工人是在从事产业劳动，因此她们直接创造剩余价值。

值的条件。产业资本通过直接占有无酬的他人劳动来生产剩余价值，而商人资本则使这个剩余价值的一部分从产业资本转移到自己手里。因此，这种无酬劳动对商业资本来说就是利润的源泉。若非这样，商品经营就不可能扩大规模，也不可能按照资本主义的方式经营。

正如产业工人的无酬劳动直接为生产资本创造剩余价值一样，商业工人的无酬劳动也为商业资本在剩余价值中创造出一个份额。由于商业工人与产业工人一样，都是雇佣工人，商业资本家购买其劳动力的目的同样是获取剩余价值，而商业工人出卖自己的劳动力是为了获得劳动力的价值。但他们的劳动与产业工人的劳动又有着本质的区别：产业工人在生产过程中从事的劳动，可以创造价值和剩余价值，是生产性的劳动；而商业工人的劳动，除了一部分生产性劳动，如保管、包装、运输等外，属于非生产性劳动，并不创造商品的价值和剩余价值。但商业劳动是实现商品的价值与剩余价值所必需的劳动，即社会必要劳动，因此商业工人自然有权从社会总剩余价值中分得合理的劳动收入。

商业工人所受到的剥削

在资本主义生产方式中，商业工人是雇佣工人，商业劳动属于雇佣劳动，商业资本家依靠商业劳动来完成商品资本职能，从而获取商业利润。因此，商业工人也是劳动力的出卖者，他们的劳动也分为必要劳动和剩余劳动，即分为商业工人的劳动力价值和商业利润，或者说有酬劳动与无酬劳动。商业工人的无酬劳动，虽然不创造剩余价值，但能为商业资本家创造占有剩余价值的条件，因此，这种劳动对商业资本而言是获取利润的有效渠道。

商业工人的劳动价格是由他的劳动力价值决定的，也就是由他的劳动力的再生产费用决定的。但这个劳动力的应用，和别的雇佣工人情况一样，不受他的劳动力的价值限制。因此，他的工资也就不和他帮助资本家实现的利润保持任何必要的比例。他给资本家带来利益，不是因为创造了剩余价值，而是因为他通过劳动，帮助资本家减少了实现剩余价值的费用。虽然说真正的商业工人是熟练劳动，高于平均劳动，报酬也比一般雇佣工人优厚，但是随着资本主义生产方式的发展，工资也有下降趋势。因此，商业资本家通过剥削商业工人的剩余劳动来获得产业资本家转让给自己的那部分剩余价值，商业工人的剩余劳动是商业利润的直接源泉。商业利润是产业工人在生产领域中所创造的，通过商业工人的无酬劳动在流通领域中实现的、被商业资本家占有的一部分剩余价值。商业利润不仅体现了商业资本家对商业工人的直接剥削，也体现了商业资本家对产业工人的间接剥削。

商业资本的获利

由于商业资本本身不生产剩余价值，因此很明显以平均利润的形式归商业资本所有的剩余价值，是总生产资本所生产的剩余价值的一部分。那么，商业资本是如何从生产资本所生产的剩余价值中获得归它所有的那一部分呢？

很显然，商人只能从他销售的商品价格中获得利润。对产业资本家而言，他的商品的出售价格与购买价格之间的差额，等于商品的生产价格与它的成本价格之间的差额。或者，就社会总资本而言，那就等于商品的价值和商品使资本家耗费的成本价格之间的差额，即物化在商品中的劳动总量超过物化在商品中的有酬劳动量的差额。产业资本家购买的各种商品，在再次作为可以出售的商品重新投入市场以前，必须经历生产过程。商品价格中后来成为利润实现的组成部分，只有在生产过程中才能生产出来。商品经营者的情况却并非如此，只有当商品处于它的流通过程中时，它才在商品经营者手中。他只是将由生产资本家开始的商品的出售继续进行，即完成商品价格的实现，因此不会使商品经历任何能够重新吸收剩余价值的中间过程。产业资本家只是在流通中实现之前已经生产出的剩余价值或利润，相反，商人不仅要在流通中并通过流通来实现他的利润，而且要在流通中并通过流通才能获取利润。这一点必须通过以下方式来实现：商人将产业资本家按商品生产价格，或者就全部商品资本而言，按商品价值卖给自己的商品，高于商品的生产价格出售，即对商品价格实行名义上的加价，因此，就全部商品资本而言，即高于它的价值出售，使商品的名义价值超过它的实际价值，从而获取利润。

商业资本的周转

商业资本周转的特点

商业资本的周转不同于产业资本的周转。

产业资本的周转，是它的生产时间与流通时间的统一，因此包括了流通过程和生产过程。而商业资本的周转，实际上只是商品资本的独立化运动，只包括了流通过程，并且只是代表商品形态变化的第一阶段W—G，即一种特殊资本的自我回流运动，它表现为G—W—G'的不断反复。商人先是购买，将自己的货币转化为商品，然后卖出，将同一商品再转化为货币，并如此反复地进行着。

在流通过程中，产业资本的形态变化总是表示为W_1—G—W_2；将出售自己所生产的商品W_1而获取的货币，用来购买新的生产资料W_2；实际上就是W_1与W_2相交换，因此，同一货币两次转手。货币的运动对W_1与W_2这两种不同的商品的交换起媒介作用。与此相反，在商人那里，在G—W—G′中两次转手的却是同一商品，它只是对货币流回到商人手中起中介作用。

因为商业资本的周转只包括流通过程，所以当它完成了一次买和卖，也就完成了一次周转。假定一个商人用100镑资本购买某种商品，再按110镑的价格把该商品卖出去，他的这100镑资本就完成了一次周转，而商人资本一年中周转的次数就是取决于G—W—G′的运动在一年中反复不断地进行的次数。商业资本的这种周转运动，与货币充当流通手段的流通反复非常相似，然而有所区别。当货币作为流通手段进行流通的时候，同一货币要在不同的人手中进行转手，即反复完成同一职能，因此流通货币量通过流通速度来弥补。但在商人那里，同一货币资本，也就是同一货币价值，是按其价值额反复不断地买进和卖出商品资本，因此是作为G＋ΔG反复回到同一个人手里的，换言之，它是作为价值与剩余价值之和流回到它的起点。这就是商业资本的周转运动所具有的特征。从流通中获得的货币总是比投入流通中的货币多。由于商业资本的运动是从垫支一定量的货币开始，以增殖的货币结束，商品买卖只表现为商业资本获利的媒介或手段，因此，商业资本追求利润的目的显而易见。

商业资本周转与社会再生产过程的关系

商业资本不会直接影响生产时间，但是生产时间对产业资本的周转时间有限制，从而对商业资本周转产生第一个界限。另外，商业资本的周转最终要受全部个人消费的速度和规模的限制，这是第二个界限。正因为商业资本的周转对社会再生产的依赖性和独立性受到生产和消费的限制，同时，它也导致了经济危机的爆发。商业资本的独立化运动，虽然促进了经济的发展，但也有不利于资本主义经济发展的消极方面。

欧洲小镇繁忙的商业活动

中世纪末期，欧洲商业逐步发展，拥有大量资本的商人也随之成为当时的显贵。城镇成为重要的商业中心，新兴的手工匠阶级诞生。手工匠为了掌握货物的价格和品质，成立了各种行会。图为中世纪末期欧洲小镇的街头风光，人们在从事各种商业活动。

由于商业资本的独立化，因此它的运动在一定界限内不受再生产过程的限制。因为商业资本活动的独立性，使它完全有可能超过社会购买力而盲目购进商品，给产业资本发出虚假的需求信号，使产业资本扩大生产，导致生产过剩。然而，被商业资本家购进的商品，并未最终进入消费，一些商人还将商品囤积居奇或转手倒卖，形成虚假的市场需求，促使产业资本家盲目扩大生产，导致生产和消费脱节，加深资本主义再生产的矛盾。当这一矛盾进一步尖锐后，便会导致经济危机爆发。

在危机中还会发生这样的现象：最初的危机不是在和消费者直接相关的零售业中爆发，而是在批发商业和向它提供社会货币资本的银行业中爆发。

虽然产品可以层层流通转手，但是，在某一个看不见的环节，商品堆起来卖不出去了，或者是一切生产者和中间商人的存货逐渐变得过多了。消费通常正好是在这个时候兴旺到了极点，于是危机就会爆发，结束了虚假的繁荣。

商业资本的周转对一般利润率的影响

有一种流行但是非常荒唐的看法：就单个商品来说，是薄利多销还是厚利少销，完全取决于商人自己。商人的商品出售价格有两个界限：商品的生产价格和一般利润率。但这两项都是不由他做主。他能够决定的只有一件事，即他是愿意经营昂贵的商品还是经营便宜的商品；但即使在这件事上，他可以支配的资本量和其他一些情况也在起作用。因此，商人怎么干，完全取决于资本主义生产方式的发展程度，而不是取决于商人的愿望。

这种流行的偏见和一切关于利润的错误看法一样，是来自对纯粹的商业直觉和商人的偏见，它所以能够保持下来，除了别的还由于以下情况：

第一，竞争的现象。这些现象只涉及商业利润在各个商人即全部商人资本的股份所有者之间的分配。例如，在一个商人为了击败他的对手而廉价出售商品的时候。

第二，像罗雪尔教授这类经济学家，在莱比锡居然想象得出，出售价格的变化，是由"明智和人道"引起的，而不是生产方式本身发生变革的结果。

第三，如果生产价格由于劳动生产力的提高而降低，因而出售价格也降低，那么，需求往往会比供给增加得更快，市场价格也会随着需求的增加而提高，以至出售价格会提供大于平均利润的利润。

第四，某个商人可以压低出售价格，当然始终都是压低他加到价格中去的普通利润，以便在他的营业中有更多的资本能更迅速地周转。所有这一切都只和商人之间的竞争有关。

商业资本周转对生产价格和利润的影响与产业资本周转不同。这是由事物的性质造成的，产业资本周转的一个阶段，表现为一个独立商人资本或者至少是其中一个部分的完全周转。商人资本的周转也同利润的决定和价格的决定处于另一种关系。

产业资本的周转一方面表示再生产的周期性，它决定了一定时期内生产出的并投入市场的商品量。另一方面，周转需要时间，周转的时间越长，生产的规模就越小。因此不管周转的时间多长，它总要形成一个界限，对价值和剩余价值的形成起着或大或小的限制作用。这样，周转便是作为起限制作用的因素，对一年内生产的剩余价值量，从而对一般利润率的形成，起决定作用。但是对商业资本来说，一般利润率是一个已定的量。它不直接参与生产利润或剩余价值，它只是按照自己在总资本中所占的比例，从产业资本所生产的利润量中获取自己的那一个份额，只有在此意义上，它才参与决定一般利润率。因此，对商业资本来说，它的周转是作为积极的因素，对它获得利润和参与决定一般利润率，起着决定性作用。

总产业资本的周转次数越多，它所形成的利润量或一年内生产的剩余价值量就越大，因此，在其他条件不变的情况下，利润率就越高。但是，对商业资本来说，利润率取决于两个方面：一是产业资本所生产的利润量；二是总商业资本的相对量，即总商业资本与预付在生产过程和流通过程中的资本总额的比率。因此，对商业资本来说，利润率是一个已定的量，它的周转速度不会对利润率产生直接的影响。当然，由于必要的商业资本的绝对量与它的平均周转速度成反比，因此在其他一切条件不变时，商业资本的周转次数会对商业资本的相对量起决定作用，从而间接地影响一般利润率。

商业资本的周转速度对商品价格的影响

假设一般年利润率为15％，商人预付100镑，他的资本一年周转一次时，他将按照115镑的价格出售他的商品。但如果他的资本一年周转5次，他就会在一年中5次按照103镑的价格出售他按购买价格100镑买来的商品资本，因而全年内他就是按照515镑的价格出售500镑的商品资本。但这种周转时间，利润都是15镑。

所以，不同商业部门的商业资本的周转次数，对商品的商业价格产生直接的影响。商业价格的增加额，一定资本的商业利润中加入单个商品生产价格的部分的大小，与不同销售部门的商业资本的周转次数或周转速度成反比。由上面的例子可以看出，一个商业资本一年周转五次，而另一个商业资本一年只周转一次，那么，前者对同一价值的商品资本的增加额，仅为后者的1/5。

资本在不同商业部门的平均周转时间对商品价格的影响，可以总结为：同一个利润量，会根据这个平均周转时间的快慢，以不同的方式分配在价值相同的商品量上；假定商业资本一年周转五次，那么商业价格的增加额为：$\frac{15}{500} \times 100\% = 3\%$，而在一年周转一次的情况下，商业价格的增加额为15%。

因此，不同商业部门的商业利润的同一百分率，会按照这些部门的周转时间的快慢，以完全不同的、根据商品价值计算的百分率，来提高这种商品的商业价格。

货币经营资本

货币在产业资本和商品资本的流通过程中，所完成的各种纯粹技术性的运动，当它们独立起来，成为一种特殊资本的职能，而这种资本把它们并且只把它们当作自己特有的活动来完成的时候，就把这种资本转化成货币经营资本了。产业资本的一部分和商品资本的一部分，不仅要作为货币资本，而且要作为正在执行这些技术职能的货币资本，不断处于货币形式。现在，从总资本中有一定的部分在货币资本的形式上分离并独立起来，这种货币资本的职能是专门替整个产业资本家和商业资本家阶级完成这些活动。所以，这种货币资本的运动，仍然不过是处在自己的再生产过程中的产业资本的一个独立部分的运动。

只有在资本新投入的时候，而且只是就此而言，货币形式的资本才表现为运动的起点和终点。但对每一个已经处在过程中的资本来说，起点和终点都只表现为经过点。虽然产业资本的W—G对商业资本来说总是表现为G—W—G′，但是对一个已经发生作用的商业资本来说，现实的过程总是W—G—W′。不过，商业资本是同时完成W—G和G—W′行为的。也就是说，同一资本因生产过程的连续性而在同一时间里不断地买和卖，它在同一时间里总是不断地处在两个阶段上。当这个资本的一部分转化为货币，以便随后再转化为商品时，它的另一个部分同时转化为商品，以便再转化为货币。

货币在这里是作为流通手段还是作为支付手段执行职能，取决于商品交换的形式。资本的一部分，必须不断作为贮藏货币，作为可能的货币资本存在，这就是：购买手段的准备金，支付手段的准备金，一种在货币形式上等待使用的闲置资本；而且资本的一部分不断以这种形式流回。除了收付货币和记账以外，这又使贮藏货币的保管成为必要，而这又是一种特殊的业务。这种业务实际上使贮藏货币不断分解为流通手段和支付手段，并且使出售得到的货币和到期的进款重新形成贮藏货币；这种与资本职能本身相分离而作为货币存在的资本部分不断流动，也是纯粹技术性的业务，会引起特殊的劳动和费用——流通费用。

因为分工，又会导致这些纯技术性的业务尽可能由一类代理人或资本家当作专门的职能替整个资本家阶级来完成，或集中在这些人手里。因此，一种特殊的营业出现了，并且集中起来大规模地进行。这种特殊的营业内部又出现分工，分成不同的部门，形成庞大的事务所等专门设施。货币的收付、差额的平衡、往来账的登记、货币的保管等，从而使预付在这些职能上的资本成为货币经营资本。

不管从资本主义生产过程中，还是从一般的商业中，都会产生如下结果：

第一，把货币作为贮藏货币，也就是把那部分必须不断以货币形式充当支付手段和购买手段的准备金积攒起来，这是第一个形式。货币贮藏的第二个形式是在货币形式上闲置的、暂时不用的资本，其中也包括新积累的尚未投入的货币资本。

第二，与此密切相关的还有购买时的支出货币，出售时的收入货币，支付中的付款和收款，支付的平衡等。所有的这一切都是由货币经营者作为单纯的出纳业者替商人和产业资本家完成的。

显然，货币经营者所操作的货币资本的总量，就是商人资本和产业资本家处在流通中的货币资本；货币经营者所完成的各种活动，只是作为媒介所实现的商人和产业资本家的活动。同样很清楚的是，货币经营者的利润不过是从剩余价值中所作的一种扣除，因为他们的活动只与已经实现的价值有关。

像在商品经营业那里一样，在这里也发生了职能的二重化。因为，同货币流通结合在一起的技术业务，有一部分必须由商品经营者和商品生产者自己去完成。

关于商人资本的历史考察

有一种荒唐的看法，就是把商人资本看作是产业资本的一个特殊种类，就像采矿业、农业、畜牧业、制造业、运输业是由社会分工造成的产业资本的分支部门，从而是产业资本的特殊投资领域一样。只要简单地看一看这个事实：每个产业资本，当它处在自己的再生产过程的流通阶段时，作为商品资本和货币资本所执行的职能，恰好就表现为商人资本在它的两个形式上的专门职能——这种粗陋的见解站不住脚。

如果商品资本和货币经营资本同谷物栽培业的区别，不过像谷物栽培业同畜牧业和制造业的区别一样，那就很清楚，生产和资本主义生产就完全是一回事了。特别是社会产品在社会各成员之间的分配，也就永远必须有商人和银行家作中介，就像要吃肉必须有畜牧业，要穿衣必须有服装业一样。

由于伟大的经济学家如斯密、李嘉图等人考察的是资本的基本形式，是作为产业资本的资本，而流通资本（货币资本和商品资本）事实上只在它本身是每个资本的再生产过程的一个阶段时才加以考察，因此，他们遇到商业资本这种独特种类的资本，就陷入了困境。而在考察产业资本时直接得出的关于价值形成、利润等原理，并不直接适用于商人资本。因此，他们事实上把商人资本完全搁在一边了，在提到它时也只是当作产业资本的一种。在他们特别论述商人资本的场合，例如，李嘉图在论述对外贸易的时候，他们总会力图证明，它不创造价值（因而也不创造剩余价值）。

在资本主义生产方式中，一旦资本支配生产本身并赋予生产一个完全改变了的独特形式，商人资本只是表现为执行一种特殊职能的资本。在以前的一切生产方式中，商人资本表现为资本的真正职能，而生产越是为生产者本人直接生产生活资料，情形就越是如此。

因此，要理解商人资本为什么在资本支配生产本身以前就表现为资本的历史形式，这丝毫不困难。商人资本的存在和发展到一定的水平，本身就是资本主义生产方式发展的历史前提。其原因有两点：第一，这种存在和发展是货币财产集中的先决条件；第二，资本主义生产方式的前提是为贸易而生产，是大规模的销售，而不是面向一个个顾客的销售，因而需要一个商人，把许多人的购买行为集中到他的购买行为上。

商人资本的独立发展与资本主义生产的发展程度成反比例，这个规律在威尼斯人、热那亚人、荷兰人等经营的转运贸易的历史上表现得最为明显。在这种贸易上，主要利润的获取不是靠输出本国产品，而是靠在商业和一般经济不发达的各共同体之间的产品交换起中介作用，靠对两个生产国家进行剥削。

"商业城市的居民从一些富国运进精致的工业品和昂贵的奢侈品，因而助长了大地主们的虚荣心，这些大地主热衷于购买这些产品，并且用大量本国原产品来支付。因此，当时欧洲大部分地区的商业，都是一个国家用自己的原产品去交换一个工业比较进步的国家的工业品……一旦这种嗜好普遍流行，以至引起大量需求，商人为了节省运费，就开始在他们本国建立类似的制造业。"（亚当·斯密《国富论》第3卷第3章）

古代的商业民族存在的状况，就像伊壁鸠鲁（公元前341—公元前207年）的神存在于世界的空隙中，或者像犹太人存在于波斯社会的缝隙中一样。最初独立的、获得巨大发展的商业城市和商业民族的商业，是作为纯粹的转运贸易建立在生产民族的野蛮状态的基础上的，这些商业城市和商业民族对这些生产民族起着中介人的作用。

在资本主义社会以前的各阶段中，商业支配着产业；在现代社会里，情况恰好相反。它由此使旧的关系解体，促进了货币流通。它已经不再是仅仅掌握生产的余额，而是逐渐地侵蚀生产本身，使整个生产部门依附于它。商业和商业资本的发展，到处都使生产朝着交换价值的方向发展，使生产的规模扩大，使它多样化和世界化，使货币发展成为世界货币。因此，商业对各种已有的、以各种不同形式主要生产使用价值的生产组织，或多或少都起着解体的作用。在古代世界，商业的影响和商人资本的发展，总是以奴隶经济为其结果，由于出发点不同，有时只是使家长制的、以生产生存资料为目的的奴隶制度转化为以生产剩余价值为目的的奴隶制度。相反，在现代世界，它会带来资本主义生产方式。

在16世纪和17世纪，由于地理上的发现，而在商业上发生并迅速促进了商人资本发展的大革命，是促使封建生产方式向资本主义生产方式过渡的一个重要因素。世界市场的突然扩大，流通商品种类的倍增，欧洲各国竭力想占有亚洲产品和美洲宝藏的竞争热，殖民制度对打破生产的封建束缚客观上起了重大作用。另外，如果说在16、17世纪，商业的突然扩大和新世界市场的形成，对旧生产方式的衰落和资本主义生产方式的勃兴，产生过压倒一切的影响，那么，这种情况反过来就是，在已经形成的资本主义生产方式基础上发生的。世界市场本身形成了这个生产方式的基础。另一方面，这个生产方式所固有的以越来越大的规模进行生产的必要性，促使世界市场不断扩大。所以，在这里不是商业使工业发生革命，而是工业不断促使商业发生革命。

从封建生产方式开始的过渡有两条途径：一条是生产者变成商人和资本家，而与农业的自然经济和中世纪城市工业受行会束缚的手工业相对立。这是真正革命化的道路。另一条是商人直接支配生产，这条途径并没有引起旧生产方式的变革。

第五章　利润分为利息和企业主收入、生息资本

利息和企业主收入的分割取决于市场借贷资金的供求，这种分割逐渐硬化和独立化，即变为质的分割后，掩盖了利息和企业主收入来源于剩余价值的实质。由于利润是剩余价值的转化形式，因此利息也是剩余价值的特殊形式。利息的本质是职能资本家使用生息资本而转让给生息资本家的一部分剩余价值。

生息资本

本章中，我们以上一章阐述的平均利润的形成为分析的起点——这一平均利润是在商业资本参与利润平均化后产生的。因此，在我们只考察这个平均利润的时候，就无须再区分产业利润和商业利润了。

生产和实现剩余价值，并发挥了职能作用的资本叫作职能资本，它包括产业资本和商业资本两种形式，其中产业资本生产剩余价值，商业资本实现剩余价值。在社会资本中，除职能资本外，还有生息资本。生息资本是资本所有者通过货币借贷关系来获取利息的一种资本形态，是为了获取利息而暂时贷给职能资本家使用的货币资本。生息资本不是职能资本，也并非产业资本运动中货币资本职能的独立化形式，它是从产业资本和商业资本等职能资本运动中游离出来的闲置货币资本转化而来。

阿姆斯特丹银行

当资本的借贷关系出现后，银行应运而生，大量闲置货币资本因此而转化为生息资本。图为17世纪在荷兰出现的当时世界上体系最完善的银行——阿姆斯特丹银行，它不仅可以接受存款、转账、开发汇票等业务，还可以兑换货币、交易金银和外国铸币等。当时，阿姆斯特丹银行的贷款利率为3%，最低时曾降到2%，而英格兰各大银行的贷款利率则普遍高达6%。

生息资本的形成与资本主义再生产过程有着密切的联系

企业在生产经营过程中，由于逐步折旧、持币待购和逐步进行资本积累等原因，游离出大量暂时闲置的货币资本。这些货币资本无法为其所有者带来剩余价值，导致与资本本性相矛盾。只要建立货币资本市场，运用借贷关系或手段，拥有大量闲置货币资本的企业，就会将手中的货币资本贷出去，供那些急需货币的企业使用。与此同时，一些生产企业由于扩大生产经营的规模、范围和其他临时性需要，急需补充货币资本，于是便产生了资本的借贷关系，使从产业资本和商业资本在运动中分离出来的这部分货币资本转化为生息资本。这样，那些从职能资本运动中游离出来、暂时闲置的货币资本就被其所有者以偿还并付息为条件，贷给急需货币资本的资本家，从而转化为生息资本。

生息资本的特点

生息资本是生息资本家为取得利息而暂时贷给职能资本家使用的货币资本。生息资本与一般职能资本相比，具有不同的特点：

生息资本是一种资本商品

在资本主义社会中，货币由于能够转化为资本，具有一种自行增值的价值，因此而取得一种追加的使用价值，即作为资本执行职能而生产利润的使用价值。这种追加的使用价值能够转化为资本而生产出利润，而资本就变成了一种独特的商品。

假如年平均利润率为20%，某人持有100镑并把它当作资本来使用，那么，这100镑每年可以提供20镑的利润。因此，一个拥有100镑的人，手中就有使100镑生产20镑利润的权力。他手中就可能有100镑的资本。如果他把这100镑交给另一个人当作资本来使用，也就相当于给了后者一年生产20镑利润即剩余价值的权力。这个剩余价值无须花费后者分文。如果后者在年终把所生产的利润的一部分，比如5镑，给这100镑的所有者，他就是用这5镑来支付这100镑作为资本能够生产20镑利润的使用价值，这5镑就叫作利息。因此，利息实际上是一部分利润的特别名称，特别项目。很显然，后者是因为得到了这100镑以后才得以执行资本家的职能，因此他不能把这100镑所生产的全部利润都归为己有，而必须将利润的一部分支付给资本的所有者。吉尔巴特说："一个用借款来谋取利润的人，应该把一部分利润付给贷放人，这是不言而喻的天然正义的原则。"（吉尔巴特《银行业的历史和原理》，1834年伦敦版）这种说法是毫无异议的。生产当事人之间交易的正义性在于：这种交易是从生产关系中作为自然结果产生出来的。只要与生产方式相适应，就是正义的；只要与生产方式相矛盾，就是非正义的。

货币在生息资本家手中只是一种可能的资本，要使它成为实际资本，生息资本家必须将货币借给职能资本家使用。生息资本家将货币资本贷给职能资本家时，前者实际上已经转让了货币作为资本能够带来剩余价值这一特殊的使用价值，在一定时期后收回并取得利息，作为转让货币资本使用权期间的报酬。然而，将货币资本当作资本商品转让，正说明生息资本的本质在于它是"资本商品"。生息资本在形式上表现为资本作为商品的买卖关系，但事实上并非商品所有权转移的买卖关系，而是货币作为资本的使用权出让的借贷关系。货币资本所有者将货币作为资本要素贷出，定期获得利息收入，称为所有权收益资本化。因此，只要将生息资本与处于流通过程中的商品资本和货币资本相比较，生息资本的性质就显而易见了——生息资本作为资本投入流通，成为资本商品。

生息资本是一种所有权资本

贷出资本的回流是双重的。在再生产过程中，它流回到执行职能的资本家手中，再从职能资本家手中流回到贷出者手里，即货币资本家手中，偿还给它真正的所有者，它是法律上的起点——但不是再生产过程的起点。资本流回至它的起点，是一般资本在它的总循环中的具有特征的运动。这绝不只是生息资本的特征。生息资本的特征在于，它已经与作为媒介的循环相分离的完全表面的流回形式。

生息资本作为一种所有权资本而与职能资本相对立。职能资本家对生息资本的使用，使资本所有权和使用权分离，生息资本家掌握着所有权，并将使用权转让给职能资本家，这样，同一资本便具有了双重存在：对生息资本家而言，它是所有权资本，对职能资本家而言，它是职能资本。生息资本对其资本家而言，是货币资本的所有权，并不会自行增殖，但可以凭借这种所有权获得利息；这部分货币资本以借贷形式转移到职能资本家手中后，就成为了实际执行资本职能的增殖手段，用来生产或实现剩余价值。生息资本的贷款并非是放弃对货币资本的所有权，而是暂时转让其使用权。

生息资本的特殊运动形式

生息资本的运动与商业资本的运动不同，与简单商品流通也不同。

它既不是被付出，也不是被售出，而只能被贷出。生息资本的贷放行为并非一种等价交换行为，它具有特殊的转让方式，贷款、偿还和付息构成它的运动三要素。

生息资本具有特殊的运动形式。假定运动的起点为A贷给B的货币。A将货币贷给B，货币在B手中实际转化为资本，完成G—W—G'的运动，最后作为G'(G+ΔG)，即G加上利息ΔG回到A手中。因此，生息资本的运动为：G—G—W—G'—G"。即生息资本家将货币贷给职能资本家(G—G)，后者用货币投资，将货币转化为资本，产出商品(G—W)，由于商品中已包含了剩余价值，所以出售后成了更多的货币(W—G')，然后职能资本家将货币还给生息资本家(G'—G')。然而，职能资本家不可能将自己赚到的所有利润都给生息资本家，所以第一个G'要大于第二个G"。这里，货币作为资本货币被支出两次：由货币资本转到职能资本家手中，然后被职能资本家用于购买生产要素或经营商业；与货币作为资本的这种双重支出相适应的，是它的双重回流，即货币作为已经实现价值增殖的资本，作为G'或G+ΔG的两次回流；先是带着利润回到职能资本家手中，然后带着利润的一部分即利息回到货币资本家手中。在这种双重支出与双重回流中，实际上又包含了两种不同形式的运动：G—W—G'是现实职能资本的运动，而G—G和G'—G"则是资本的贷放和偿还运动，是按法律契约交易的结果。

资本拜物教的神秘性

在生息资本上，资本关系取得了表面的、充满拜物教性质的形式。生息资本的运动公式是G—G'(G+g)，g表示利息，我们从表面上看到的，是能生产出更多货币的货币，是无须中介而自行增值的价值。但实际上，生息资本的运动是由现实职能资本运动所决定的。

在商业资本G—W—G'中，存在着资本主义运动的一般形式，反

高利贷的先驱——约翰·加尔文

在欧洲历史上，高利贷曾一度被禁止。第一个为高利贷正名的人是法国的宗教改革家约翰·加尔文，他曾大声疾呼："不要让钱闲着，应该让它生利。"他主张人们发财致富，支持商业和高利贷，崇尚节俭，鼓励积累财富。他的这一思想推动了现代瑞士银行业的兴盛。

映出两个相反行为即商品的买和卖的运动。而在生息资本G—G″中，这种运动已然消失。因为这个公式省略了职能资本运用生息资本的过程，没有生产过程和流通过程作媒介，于是造成一种假象：似乎不经过任何生产与流通过程，货币本身便可以生产出更多的货币，从而完成从货币的支出到更多货币的回流，即G—G'。又因为在生息资本的表面运动即G—G'中，表现为货币资本的自动增殖，货币资本"无论它是睡着还是醒着，是在家里还是在旅途中，利息都会随时随地长到它身上来"。因此，在生息资本上，这个自动的物神，自行增值的价值，会生出货币的货币，纯粹地表现出来了，并且在这个形式上再也看不到它的起源的任何痕迹了。

但这还不是事情的全部，尽管利息只是利润，也就是执行职能的资本家从工人身上榨取的剩余价值的一部分，现在利息却反过来表现为资本的真正果实，表现为原初的东西。在G—G'上，我们看到了生产关系的最高度的颠倒和物化：资本的生息形态，在这种形态中，资本是它本身再生产过程的前提，货币或商品具有独立于再生产之外而增值本身价值的能力——资本的神秘化取得了最显眼的形式。这使生息资本的拜物教性质表现了出来，它进一步掩盖了资本价值增值的真实过程，资本的拜物教形态与资本拜物教的观念已经完全形成。

利润和利息率

利息和利润

由于利息是平均利润的一部分，利息率的高低总是由一般利润率决定，而不是由某个特殊产业部门的特殊利润率决定，更不是由某个资本家在某个特殊销售部门内获得的额外利润决定。利润的变动决定利息的变动，二者成正比关系。在一般利润率已定时，利息率决定于金融市场上生息资本的供求状况。若生息资本的供给大于需求，利息率就会下降；反之，则会上升。因此，生息资本的供给与需求之间的关系决定着当时市场的利息状况。在一定的一般利润率水平和生息资本供求平衡时，利息率由一个国家的消费习惯与法律所决定，如预期价格变动率、生息资本风险的大小、借贷时间的长短等。总之，必须将平均利润看作是利息的有最后决定作用的最高界限。

利息率的特点在于中等利息率在每个国家的较长时期内都会表现为不变的量。因为虽然特殊的利润率在不断地变动，但一个部门的利润率的变动会因另一个部门的相反的变动而抵消，所以一般利润率只有在较长的期间内才会发生变动。而一般利润率的相对不变性，正好表现在中等利息率的这种不变性上。

如果我们考察一下现代工业运动的周转周期——沉寂期、逐渐活跃、繁荣、生产过剩、崩溃、停滞、沉寂期等，我们就会发现，低利息多数与繁荣时期或有额外利润的时期相适应，利息的提高与繁荣变为与急转直下的阶段相适应，而达到高利贷这种极限程度的最高利息则与危机相适应。从1843年夏季开始，出现了明显的繁荣，在1842年春仍然是4.5%的利息率，到1843年春夏，已经降低到了2%，9月份甚至降到了1.5%（吉尔巴特《银行实用业务概论》，1849年伦敦版）。后来在1847年的危机期间，它提高到了8%及以上。

剥牡蛎

本身不增殖的资本,被资本家运用于商品生产与销售过程后,就产生了剩余价值,即资本家所追逐的利润。也就是说,不管是产业资本家还是银行资本家,他们的利润都来源于工人在生产商品过程中所创造的价值和剩余价值。图中,妇女和儿童们正在恶劣的环境中剥牡蛎,他们正源源不断地为资本家创造剩余价值,而这些剩余价值最后又转化为产业资本家和银行资本家的利润。

另一方面,低的利息又可能和停滞结合在一起,适度提高的利息可能和逐渐活跃结合在一起。利息率在危机期间达到最高水平,因为此时人们不得不以任何代价借钱来应付支付的需要。

不过,利息率即使完全不以利润率的变动为转移,也具有下降的趋势,因为如下两个原因:

其一,"即使假定,所有的借入资本都用于生产,而决不用于其他目的,那么,在总利润率没有任何变化的时候,利息率仍然可能变化。因为随着国家财富不断增长,有一类人产生出来并且不断增加,他们靠祖先的劳动占有一笔只凭利息就能维持生活的基金。还有许多人在青壮年时期积极经营,晚年退出,靠蓄积钱的利息过安逸的生活。……在英国,食利者阶级的人数是多么多啊!随着食利者阶级的增大,资本贷放者阶级也增大起来,因为他们是同一些人。"

(拉姆塞《论财富的分配》,183年爱丁堡版)

其二,信用制度发展了,以银行家为中介,产业家和商人对社会各阶级一切货币储蓄的支配能力也跟着不断增大,并且这些储蓄也不断集中起来,达到能够起货币资本作用的数量,这些事实都必然会压低利息率。

决定利息的因素

在资本主义社会里，根本不存在平均利息率的客观规律，这是由利息的性质决定的。因为利息不是平均利润，而只是平均利润的一部分。生产利息的资本与生产利润的资本是同一个资本，是同一个资本的双重规定，即它在贷出者手中是借贷资本，在职能资本家手中是产业资本或商业资本。但是，同一个资本在生产过程中只执行一次职能，只生产一次利润，它作为生息资本的性质不起任何作用。因此，借贷资本不参与利润率平均化，只能从职能资本家的平均利润里获得一部分。也就是说，所谓的利息量纯粹是经验的、偶然性的事情。

不断变动的市场利息率，它和商品的市场价格一样，在某一时刻总是以固定的数额出现。因为在货币市场上，全部借贷资本总是作为一个总额和执行职能的资本相对立，所以，借贷资本的供给和借贷资本的需求之间的关系，决定着当时市场的利息状况。生息资本虽然和商品是绝对不同的范畴，但它却变成了特种商品，因而利息就变成了它的价格，这种价格，就像普通商品的市场价格一样，任何时候都由供求决定。所以市场利息率虽在变动，但是在每一既定时刻，都像商品在每个时候的市场价格一样，不断表现为固定和一致的。

利息率是一定时期内利息量与生息资本的比率。其计算公式为：利息率 =（一定时期的利息量/生息资本总量）×100%。利息量 = 生息资本 × 利息率。利息率的最高界限不能等于而只能低于平均利润，最低界限不能等于零，即零 < 利息率 < 平均利润率。可见，利息率只能在平均利润率与零之间上下波动。这是因为利息是平均利润的一部分而并非平均利润的全部，如果利息率高于或等于平均利润率，也就表明借入货币资本的职能资本家得不到任何好处，他自然就不会去借钱从事经营了。但利息率最低也不会等于零，如果这样，实际上就等于资本所有者将货

币资本白送给职能资本家使用，世上自然不会有这样的好事，因此，利息率总是在平均利润率与零之间波动。

利息的出现使利润从量的分割转化为质的区别

我们已经知道，利息就是利润，即剩余价值的一部分。这一部分利润是职能资本家借入并使用货币资本后必须付给资本所有者的。如果职能资本家不是使用借贷资本，而是使用自有资本，那么他所获得的利润就会全部归己有，而不会被分割为利息。那么很显然，利润分为利息和企业利润（企业主收入），纯粹是一种量的分割。而这种对平均利润单纯量的分割一旦固定下来，就会转化为质的分割，即质的区别。

从使用借入资本的情况看量的分割到质的区别，由于货币资本家和职能资本家不仅在法律上的身份不同，而且在生产过程中起着完全不同的作用。这种作用的不同，使量的分割便转化为质的区别：利息表现为所有权的果实；企业利润则表现为发挥职能的果实。企业借用货币资本经营所取得的平均利润，扣除利息后的余额称为企业利润。在借贷关系中，资本的使用者凭借其使用权获得企业利润，而资本的所有者凭借其所有权获得利息。

从使用自有资本的情况，看量的分割到质的区别。利润由纯粹量的分割转变为质的区别一旦固定，便使人们对包括自有资本在内的所有资本，都持有这种看法：把一切利润分割为利息和企业主收入，并将它们看作是源自两个本质上不同的东西。

利润分割为利息和企业主收入的后果

在利息的形式上，资本与雇佣劳动的对立消失了。因为就生息资本其本身来说，不是以雇佣劳动为自己的对立面，而是以执行职能的资本为对立面。企业主收入也并不表现为与雇佣劳动相对立，似乎利息和企业主收入都不是由雇佣工人创造出的剩余价值，而是资本所有权带来的收入，是由资本自身结出的果实。二者的对立掩盖了资本与雇佣劳动的对立。企业主收入在现象上表现为职能资本家使用生息资本从事生产经营活动所带来的收入，它似乎是监督劳动或指挥劳动所获得的报酬。一方面，企业主收入的高低与利息率成反比；另一方面，企业主的收入是从事职能活动的结果，并被资本家看作是"监督工资"。剥削者把监督劳动的二重性在理论上混同起来，作为为剥削辩护的理由。但凡许多人一起劳动，都应有指挥的职能；同时，建立在对立基础上的劳动，还必须有监督的职能。资产阶级将这两种职能混为一谈。在资本主义制度下，指挥劳动同资本所有权的分离逐渐普遍，并且由经理承担。而资本家则成了多余的人，他们只负责剥削工人的劳动。在监督职能和所有权职能分离的情况下，监督工资与企业主收入是分离的。如此一来，利息与企业主收入原本都是剩余价值转化形态的共同本质就被掩盖了，从而进一步掩盖了资本主义的本质关系。

因此，企业主和雇佣劳动对立关系的消失，是因为利息和企业主收入的对立，与资本和雇佣劳动的对立是不同的。利息和企业主收入的分割是以资本对雇佣劳动的剥削为前提的。

信 用

信用借贷简称信贷，是从属于商品交换和货币流通的一种经济关系。它是在商品货币关系的基础上产生和发展起来的，是商品买卖中的延期付款或货币的借贷行为，是以偿还为条件的价值的特殊运动形式。在不同的社会阶段，信用所体现的经济关系是不同的。资本主义信用是生息资本的运动形式，它体现了资本主义的经济关系。生息资本的主要形式为商品形式和货币形式，与之相对应，资本主义信用分为商业信用和银行信用。

商业信用和商业货币

随着简单商品流通的发展，商品的卖者和买者之间的债权和债务关系逐渐形成，货币便充当了支付手段的职能。以赊账方式出售商品或提供劳务时买卖双方之间相互提供的信用，就是商业信用。随着资本主义生产方式的发展，商品生产和商品销售普遍化，商业信用也随之发展而普遍化。在商业信用为赊销商品提供信用的前提下，买卖双方分别成为债权人和债务人。在赊销交易中，卖者将商品转让给买者的同时没有取得现款，而是得到约定延期支付的票据，到约定之日，卖者才能凭票据取得货币。通常，赊销商品的价格要高于现金购买商品的价格，其差额就是利息。商业信用的实质是将资本以商品形式贷放出去，是整个资本主义信用的基础。

商业信用在简单商品经济条件下就已经存在，但它的广泛发展是在商品经济发达的资本主义社会。商业信用是资本主义再生产过程中必不可少的条件之一，它对于促进商品流通，加速资本周转，推进资本主义经济的发展，起着重要的作用。商业信用是信用制度的基础，将在经济生活中长期存在。

商业信用的手段是商品凭据。凭据作为工具推动商品买卖。债务人定期支付的凭据为汇票，它不是债务人向债权人开出的票据，而是债权

柜台里的钱商

借贷资本是为了获取利息而暂时贷给业者使用的货币资本。它是一种商品资本。转化为资本的货币具有双重使用价值：作为货币来执行职能的使用价值和作为商品来执行职能的使用价值。借贷者将一定数量的货币转让给业者使用，这些货币都是资本，是一种特殊的商品。图中，以借贷为业的钱商正在柜台里数钱。

人指令债务人向某一个第三者付款的凭据。这是一种有一定支付期限的债券，但是在支付日未到之时，持票人在经过债务人的承兑之后，可以将汇票用来偿还自己的债务。因此，汇票本身会在一定范围内作为支付手段流通，形成真正的"商业货币"，执行货币的职能。在此过程中，它起到了互相抵消债权的作用，并且无须最后转化为货币，而是作为支付手段的流通完全地代替货币，是绝对地作为货币来执行职能。因此可以说，真正的信用货币不是以货币流通为基础，而是以汇票流通为基础。

关于信用，托马斯·图克发表过如下观点：

"信用，在它的最简单的表现上，是一种适当的或不适当的信任，它使一个人把一定的资本额，以货币形式或以估计为一定货币价值的商品形式，委托给另一个人，这个资本额到期后一定要偿还。如果资本是用货币贷放的，也就是用银行券或现金，或用一种对客户开出的支取凭证贷放的，那么就会在还款额上加上百分之几作为使用资本的报酬。如果资本是用商品贷放的，而商品的货币价值已经在当事人之间确定，商品的转移形成出售，那么要偿付的总额就会包含一个赔偿金额，作为对资本的使用和对偿还以前所冒的风险的报酬。"（托马斯·图克《通货原理研究》）

银行信用

信用制度的另一方面，是生息资本或货币资本的管理，它作为货币经营者的特殊职能发展起来。货币经营者或银行家把大量的借贷货币资本集中在自己手里，成为货币资本的总管理人。此时，他们作为所有贷出者的代表和产业家及商人相对立。他们代表所有贷出者贷放货币给职能资本家，就叫作银行信用。银行信用是在商业信用发展到一定阶段的基础上形成的，是由货币经营业发展而来的。由于商业信用具有一定的局限性：它只是私人之间的开设，所以信誉低；它只能沿着供给与需求

巴林银行创始人——弗朗西斯·巴林

1763年，弗朗西斯·巴林爵士在伦敦创建了巴林银行，这是世界上首家商业银行。由于经营灵活、富于创新，巴林银行很快就在国际金融领域获得了巨大的成功。其业务范围相当广泛，无论是到刚果开采铜矿，从澳大利亚贩运羊毛，还是挖掘巴拿马运河，巴林银行都可以提供贷款。

方向提供信用，所以流转方向单一；它只限于职能资本家之间使用，所以流通范围有限。于是，银行信用应运而生。

当货币经营资本发展为银行资本，货币的借贷就成为银行信用，银行信用是银行向职能资本家提供贷款时所产生的借贷关系。银行信用具有以下特点：①活动范围广，不局限于商品的赊销和赊购，打破了商业信用受到商品流转方向的限制，可以广泛地集中社会的闲置资本，提供范围更广的信用；②经营规模大，可以聚集大量货币来从事借贷，并能提供数量更大的信用；③借贷期限较长，打破了商业信用受资本周转状况的限制，提供长时间的信用。总而言之，银行信用的产生打破了商业信用的局限性。

银行是专门经营货币资本业务的特殊部门，是货币借贷中介人、支付中介和发行信用流通工具的结合体。银行资本与生息资本的区别在于：①二者的资本形态不同：生息资本是职能资本在运动中分离出来的一部分，因此是派生形式的、单纯的所有权资本；银行资本则是经营货币信用和货币流通技术业务的资本，是货币资本的独立化形式，属于职能资本的范畴；②二者的分配方式不同：生息资本从职能资本手中获得的利息，只是平均利润的一部分；银行资本经营获得的收入是银行利润。

银行资本也是职能资本，同样在部门之间的竞争中参与利润率平均化，要求获得平均利润。银行利润的形成是银行存款和贷款的利息差额加上各种非信用业务收入。一般来说，银行的贷款利息率高于存款利息率，其差额扣除银行雇员工资以及其他经营管理费用之后的部分就是银行利润。换言之，银行向外贷款所收取的贷款利息大于吸收存款所支付的存款利息，二者的差额减去经营银行的业务费用，就得到银行利润。银行的贷款利息率不能高于社会平均利润率，存款利息率则必须低于贷款利息率。银行自有资本的利润率则等于社会平均利润率。银行资本家投资于银行的自有资本，也要求获得相当于社会平均利润水平的利润。因此，银行利润归根结底源于生产部门的雇佣工人所创造的剩余价值，它是由向银行借款的职能资本家，将其使用这部分资本剥削雇佣工人所获得的剩余价值的一部分作为利息付给银行而形成的。

银行取得和贷放借贷资本的途径

银行资本是通过各种途径从社会流入银行的，它包括自有资本和债务资本。首先，银行作为职能资本家的出纳业者，所有生产者和商人用作准备金保存的货币资本和别人向其支付的货币资本，都将集中到银行。这些资本就成为银行可用于借贷的货币资本。其次，货币资本家的存款。这种存款是货币资本家用来贷放出去的货币资本，只是现在通过银行来贷放，因此它就成了银行借贷资本的一部分。再次，随着银行制度的发展，尤其是实行对小额的活期存款也支付利息以来，社会各个阶层的货币积蓄及闲置货币都存入了银行。这些小的金额在银行汇集之后，就成了一个巨额的借贷资本。

银行资本投资的目的与职能资本相同，它的自有资本至少要获得社会平均利润水平的利润，否则银行资本便将转移到工商业部门。银行通过存款的形式将社会分散的闲置货币聚集到自己手里，又以各种贷放形式，将这些货币资本借给企业使用。银行的贷放也是多途径的：一是汇票的贴现。即银行购进未到期的汇票，再付给持票人扣除从贴现日到支付日的利息后的票面余额的贴现。二是各种形式的贷款。包括个人贷款，以各种有价证券作抵押的贷款和以提单、栈单或各种代表商品所有权的单据作抵押的贷款。三是存款透支。即在商定范围内，允许存款人超出存款的金额开出支票向银行取款等。

总之，银行是充当货币资本的所有者和使用者，即贷款人和借款人的信用中介，同时也是资本家相互之间的支付中介。银行经营的特殊性，在于它以货币资本经营为业务对象。银行业务又包括吸收存款的负债业务和放贷、债券经营的资产业务等。

银行负债业务及资产业务

银行的负债业务是以吸收存款的方式吸收存款，即把社会中大量闲置的货币资本集中起来。它包括：①职能资本家存入的暂时闲置的货币资本。②居民的货币储蓄及其他阶层的货币存款。数目较小的金额是无法单独作为货币资本发挥作用的，但当它们集中在一起成为巨额资金时，就形成了货币能量。这种积少成多的活动是银行制度的一种特殊作用，它应当与银行在真正货币资本家和借款人之间的中介作用相区别。③食利者阶层，即专门依靠存款，尤其是专门依靠持有有价证券以取得利息或股息收入为生者的货币资本等。

银行的资产业务将所支配的大量货币资本通过各种形式贷放出去，即把货币资本贷给职能资本家使用。银行的资产业务包括：信用贷款，一种不需要任何抵押品作担保，仅凭贷款对象的信誉而发放的短期或长期贷款；抵押贷款，它是以受贷人的待售商品、提货单、期票、有价证券和其他不动产等作抵押品而进行的银行短期或长期贷款；票据贴现，它是票据持有者到银行进行的票据贴现。此外，银行还经营结算、转账、汇兑等业务，对拥有钞票发行权的银行可发行本行的银行券。银行券实际上是向银行家开出的，持票人随时可以兑现的，由银行家用来代替私人汇票的一种汇票。

货币资本的积累对利息率的影响

由于1846—1847年的歉收和饥荒，必须大量进口粮食。"因此，进口大大超过了出口……货币大量从银行流出，……以前承诺提供的信贷受到非常严格的限制，基础薄弱的商行倒闭了。完全依赖信用的个人开始破产。"（金尼尔《商业危机》，1847—1848年）1847年，英国为进口食物至少向外国支付了900万镑黄金，其中750万镑来自英格兰银行，150万镑来自别的地方。关于1847年危机期间银行的货币贮藏，地方银行家皮斯先生说：

"因为银行不得不提高它的利息率，人们普遍产生了忧虑。地方银行都增加了自己手中的货币额和银行券；我们当中的许多人，现在都立刻在钱柜和账桌抽屉里贮存了数千镑，因为大家都对于贴现和汇票在市场上的流通力感到极不可靠，结果普遍都贮藏货币。"

这样一来，就导致了货币的紧缺。我们来看看奥弗斯顿勋爵是如何解释下面这个问题的：为什么由于国内"资本"如此缺少，他就要为他的"货币"取得10%的利息。"利息率的波动，是由于下述两个原因之一：或者是由于资本价值的变动，或者是由于国内现有货币额的变动。利息率所发生的一切巨大波动，不管波动时间久的或范围广的，都可以明确归结为资本的价值变动。"（奥弗斯顿《银行法特别委员会的报告》，1857年）

我们必须指出，奥弗斯顿在这里犯了混淆概念的错误。1847年，对货币资本的需求由于下列原因而增加了：谷物昂贵，棉价上涨，砂糖因生产过剩卖不掉，铁路投机和破产，国外市场棉纺织品充斥……所有这些情况，工业生产过剩和农业生产不足，因而是完全不同的原因，引起了对货币资本需求的增加，即对信用和货币的需求增加。不管是什么原因，正是对货币资本的需求提高了利息率，即货币资本的价值。如果奥弗斯顿所说，货币资本的价值提高了，是因为它提高了，这就是同义反复。但是，如果他在这里把"资本的价值"理解为利润率的提高，把利润率的提高看作利息率提高的原因，我们就立即可以看到他的错误。尽管利润减少，但因货币资本的需求，"资本的价值"还是可以提高，一旦货币资本的相对供给减少了，它的"价值"就会提高。

至于1856年人们所付的高利息率，奥弗斯顿事实上不知道，这种高利息率部分地说正是一个征兆，表明那种不是用利润而是用别人的资本来支付利息的信用冒险家这一类人物出现了；他在离1857年危机只有几个月前还断言，"营业情况非常良好"。他还说："认为营业利润会由于利息率的提高而受损的看法是极端错误的。第一，利息率的提高很少持续很长时间；第二，如果它持续很长时间且幅度大，那么按照事物的本性，它就是资本价值的提高；资本价值为何提高？因为利润提高了。"

在这里我们终于弄清了"资本价值"的含义是什么。不过，利润率可以在一个比较长的时间内仍旧很高，但企业主收入下降而利息率提高，结果是利息吞掉了利润的大部分。

信用在资本主义生产中的作用

信用促进利润率的平均化

资本在各部门间的自由转移是实现利润平均化的前提。由于各部门的生产资本都有着自身特定的自然形态和专门用途，这使资本的自由转移受到影响。通过信用制度，社会的大量闲置货币资本被集中起来，投入到任何利润率较高的生产部门，这就克服了生产资料转移中的困难，促进资本在不同部门之间自由流动，从而为资本自由转移创造了便利条件，实现利润平均化。由此可见，对于利润率平均化过程中资本在不同部门之间的转移运动，信用制度起着媒介作用。因此，信用制度的形成是一种发展的必然产物。

信用节省了流通费用

通过信用，流通费用相对减少。"法兰西银行银行券的平均流通额，1812年为106538000法郎；1818年为101205000法郎；而货币流通，即所有收支总额，1812年为2837712000法郎，1818年为9665030000法郎。所以，法国1818年的流通总活动同1812年的流通总活动相比约为3：1。通货速度的巨大调节器是信用……由此可以说明，为什么货币市场所受到的沉重压力，通常是和通货充足的现象同时发生的。"（《通货论》，1845年伦敦版）

第一，缩减了与货币流通相关的费用。货币主要流通费用之一是具有价值的金银币本身。通过信用，它可以以三种方式得到节约：①债权债务相互抵消，使极大部分的交易通过商业凭据进行而无须使用货币，从而减少了现金结算。②流通手段的流通加快了，从而减少了流通领域的货币量。一方面是因为闲置的货币资本和社会货币储蓄存入银行，被银行贷放出去，进入流通，从而使同一货币的流通次数增加。另一方面，商品形态变化速度的加快，也加速了货币流通的速度。③通过信用而产生的期票、汇票、银行券、支票等的流通，代替了金银币的流通。

民间集市

资本主义信用制度的发展，使劳动资本和劳动力更加集中，使生产规模惊人地扩大。图为集市，是民间定期买卖货物的市场。虽然民间集市里的农民与小商人的资金有限，但同样需要信用资本来促进商品流通。

第二，通过商业信用的赊购赊销，缩减了与商品流通相关的费用，从而使构成货币资本的一部分的购买手段和支付手段的准备金也相应减少。

信用促进股份公司的发展

股份公司是随着资本主义大工业和信用制度的发展而出现的，它是根据信用制度，通过发行股票的方式将分散的个别资本集中起来进行合资经营的一种企业组织形式。银行信用贷款的设置为创办股份公司提供了条件，股份公司的发展离不开信用制度。股票的发行有时通过银行、有时是银行自身完成，这些原本就是信用活动。股票通过银行的发行，促进了股份公司的发展。

随着生产社会化程度的提高，生产和企业规模不断扩大，兴办大型企业为大势所趋。然而，对资本家而言，大型企业的兴办必须要有巨额资本的投入，因此需要借助集资方式，将单个资本及社会中闲散的资本联合组成股份公司。资本主义信用制度的发展，从两方面促进了股份公司的产生：一方面，股份公司的股票购买者拥有资本的所有权，而这些资本的使用权则交给股份公司，由股份公司从事生产经营活动。因此，股份公司的资本所有权与使用权是相互分离的，它是信用借贷活动的一种特殊形式。另一方面，股份公司股票的发行，通常是由作为信用机构的银行来进行的，而且有时银行也会成为购买股票的投资者，或由银行自身发行股票集资组建股份公司。

股份公司和股份经济的发展使资本关系表现出一些新的特征，股份公司对促进资本主义经济的发展有着极为重要的作用和功能。从全社会来看，单个私人资本已经无法适应社会化大生产发展的要求，股份公司的形成则促使生产资料和劳动力更加集中，大大推动了资本的聚集，提高了资本的社会化程度，使生产规模以惊人的速度扩大。一些新工业的企业形式逐渐发展起来，这些形式代表着股份公司的二次方和三次方，有利于快速聚集资本和优化投资结构。股份公司通过发行股票，可在短期内集中大量资本，实行规模经营，获取较高盈利，在市场竞争中取胜。与此同时，股份公司有利于投资者将资本向市场需求大、经济效益高的部门和企业转移，从而优化投资结构，合理配置社会资源，促进资本职能与资本所有权的分离。

荷兰联合东印度公司总部

1602年，荷兰联合东印度公司成立，这是世界上第一家联合股份公司。为了融资，公司发行股票，承诺对股票分红。通过向全社会融资的方式，公司筹集到650万荷兰盾资金，成功地将分散的社会财富变成了自己对外扩张的资本。图为当时荷兰联合东印度公司的总部大楼。

从股份公司内部来看，经理制度是对职能资本家的扬弃。实际执行职能的资本家转化为单纯的经理，即他人的资本管理者，而资本所有者则转化为单纯的所有者，即单纯的货币资本家，这就有利于所有权与经营权的分离，提高企业的运营效率。它既能使企业财产所有者的权益得到维护，又能使企业拥有独立的经营权，独立进行生产经营活动，并在企业内部形成一个专业化的经营管理队伍，从而提高企业管理水平和运营效率。

从企业的组织形式来看，股份公司是对私人财产的扬弃。它作为一种资本家集团所有制形式，把私人资本转化为集团的财产。从这个意义上说，资本在这里直接取得社会资本的形式，而与私人资本相对立，从而否定了私人个别资本；企业也表现为社会企业与私人企业相对立。股份公司企业对股东投资所形成的全部财产具有法人财产权，这种企业法人财产具有整体性、稳定性、连续性。整体性是指不论有多少企业投资者，都由企业法人占有和统一支配。稳定性指股东即使将自己投向企业的资金转让给他人，也不会使企业法人的财产发生变动。连续性则是指只要公司企业存在，投资者的变动便不会影响企业法人财产权的连续行使。这就有利于保持公司企业财产的完整与稳定，有利于企业进行较长期的经营决策，有计划地从事较长期的生产经营活动。股份公司可以增强资本的支配权，使许多分散的个体资本相联合，使生产资料事实上具有了社会形式。这是作为私人财产的资本在资本主义生产方式自身范围内的扬弃。股份公司是在资本主义关系限度内，适当地改变和调整生产关系，以适应生产力的发展。它是对资本主义私人产业的扬弃、保留和提高。

与此同时，资本的集中也促进了工人合作工厂的产生与发展。工人自己创办的合作工厂，一方面不可避免地不断存在着现存制度的所有缺点；另一方面，这种工厂内部已经没有资本和劳动的对立。工人们作为联合体是他们自己的资本家，也就是说，他们利用生产资料来使自己的劳动增殖。这种工厂表明，在物质生产力和与之相适应的社会生产形式的一定发展阶段上，一种新的生产方式怎样会自然而然地从一种生产方式中发展并形成起来。这是对资本和劳动对立的一种"积极"的扬弃，是在旧形式内对旧形式打开的第一个缺口。因此，股份公司也是一种向社会主义公有制过渡的形式。

信用加大了资本集中的力度

随着资本主义信用的发展，信用制度一方面使分散的小资本联合起来，形成巨额资本；另一方面，通过"大鱼吃小鱼"的方式，推动资本的兼并进程，使绝大部分社会资本集中在少数人手中，受他们支配。资本的集中对世界市场的形成起到了积极的推动作用。

资本主义信用的二重性

资本主义信用一方面加速了物质生产力的发展和世界市场的形成，另一方面又加深了资本主义的基本矛盾。信用制度促使少数资本家能够支配绝大部分的社会资本，因此增强了他们的冒险性质；使社会财富逐渐集中到少数人手中；使单个资本家不仅可以支配自己的资本，还可以依靠信用，在一定范围内取得绝对支配他人财产的权利；使少数资本家拿社会的财产，而不是拿自己的财产来进行冒险。信用制度加剧了各生产部门之间发展的不平衡性，促使一些部门生产过度膨胀，导致社会资本再生产的比例严重失调，引发信用膨胀[1]、通货膨胀和金融风险，从而加速和加强经济危机的爆发。

信用制度本身具有二重性质：一方面，把资本主义生产的动力——用剥削他人劳动的办法来发财致富，发展为最纯粹、最巨大的赌博欺诈制度，并且使剥削社会财富的人数越来越少；另一方面，它又是转到一种新生产方式的过渡形式。正是这种二重性质，使包括约翰·罗、伊萨克·贝列拉等在内的信用的主要宣扬者，都具有一种有趣而独特的混合性质：既是骗子又是预言家。

图克及富拉顿关于流通手段和资本的见解

"银行家的业务可以分成两个部分，一是从那些不能直接运用资本的人那里吸收资本，把它分配给或转移给能够运用它的人。二是从顾客

---

〔1〕信用膨胀：指经济生活中信用过度扩张的过程。在国民经济中，银行和其他金融机构向企业、财政部门或个人提供贷款，意味着形成社会购买力。社会购买力要求有相应的商品供给，但一定时期内的商品供给数额有其客观限度，并不随着需求的增长而增多，如超过客观允许的限度提供贷款，必然造成商品供不应求的局面。当这种现象持续发展，影响较大时，就意味着信用膨胀。

的收入接受存款，并在顾客需要把它用于消费的时候，如数付给他们。前者是资本的流通，后者是货币的流通。"图克在《通货原理研究》中如是说。这里，作为一般货币资本的流通手段和作为生息资本的流通手段之间的区别，是杂乱无章地混淆在一起的，可以归结为如下几点：

一是流通手段。就它对收入的花费，从而对消费者和零售商人之间的交易起中介作用来说，是作为铸币（货币）流通的。货币是以铸币的职能流通的，虽然它不断地补偿资本，但一个国家的部分货币会不断执行这个职能。二是，就货币对资本的转移起中介作用来说，不管它是充当购买手段（流通手段）还是充当支付手段，它都是资本。因此，事实上是收入的货币形式和资本的货币形式之间的区别，而不是通货和资本之间的区别。在图克的见解上产生的各式混乱是由于：

其一，混淆了职能上的规定；

其二，混进了关于在两种职能上合计需要多少流通货币量的问题；

其三，混进了关于两种职能在再生产过程的两个领域内流通的流通手段量互相保持相对比例的问题。

在这里，还要插入我之前说过的话："在信用活跃时期，货币流通的速度比商品价格增加得更快，而在信用紧缩时期，商品价格比流通的速度降低得慢。"（卡尔·马克思《政治经济学批判》，1859年版）在危机时期，情形正好相反。一方面，第一种流通缩小，物价下降，工资也下降；就业工人的人数减少，交易的总额减少。另一方面，在第二种流通上，随着信用的紧缩，对货币信贷的需要增加了。

毫无疑问，在同生产过程的停滞结合在一起的信用紧缩的情况下，第一种流通即收入的花费所需要的通货量就会减少，而第二种流通即资本的转移所需要的通货量则会增加。必须研究一下，这个原理在多大程度上和富拉顿等人提出的下述原理相一致：

"对借贷资本的需求和对追加流通手段的需求，是完全不同的两回事，也不是常常结合在一起的。在一切看起来都很繁荣的时候，在工资高、物价上涨、工厂繁忙的时候，通常都需要有流通手段的追加供给，以便完成各种同扩大和增加支付的必要性分不开的追加职能。而利息上涨，要求银行贷放资本的压力，主要是出现在商业周期的较晚阶段，那时困难开始显露出来，市场商品充斥，回流延滞。"（富拉顿《论通货的调整》，1845年版）

首先，很清楚的是，在上述两个场合的第一个，即流通手段量必须增加的繁荣时期，对流通手段的需求增加了。但是，同样清楚的是，如果一个工厂主因为要在货币形式上支出更多的资本，从银行存款中提取更多的金银或银行券，那么他对资本的需求并未增加，而只是他对支出自己资本的那个特殊形式的需求增加了。

富拉顿提出的那种对立是不正确的。使停滞时期同繁荣时期区别开来的，并不是他说的对贷款的强烈需求，而是在繁荣时期这种需求容易得到满足，在停滞发生后，这种需求难以得到满足。正是信用制度在繁荣时期的惊人发展，以及这种需求在繁荣时期容易得到满足，造成了停止时期的信用紧迫。因此，作为两个时期特征的，并不是贷款需求的数量差别。使两个时期互相区别的，首先是下述情况：在繁荣时期，占统治地位的是对消费者和商人之间的流通手段的需求；在停滞时期，占统治地位的是对资本家之间的流通手段的需求；在营业停滞时期，前一种需求会减少，后一种需求会增加。

银行资本的组成部分

银行资本的组成

资本主义银行所掌握的资本称为银行资本，它由两部分组成——现金和有价证券。其中，现金包括金和银行券。有价证券为债权形式上的货币资本，它包括两类：一类是具有流动性质和有效保质期的商业票据或汇票，它们之所以成为银行资本的一部分，是因为对它们的贴现成为银行家的基本业务；另一类是包括国债券、国库券、股票以及不动产的抵押单等在内的公共有价证券，它们与汇票有着本质上的差别。银行通过购买等方式将这类有价证吸收为它的资本的一部分。

由以上这些物质组成部分构成的银行资本，又可以分为银行的自有资本和借入资本。自有资本为银行资本家自己投入的资本，只占银行资本的一小部分，但它在经营资本中所占的比重却是银行金融安全的指标之一。借入资本即银行吸收的存款，占银行资本的一大部分，又称为银行经营资本。

银行资本的物质组成部分

虚拟资本是生息资本发展的必然结果。随着借贷关系的发展，特别是利息这一经济范畴在资本主义经济生活中的普遍化，一切可以获得的固定收入，都被看作是一定数额的资本带来的利息，于是出现了虚拟资本这一经济概念。它以有价证券的形式存在，为持有者带来一定收入，是相对现实资本而言的抽象资本。虚拟资本的实质是收入的资本化，是生息资本的特殊转化形式。它不同于产业资本、货币资本、生产资本、商品资本等现实资本，能够为其所有者作为财产所有权获得收入。虚拟资本只是凭借权利证书索取收益，不同于生息资本。它不以现实资本生息，而是以有价证券生息。

人们将虚拟资本的形成过程叫做资本化，当每一种有规则的、会反复取得的收入被看作是一定量资本按平均利息率多提供的利息时，这个收入就被资本化了。比如国债这种虚拟资本，它根本不代表任何现实资本，但是对于它的购买者来说，确实投下了货币资本，而他所得的收入其实就是他所投资本的利息。因此，虚拟资本的出现，使和资本现实增

伦敦皇家交易所

金融资本是最具活力的资本。金融资本作为商品进入市场，即所谓证券交易市场，它的固定资本就是固定的交易所。图为伦敦皇家交易所，拿破仑战败于滑铁卢的消息曾在这里引发一场投机风潮。

殖过程的所有联系彻底消失了，而资本是一个自行增值的价值这一观念却牢固地树立起来。可见，生息资本的存在与利息范畴的独立化，是虚拟资本形成并存在的客观经济基础。

虚拟资本的存在形式

从广义上而言，虚拟资本即银行的借贷信用、有价证券、名义存款准备金以及由投机票据等形成的资本的总称。虚拟资本是以契约形式存在的受法律保护的反映债权债务信用关系的所有权证书，它与其他价值符号完全一样，只是对价值的权利证书，是以资本索取权的形式存在的。虚拟资本的存在形式分为两种：一是信用形式上的虚拟资本，主要包括期票、汇票、银行券、国家债券及各种证券抵押贷款等；二是收入资本化形式上产生的虚拟资本，主要包括股票、债券等。

这些所有权证书，不仅是国债券，还有股票，它们已经成为商品，并且它们的价格有独特的运动和决定方法。在现实的资本价值不发生变化时，会与它们的名义价值有不同的决定方法。一方面，它们的市场价值将随着它们有权索取的收益大小和可靠程度发生波动。也就是说，它们会因为企业的收益而变化，企业收益高，它们的价值就涨，企业收益减少，情况则相反。另外，假定现实资本的增殖不变，或者假定像国债一样的资本已不存在，年收益已经有充分保障，那么，这种有价证券的价格涨落就和利息率成反比。因此，在货币市场紧迫的时候，这类有价证券的价格会双重跌落：一是因为利息率的提高；二是因为这种有价证券大量投入市场，以便实现为货币。但是只要这种证券的贬值或增值同它们所代表的现实资本的价值变动无关，一国的财富在这种贬值或增值以后，和在此之前是一样的。

"到1847年10月23日，公债以及运河和铁路股票已贬值114752225镑。"（全·尼尔《商业危机》，1847—1848年）但只要这种贬值不表示生产以及铁路和运河运输的实际停滞，不表示已经开始经营的企业停闭，也不表示资本在无价值的企业上白白浪费掉，一个国家就无论如何也不会因为名义货币资本的肥皂泡破裂而减少分文。

银行的存款

银行的借入资本主要为存款，是由黄金或银行券构成的货币准备。如果没有立据规定较长的期限，随时可由存款人支取，存款也就处在不断的流动之中。有人支取就有人存入，所以，在银行正常营业进行时，存款的一般平均总额很少变动。

存款总是存入货币——黄金或银行券，或者存入对它们的支取凭证。除了根据实际流通情况需要的准备金外，这种存款总是在以下两类人手中：一类是产业资本家和商人，它们的汇票靠这种存款来贴现，也靠这些存款来取得贷款；另一类是在有价证券的交易人手中，或者在已经出售有价证券的私人手中，还有政府手中。在信用制度下，这些存款具有双重作用。它们一方面作为生息资本贷放出去，并不会保存在银行的保险柜里，而是作为存款人提供的贷款记录在银行的账簿上。另一方面，当存款人之间提供的贷款由他们的存款支票互相平衡或抵消时，它们则是作为账面项目起作用。在此，如果存款存在同一个银行家那里，便由他在各账户之间进行抵消；如果存款存在不同的银行那里，则由各个银行互相交换支票，最后只需支付差额。

随着生息资本和信用制度的发展，一切资本似乎都能增加一倍，甚至两倍。因为有不同方式使同一资本，甚至同一债权在不同的人手中以不同形式出现。这种"货币资本"的最大部分完全是虚拟的。银行的全部存款，除了准备金外，都只是银行家账上的存款项，但它们从未作为现金保存在那里。若是将存款用于转账业务，它们就会在银行家将其贷出之后，对银行家执行资本职能。银行家之间再通过结算的方式，互相偿付他们对这种已经不复存在的存款的支取凭证。

同一货币额根据它的流通速度可以完成多次购买，也可以完成多次

纽约证券交易所

1792年5月17日，纽约的24个证券经纪人在华尔街68号外一棵梧桐树下签署了举世闻名的《梧桐树协议》，开始讨论有价证券交易的条件和规则，组成了一个独立的、享有交易特权的有价证券交易联盟，这就是后来纽约证券交易所的雏形。图为1792年刚刚成立的纽约证券交易所。

借贷，因为购买是让货币从一个人手里转到另一个手里，而借贷是货币不以购买为中介，直接在两个人手里转让。而在存款上，同一货币可以充当许多次存款的工具。

"无可争辩的一点是，今天你在A那里存入的1000镑，明天又会被付出，在B那里存入。后天又由B付出，在C那里存入，以此类推至无穷。这样，同一个1000镑可以通过不断转手，倍增为一个几乎没有办法确定的存款总额。……例如苏格兰银行，那里的货币流通额从来不超过300万镑，但是存款却有2700万镑。如果不发生向银行提取存款的风潮，只要同一个1000镑反复回流，就能够同样容易抵消一个无法确定的金额。"（《通货论》，1845年伦敦版）

货币资本和现实资本

生息资本在有价证券上的积累

在资本主义信用制度发达的情况下，货币资本的积累实际上就是银行家手中财富的积累。由于银行资本大部分是虚拟资本，因此并不反映现实资本的积累。

如国债资本的积累，它只不过是国家债权人阶级的增加或国家债务的积累，并不存在现实资本的积累。它之所以表现为资本的积累，是因为这些债权人有权事先把一定额的税收划归自己所有，而且债券还可以出卖。而公共事业、铁路、矿山等的所有权证书，虽然是现实资本的证书，但它并不能支配和提取这个资本。它的存在，只是代表它的持有者在法律上有权索取这个资本应得的一部分剩余价值。但它也是现实资本的"纸复制品"，是虚拟的资本的名义代表。这种复本之所以表现为生息资本的形式，不仅因为它能够保证一定的收益，而且能够通过出售得到它们的资本价值的偿付。当这些有权证书的积累表示铁路、矿山、汽船等的积累时，它们还表示现实再生产过程的扩大。但是，作为纸制复本，这些证券不过是纯粹的幻想。它们的价值额会随着利息率的下降而必然出现上涨的趋势，所以，单单由于这个原因，这个想象的财富，就它每个组成部分的价值表现来说，也会在资本主义发展的过程中扩大起来。

由这种所有权证书的价格变动而造成的盈亏，以及这类证书在铁路大王等人手里的集中，就本质上来说，越来越成为赌博的结果。赌博已取代劳动，表现为夺取资本财产的方法，并且也直接取代了暴力。这种想象的货币财产，不仅是私人财产的很大部分，也构成了银行家资本的很大部分。

商业信用与现实资本的关系

商业信用是从事再生产的资本家互相提供的信用，这是信用制度的基础。它的代表是汇票，是一种有一定支付期限的债权，也是一种延期支付的证书。汇票通过背书在商人中间再次作为支付手段进行流通，中间没有贴现，也就是债权由A转移到B手上，而这绝不会影响整个的联系，发生的只是人的变换。在这种场合，没有货币的介入，也照样可以进行结算。

在这种纯粹的商业信用循环中，需要注意以下两点：第一，这些互相的债权抵消，取决于资本的回流，也就是取决于延期的W—G。第二，这种信用制度并不排除现金支付的必要。如果我们把商业信用和银行信用分开考察，就会发现商业信用随着产业资本本身的规模一同增大。在这里，借贷资本和产业资本是一个东西，贷出的资本就是商品资本，最后不是用于个人消费，就是用于补偿生产资本的不变要素。因此，贷出的资本总是那种处在再生产过程的一定阶段上的资本，它通过买卖才从一个人手中转到另一个人手中，它的代价要到后来才按约定的

挤兑

挤兑是在信用危机的影响下，存款人和银行券持有人争相向银行和银行券发行银行提取现金和兑换现金的一种经济现象。在出现挤兑时，市场异常紧缩，借贷资本短缺，利息率不断上涨，迫使一些银行和金融机构倒闭或停业，更进一步加剧了货币信用危机。

期限由买者支付。

可见，在这里，信用是商品形态变化的中介，不仅是W—G，也是G—W和现实生产过程的中介。在再生产循环内出现大量的信用这一现象，也表明资本在再生产过程中已被大量运用的现实。信用的中介作用就表现为：①就产业资本家来说，使产业资本由一个阶段转移到另一个阶段，把彼此有关的和相衔接的各生产部门联系起来；②就商人来说，使商品由一个人手里转入另一个人手里，直到最终出售变成货币，或者交换成其他商品。

只要再生产过程顺畅进行，资本的回流有保障，这种信用就会持续下去并且扩大起来，而它的扩大又以再生产过程本身的扩大为基础。一旦回流延迟，市场商品供给过剩，随之价格下降并出现生产停滞，产业资本就会过剩。有大量固定资本由于再生产停滞，大部分闲置不用，这就会导致信用收缩。信用收缩之后，通过信用再获得商品就比较困难，市场更多地要求现金支付，对赊售小心谨慎，这是产业周期中紧接着崩溃之后的那个阶段所特有的现象。

然而，当商业信用和银行信用相互交织时，银行信用克服了商业信用的局限性，使它同现实资本的关系不再那么一致。

货币资本积累与现实资本积累的关系

提供借贷的货币资本的积累与执行生产和流通等职能的现实资本的积累，有时是一致的，有时却并不一致。借贷货币资本的增加，并非每次都表示现实的资本积累或再生产过程的扩大。

在经济萧条阶段，借贷货币资本的积累与现实资本积累的不一致表现得尤为突出。这一时期，由于市场极不活跃，物价下降得厉害，生产趋于停滞，企业的信心不足，致使大量的货币资本呈游散状态，这时起支配作用的就是低微的利息率。很显然，这一时期借贷资本的增加是由产业资本的萎缩造成的，并不表示现实资本的增加。当商品价格下跌导致交易减少时，投在工资上的资本也会收缩，所需执行的流通手段职能的货币就会减少；另外，对外债务一部分由金的流出，一部分由破产偿清之后，也就不用追加的货币去执行世界货币的职能了；最后，汇票贴现业务的规模会随着本身数目和金额的缩小而缩小。因此，对借贷货币资本的需求，整个都会减少，那么借贷货币资本相对来说就充裕了。

当萧条阶段过去后，再生产过程再次达到繁荣状态，商业信用大大扩张，借贷资本相对充裕，和产业资本的扩大结合在一起。然而，这时一旦爆发新的危机，信用将停止，支付将停滞，再生产过程将全面瘫痪，利息率再度回升，直接导致借贷资本的极端缺乏，以及产业资本闲置过剩。总之，在经济的复苏和高涨阶段，借贷货币资本的积累与现实资本的积累相一致；在萧条阶段，借贷资本的过剩与产业资本的萎缩相结合；在危机阶段，借贷资本的奇缺与产业资本的过剩相结合。

经济危机之所以发生，原因不在于货币的缺乏，而是生产与消费的对立。在再生产过程的全部联系都以信用为基础的生产制度中，只要信用突然停止，只有现金支付才有效，危机显然就会发生，对充当支付手段的货币的激烈追求必然会出现。因此，乍看起来，好像整个危机只表现为信用危机和货币危机。但是，二者并非经济危机产生的原因，这一切都是生产过剩造成的。在危机发生时，商品价值无法实现，有价证券随之贬值。这表明，是货币危机加深了经济危机。

由以上可以看出，首先商品资本代表可能的货币资本的那种属性，在危机中或者营业停滞期，将会大大丧失。虚拟资本、生息的证券，就它们作为货币资本在证券交易所内进行流通而言，也是一样，它们的价格随着利息的提高而下降。其次，它们的价格还会由于信用的普遍缺乏而下降，这种信用的缺乏迫使证券所有者在市场上大量抛售，以便获得货币。最后，股票的价格下降，部分由于股票要求的收入减少了，部分由于一些带有欺诈性质的企业。在危机时，这种虚拟货币资本大大减少，它的所有者能够用它们在市场上获得货币的力量也大大减少。即便这些有价证券的行情下降与它们所代表的现实资本无关，但是与它们的所有者的支付能力关系很大。

货币转化为借贷货币资本

以借贷货币资本形式进行的资本积累，在多大程度上与再生产过程的扩大相一致，还需要继续探讨。虽然货币转化为借贷货币资本，比货币转化为生产资本更简单，但是需要区分两种情况：

其一，货币单纯地转化为借贷资本；

其二，资本或收入转化为货币，这种货币再转化为借贷资本。

只有第二种情况才包含了同产业资本的现实积累相联系的、真正的借贷资本的积累。

同生产积累有联系的借贷资本积压发生在产业周期的两个阶段：一是在生产资本和商品资本上的产业资本已经收缩，危机之后周期开始的时候；二是在已经开始好转，但商业信用还不大需要银行信用的时候。前一种场合，用在生产和商业上的货币资本表现为闲置的借贷资本；而后一种场合,货币资本以不断增长的规模被使用,但利息率很低,这就是产业资本家和商业资本家迫使货币资本家接受条件的时候。在这两种场合,一方面现实积累的过程扩大都会得到促进。另一方面,在没有任何现实积累的时候,借贷资本的积累可以通过各种纯技术性手段,如银行业务的扩大和集中,流通准备金或私人支付手段准备金的节约而实现。这种借贷资本会不断地流入和流出,它的总量实际上会在同现实积累完全无关的情况下增加起来。

在上述第二种情况中,我们考察的货币资本积累,既不是商业信用活动发生停滞时的表现,也不是实际流通手段或再生产当事人的准备资本节约的表现。此外,货币资本的积累,还可以由黄金的异乎寻常的流入而发生,如1852年和1853年,澳大利亚和加利福尼亚新金矿的发现。这种黄金被存入英格兰银行,存进人取走了银行券,但并没有把银行券再存到银行家那里去,这导致流通手段异常地增加了。

然而,一切发放贷款的资本家,总会直接以货币形式进行积累,但我们已经看到,产业资本家进行的现实积累,通常要由再生产中的资本本身各种要素的增加来实现。因此,信用事业的发展和货币借贷业务在大银行手中的异常集中,就必然会使借贷资本的积累以和现实积累不同的形式而加速进行。借贷资本的迅速发展是再生产过程发展的结果,而构成这种货币资本家的积累源泉——利润,只是从事再生产的资本家榨取的剩余价值的一种扣除。借贷资本靠同时牺牲产业资本家和商业资本家的利润而进行积累。

那么,从这种情况来说,作为借贷货币资本投入市场的这部分是从哪里来的呢?在这里,首先是产业资本家最初还不能在自己的营业中利用的那部分利润,这部分利润直接存在于商品资本中,构成商品资本价值的一部分,并且和商品资本一起实现为货币。作为收入来花费的部分,在消费之前会以存款的形式构成银行家的借贷资本。因此,作为收入来花费的利润部分增加，也表现为借贷资本的逐渐积累。并且，一切逐渐消费的收入，例如地租、高级工资、非生产阶级的收入等，也是这样。它们都在一段时间内采取货币收入的形式，因此可变为存款，进而成为借贷资本。

流通手段与贵金属

本章我们研究信用制度对货币流通的影响。

在信用制度下，信用成为流通手段的调节器。一方面，商业汇票所代表的债权，可以互相抵消；另一方面，信用也会作为媒介，提高货币流通速度。这里的第二个原因又可以从两个方面来看：一是信用制度的发展，使企业与个人暂时闲置的货币周转起来；二是由于信用的介入，企业之间的相互支付也能更好地衔接起来。

银行券[1]的流通规律

在第一卷中，我们已经阐明过执行流通手段职能的货币量的规律，这个规律是针对金属货币流通来说的。已知通货的速度和支付的节约，现实流通的货币量是由商品的价格和交易量决定的。因此，银行券作为流通手段和支付手段，也受这个流通规律的支配。因为银行券作为金

---

[1] 银行券：银行发行的用以代替商业票据的银行票据，可作为一种信用货币。它产生于货币执行支付手段的职能，以商业票据流通为基础。在商业票据未到期时，票据持有人因某种原因需将商业票据变为现款，就到银行去贴现。而在银行没有现款支付给票据贴现人时，就用自己发行的票据（即银行券）代替私人商业票据。持票人凭银行券可以随时兑现。银行券具有黄金和信用双重保证，因而得以广泛使用。银行券的发行，不仅可以使银行能够超过其实有资本数量来扩大信用业务，而且可以满足商品生产发展引起的对货币的追加需求。

属货币的代表，能够兑换黄金，与流通中的货币起着相同的作用，所以也受同一规律的制约。

首先，银行券的流通量取决于流通速度和支付的节约。例如，从1844年到1857年这一时期，虽然英格兰银行的进口营业额增加了一倍多，但其流通的银行券总额却大大地减少。其中，5镑和10镑的小额银行券，已由1844年的9263000镑增加到1857年的10659000镑。而且，这个现象与当时黄金流通的猛烈增加正好同时发生。相反，大额券（200～1000镑）却由1852年的5856000镑锐减到1857年的3241000镑，减少达250多万镑。对这种情况，有相关解释：

"1854年6月8日，伦敦各私人银行允许各股份银行参加票据交换所的组织，不久后就由英格兰银行实行最后的票据交换。每天的结算都是通过各银行在英格兰银行开办的账户进行转账。这项制度的采用，使得各银行以前用来互相结算的大额券成为多余。"（《银行法》，1858年）

此外，这一时期还出现了铁路、电报等被改进的交通工具与通信工具，这些同样有助于流通手段的节约，使等量的银行券流通，可以经营5～6倍的营业额。

其次，流通的银行券的数量是按照交易的需要来调节的，虽然现在英国银行券的流通量几乎一样，却可以经营5～6倍的营业额。因此，超过交易需要的每一张银行券都是多余的，都会即刻回到其发行者那里

美国西部的淘金热

1848年，詹姆斯·马歇尔在靠近科洛马的土地上发现了黄金，这一发现掀起了美国历史上最疯狂的淘金热：士兵离开营房、仆人离开主人、公务员离开办公室，甚至传教士也离开了布道所，他们集体奔赴矿区淘金。

去。银行不能随意增加流通的银行券数额，这是不以银行的主观意志以及为保证银行券兑现的黄金的贮藏量为转移的。诺丁汉一位有30年经验的银行家查·莱特，他说明了地方银行任何时候都不能使数量超过公众需求的银行券保持在流通中以后，谈到英格兰银行的银行券：

"我不知道英格兰银行（发行银行券）有任何限制，但任何多余的通货都会转为存款，因此采取另一种形式。"（安德森《商业危机》，1848—1857年）苏格兰和爱尔兰也是这样，因为这两地都准许1镑券流通。在苏格兰几乎只有纸币流通，因为据说"苏格兰人讨厌黄金"。

清楚的是，这个结论只在英国占支配地位的前提下才适用，之所以如此，是因为立法并未规定银行券发行和黄金属贮藏的比例。因此，只有营业本身的需要才会影响流通的货币——黄金和银行券的数量。这里还需要考察周期的变动，这种变动与一般的营业状况关系不大，每年都要重复一次，以致20年来，"在某一个月，通货多，在另一个月却很少，而在某第三个月，通货又适中"（纽马奇《银行法》，1857年）。

每年8月份都有几百万镑大多以黄金的形式从英格兰银行进入国内流通，以支付收获时期的各种费用；这主要是为了支付工资，而工资基本是用黄金支付的。到了年底，这些货币又再次流回英格兰银行。在苏格兰，因为1镑券普遍使用而索维林用得少，因此，银行券每年会大面积流通两次，即5月和11月，其数额由300万镑增加到400万镑。14天后就开始回流，一个月内几乎全部流回。（安德森《商业危机》，1848—1857年）

银行发行的银行券包括两个部分：一为实际流通的部分；二为当作准备金闲置在银行的部分。这里，我们从影响银行券作为流通手段绝对量的几种情况，来说明银行券的发行与资本贷放之间的关系：

第一种情况是：在实际营业额和银行券作为流通手段的需要量不变的情况下，只是由于别的原因，例如纳税和国债利息的支付，使银行券流通量发生了变化。

英格兰银行的银行券流通会因"债息"（国债利息）的按季支付而经历每个季度一次的暂时变动。首先是银行券从流通中抽出，投入公众手中，但这部分很快又会流回。魏格林在《银行法》中估计，由此引起的银行券流通变动数量在250万镑。

第二种情况是：由营业额的变动引起的银行券流通量的变化。在营业的状况使得贷款有规则地流回，从而信用依然没有动摇的时候，通货的扩张和收缩完全取决于工商业者的需要。至少对英国来说，黄金在批发商业上是无足轻重的，并且撇开季节性的变动不说，黄金的流通又可以看成是一个在较长期内几乎不变的量。在经济繁荣时期，企业经营扩大，对借贷资本的需求量增加，利息率相应提高；在危机时期，由于信用动摇，人们产生了对储藏手段的需要，于是出现了流通手段的不足和借贷资本供给不足相结合的情况，从而使利息率提高。

不要忽略，公众手中的银行券，虽然被认为经常在1900万～2000万镑之间，但是它们实际流通中的部分和当作准备金闲置在银行中的部分，两者之间是不断显著地发生变动的。若准备金多，实际流通的通货很少，那么从货币市场的观点来看就是通货充足；如果准备金少，实际流通的通货很多，那么就叫通货短缺。代表闲置的借贷资本的部分，只占一个很小的数额。

除危机阶段外，流通货币的绝对量不会影响利息率。这有两个原因：通货的绝对量是由商品的价格和交易的总量决定的，并受信用的状况影响。另外，因为在商品价格和利息之间并无任何必然的联系，在银行限制法实施期间（1797—1820年）发生通货过剩，利息率始终比恢复兑现以来高很多。之后随着银行券的发行受到限制和汇兑率提高，利息率迅速下降了。1822年、1823年、1832年，一般来说通货很少，利息率也低。1824年、1825年、1836年，通货很多，利息也提高了。1838年，通货很多，但利息很低。自从金矿发现后，整个欧洲的货币流通都膨胀了，利息率却提高了。所以，利息率并不取决于流通的货币量。

银行券作为流通手段的发行与资本贷放之间的差别，在现实的再生产过程中表现得最为明显。流通手段的发行只与商品交换有关。

大银行创造信用和利润的方法

查普曼先生，这位1857年货币市场上的实力人物，也曾痛苦地抱怨说：伦敦有很多大的货币资本家，他们有足够的力量在一定的时期里使整个货币市场陷于混乱，并趁乱极其无耻地榨取那些较小的货币经营者。这就意味着，有一些"大鲨鱼"，他们能够抛售一二百万镑统一公债，从市场上取走等额的银行券（这也同时取走了等额可供支配的借贷资本），因而使紧迫的情况日渐尖锐起来。而且只要三家大银行联合行动，就能用相同的手法把"紧迫"变为"恐慌"。

伦敦的最大资本势力，当然是英格兰银行，但它具备半国家机关的地位，不可能用上面那种粗暴的方法来彰显它的统治地位。但是，它依然非常清楚地知道要用哪些方法牟取私利。特别是《1844年银行法》公布以来，各大银行创造信用和资本的方法有：①发行本行的银行券；②签发以21天为期在伦敦兑付的汇票，但签发的时候立即收进现金；③付出已经贴现的汇票。

英格兰银行的权力，在它对市场利息率的调节上显示了出来。即便英格兰银行不能像一些私人银行一样肆无忌惮地牟利，它仍然取得了十分可观的利润。据1817年恢复兑现时对上院委员会提出的报告，英格兰银行在1797年到1817年获得的利润高达29280636镑，这是11642400镑资本在19年中获得的利润总额！

那种以所谓国家银行为中心，并且有大的货币贷放者和高利贷者围绕在国家银行周围的信用制度，就是一个巨大的集中，它给予了寄生者阶级一种神话般的权力，使他们不仅能周期性地消灭一部分产业资本家，而且能用一种非常恐怖的方法去干涉现实生产——而这伙匪帮既不懂生产，又同生产没有关系。这伙高贵的匪帮，我们可以读一读下面这段话来了解他们作为银行家的"高尚品质"：

"银行制度是宗教的和道德的制度。青年商人不是往往由于害怕被他的银行家警戒的、非难的眼睛看见，而不敢结交吃喝玩乐的朋友吗？他渴望博得银行家的好评，总是表现得规规矩矩！银行家皱皱眉头，也比朋友的忠告对他的作用更大，他总是提心吊胆，怕人说他是在骗人，或者有一点点不老实引起了怀疑，也就可能使银行家限制甚至取消对他的贷款！对他来说，银行家的忠告比牧师的忠告更为重要。"（苏格兰银行董事贝尔《股份银行哲学》，1840年版）

通货原理和1844年英国的银行立法

李嘉图从货币价值对商品价格的关系上提出的货币价值理论，之前我们已经研究过了，这里只挑最必要的几点说一说。按照李嘉图的理论，金属货币的价值是由对象化在其中的劳动时间决定的，但只有在货币的数量同要交换的商品数量和价格保持正确的比例时才这样。其他条件不变，货币量超过这个比例，货币的价值就降低，商品价格提高；反之则相反。在第一个场合，黄金过剩的国家将把黄金输出，并把商品输入；在第二个场合，黄金就会流往其估价高于其价值的国家，估价低的商品则输往它能获得正常价格的其他市场去。依照这些假定，"黄金本身不论是铸币或条块，都能变成大于或小于自身金属价值的符号，那么流通中的可兑银行券也有同样的命运。虽然银行券可以兑换，但是由黄金和银行券构成的流通中的货币总量可以升值或者贬值……而这种贬值不是纸币对黄金的贬值，而是纸币和黄金共同贬值，或者说是一国流通手段总量的贬值，这是李嘉图的主要发现之一。奥弗斯顿男爵之流利用了这一发现，把它用作1844年和1845年罗伯特·皮尔爵士银行立法的基

本原理。"（卡尔·马克思《政治经济学批判》，1859年版）

前书对李嘉图这个学说的错误已经作了论证，此处不再重复。使我们感兴趣的是，把上述《皮尔银行法》强加于人的这一派银行理论家，是用什么方法对李嘉图的这些教条进行加工的。

"商业危机最普遍、最显著的现象，就是商品价格在长期普遍上涨之后突然普遍跌落。商品价格的普遍跌落可以说成是货币同一切商品相比其相对价值上涨，相反，价格的普遍上涨也可以说成是货币的相对价值跌落。这两种说法都只是叙述现象而不是解释现象……李嘉图的货币理论用在这里特别合适，因为它赋予同义反复以因果关系的外貌。然而，银行券的发行不是完全按照金属流通的规律来调节的。贵金属的流进和流出使商品价格发生涨跌，对商品价格的这种作用，现在必须人为地由银行仿照金属流通规律来进行了。如果货币由外国输入，就证明流通中的货币不足，价值太高，商品价格低，因而银行券必须同新输入的黄金成比例地投入流通。反之，它必须同黄金的流出国外成比例地从流通中收回。也就是说，必须依照贵金属的输入和输出或依照汇兑率来调节银行券的发行。李嘉图错误地假定黄金只是铸币，因此所有输入的黄金都增加着流通中的货币，从而使价格上涨，所有输出的黄金都减少着货币，从而使价格跌落。这个理论的假定在这里变成了实际的实验，有多少黄金存在就要使多少铸币流通。奥弗斯顿勋爵、托伦斯上校、诺曼、克莱以及一大批其他在英国以'通货原理'派著称的人，不仅宣扬这个信条，而且通过1844年和1845年的罗伯特·皮尔爵士《皮尔银行法》把它变成英格兰和苏格兰银行立法的基础。这一信条在最大的、全国规模的实验之后，无论理论还是实践上都遭到了可耻的破产。"（卡尔·马克思《政治经济学批判》，1859年版）

关于这个学派，批判他们的人还真不少，我们也再举几个事例来看看。英格兰银行前总裁约·盖·哈伯德作证说："黄金的输出，绝不会影响商品的价格。但它对有价证券的价格却有十分显著的影响。因为随着利息率的变动，体现着这种利息的商品价值必然受到强烈的影响。"他列出了两个表，上面的15种最重要的贸易商品，其价格变动完全同黄金的输出和输入以及利息率无关。但它们却表明，黄金的输出和输入同利息率有着密切的联系。哈伯德对这种情况作出如下解释：

"就像1834—1843年的10年中一样，在1844—1853年，银行存有黄金量的变动，每次都伴有在贴现上贷出的货币的借贷价值增加或减少。另一方面，国内商品价格的变动则表明，它和英格兰银行存有黄金量的变动所显示出来的通货量完全无关。"（《银行法报告》，1857年）

所以，认为商品价格是由流通的货币量的变动来调节，这种论断现在被这样的说法掩盖起来了：贴现率的变动，表示对不同于货币资本的现实物质资本的需求的变动。事实上，银行黄金储备量的减少只会提高利息率，而银行黄金储备量的增加则降低利息率。

在同一个报告内，一家经营印度贸易的大商行经理纳·亚历山大，对19世纪50年代中期银向印度和中国的大量流出发表了这样的见解：

"究竟是向中国还是印度流出呢？商人们把白银运送到印度用其中很大一部分买了鸦片，全部运送到中国去，以形成用来购买中国蚕丝的基金；印度市场的状况是，把白银运到那里去比把纺织品或其他英国工业品运到那里去，对商人们更为有利。"因此，白银代替了商品被送到亚洲去，并不是由于进口过剩，而是这些商品的价格在进口国家下跌了；虽然白银是英国从法国得来的，并且一部分必须用黄金支付。按照通货理论，在出现这种进口的时候，价格在英国必定下跌，而在印度和中国必定上涨。

1837年的危机和1842年的后续危机之后，加上产业家和商人坚决不肯承认生产过剩，引起了思想上的混乱，通货学派得以在全国范围内实施他们的教条，这导致1844—1845年的银行法被通过了。《1844年银行法》把英格兰银行划分为一个发行部和一个银行部，发行部持有担保品1400万镑（多数是政府债券），持有全部金属贮藏，并按金银的总和发行等额银行券。一切不在公众手中的银行券都在银行部，再加上日常所必需的约100万铸币，形成了银行部的常设准备金。发行部以黄金交换公众手里的银行券，与以银行券交换公众手里的黄金；同公众的其他交易则由银行部办理。表面上看，每当有5镑黄金从银行金库流出，就有一张5镑银行券流回发行部并被销毁；每有5镑黄金流入金库，就会有一张新的5镑银行券进入流通。奥弗斯顿理想中的严格遵循金属流通规律的纸币流通就实现了，按照通货学派的论断，危机也就永远不可能发生了。

然而，把银行分成两个独立分部的办法，实际上使银行董事会不能在决定性时刻自由支配它的全部资金，所以就可能出现这种情况：当发行部还有几百万镑黄金和1400万镑担保品原封未动时，银行部却已经濒临破产了。由于几乎每次危机都存在黄金向国外大量流出的阶段，而且流出的黄金主要由银行的金属贮藏来补偿，所以这种情况更容易发生。每有5镑黄金流往国外，在国内流通中就被抽去一张5镑银行券，这正好是在最迫切需要最大流通手段的时候，流通手段的量却减少了。那么，《1844年银行法》就直接促使整个商业界在危机爆发时立刻大量贮藏银行券，从而加速并加剧了危机。由于在决定性时刻人为地增加了对贷款（即支付手段）的需求，同时又限制它的供给，就促使利息率在危机时期上升到空前的高度。所以这个银行法并没有消除危机，反而使危机加剧了，以至达到了不是整个产业界必然破产，就是银行法必然破产的程度。

贵金属在各国的运动

贵金属的运动，即它的流入和流出，主要有以下几点：

第一，贵金属从产地流入并分配到其他各国中时，总是朝一个方向运动。在俄国、美国（加利福尼亚）和澳大利亚的金矿发生影响之前，从

19世纪初以来，供给一直只够补偿铸币的磨损，满足对奢侈品的通常需求，以及对亚洲的白银的输出。当某国的贵金属银的数量减少，其大部分就得靠流入的追加的黄金来补偿。而流入的追加的黄金，一部分被国内的货币流通吸收，一部分形成银行的准备金，最后一部分用于奢侈品的贵金属消费，由于财富的增加而增加了。

第二，贵金属在不产金银的各国中流入和流出时，总是朝两个相反的方向运动。同一个国家会不断地输入金银，又会不断地输出金银；会在这时输入金银，在那时又输出金银，这种输入和输出一般是同时平行地进行。最后，这些输入和输出大多都会互相抵消，从抵消后的差额中便能确定金银是流入还是流出。

第三，贵金属输入超过输出以及相反的现象，大体可以用中央银行的贵金属储备的增加或减少来体现。当然，这首先要看一个国家的银行业集中到了什么样的程度。整个银行的业务越集中，来自各地的金属准备越是朝向中央银行，那么中央银行的贵金属贮藏就越能代表国家的贵金属贮藏。不过，这个尺度也并非完全准确，因为在一定情况下，输入的贵金属可以投入国内流通或用来制造奢侈品。同时，即使没有追加的贵金属输入，国内流通需求的增加，也会使储藏量减少。

第四，如果银行的金属贮藏减少的运动持续的时间较长，金属运动呈减少的趋势，从而导致银行的金属准备下降到几近平均最低限度，那么，金属就不会再在各国之间流来流去，而是不断地流出。

第五，中央银行的金属准备分别执行着国际支付准备金（世界货币准备金）的职能、国内金属流通准备金的职能，以及支付存款和兑换银行券的准备金的职能。因此，凡是有关这三种职能的事情，都会影响这种金属的准备量。

第六，除了1837年或许例外，现实危机总是在汇兑率发生逆转以后，也就是在贵金属的输入超过它的输出时爆发。

第七，一旦普遍危机结束，金和银就会按金银在平衡状态下于各国形成特别贮藏的比例再行分配。在其他条件不变时，每个国家的相对贮藏量是由该国在世界市场上所起的作用决定的。贵金属会从存额超过正常水平的国家流到别的国家去，这种流出和流入的运动，不过是恢复金属贮藏在各国之间原来的分配。

第八，金属的流出，在大多数情况下总是对外贸易状况变化的象征，而这种变化情况又是再次逐步接近危机的预兆。

第九，支付差额对亚洲来说可能是顺差，而对欧洲和美洲来说都是逆差。

贵金属外流和经济危机

贵金属的输出主要发生在经济萧条和复苏阶段，主要是人们为了摆脱经济危机，尽可能多地获得利润，促进固定资本的更新，以便扩大生产规模，使资本回流，吸收国外投资。危机前夕，每个人都想尽可能多地获得现金和信用手段，这时市场商品过剩，信用萎缩，加上银行提高贴现率[1]，如果贵金属在此时外流，必然加速危机的爆发。因为危机前夕的贵金属输出，即使数量相对来说很小，但在对借贷资本的需求极度强烈的情况下，无疑会产生重大的影响。当然，在生产不发达时期，这种影响是不会发生的。

金银是社会财富的代表

当启蒙经济学专门考察"资本"时，它极为轻视金银，把金银看作

---

〔1〕贴现率：指未来支付改变为现值所使用的利率，或指持票人用没有到期的票据向银行要求兑现，银行将利息先行扣除所使用的利率。

资本事实上最无关紧要和最无用处的形式。而一旦它讨论到银行制度，一切就倒转过来了，金银成为了真正的资本，为了维持这个资本，必须牺牲其他所有形式的资本和劳动。在资本主义制度下，金银与其他财富形式的区别在于，金银是财富的社会性质的独立体现和表现，因此，金银被看作是全部营业的枢纽。一方面，由于生产是社会的生产，财富便成了社会的财富；另一方面，生产是不受社会监督的私人生产，社会的财富便是作为私人的财富而存在，而私人的财富必须通过商品交换，并以货币为媒介，才能实现为社会财富。因此，财富的社会性质才体现在存在于财富之外的金银上面。

在危机中，会出现这样的要求：所有的票据、有价证券和商品应该能立即同时兑换成银行货币，而所有的银行货币又应该能立即同时再兑换成黄金。

汇兑率与英国的贸易差额

汇兑率是货币金属的国际运动晴雨表。如果英国对德国的支付多于德国对英国的支付，马克的价格以英镑表示，就会在伦敦上涨；英镑的价格以马克表示，则在汉堡和柏林下跌。如果不能由德国在英国的超额购买来恢复平衡，那么英国不用汇票支付，而是用金币或金块进行支付就变得合算了。这就是典型的过程。

但是如果贵金属的这种输出的规模较大、持续时间也长，英国的银行准备金就会被动用，以英格兰银行为首的货币市场就必然会采取保护措施——主要就是提高利息率。在黄金大量流出时，货币市场通常会出现困难，对货币形式的借贷资本需求会大大超过供给，这就自然会形成较高的利息率。但是不排除这种情形：金属的流出不是商贸关系，而是其他原因，比如借款或投资给外国导致，伦敦的货币市场就没有理由提高利息率。此时，英格兰银行就会通过在"公开市场"大量借款，也就是通常所说的"使货币短缺",从而人为造成这种状况,仿佛利息的提高是有充足理由。但这种手法对英格兰银行来说,一年比一年更难重演了。

说到英国的贸易差额,单是印度就要为"德政",为英国资本的利息和股息支付约500万镑的贡献,这还不包括每年寄回英国的汇款——部分是官吏积蓄的薪俸,部分是英国商人为投资而寄回的利润。每个英国的殖民地,都由于同样的原因,不断寄回大量汇款。此外,还有英国资本在国外设立的银行,投资的铁路、矿山、运河,以及拥有的外国国债,这些项目的收益汇款,几乎完全以超过英国输出额的产品形式得到。而从英国流到国外的金额,相比起来是微不足道的。

而外汇率可以由下面的原因发生变化:

1. 一时的支付差额。不管造成差额是商业原因还是国外投资或者战争支出等,都会引起对外的现金支付。

2. 一国货币的贬值。不论是金属货币还是纸币都一样,汇兑的变化纯粹是名义上的。

3. 如果一国用白银,一国用黄金,那这两国的汇率就取决于金银两种金属价值的相对变动。"例如1850年的汇兑率就对英国不利,虽然那时英国的输出大大增加,但并没有发生金的外流。这是白银价值和黄金价值相比暂时提高的结果。"(《经济学家》,1850年11月)

在1848年,英国从印度得到了大量的白银,因为可靠的汇票不多,而普通的汇票由于1847年的危机和印度商业的大失信用而不受欢迎。这全部白银刚到英国就流向大陆去了,那儿因为革命而到处引起贮藏货币的现象。这些白银又在1850年大部分流回印度,因为当时的汇兑率,使这样做更有利。

货币主义本质上是天主教的,信用主义本质上是基督教的,"苏格兰人讨厌黄金"。作为纸币,商品的货币存在只是一种社会存在。信仰使人得救。这是对货币价值作为商品内在精神的信仰,对生产方式及其预定秩序的信仰,对只是作为自行增殖的资本的人格化的各个生产当事人的信仰。但是,正如基督教没有从天主教的基础上解放出来一样,信用主义也没有从货币主义的基础上解放出来。

资本主义以前的状态

高利贷资本

生息资本或高利贷资本（这里指古代的生息资本）,和它的孪生兄弟商人资本一样,是资本洪水期前的形式,它在资本主义生产方式以前就已经产生,存在于各类很不相同的经济社会形态中。在古罗马,从共和国末期开始,虽然手工业还低于古代平均发展水平,但商人资本和货币经营资本及高利贷资本,却在古代形式内发展到了最高点。

职业货币贮藏家,只有当他转化为高利贷者时,才起重要作用。而商人借货币是为了谋取利润,为了把货币作为资本耗费。因此,即便是在以前的各种社会形式内,货币贷放者对于商人的关系,完全和他对于现代资本家的关系一样。

高利贷资本在资本主义生产方式以前各时期,具有特征的存在形式有两种:第一是对那些大肆挥霍的显贵,主要是对地主放的高利贷;第二是对那些自己拥有劳动条件的小生产者放的高利贷。这类小生产者包括手工业者,但主要是农民,在资本主义以前的状态中,农民阶级是这种小生产者的大多数。

富裕地主因高利贷而遭到破产,小生产者被敲骨吸髓,这二者造成了大货币资本的形成和集中。高利贷资本作为生息资本是同小生产、自耕农和小手工业主占优势的情况相适应的。在发达资本主义生产方式下,劳动条件和劳动产品是作为资本与工人对立的,工人无须作为生产者借钱。但是劳动者也可能名义上作为生产者同货币贷放者的资本发生关系，这种资本作为高利贷资本和他相对立。这里的区别是两个社会生产方式之间，以及它们相适应的社会制度之间的区别。

超过生产者最必要的生存资料（即后来的工资）的全部余额，在这里能够以利息形式被高利贷者所侵吞，这部分后来就是利润和地租。但是拿这个利息和现代利息率相比是荒谬的，因为除了归国家的那部分外，高利贷者的利息会全部占有剩余价值，而现代的利息，只是这个剩余价值的一部分。因此，高利贷资本使生产方式陷入贫困的境地，而不是发展生产力，也会使生产力萎缩，更会让这种悲惨的状态永久化。在这种悲惨的状态下，劳动的社会生产率不像在资本主义生产中那样靠牺牲劳动本身而发展。

所以，高利贷对于古代和封建的财富以及所有制具有破坏和解体的作用。同时，它又破坏和毁灭小农民和小市民的生产。高利贷在资本主义以前的一切生产方式中有客观意义上的革命作用，也就是因为它会破坏和瓦解那些所有制形式。在亚洲的各种形式下，高利贷能够长期延续，这除了造成经济衰落和政治腐败之外，没有造成别的结果。只有在资本主义生产方式和其他条件具备时，高利贷才表现为形成新生产方式的手段之一，一方面是由于封建主和小生产遭到毁灭，另一方面是由于劳动条件集中为资本。

"在中世纪的任何一个国家，都没有一般的利息率。教会从一开始就禁止任何放债取息的行为。法律和法庭对于借贷很少给予保障。因此，在个别场合，利息率就更高。因为货币的流通量少，而大多数的支付都必须使用现金，所以就不得不去借钱，在票据业务越不发达的情况下就越是这样。那时利息率相差很大，对高利贷的概念差别也很大。在查理大帝时代，收取100%的利息被认为是高利贷。"（休耳曼《中世纪城市》第2卷）

高利贷资本有资本的剥削方式，但没有资本的生产方式。在资产阶级经济中，在一些落后的产业部门或仍在拒绝采用现代生产方式的产业部门，这种关系也会重新出现。但是，高利贷同消费的财富相反，它本身作为资本的一个产生过程，在历史上是重要的。高利贷资本和商人财产促进了不依赖于土地所有权的货币财产的形成。产品的商品性质越不发达，交换价值越是没有占领生产的全部深度和广度，货币就越表现为真正的财富本身。货币贮藏就是建立在这个基础上的。

对高利贷的反击

信用制度是作为对高利贷的反作用而发展起来的，在现代信用制度下，生息资本要适应于资本主义生产的各种条件。高利贷资本不仅依然存在，而且在资本主义生产发达的国家，还摆脱了一切旧的立法对它的限制。在许多场合，生息资本都保持高利贷的基本形式。因此，现代信用制度创始人的出发点，并不是把一般生息资本革出教门，而是予以公开承认。

12世纪和14世纪在威尼斯和热那亚设立的信用组合，是由于海外贸易和建立在这种基础上的批发商业需要摆脱旧式高利贷的统治和货币经营的垄断而产生的。设立这种组合的商人自己就是那些国家的一流人物，他们一心要使他们的政府和自己摆脱高利贷的盘剥，从而更牢固地控制国家。因此，当计划设立英格兰银行时，托利党就抗议说：

"银行是共和国的制度，在威尼斯、热那亚、阿姆斯特丹和汉堡，银行很繁荣。但是，谁听说过有什么法兰西银行或西班牙银行呢？"

整个18世纪都有一种呼声，以荷兰为例，强制压低利息率，使生息资本从属于商业资本和产业资本，而不是相反。主要提倡人是乔赛亚·柴尔德爵士，他是现代英国私人银行业之父，也是英国证券交易业之父。他抨击高利贷者的垄断，以贸易自由的名义为东印度公司的垄断作辩护。在17世纪最后30多年和18世纪初，英国出版的一切论述银行制度的著作中，和在柴尔德的著作中一样，都可以看到反对高利贷的主张，看到使商业和工业以及国家摆脱高利贷盘剥的要求。同时可以看到，人们对于信用，对于贵金属失去垄断地位所起的奇迹般的作用，对于贵金属被纸代替等，却发生了巨大的错觉。"一切金匠和典当业者都大肆咆哮"，反对英格兰银行。"在最初10年间，银行必须克服很大的困难，由于外界的敌视很强烈，银行券要远远低于名义价值才被接受……金匠非常嫉妒银行，因为有了银行，他们的营业减少了，他们的贴现率压低了，他们同政府的营业转到对手那里去了。"（约·弗兰西斯《英格兰银行史》）

　　如果考察一下那些在理论上维护并鼓励在英国建立现代信用制度的著作，我们可以发现无非是这么一个要求：生息资本，可借贷的生产资料，应该从属于资本主义的生产方式，成为它的一个条件。但是决不要忘记，货币，也就是贵金属形式的货币，仍然是基础，信用制度按其本性来说永远不能脱离这个基础。另外，信用制度以社会生产资料（以资本和土地所有权的形式）在私人手里的垄断为前提，所以，一方面，它本身是资本主义生产方式固有的形式；另一方面，它又促使资本主义生产方式发展到它所能达到的最高和最后形式的动力。

　　最后让我们来总结一下，高利贷和商业一样，是剥削已有的生产方式，而不是创造这种生产方式，它是从外部同这种生产方式发生关系。高利贷力图直接维持这种生产方式，是为了不断重新对它进行剥削；因此，这种保守的方式只会让生产方式处于越来越悲惨的境地。高利贷的作用有两种：第一，总的来说它同商人财产并列，形成独立的货币财产；第二，它把劳动条件占为己有，使旧劳动条件的占有者破产，因此，它对形成产业资本的前提是一个有力的杠杆。

中世纪的利息

"在中世纪,大多数国家纯粹以农业人口为主。在这种封建统治下,交易和利润都是很少的。因此,中世纪取缔高利贷是理所当然的。而且农业国家中一个人很少需要借钱……亨利八世把利息限为10%,詹姆士一世限为8%,查理二世限为6%,安女王限为5%……在我们现代,利息率是由利润率调节的,而在那个时候,利润率却是由利息率调节的。如果货币贷放者要商人负很高的利息率,那么商人就不得不提高他们的商品利润率。这样,大量货币就从买者的口袋里转到货币贷放者的口袋。"(吉尔巴特《银行业的历史和原理》,1934年伦敦版)

"现在,在莱比锡,一个有100佛罗伦的人,每年可以收取40佛罗伦,这等于每年吃掉一个农民或市民。如果他有1000佛罗伦,每年就可以收取400佛罗伦,这等于吃掉一个骑士或一个富有的贵族。如果他有10000佛罗伦(这是大商人必须有的),每年就会收取4000佛罗伦,这等于每年吃掉一个富有的伯爵……如果他有1000000佛罗伦,就等于每年吃掉一个大的国王。为此,他不必拿他的身体或商品去冒险,也不必劳动,只是坐在炉边烤苹果吃。所以,一个强盗坐在家里,可以在十年内吃掉整个世界。"(《路德全集》,1589年版)

"教会禁止收取利息,但不禁止在应付急需时出卖财产,也不禁止在一定期间内,在借款归还以前把财产抵押给货币贷放者……教会或所属各团体和慈善机构由此得到了很大的好处,特别是在十字军征讨的时代。这就使国民财富很大一部分由所谓'死手'占有,这尤其是因为如下原因:犹太人不能用这种方法放高利贷,因为占有这样固定的抵押品是无法掩盖的……不禁止取息,教会和修道院就不可能那么富裕。"(约·格·毕希《论商业的各种业务的理论和实践》,1808年)

第六章　超额利润转化为地租

资本主义地租是农业资本家为了取得土地使用权，交给土地所有者超过平均利润的超额利润。它不是产生于资本，而是产生于资本对一种能够被人垄断并且已经被人垄断的自然力的利用。

地租的实质是土地所有权的经济形态，资本主义地租是在平均利润以上的剩余价值的转化形态。土地有优有劣，租种优等土地支付的地租相对较多；租种劣等土地支付的地租相对较少。这种与土地等级好坏相联系所支付的地租，叫做级差地租。

资本主义土地所有权的形成和特点

如果说资本主义生产方式总的来说是以劳动者被剥夺劳动条件为前提，那么在农业中，它是以农业劳动者被剥夺土地并从属于一个为利润而经营农业的资本家为前提。土地所有权就是土地所有者具有完全支配和处置自己土地的权力。地租是土地所有权在经济上借以实现的形式，是土地所有者仅凭土地所有权获得的收入。土地所有权的前提是：一些人垄断一定量的土地，将它作为排斥其他一切人的、只服从个人意志的领域。这种对土地的所有权是一切地租产生的根源。

资本主义土地所有权的形成

资本主义土地所有制是凭借土地所有权从雇佣工人所创造的剩余价

值中获取地租的一种土地占有形式,而它的土地所有权则是从封建土地所有权和小农土地所有权受资本与资本主义生产方式的影响转化而来的。一方面,它通过改造封建土地所有权,使土地所有权从统治和从属关系下完全解放出来。通过废除土地所有者在政治和法律上的种种特权,把直接生产者(依附农、农奴、奴隶等),从对土地的依附关系中解放出来,获得人身自由。另一方面,它通过各种暴力手段剥夺小农土地所有权,使农民丧失了赖以生存的最基本的生产资料,成为出卖劳动力的无产者。这就为资本主义雇佣劳动制的产生奠定了基础,使与资本主义生产方式相适应的土地所有权建立了起来。

自耕农

自耕农曾一度被视为英国社会的主要支柱和"民族独立自主权的保持"的功臣。他们是英国的富裕农民阶层,伴随着圈地运动和土地市场的发育而崛起,成为农业资本主义发展中强大的力量。然而,英国并没有形成强有力的农民经济,自耕农随着圈地运动的加速逐渐走向了衰落。

资本主义生产方式产生的两个重要结果是:一方面使统治和从属的关系在土地所有权中不复存在;另一方面又使土地所有权和土地占有权完全分离,土地所有权仅代表从租地者手里征收来的一定量的货币税。由此,土地所有权便摆脱了所有传统的属于政治和社会的附属物,获得纯经济的形式。这是考察资本主义土地所有权形式时必须注意的特点。据此特点,一方面在农场主的经营下,使农业落后传统的经营方式,转化为农艺学的科学应用,使农业有可能按社会化的方式经营;另一方面又将土地所有权变得荒谬,成为农业经营上的无用之物。

在这里,资本主义生产方式的前提是:雇佣工人是实际的耕作者,他们受雇于一个只是把农业作为资本的特殊开发场所，作为对一个特殊生产部门的投资来经营的资本家，即租地农场主。租地农场主为了得到在这个特殊生产场所使用自己资本的许可，要在一定期限内（比如一年）按契约规定支付给土地所有者一个货币额（这点与货币资本的借入者需要支付一定的利息完全一样）。这个货币额，不管是为耕地、矿山、渔场还是森林等支付，统称为地租。因此，在这儿，地租是土地所有权在经济上借以实现即价值增值的形式。我们在这也看到了构成现代社会骨架的三个并存而又互相对立的阶级——雇佣工人、产业资本家、土地所有者。

"整个伦敦西头，庙关的北部和南部，几乎只属于大约6个大地主，全部按异常高的地租出租，而在租约还没有完全期满的地方，也快要陆陆续续满期了。在王国的每个城市或多或少都是这样。然而，这套排他性和垄断性的贪婪做法没有就此止步。我国沿海城市的船坞设备，几乎全部由于这样的掠夺过程而落入大土地鲸吞者的手中。"（A.A.沃尔顿《大不列颠和爱尔兰土地占有史》，1865年版）

资本主义土地所有权的特征

地租以土地所有权为前提，不同形式的地租必然体现不同的经济关系。由于土地所有权性质的不同，土地所有者获取地租的方式、数量也不相同。因此，不能把不同社会制度下的地租形式混同起来，我们既要看到不同的地租形式的共同性，即土地所有权在经济上的实现形式，同时又不能忽视它们之间的差别。资本主义地租体现了农业中资本主义的生产关系。

资本主义土地所有制与封建土地所有制相比，有三个明显的特点：

其一，资本主义土地所有权消除了非经济的种种特权。资本主义地租是以资本主义土地私有制为前提，它建立在剥削具有人身自由的农业雇佣工人的基础上。土地所有权与人身依附关系相分离，农业劳动者摆脱了封建依附关系，农民成为自己劳动力的所有者，具有一定的人身自由。在封建制度下，地主获取地租，除了凭借土地所有权外，还依靠"超经济强制[1]"，强行掠夺农民的各种剩余劳动产品。而资本主义土地所有者只能依靠土地所有权，按照纯粹的经济契约来获得地租。这种地租也不再是农民全部剩余劳动产品或部分必要劳动产品，而是农业工人创造的剩余价值的一部分，即超过平均利润的部分。因此，现代意义上的地租，是超过平均利润即超过每个资本在社会总资本所生产的剩余价值中所占的比例部分而得出的余额。

其二，土地所有权与土地经营权完全分离，表现为一种纯粹契约的经济关系。在资本主义土地所有制下，土地所有权是一种单纯的财产权，大土地所有者一般不经营土地，而是将它们出租给农业资本家经营，按照租用契约获得地租。农业资本家从土地所有者手中租来土地，购买生产资料，然后雇请农业工人进行农业生产，将他们创造的剩余价值的一部分作为平均利润据为己有，剩下的部分即超过平均利润的超额利润则交给大土地所有者充当地租。

其三，资本主义地租体现了资本主义社会三个阶级之间的对立关系。农业雇佣工人所创造的剩余价值，被土地所有者和农业资本家共同瓜分，前者获得地租，后者获得平均利润。由此，在资本主义土地所有

---

[1] 超经济强制（super-economic power）：这一术语为马克思所提出。马克思受19世纪中古史家的影响，认为封建时代是一个普遍依附的时代。这时的财产关系，附带有政治的和社会的附属物，没有采取纯经济的形态。超经济的强制（或称为经济外的强制和非经济强制），就是生产资料的所有者对直接生产者具有政治、法律的强制力量。这种政治、法律的力量，可以是国家等权力机关正式赋予的，也可能是由习俗、习惯等形成的。但它的基础，应该说还是经济上的强制，即封建主掌握着封建社会的主要生产资料——土地，排斥了直接生产者——农民对土地的占有。

制条件下,三个并存而又相互对立的阶级——雇佣工人、产业资本家和土地所有者产生了。

资本主义地租

资本主义地租是农业资本家为取得土地使用权而交给土地所有者的超过平均利润的超额利润。

在考察资本主义地租时,我们应作纯粹的考察,以便认识它的性质;并考察相关情况,借此了解造成理论混乱的因素。在研究资本主义地租的过程中,应当避免三个问题:一是不能将不同历史阶段的地租形式混为一谈。二是不能将剩余价值和利润存在的一般条件用来代替地租的分析。虽然地租是剩余价值的一部分,但不能说一切剩余价值都是地租。三是不能将资本主义商品生产的特征与地租的特征混同起来。要分析地租存在的条件,除了分析剩余价值和利润的一般条件外,还要分析地租的特殊条件、土地差异和资本有机构成。土地所有权不能全部占有剩余价值,地租是超过平均剩余价值的一部分,不是农民的全部剩余劳动,也不是农民的部分必要劳动。

地租不同于租金

资本主义农业租金是指农业资本家在一定时期内,为了取得土地的使用权而向地主缴纳的全部货币额。要准确地掌握资本主义地租,就必须严格地区分地租和租金,这有助于了解地租的本质。农业资本家支付给土地所有者的"地租",并不是纯粹意义上的地租,而是租金。租金中除土地资本的利息外,还包括由其他原因所产生的各项费用:

其一,土地上的固定资产折旧费和利息。农业资本家从土地所有者手里租来土地的时候,土地上经常会有一些附设的固定资产,如灌溉设备、排水系统、农用建筑等，它们连同土地一起被出租。因此，农业资本家租种土地时，不但要缴纳地租，还要缴纳使用这些固定资产的折旧费以及与其价值相应的利息。这部分资本是由租地农业资本家投资的，但租约一到期，土地上尚未收回的各种投资，就全部归土地所有者拥有。由于固定资本的投资出自农业资本家，这就导致土地所有者与农业资本家在租约期的问题上存在着一定的矛盾。

在签订新租约时，土地所有者又把投入土地的资本利息，加到真正的地租上，而不论是把土地租给曾经改良过这块土地的租地农场主，还是另外租给其他人。因此，他的地租都会上涨；当他要出卖土地时，土地的价格也马上要增加。因为他卖出的土地在之前的生产过程中已经得到了改良，而这点，土地所有者没有投入分文。这就是随着经济发展，土地所有者日益富裕，他们的地租不断上涨，土地的货币价值不断增大的秘密。这样，他们就不费一点气力，就把社会发展的成果装进他们的私人腰包。

地租还在另一种形式上和利息相混同。地租表现为土地所有者出租一块土地而每年得到的一定货币额。在英国，土地的购买价格是按年收益的若干倍来计算的，这是地租资本化的另一种表现。因为实际上，这个购买价格不是土地的购买价格，而是土地所提供的地租的购买价格，它是按普通利息计算的。由此可见，假定地租是一个不变量，土地价格的涨落就同利息率的涨落成反比。

其二，费用从农业资本家的平均利润，或农业雇佣工人的工资，或二者的扣除。在租金里面，可能有一部分是从农业资本家平均利润中扣除的，或从农业雇佣工人正常工资中扣除的，抑或同时是这二者的扣除。租金里可能包含农业资本家的一部分平均利润。如果地主索要高额租金，而某些无力从事其他部门经营活动的农业资本家，就不得不将平均利润的一部分作为租金交给地主。与此同时，他还经常克扣农业雇佣

工人的一部分工资作为租金交给地主。在资本主义农业中，一定数量的小资本家由教育、教养、传统、竞争以及其他条件所决定，他们不得不作为租地农民把自己的资本投到农业上，他们被迫满足于平均利润以下的利润，并把其中一部分以地租形式交给土地所有者。

1865年10月12日，当时剑桥大学的政治经济学教授福塞特，在社会科学会议上说过："农业短工开始向国外迁移，租地农场主开始抱怨说，他们将无力像往常那样支付如此高的地租，因为向国外移民使得劳动力变得更贵了。"因此，在这里，高地租和低工资是一回事。只要土地价格的水平取决于这种使地租增加的情况，土地的升值和劳动的贬值就是一回事，土地价格的昂贵和劳动价格的低廉也是一回事。

"如果租地农民不像别的劳动那样，凭自己的双手勤勉地劳动，他靠他的租地农场是无法生活的。如果他雇人工作，自己只是监督，那么他很快就会发现，他将无力支付自己的地租。"

（约翰·L. 摩尔顿《地产的资源》，1858年版）

不管是真正的地租，即土地资本的利息，还是包含在租金里的其他各种费用，都具有两个共同点：一是它

优等地

中等地

劣等地

级差地租

地租具有两种形式——级差地租与绝对地租。级差地租是一种等量资本投在相等面积的土地上的地租形式，由不同生产率形成。由于土地肥沃程度不同、地理位置不同，即使在相同面积的土地上投入等量的资本，农产品的产量和收益也会不同。农业资本家据此将土地分为优、中、劣三个等级。上图依次为这三种土地。

们都是土地所有者对一定面积的土地拥有私人垄断权的结果；二是它们都属于土地所有者，并共同决定土地价格，从而反映出土地所有权的实际影响。

资本主义地租的形态

资本主义地租根据其产生的原因和条件的不同，分为级差地租和绝对地租两种基本形态。

级差地租属于平均利润以上的部分，这是在某种自然条件被垄断的有利情况下，产品按生产价格出售而出现的超额利润，是由于土地的差别而引起的；而绝对地租是土地所有者凭借对土地的所有权，在最劣等地上所获取的地租。在农业中，农产品市场的生产价格的决定不同于工业，它是由最劣等地的生产条件所决定的，即耕种最劣等土地也能获得超额平均利润，绝对地租正是由此而产生。

级差地租

李嘉图在《政治经济学和赋税原理》中的论点完全正确：

"地租（即级差地租；他认为，除了级差地租根本不存在别的地租）总是使用两个等量的资本和劳动所取得的产品量之间的差额。"

因为土地有优有劣，租种优等土地所支付的地租就多；租种劣等土地所支付的地租就较少，这种由土地等级好坏来决定支付的地租，就叫级差地租。级差地租是等量资本投在相等面积的土地上的一种地租形式，它由不同的生产率形成，由个别生产价格与社会生产价格的差额构成，并由超额利润转化而成。换句话说，资本主义级差地租是租佃较好土地的农业资本家向大土地所有者缴纳的超额利润。它是由优等地和中等地农产品的个别生产价格低于按劣等地个别生产价格决定的社会生产价格的差额所决定的。

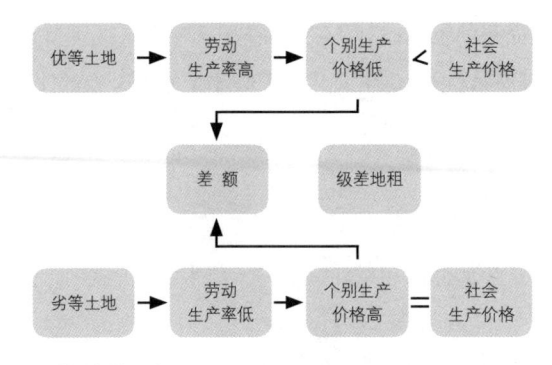

级差地租形成的条件

土地本身存在着优劣程度的差别,其自然基础有肥沃程度以及地理位置等方面的差别,因而同量资本投入生产条件不同的相等面积的土地,劳动生产率和产量收益也不相同。为此,土地所有者必定按照土地的等级来收取级差地租。

级差地租的形成

土地的肥沃程度或地理位置不同,同量资本投入面积相等但生产条件不同的土地,其劳动生产率不同,因而农产品的个别生产价格也就不同。租种较好的土地,劳动生产率较高,产量较多,农产品的个别生产价格也就低于社会生产价格,从而获得超额利润。图为级差地租的形成示意图。

级差地租是以生产价格的存在为前提,与自然条件的等级相联系。农产品的社会生产价格便是由劣等地的个别生产价格决定的。大部分不得不租种劣等土地的农业资本家按照等量资本获取等量利润的原则也要求获得平均利润。因为如果只租种优等地而撂荒劣等地,势必引起社会上农产品供求的严重不平衡,从而导致价格上涨,在客观上致使租种劣等地的农业资本家无法获得平均利润。由此可见,农产品的社会生产价格不是由中等地的生产条件决定,而是由劣等地的生产条件决定。对于投资较好的优等或中等土地的农业资本家来说,优越的土地自然条件可以为其提高农业劳动生产率。单位面积产量较高,其农产品的个别生产价格本来低于社会生产价格,但以社会生产价格出售,便可以获得超额利润,农业资本家将这种在平均利润以上的超额利润作为级差地租缴纳给土地所有者，他自己则获得平均利润。

工业和农业超额利润的共性在于，二者都是个别生产价格低于社会生产价格的差额。二者的区别在于：首先，农业超额利润是利用自然力的工厂所获得的超额利润，比如瀑布，它不费农业资本家分文。当然，使用蒸汽机的工厂也利用了自然力，但是，它是被大家共同利用的，虽然利润得到了提高，但并不能创造出超额利润。关于超额利润的创造，还需其他说明。就是说，个别资本能获得超额利润，是因为它们降低了成本价格。当然，这同样是因为生产规模的扩大和劳动生产率的提高。这里，瀑布的利用就降低了个别生产价格。其次，利用瀑布的工厂所获得的超额利润是比较稳定的、持久的利润。只要占有了瀑布这种自然条件，就可以产生超额利润。

级差地租形成的原因

土地的资本主义经营垄断是指在土地特别是优等或中等地有限的条件下，土地作为经营对象，被农业资本家使用后所形成的对土地的经营性垄断。土地的资本主义经营垄断的客观存在，使租种优等土地的农业资本家能够比较稳定地拿到农业超额利润，这是因为：

其一，土地数量有限，特别是优等土地。土地生产资料的特殊性，使它不同于工业生产资料，不能随意增加；存在于自然界的某些地方，不能由一定的投资创造出来。自然条件优越的土地是有限的，大部分土地都属于劣等土地。而优等土地一旦被某些农业资本家租佃，便能稳定地得到一个超额利润，他们因此而排斥其他农业资本家再来使用这些优等土地，这就使得其他农业资本家只能经营劣等地。这就是所谓土地的资本主义经营垄断，它为优等或中等地的农业资本家提供超额利润，它也是级差地租产生的经济原因。

其二，土地的资本主义经营垄断，使得其他部门的资本无法自由转入农业经营，特别是优等或中等地的经营，这就限制了农业中的竞争。这些垄断者在农业中可以长期稳定地获得超额利润，而这个超额利润便形成了级差地租。可见，构成级差地租实体的超额利润，不是由于资本所支配的劳动生产力的绝对增长而产生的，而是由于垄断着有利自然条件的个别资本与那些无法使用这种自然条件的资本相比，具有较高劳动生产率而产生的。

农民交租

实物地租是封建地租的形式之一，是封建土地所有者凭借土地所有权强迫租佃农民交出自家生产的农产品的一部分，即无偿占有农民的一部分剩余劳动。在形式上，实物地租主要是农产品，有时也可以是家庭手工业产品。图中，农民正在向地主交纳实物地租。

土地所有权与超额利润的形成毫无关系。但前者的存在，使这部分超额利润从农业资本家手中转移到土地所有者手中。因此，土地所有权是超额利润转化为级差地租的原因。在这里，前者并未创造那个转化为超额利润的价值部分，而仅是使土地所有者能将这个超额利润从农业资本家那里转移到自己的口袋中。它并非这个超额利润创造出来的原因，但却是它转化为地租形式的原因。可见，农业中的超额利润以级差地租形式从农业资本家手中转入土地所有者手中的原因是土地私有权。

地租的来源

地租的源泉是农业工人的剩余劳动所创造的剩余价值的一部分，即超额剩余价值，地租是这部分超额剩余价值的转化形式。

在资本主义农业中，资本家要投资于农业，就必须向土地所有者租佃土地，再雇用工人进行农业生产劳动，并将农业工人创造的剩余价值的一部分作为地租，交给土地所有者。地租的源泉并非来自土地的自然力，而是来自农产品，也就是只有通过人的劳动，才能创造出超额利润。良好的土地自然条件只是形成超额利润的自然基础，资本主义土地所有权决定超额利润归土地所有者。农业资本家作为产业资本家的一部分，投资于农业与投资于工业和商业相同，都要求获得平均利润。这一事实决定了农业资本家从农业工人那里攫取的剩余价值必须大于平均利润并分成两部分：其中相当于平均利润的那部分剩余价值归农业资本家自己；超过平均利润以上的那部分剩余价值，则以地租形式付给大土地所有者。因此，资本主义地租来源于农业工人创造的超过平均利润以上的那部分剩余价值。

级差地租的形式

级差地租Ⅰ

级差地租Ⅰ形成的条件：

其一，土地肥力不同。肥沃程度会导致不同土地自然劳动生产率的差异，土地肥力的差别与变化决定着级差地租数量的多少，包括自然肥力和人工肥力。自然肥力的差别是由表层土壤的化学结构形成的。自然肥力的开发和利用的多少，取决于农业化学和农业机械的发展。因此，土地的有效肥力不单由自然肥力决定，还与农业生产力的水平直接相关。

其二，地理位置不同。即土地距离城市的远近和交通条件的好坏。凡是距离市场较近的土地，流通费用就少，反之则多。经营离城市较近和交通条件较好的土地，可以减少运输费用，降低成本，从而使农产品的个别生产价格低于社会生产价格，并以社会生产价格出售，因此可以获得超额利润，形成级差地租Ⅰ。

农产品运输

土地位置是指距离城市的远近和交通条件的好坏。凡是距离市场近的土地，农产品的流通费用就少，反之，则多。运输费用的支出，使农产品的生产成本也会有所增加。图中，农民正雇用马车将农产品运送往市场。

然而，"土地肥力和位置，可以发生相反的作用。一块土地也许位置很好，但肥力很差；或者情况相反"。这说明，在土地的开发和利用中，土地肥力和位置会随经济发展的要求而变化，既可能是先开发和利用肥沃的土地，也可能是先开发离市场近但肥力较差的土地，这就要视土地的用途而定了。

综上所述，级差地租Ⅰ形成的条件是不同地块的肥沃程度与地理位置的不同。农产品的社会生产价格不但由肥力较差的劣等土地所生产的农产品的个别生产价格决定，还由距离交通线和市场最远的土地所生产的农产品个别生产价格决定。这样，农产品的个别生产价格低于社会生产价格的超额利润，就转化为级差地租Ⅰ。

在韦斯特、马尔萨斯和李嘉图那里，还有一个占统治地位的错误假定：级差地租必然是以耕种越来越坏的土地或农业肥力越来越下降为前提的。我们可以发现，在耕种越来越好的土地时，能产生级差地租。当较好的土地代替以前较坏的土地而处于最低等级时，也能产生级差地租；级差地租可以和农业的进步结合在一起。它的条件只是土地等级的不同。在涉及生产率的发展时，级差地租的前提就是：土地总面积的绝对肥力提高，不会消除这种等级的不同，而是使它扩大或者不变，或者只是缩小。

在第Ⅰ种形式下考察的级差地租，还需要作出以下补充，而且这部分地对于级差地租Ⅱ也是适用的。

第一，我们可以看到，每英亩的平均地租或按资本计算的平均地租率，可以在耕作扩大、价格不变和耕地的级差肥力不变时提高。一旦一国的土地全部被占有，一旦土地投资、耕作和人口达到一定水平，也就是资本主义生产方式取得统治地位并支配农业时，以上这些条件就会作为前提存在。那么，各种质量的未耕地价格，就是由具有相同质量和相等位置的已耕地价格决定的。

第二，总体来看，耕地的扩大或者向较坏的土地发展，或者是根据既有的各级土地现状按不同比例向各级土地发展。向较坏的土地的发展绝不是任意选择的，而只能是价格上涨的结果，并且在每一种生产方式下都只能算是必然性的结果。但也不是无条件的，较坏的土地可以由于位置好，比相对较好的土地优先被人利用。比如，密歇根州在美国西部各州中成为最早输出谷物的州之一，并不是偶然。虽然它的土地总体上是贫瘠的，但是因靠近纽约州，并且可以通过湖泊和伊利运河开辟水上运输。

"1838年，面粉是从布法罗装船运往西部，而纽约州和上加拿大的小麦产区是主要的面粉供应地。现在，仅仅12年后，已有大量小麦和面粉从西部运来，沿伊利湖，通过伊利运河，经布法罗及其邻港布莱克罗运往东部。由于1847年欧洲的饥荒，小麦和面粉的出口特别受到了刺激。"（詹姆斯·I. W. 约翰斯顿《北美农业、经济和社会问题札记》，1851年伦敦版）

第三，下面的假定是错误的：殖民地，还有年轻的国家，可以按比较便宜的价格出口谷物，所以那里的土地必然具有较大的自然肥力。因为，一个像密歇根这样的地方，在开始时几乎全部人口都是从事农业，特别是大宗农产品生产。所以，他们的剩余产品几乎全部都是谷物。因

田间劳作

英国自耕农阶层在圈地运动中崛起和衰落的历史事实告诉我们,即便是在英国这样以大农业为主要发展方式的国家,农民经济仍不是可有可无的、被动的和无足轻重的附属物,相反,它在农业发展进程中发挥着相当重要的作用。

此,这并不是由于他们的土地肥沃,也不是由于他们的劳动富有成效,而是他们的劳动以及剩余产品具有一种片面的形式。

最后,耕种扩大到较大的土地面积上,从来不是以谷物价格预先上涨为前提,就像棉纺业逐渐扩大,无须以棉纱价格不断上涨为前提一样。农业像资本主义经营的其他一切产业一样,会不断发生一种相对的生产过剩。这本来和积累是一回事,在其生产方式下,是直接由人口增加引起,在殖民地则是由不断的移民引起的。人们预见到这种情形,就不断向新的土地投入新的资本,也就是说,引起这种现象的是新资本的形成本身。

级差地租 Ⅱ

级差地租 Ⅱ 是由于等量资本连续投资在同一块土地上,且每次投资具有的不同生产率所造成的超额利润而形成的级差地租。由于农产品的社会生产价格是由劣等地决定的,因此,只要在同一块土地上的连续投资生产的农产品的个别生产价格低于劣等地所决定的农产品生产价格,就会产生级差地租 Ⅱ。至于构成级差地租 Ⅱ 实体的这部分超额利润是否转化为地租以及在何种程度上转化为地租,则取决于农业资本家与土地所有者之间的契约和斗争。在租约的有效期间,连续追加投资而产生的超额利润,归农业资本家所有;当租约期满,重新缔结租约时,土地所有者往往会考虑追加投资效果而提高地租，将农业资本家追加投资产生的部分或全部超额利润据为己有。因此，围绕租约期的长短，农业资本家与土地所有者展开了长期的斗争。

综上所述，级差地租Ⅱ形成的条件是，同一块土地上连续追加投资的劳动生产率不同。在同一块土地上追加更多的投资，通常是在优等土地上进行的。只要在优等土地上追加投资所形成的劳动生产率比劣等土地高，则追加投资所生产的农产品的个别生产价格，就会低于由劣等土地生产的农产品所决定的社会生产价格，这二者的差额所形成的超额利润，就转化为级差地租Ⅱ。

级差地租Ⅰ与级差地租Ⅱ的关系

级差地租Ⅰ与级差地租Ⅱ之间既存在共同点，又存在区别。

二者的共同点：在实质上终究都只是投在土地上的等量资本所具有的不同生产率的结果，都是超额利润的转化形式。投在不同的土地上产生不同的生产率，形成级差地租Ⅰ；连续投在同一块土地上，便形成级差地租Ⅱ。

二者的区别：①超额利润转化为地租的过程不同，级差地租Ⅰ从最初就明确属于土地所有者，而级差地租Ⅱ却不同。②级差地租Ⅰ是级差地租Ⅱ的基础和出发点。不管从历史上还是任何一个特定时期的运动而言，级差地租Ⅰ都是级差地租Ⅱ的基础和出发点。追加投资能否形成级差地租，要与劣等地的生产率进行比较。从资本主义农业发展的历史来看，只有在肥力和位置不同的各级土地同时并列耕种的基础上，即在级差地租Ⅰ的基础上，才会产生级差地租Ⅱ。③级差地租Ⅱ是级差地租Ⅰ的发展形式。级差地租Ⅰ与土地肥力和位置的差别相联系，级差地租Ⅱ则是除与土地肥力和位置相联系外，还同各个资本家拥有的资本量相联系。除了肥力的差别，还有资本在租地农场主之间分配上的差别。资本量的大小，对于级差地租Ⅱ的形成具有重要作用。形成级差地租Ⅱ要求有更大的经营资本量。由于农业与工业不同，农产品价格不是由中等地的生产条件所决定，而是由劣等地来决定，因此，资本不需要达到"平均资本量"，而只需达到"最低资本量"就可以获得平均利润，如果高于"最低资本量"，就可以取得超额利润，从而转化为级差地租Ⅱ。

绝对地租、建筑地段地租和矿山地租

绝对地租

绝对地租是指由于土地私有权的存在，租种任何土地都必须缴纳的地租，其实体是农产品价值超过社会生产价格以上的那部分差额利润，即土地所有者凭借土地私有权的垄断所获取的地租。土地所有者对他的土地，不论是优等还是劣等地，总要取得一定的地租，否则，他宁可将土地长期闲置，也不会让他人无偿使用。

绝对地租产生的原因

单纯法律上的土地所有权并不会为土地所有者带来任何地租。土地不出租，其所有权就没有任何收益，在经济上也就没有任何价值。只有土地所有者与租地农业资本家之间建立了一定的经济关系后，土地所有权才会通过收取地租的形式来体现它在经济上的价值。可见，土地所有权垄断是绝对地租产生的原因。土地私有权垄断是指农业中有限的土地被私人土地所有者占有之后，他人就无法再拥有对土地这种生产资料的私有权。

仅从农业资本的有机构成较低来说明绝对地租的存在是不够的。因为工业生产中一些部门价值高于生产价格，但却不能获得超额利润，只能获得平均利润。工业上的超额利润只存在于部门内部劳动生产率高的企业。而绝对地租来自农产品价格高于生产价格出售而形成的超额利润。因为在自由竞争时代，农产品是以价值而不是以生产价格出售。工业部门的一切生产条件都可以由资本自己创造或自由支配，没有不能克服的外力。由于工业部门之间资本的自由转移，剩余价值被平均化，形成平均利润，商品要按生产价格来出售，超额利润只能在同一生产部门内由社会生产价格和个别生产价格之间的差额发生。工业中虽然也存在这样的超额利润，但并没有使具有先进生产条件的资本家获得一个长期、稳定的超额利润。这是因为，工业中的资本自由竞争和利润的平均化，使这种超额利润的存在只是短暂的，无法形成稳定收入，工业品的总价值与总生产价格也是一致的。

英国圈地运动时期农民的艰苦生活

英国圈地运动[1]使大量小土地占有者失去赖以谋生的土地，同时，土地私有权得以在法律体制的基础上确立，经济的发展不再受传统道德规范的束缚，可以说，圈地运动对于消除英国自然经济的残余起了重大的推动作用。图为当时农民艰苦生活的写照。

而在农业部门中，土地是不能由资本自己创造和自由支配的，它独立于资本之外，并存在着与资本相对立的土地私有权的垄断。这使资本对农业产业的进入构成一种壁垒或限制。这个壁垒不是排除工农业之间

---

〔1〕圈地运动：在14、15世纪，在农奴制解体过程中，英国新兴的资产阶级和新贵族通过暴力把农民从土地上赶走，强占农民份地及公有地，剥夺农民的土地使用权和所有权，限制或取消原有的共同耕地权和畜牧权，把强占的土地圈占起来，变成私有的大牧场、大农场。这就是英国历史上的"圈地运动"。

的自由竞争，而是决定了资本如不缴纳地租，不论租种优劣，在事实上都是不可能的。土地所有权的垄断限制了资本自由投入，阻碍了农业利润在各个部门之间的平均化，使这种来自农产品价值与生产价格差额的超额利润，成为农业资本家稳定、长期的收入，进而形成绝对地租。绝对地租量的确定又完全取决于供求状况和新耕种的土地面积。如果农业资本的平均构成等于或高于社会平均资本的构成，那么，上述意义中的绝对地租就会消失，也就是既和级差地租不同，又和以真正垄断价格为基础的地租不同的地租，就会消失。因此，这种土地私有权垄断阻碍和排斥资本自由转入农业获得土地私有权，限制了部门之间的竞争和农业部门的超额利润参与社会平均化的过程，使农业利润无法参与利润平均化，因而农业中的剩余价值并不参加全社会的利润平均化过程。而且，土地私有权垄断还决定了租种任何土地都必须缴纳绝对地租。所以，正是土地私有权垄断的存在使得农产品不仅能够，而且必须按照高于社会生产价格的价值出售。农产品按高于社会生产价格的价值出售，在价值与生产价格两者之间的差额，就会形成一定量的超额利润，从而在农业资本家获得平均利润的同时，价值高于社会生产价格的超额利润便成为绝对地租。

绝对地租形成的条件

在尚且无法理解生产价格和价值的区别之前，把农产品价格看作普遍意义上的垄断价格是不对的。商品的生产价格与价值的差额都是由资本有机构成决定的。从资本主义的历史来看，在一定的经济发展阶段中，农业发展落后于工业，因而，农业资本有机构成低于工业资本有机构成。在这个条件下，一定量的农业资本与由社会平均构成的同等数量的资本相比，会生产较多的剩余价值，因为劣等地同样需要缴纳绝对地租，这意味着农产品的市场价格必须高于它的生产价格，才能使经营劣等地的农业资本家在获得平均利润的基础上有余额来缴纳绝对地租。由于农业属于资本有机构成较低的社会生产部门，同量资本在农业中可推动更多的活劳动，在剩余价值率相同的情况下，农业部门所创造的剩余价值高于工业部门，从而农产品的价值便会高于其社会生产价格。这使得租种劣等地的农业资本家把农产品按高于生产价格的价值出售，为在平均利润以上有一个余额来缴纳绝对地租提供了前提条件。农产品的价值高于社会生产价格而产生的超额利润，便形成农业资本家向土地所有者缴纳的绝对地租。

农民的聚会

1914年，俄国取消对废除农奴制所引起的个人主义的最后期限，为俄国造就了一个兴旺发达而又独立的农民阶级。它使农业最终渡过难关。但是它的工业化需要较高的教育水平，这就给俄国带来了新的压力，并且仍然需要外国供应商所提供的资金。图为1910年的俄国农村，一些农民正在举行集会。

随着科学技术的进步，农业资本有机构成已经出现赶上甚至超过工业资本有机构成的趋势，农产品的价值不再可能超过它的生产价格，绝对地租也随之消失。然而，土地私有权垄断决定了绝对地租必然存在，只是形成绝对地租的条件发生了变化，绝对地租不再是农产品的价值高于社会生产价格的超额利润，而是农业资本家的一部分平均利润的扣除，即把平均利润的一部分转化为绝对地租，有时农业资本家也会克扣农业工人的一部分工资来作为绝对地租。

除了以上提到的之外，还要考虑到农业的独特性质。在农业中，社会生产力的增长仅仅补偿甚至还补偿不了自然力的减低，所以尽管技术在发展，产品还是无法更便宜，只是价格不会上涨得更高而已。也可能有这种情况：谷物的价格上涨，但是产品的绝对量却减少，而相对的超额产品却增加。但是，也会出现这种情况：在技术辅助手段处于较低阶段时，劣等土地本来必须有市场价格的较大涨幅，才能被耕种并提供地租。但随着农业的发展，只要市场价格稍微超过平均价格，就可以做到这一点。

而在畜牧业上，却存在着完全另一种价格决定方法：假如一块土地用作畜牧业的人工牧场，这块土地的产品价格必须提高到足够的程度，才能使这块土地提供和一块质量相等的耕地所提供的一样多的地租。在这里，谷物地的地租就会参与决定牲畜的价格。

"由于耕作的扩大，天然牧场的面积对于提供食用牲畜已经不够了。很大一部分耕地必须用来饲养牲畜，所以牲畜的价格必须提高到不仅足以对饲养牲畜使用的劳动进行支付，并且要和这种土地作为耕地时一样，使土地所有者能够得到地租，使租地农场主得到利润。荒野地上饲养的牲畜，就会和最好的耕地上饲养的一样，在同一市场上按其重量和质量以同样的价格出售。荒地的所有者从中得到利益，并按照牲畜的价格相应提高自己土地的地租。"（亚当·斯密《国富论》）

垄断地租

垄断地租是由垄断价格带来的垄断超额利润所构成的。要分析它，首先要把与地租相联系的两种垄断价格区分开来。第一种垄断价格，是由于对特殊的优越与稀有性的土地的自然条件的垄断形成的。它的价格由购买者的需要程度和支付能力决定。由生产的商品价格超过其价值的那部分垄断价格所形成的超额利润转化而成的地租，归土地所有者。这种垄断价格是对这些特殊土地的资本主义经营垄断，与土地所有权无关。第二种垄断价格是由于土地所有权的垄断，形成了对投资的限制，要交纳地租，因而农产品价格要高于生产价格或价值出售。

建筑地段地租和矿山地租

地租不仅存在于农业，还存在于一些直接以土地为经营对象的生产部门中，研究这种地租的基础应该遵循农业地租的一般规律。非农业用地地租主要包括建筑地段地租和矿山地租。凡是存在着土地所有权，租用任何土地，无论是用于经营农业，或是建造房屋，还是开采矿藏，都必须支付地租。

建筑地段地租

建筑地段的地租，是资本家为了修建各种建筑物，向土地所有者租用土地而交纳的地租。这种地租的基础与一切农业用地地租的基础相同，都是由真正的农业地租调节的。建筑地段地租与农业地租相比，具有如下特征：

地理位置对其级差地租具有决定性的影响。位置好的地段，如接近大城市或交通枢纽的地方，都市的繁华区，靠近车站、港口等地区的土地，比远离这些地区的土地地租要高出许多倍。土地所有者具有明显的被动性，建筑地段的所有者更是具有完全的寄生虫特征。在某些特殊的地段，垄断地租占有明显的优势。在许多情况下，如泉水、瀑布、可观赏的云雾等特殊地段的价格是垄断价格，形成垄断地租。建筑地段的所有者拥有巨大的权力，占有明显优势，从而形成垄断价格。如果可以提供特殊产品和服务，这种地租就会呈绝对上涨的趋势。

在迅速发展的城市，尤其是伦敦这样按工厂大规模生产方式从事建筑的地方，建筑投机的真正主要对象是地租，而不是房屋。关于这一点，1857年伦敦一个大建筑投机家爱德华·卡普斯向银行法委员会提供的证词，作为例子可以说明一些情况：

"我相信，一个人要想发迹，单靠公平交易是不行的……除此以外，他还必须从事建筑投机，而且必须大规模地进行。因为，建筑业主从建筑本身取得的利润是很小的，他通过提高地租取得他的主要利润。比如，他租用一块地皮，每年付租金300镑，当他在这快地皮上建筑起适当等级的房屋时，他每年就能由此得到400镑或450镑，而他的利润与其说来源于在许多情况下他几乎完全不加考虑的建筑物利润，不如说来源于每年增加100镑或150镑的地租。"

矿山地租

矿山地租是资本家为向土地所有者租用矿山而支付的地租。真正的矿山地租的决定方法与农业地租是完全相同的。

"有一些矿山，它们的产品仅够支付劳动的报酬，并补偿其中所投的资本以及普通利润。它们能给企业主提供一些利润，但不能给土地所有者提供地租。它们只有由土地所有者开采才能带来利益，这种土地所有者作为自己的企业主，从自己投入的资本中得到普通利润。苏格兰的许多煤矿就是这样开采的，并且也只能这样开采。土地所有者不允许别的什么人不支付地租就去开采这些煤矿，可是没有人能为此支付地租。"（亚当·斯密《国富论》）

矿山也包括地租的各种形式：

矿山的级差地租。由于各矿山所蕴藏的资源优劣不同，距离市场和交通枢纽的远近也不同，矿产品的单位产品的个别价格也有高有低。矿产品的社会生产价格是由劣等生产条件来调节的。因而，经营优等矿或中等矿的资本家就可以得到超额利润，从而形成级差地租。

矿山的绝对地租。在采矿业中，由于无须购买原料，因而减少了不变资本的支出。资本有机构成通常低于工业资本有机构成，从而使矿产品的价值高于生产价格。并且在土地所有权存在的条件下，限制了矿山的自由投资和竞争，从而使矿产品能够以高于生产价格的价值出售，并形成绝对地租。

矿山的垄断地租。某些稀有矿产品，如钻石矿等，由于供不应求，便可以以垄断价格出售，从而形成垄断地租。

土地价格

土地有价格的原因

未经开垦的原始土地是自然界存在的天然产物，没有经过人类劳动的天然土地不是劳动生产物。因而土地本身不会有价值，也就不存在以土地价值为基础的土地价格。但是，在资本主义制度下，在土地私有权和商品关系普遍存在的情况下，凡是被私人所占有的有用物质都可以当作商品来买卖。当土地被其所有者占有而作为商品买卖时，没有价值的土地也可以作为买卖的对象，从而取得价格形式。

土地价格并非土地价值的货币表现，而是土地可以提供的地租收入的购买价格。土地价格相当于这样一笔货币资本价值，如果将这笔货币资本存入银行，每年所得的利息，就相当于购买这块土地后将其出租每年所获取的地租收入。因而，土地购买价格的实质是资本化的表现。

影响土地价格水平的因素

影响土地价格水平的因素主要有如下几点：

第一，地租数量的大小。由于土地价格是资本化的地租，在其他条件不变的情况下，土地价格的高低与地租额的大小成正比。因此，地租数额的高低是决定土地价格水平的因素。

第二，银行利息率的高低。与上个因素相同，由于它是资本化的地租，购买者所购买的地租收入与存款利息相比，相当于能够取得这笔地租收入的货币资本。因此，土地价格的高低与银行存款利息率成反比。

第三，投资于土地资本和活劳动的物化价值、资本的利息等。简而

荒凉的旧萨兰

土地的价格与土地的等级有关。而土地的等级并非定数，它会随着时间的推移，政治、经济、军事等情况的变化而变化，俄国用750万美元卖掉的阿拉斯加，如今却成了美国的无价之宝。昔日歌舞地，今天瓦砾场——旧萨兰已经荒凉，昔日城塔高耸入云的都市，现在只留下依稀可见的轮廓。

言之，土地价格即全部土地租金的资本化。如兴修水利、平整土地以及土地的特殊地理位置所获取的垄断收入等。它们构成土地租金中的非纯粹地租部分。

第四，土地供求状况。土地的供求关系是决定土地价格的重要因素。土地价格与地租量成正比。

土地价格多少用公式表示为：土地价格=地租／利息率。例如，土地所有者的某块土地每年可获地租200镑。卖掉土地的价格如果存入银行，每年必须同样获得200镑利息，地价才能为所有者接受。假定银行存款利息率为5%，则土地价格为4000镑。如果土地已经过人工开发，那么土地价格中就要包括对土地资本投入的补偿及其利润或利息。

土地价格有提高趋势

在资本主义社会，土地价格具有上涨趋势。由于土地所有权对土地的垄断，随着市场对农产品和土地需求的增长，其权力日渐发展起来，地租数额也随之增加，从而使剩余价值更多地转化为地租。地价的上涨抑制了产业资本的发展，在城市中则使雇佣劳动者阶级住宅问题变得更加难以解决。

第一，伴随一般利润率下降的趋势，利息率也出现下降趋势。随着投资的增加，土地上的建筑物会越来越多，"土地资本"的利息和折旧也会随之增长，从而使租金提高。

第二，由于社会对土地产品需求和土地资本的增加，土地的地租、租金必然出现提高趋势。又因为经济的发展和人口的增长，对住宅的需求必然有所增加，因此，地租也会随之提高。随着未开发或闲置土地的逐渐减少，土地的供求关系在总体上势必呈现紧张趋势。

第三，土地投机也会使土地所有者任意提高地租。在繁华的大城市中，建筑投机的对象是地租而不是房屋，而投机者则是通过建造房屋在地租的上涨中发财而已。

资本主义地租的起源

地租分析上的全部困难在于，要说明的是农业利润超过平均利润而形成的余额，也就是并非说明剩余价值，仅说明这个生产部门所特有的超额的剩余价值。早期的经济学家们还无法提出这样的问题：土地所有权怎么能把资本主义生产的，并且已经由资本直接占有的剩余价值的一部分再从资本手里夺走。但在重农学派那里，他们把地租看作是剩余价值借以存在的唯一形式。因此，提供地租的资本或农业资本，是唯一的生产剩余价值的资本，它所推动的农业劳动，是唯一的生产剩余价值的劳动。

那些较近的经济学著作家，例如德尔、帕西等，他们在整个古典经济学趋于没落甚至将终结时，又重新捡起了关于剩余劳动和剩余价值一般的自然条件的最原始的观点，并且在地租早已被人阐明为剩余价值的一个特殊形式和特殊部分之后，还自以为对地租提出了某种新的独到的见解。

有一种关于地租性质的错误见解，是以下述情况为基础的：实物形式的地租，自中世纪的自然经济以来，并且是在与资本主义生产方式的条件完全矛盾的情况下，部分地作为教会什一税，部分地作为旧契约保存下来的古董，一直沿袭到现代。由此造成一种印象，地租不是由农产品的价格产生，而是由它的量产生，因而不是由社会关系产生的，而是由土地产生的。之前已经阐述过，虽然剩余价值体现在超额产品上，但是反过来，超额产品作为产品量的单纯增加，并不就表示剩余价值，它可以表示价值的减少。不然的话，1860年的棉纺工业与1840年比，必然表现一个巨额的剩余价值；其实刚好相反，棉纱的价格已经下降。地租也可以因农作物连年歉收而大大增加看，因为谷物的价格将会上涨。反过来，地租也可以由于农作物连年丰收而下降，因为农作物的价格将会下降。

关于产品地租，首先要指出的是，它仅仅是由一种过时的生产方式遗留下来，作为了遗迹的传统，它与资本主义生产方式有天然的矛盾：它可以由于私人契约而自行消失，但在立法可以进行干涉的场合，如英国教会的什一税，它还可以作为一种不合理的东西被强制取消。产品地租在资本主义生产方式基础上继续存在的地方，它只能是货币地租穿上中世纪的外衣。

劳动地租

我们先来考察地租最简单的形式，劳动地租——这里，生产者以每周的一部分，用自己的劳动工具耕种属于自己的土地，并以每周的其他几天，无代价地在地主的土地上为地主劳动——这里，很清楚的是，地租和剩余价值是一致的，无酬剩余劳动所借以表现的形式是地租，而不是利润。劳动者（自给自足的农奴）在多大程度上能够得到一个超过他自己必不可少的生存资料的余额，即超过资本主义生产方式下的工资余额，在其他条件不变时，取决于他的劳动时间是按什么比例划分的，也就是属于自己的劳动时间和为地主做徭役的时间。

从直接生产者身上榨取无酬剩余劳动的独特经济形式，决定了统治和从属的关系，这种关系是直接从生产本身中生长出来的，并且又对生产发生决定性的反作用。就劳动地租来看，有一点不言而喻：假定其他一切条件不变，直接生产者能在多大程度上改善自己的状况，从而让自己富裕起来，生产出超过必要生存资料的余额；或者用资本主义的表达形式来说，他能在多大程度上为自己提供一个利润，超过他自己所能生产的工资余额，这完全取决于剩余劳动或徭役劳动的相对量。

产品地租

劳动地租转化为产品地租，丝毫没有改变地租的本质。就我们考察的这几种形式来说，地租的本质就是：它是剩余价值或剩余劳动的唯一占统治地位的和正常的形式。在产品地租占统治地位和最发达形式的时候，它又总是或多或少伴随有先前形式的残余，也就是直接用劳动（徭役）来交付地租这一形式的残余，而不管地主是私人还是国家。

产品地租的前提是直接生产者已处于较高的文明状态，他的劳动以及整个社会已处于较高的发展阶段。产品地租和先前的形式区别在于，剩余劳动已不再是自然形态上，也不再在地主或地主代表者的直接监督下强制进行。驱使直接生产者的是各种关系的力量，而并非强制，是法律的规定，而不是鞭子，他必须自己负责来进行这种剩余劳动。剩余生产，是指直接生产者超过本人必不可少的需要，在他自己的生产场所之内进行的生产，而不是像以前一样在领主的庄园内进行生产。由于产品地租形式同一定种类的产品和生产相联系，这种形式农业和家庭工业的结合是必不可少的，农民家庭这样一来也实现了几乎完全的自给自足，由于它不依赖市场和它之外的社会生产运动，也就是由于自然经济本身的性质，这种形式就完全适合于为静止的社会状态提供基础，就如我们在亚洲看到的那样。

货币地租

我们把货币地租理解为单纯由产品地租的形式转化而产生的地租，就像产品地租本身只是已经转化的劳动地租一样。直接生产者不是把产品，而是把产品的价格支付给他的土地所有者，不管这个所有者是国家还是私人。虽然直接生产者还要继续生产他生存资料的绝大部分，但是现在他的一部分产品必须转化为商品，当作商品来生产。因此，整个生产方式的性质或多或少发生了变化——生产方式失去了它的独立性，失去了超然于社会联系之外的性质。

从产品地租到货币地租的转化，起初只是偶然的，但随着商业、城市工业、一般商品的生产，导致货币流通有了比较显著的发展，这种转化就在全国范围内发生了。转化还有一个前提，就是产品有一个市场价格，并或多或少接近自身的价值出售，而之前的地租形式却不需要如此。没有社会劳动生产力的一定发展，这种转化是不能实现的，下述事实就证明了这一点：罗马帝国屡次试图施行这种转化都遭到了失败，本来打算至少把实物地租中作为国税而存在的那部分转化为货币地租，可是后来又恢复了实物地租。在法国革命前，货币地租和先前各种地租形式的残余混在一起，也表明了这种转变的困难。

作为产品地租的转化形式并和它相对立的货币地租，是我们以上所考察的那种地租，即作为剩余价值的和向生产条件所有者提供无酬剩余劳动的正常形式的地租的最后形式，同时又是它的解体形式。纯粹形式的货币地租，和劳动地租、产品地租一样，不代表超过利润的余额。从概念上说，它包含了利润。货币地租在其进一步的发展中，必然或者使土地变为自由的农民财产，或者导致资本主义生产方式的形式，导致资本主义租地农场主所支付的地租。

在实行货币地租时，占有并耕种一部分土地的隶属农民，与土地所有者之间的传统关系，必然转化为由契约规定的、按成文法的固定规则确定的纯粹的货币关系。从事耕作的占有者实际上变成了单纯的租佃者，而同时也必然形成一个无产的、为货币而受人雇用的短工阶级。此外，地租一旦取得货币地租的形式，交租农民和土地所有者的关系一旦取得契约关系的形式，也就必然出现租赁土地给资本家的现象。而资本主义租地农场主出现在土地所有者和实际从事劳动的农民之间，一切从农村旧的生产方式产生的关系就会解体。

分成制和农民小块土地所有制

分成制可以看成是由地租的原始形式到资本主义地租的过渡形式，在这种形式下，经营者（租地农民）除了提供劳动外，还提供经营资本的一部分，土地所有者除了提供土地，还提供经营资本的另一部分（如牲口），产品则按一定的、不同国家有不同的比例，在租地人和土地所有者之间进行分配。这里，一方面租地农民没有足够的资本去实行完全的资本主义经营；另一方面土地所有者在这里所得到的部分并不具有纯粹的地租形式。它实际上可能包含了预付的资本的利息和超额的地租，也可能实际上吞并了租地农民的全部剩余劳动，或者从这个剩余劳动中留给租地农民一个或大或小的部分。最重要的是，地租在这里不再表现为剩余价值一般的正常形式。

再看一看小块土地所有制。这里农民同时是他的土地的自由所有者，土地则是他的主要生产工具，是劳动和资本不可缺少的活动场所。在这个形式下，不支付任何租金；因而，地租不表现为剩余价值的一个分离出来的形式。尽管在资本主义生产方式已经得到一定发展的国家里，同其他生产部门比较，它也会表现为超额利润，不过这种超额利润和劳动的全部收益一样为农民所得。

土地所有权的这个形式的前提是：农村人口在数量上占绝大多数，资本主义相对发展还不够，资本的分散仍占优势。自耕农的这种自由小块土地所有制形式，作为占统治地位的正常形式，一方面在古典古代的极盛时期，形成社会的经济基础；另一方面，在现代各民族中，我们又发现它是封建土地所有制解体所产生的各种形式之一。英国的自耕农，瑞典的农民等级，法国和德国西部的农民，都属于这一类。

自耕农的自由所有权，对小生产者来说，显然是土地所有权的最正常的形式。它是农业本身发展一个必要的过渡点，但这种土地所有权衰亡的原因表明了它的限度。这里面的原因就是：它的正常补充即农村家庭工业，由于大工业的发展而被消灭；处在这种耕作下的土地逐渐贫瘠和地力枯竭；公有地为大土地所有者霸占；而种植园经营的大农业或以资本主义方式经营的大农业加入竞争。农业上的各种改良一方面降低了土地产品的价格，另一方面要求较大的投资和更多的物质生产条件，这些也促进了这种土地所有权的灭亡，例如在18世纪上半叶的英国，情况就是这样。

第七章　各种收入及其源泉

收入，即各个社会主体在既定的社会形态中进行生产消费和生活消费的经济基础。要理解收入就必须追寻其源泉。收入的源泉，归根结底取决于创造社会财富的剩余劳动。剩余劳动是人类社会中所有收入的源泉，因此占有剩余劳动，就占有财富和收入的源泉。在资本主义生产方式的框架中，剩余劳动是雇佣劳动中超过必要劳动的部分，剩余价值是超过雇佣劳动者劳动力价值以外的部分，因此，收入源泉的问题实际上就是剩余价值的生产和创造的问题。

"三位一体"公式

"三位一体"公式的荒谬性

资产阶级认为，资本、土地和劳动是所有生产必不可少的生产要素，各自就相应地创造自己的收入，并因此而提出了这个把社会生产过程的一切秘密都包括其中的"资本—利润，土地—地租，劳动—工资"的"三位一体"公式。因为利息表现为资本所固有的、独特的产物，与此相反，企业主收入则表现为不以资本为转移的工资。所以，上述"三位一体"的形式可以进一步归纳为："资本—利息，土地—地租，劳动—工资"。显然，在这个公式中，利润这个作为资本主义生产方式特征的剩余价值形式被排除在外，并入了"劳动——工资"中，从而掩盖了资本主义生产关系的实质。所以，"三位一体"公式是极其荒谬的。

田间劳动

资本创造利润,土地创造地租,劳动创造工资,这是法国经济学家萨伊的观点。这种观点掩盖了资本主义各种收入的真正来源。资本本身并不创造价值,土地在生产中也只是一个载体,劳动所创造的,绝不仅仅是工资。图中,一位农民正在耕种土地,他的劳动所获得的是粮食。

资本、土地、劳动属于完全不同的领域

"三位一体"公式把资本、土地和劳动看作每年可供支配的收入来源,然而事实上,这三者分属完全不同的领域,彼此之间毫无共同之处。

资本,并非商品,而是一定的、社会的、属于一定历史社会形态的生产关系,它体现在一个物上,并赋予这个物以特有的社会性质。资本是已经转化为资本的生产资料,这种生产资料本身不是资本,就像金和银本身不是货币一样。当生产资料成为压榨剩余价值的手段时,它就转化成了资本,并通过这种对立使资本的所有者人格化为资本家。

土地,与资本并列,它不是社会生产关系,而是天然物,是无机的自然界本身。当然,剩余价值不可能是土地创造的。土地有肥力的差别,当肥力较好的优等地和中等地产品的个别价值低于由劣等地提供的产品的较高的个别价值所调节的生产价格,就会形成超额利润,并转化为地租。

"肥沃的土地同较差的土地相比所提供的利益……从耕种者或者消费者手里转移到土地所有者手里。"(大卫·李嘉图《政治经济学及赋税原理》)

劳动，既不是物，也不是一定的生产关系，而是一个抽象概念。如果撇开现实过程谈劳动，就它本身而言，是根本不存在的。资产阶级所谓的"劳动—工资"想表达的意思，就是指人用来实现人与自然界之间的物质交换的一般人类生产活动。但是，这种活动是全社会都有的，它不以社会形式与性质为转移，是超越一切社会之上的。

"三位一体"公式的实质

"三位一体"公式将人与人之间的社会生产关系和资产阶级与土地所有者共同对雇佣劳动者进行剥削的关系掩盖起来了。通过对资本主义的整个生产过程进行考察，可以发现，在资本主义生产关系中，利润、地租和工资等收入的真正来源，是雇佣工人的活劳动所创造的新价值，即 $v+m$，也就是国民收入。工资相当于国民收入中的劳动力价值即 v 的部分，其余部分即剩余价值，则被资本家与大土地所有者无偿占有。因此，这一公式完全是为资本主义制度辩护的理论。

"三位一体"公式更是抹杀了资本关系的历史性质。它不是以历史面貌的形式来认识资本主义生产过程的实质，而是把资本主义生产关系看成一切社会形态所共有的。在一般生产过程中，这三要素是不可或缺的，但它们只有在资本主义制度下才会成为取得收入的源泉。

庸俗经济学所做的事情，实际上不过是对于局限在资产阶级生产关系中的生产当事人的观念，当作教义来加以解释、系统化和辩护。庸俗经济学也丝毫没有想到，被当作出发点的这个"三位一体"："土地—地租，资本—利息，劳动—工资或劳动价格"是三个显然不可能组合在一起的部分。首先，我们看到的是没有价值的使用价值土地和交换价值地租：一种当作物来理解的社会关系，竟被设定在同自然的一种比例关系上，也就是说，让两个不能通约的量互相保持一种比例。然后是"资本—利息"，如果资本被理解为一定的、在货币上取得独立表现的价值额，那么说一个价值是比它所值更大的价值，显然是无稽之谈。正是在"资本—利息"这个形式上，一切中介都消失了，资本归结为它最一般的，也因此无法从它本身得到说明的和荒谬的公式。正因如此，庸俗经济学家宁愿用"资本—利息"这个公式，因为这个公式具有价值和它自身不相等这一神秘性质。最后，"劳动—工资"，劳动的价格，像我们在第一册中所证明过的那样，显然和价值的概念相矛盾，也和价格的概念相矛盾。因为一般来说，价格只是价值的一种表现，而"劳动的价格"是和"黄色的对数"一样不合理的。但是，让庸俗经济学家感到真正满足的是，他现在终于达到了资产者认为他为劳动支付了货币这一深刻见解，并且因为恰好这个公式和价值概念的矛盾，使他免除了理解价值的义务。

"三位一体"公式是资本拜物教的完成

资本主义生产过程，像它以前的所有生产过程一样，也是在一定的物质条件下进行的，但是，这些物质条件同时也是个人在他们生活的再生产过程中所处的一定的社会关系的承担者。这些物质条件和这些社会关系一样，一方面是资本主义生产过程的前提，另一方面又是资本主义生产的结果和创造物，它们是由资本主义生产过程生产和再生产的。

在商品经济中，人与人的关系被物与物的关系所掩盖，前者受后者支配，这种关系颠倒的现象被称为商品拜物教。在资本主义制度下，商品拜物教发展为资本拜物教。因为剩余价值转化为利润，已经掩盖了资本关系。利润转化为平均利润，平均利润分割为利息和企业主收入，资本关系被进一步掩盖，认为资本可以直接获得利息，土地可以获得地租。因此，"三位一体"公式使资本拜物教完成。

古典经济学把利息归结为利润的一部分，把地租归结为超过平均利润的余额，使这两者以剩余价值的形式一致起来；此外，把流通过程当作纯粹的形式变化来说明；最后，在直接生产过程中，把商品的价值和剩余价值归结为劳动；这样，它就把上面那些虚伪的假象和错觉，把财富的不同社会要素互相间的这种独立化和硬化，把这种物的人格化和生产关系的物化，把日常生活中的这个宗教揭穿了。

古典经济学的矛盾

萨伊的"三位一体"公式源于亚当·斯密理论的不彻底性，即其错误观点形成的"斯密教条"。亚当·斯密在价值的收入决定论中指出，商品的价值最终会全部分解为工资、利润和地租，这三种收入构成了商品的价值。亚当·斯密的贡献在于他将利润看成是工人劳动创造的价值的一部分，看到了剩余价值的源泉，这是"古典经济学的伟大功绩"。但是另一方面，亚当·斯密又把剩余价值与利润混同起来，认为利润完全受所投资本价值的支配，从而否定了之前的结论。"三位一体"公式则是这一教条的进一步庸俗化。

关于生产过程的分析

利润（企业主收入加上利息）和地租，不外乎商品剩余价值的各特殊部分所采取的独特形式。剩余价值的大小，是剩余价值可以分割成的各个部分的总和的界限。因此，平均利润加上地租就等于剩余价值。此外，工资，也就是收入的第三个独特形式，总是等于资本的可变组成部分，即不是用于劳动资料，而是用来购买活劳动支付工人报酬的组成部分。可见，商品中代表工人在一天或一年内追加的总劳动的总价值部分，也即年产品中由这个劳动所创造的总价值，分为工资价值、利润和地租。

我们把全部资本分成两大部类：第Ⅰ部类生产生产资料；第Ⅱ部类生产个人消费资料。在第Ⅱ部类，工资、利润和地租就是花费在这个部类的产品上,总之,收入就是耗费在这个部类上面。第一个组成部分等于生产中已经消耗的不变资本部分的价值;第二个组成部分等于生产中预付的可变资本的价值,即支付的工资的资本价值;第三个组成部分等于生产出来的剩余价值,也就是利润和地租。在第Ⅰ部类,产品是由同样几个组成部分构成的。但是,在这里形成收入的部分,工资、利润和地租,并不是在第Ⅰ部类产品的实物形式上消费,而是在第Ⅱ部类的产品上消费。因此,第Ⅰ部类各种收入的价值,必须消费在第Ⅱ部类中形成第Ⅱ部类待补偿的不变资本的那部分产品上。其次,代表第Ⅰ部类收入的第Ⅰ部类产品,也会在实物形式由第Ⅱ部类用在生产消费上,因为它会在实物形式上补偿第Ⅱ部类的不变资本。最后,第Ⅰ部类消费掉的不变资本部分,会用该部类自己的产品,也就是劳动资料、原料、辅助材料等构成的产品来补偿。

我们已经说过,每一个商品的价值和每个资本的全部商品产品的价值,都可以分离成两部分:一部分只补偿不变资本;另一部分虽然本身有部分作为可变资本流回,因而以资本的形式流回,却预定要全部转化为总收入,并采取工资、利润、地租的形式,这三者的总和就是总收入。但是,从亚当·斯密以来,就有一个贯穿整个政治经济学的错误教条,即认为商品的价值最终全部分解为收入即工资、利润和地租。这样一个错误的教条也可以这样来表述:消费者最终必须对总产品的全部价值实行支付。或者这样来表述:生产者和消费者之间的货币流通,最终必须同生产者彼此之间的货币流通相等。

导致这种错误并且显然是荒谬分析的各种困难,可以概述如下:

其一,不理解不变资本和可变资本的基本关系,也就不理解剩余价值的性质,从而无法理解资本主义生产方式的整个基础。资本的每部分产品价值,每个商品的价值都包含:一个价值部分为不变资本,一个价值部分为可变资本(转化为工人的工资)和一个价值部分为剩余价值(后来分为利润和地租）。

其二，不理解劳动在追加新价值时，以何种方式在新形式上把旧价值保存下来，而不是把这个旧价值重新生产出来。

其三，不理解再生产过程从总资本而不是从单个资本来看时所表现出来的联系。

其四，还有一个困难，收入和资本这两个固定的规定会互相交换、互换位置，以至从单个资本家的角度出发，它们似乎只是相对的规定，而在考察整个生产过程时，它们似乎消失了。

其五，除了价值转化为生产价格所造成的混乱外，由于剩余价值转化为各个特殊的、互相独立的并且同各个生产要素有关的收入形式，即转化为利润和地租，还会出现进一步的混乱。

竞争的假象

上文已经指出，商品的价值或由商品总价值调节的生产价格，分解为以下几个部分：

一是补偿不变资本的价值部分，就是加入商品生产过程的生产资料的价值或价格；二是可变资本的价值部分，对工人来说转化为工资；三是剩余价值，即商品产品中体现无酬劳动或剩余劳动的价值部分，这又分为资本利润和地租。

工资和剩余价值之间的比例会遇到一个既定的起调节作用的界限，在剩余价值本身分割为利润和地租的时候，也会在调节利润平均化的过程中遇上一样的界限。就利润分割为利息和企业主收入来说，平均利润本身就是二者总和的界限。平均利润提供一定量的价值由它们去分割，而这个特定的分割比例具有偶然性，也就是说，完全由竞争关系来决定。

竞争在平均利润中起到什么作用呢？我们首先拿工资来说，因为必须从劳动开始研究。调节工资作用的价格，即工资的市场价格围绕着波动的那个价格是怎样决定的呢？不妨说，这是由劳动力的需求和供给决定的。那么，是对劳动力的什么样的需求呢？这里说的是资本提出的需求。因此，对劳动的需求就等于资本的供给。而资本又是由什么构成的？从最简单的表现来说，是由货币和商品构成的，但货币不过是商品的一种形式，因此，资本是由商品构成的。按照假定，商品价值首先是由生产商品的劳动的价格，即工资决定的。于是，这个价格要由所提供的劳动对资本的比例来决定。资本本身的价格等于构成资本的商品的价格，资本对劳动的需求等于资本的供给。资本的供给等于具有一定价格的一个商品量的供给，这个价格首先由劳动的价格调节，而劳动的价格又等于为交换工人的劳动而付给工人的构成可变资本的那部分商品的价格。而构成这个可变资本的商品的价格，首先又是由劳动的价格决定的。因此，我们不能以资本为前提来决定工资，因为资本本身的价值是由工资参与决定的。

　　此外，把竞争带到问题中来，也丝毫不能帮助我们。竞争使劳动的市场价格提高或降低。假定劳动的需求和供给相抵，那么工资又由什么决定呢？由竞争决定。但我们正好假定不再由竞争决定，假定竞争已经由于它的两种相反的力量的平衡而不起作用。我们正是要找出工资的自然价格，即不由竞争调节而是反过来调节竞争的劳动价格。

　　还有一个办法，使劳动的必要价格由工人的必要生活资料来决定。这种生活资料也是有价格的商品，因此，劳动价格是由必要生活资料的价格决定的，而生活资料的价格，同所有其他商品的价格一样，首先是由劳动价格决定的。因此，由生活资料的价格决定的劳动价格，还是要由劳动价格决定。换句话说，我们不知道劳动价格究竟是由什么决定的。

　　但形成商品价格第二要素的平均利润，又是怎样决定的呢？由资本家之间的竞争决定吗？但这种竞争已经以利润的存在为前提。它假定同一个生产部门或不同生产部门有不同的利润率，因而有不同的利润。竞争之所以能够影响利润率，只是因为它影响商品的价格。但竞争只能使同一生产部门内的生产者按照相同的价格出售商品，并不能使不同生产部门之间的生产者统一价格。因此竞争只能使不等的利润平均化，要使不等的利润平均化，利润作为商品价格的要素必须已经存在。所以，竞争并不创造利润，竞争只不过使利润提高或降低。平均利润率是在互相竞争的资本家势均力敌的时候出现的，竞争可以造成这种均势，但不能造成在这种均势下出现的利润率。竞争导致某一商品价格在这个价格下，每个资本都提供与其资本量比例相同的利润量。竞争只是使一切偏离不断地归于这个数量。

这就是竞争造成的假象，它并不创造利润，只能使不等的利润平均化。

分配关系和生产关系

分配关系

资产阶级经济学通常认为，分配关系是一种自然的关系，是从人类一切社会生产本身的各种规律中产生出来的。而把资本主义社会之前就已经出现的其他分配方式，看作是这种自然分配关系的初级的、虚假的、未完成的方式。

在这些见解中，只有一点是正确的，那就是：在任何社会生产中，撇开用于生产消费的那一部分，劳动总是可以区分为两个部分：一部分劳动的产品由生产者及其家属直接消费，一部分劳动的产品用来满足一般社会需要。这就是不同分配方式所具有的同一性。

对资本主义生产方式加以科学分析，可以得出以下结论：

垄断资本家

资本主义生产关系的实质是以生产资料私有制为基础的雇佣劳动制度。随着社会生产力的发展，资本主义生产方式经历了自由竞争到垄断的演进，国家垄断资本主义的产生和发展并未改变资本主义生产关系的实质，而是在更高层次进行经济剥削和垄断。

第一，资本主义生产方式是一种特殊的、具有独特历史规定性的生产方式。

第二，与其他任何社会的一定生产方式相同，资本主义生产方式把社会生产力及其发展形式的一定阶段作为自己的历史条件。这个历史是一个先行过程的历史产物，同时也是新的生产方式得以产生的现实基础。

第三，和资本主义生产方式相适应的生产关系，即人们在社会生产中与社会生活的生产中所处的各种关系，具有独特的、历史的和暂时的性质。

第四，分配关系和生产关系在本质上是相同的，是生产关系的正反两面，与第三条相比，它们同样具有历史的、暂时的性质。

在分析分配关系时，人们习惯从年产品分为工资、利润、地租这一所谓的事实出发，然而这是错误的。因为产品一方面分为资本，一方面分为收入。工资作为收入的一种，必须先以资本形式和工人相对立，然后才转化为收入的形式。通过劳动生产出来的劳动条件和劳动产品，总体来说与直接生产者相对立，这一事实从一开始就意味着客观劳动条件和工人相对立，且具有一定的社会性质。因此，在生产劳动中，工人之间、工人和劳动条件的所有者之间具有一定的关系。当这些劳动条件转化为资本后，直接生产者的土地就会被剥夺，因而土地所有权形式是存在的。

假设产品的一部分没有转化成资本，那么它的另一部分也不会转化成工资、利润和地租的形式。

如果资本主义生产方式是以一定的生产条件为前提，那么，它会把这种生产条件不断地生产出来。资本主义生产方式不仅生产物质产品，还不断地生产出生产关系，即不断地生产出相适应的分配关系。

当然，也可以说资本本身已经以这样一种分配关系作为前提：劳动者被剥夺了劳动条件，这些条件集中在少数人手中，另一些人独占土地所有权——这种关系在讨论原始积累时已有说明。但是，这种分配关系与人们把分配关系和生产关系对立起来并赋予它历史性质时所理解的分配关系，是完全不同的。后者被人们借以表示对产品中归个人消费的部分的种种索取的权利。前者则是在生产关系本身范围内，落到与直接生产者相对立的、生产关系的一定当事人身上的那些特殊职能的基础。这种分配关系赋予生产条件本身及其代表的特殊社会性质，它们决定着生产的全部性质和全部发展运动。

资本主义生产方式的两个特征

资本主义生产方式一开始就具有两个特征：

其一，资本主义生产方式区别于其他生产方式的第一个特征，即生产的产品是商品——这是资本主义产品的占统治地位的、决定性的性质。其又有如下两大要点：首先，劳动力也变成了商品。这意味着工人自己也只是表现为商品的出售者，因此表现为自由的雇佣工人。如此一来，劳动就表现为雇佣劳动。资本主义生产的主要当事人——资本家和雇佣劳动工人，他们本身只不过是资本和雇佣劳动的体现者和人格化，是由社会生产过程加在个人身上的一定的社会性质，是这些一定的社会生产关系的产物。

在资本主义下，产品作为商品和商品作为资本产品的性质，包含着一切流通关系,也就是产品所必须通过的,并由此取得一定社会性质的一定的社会过程。这种性质也包含了生产当事人之间的关系,这种关系决定着他们产品的价值增值和产品再次转化为生活资料或生产资料能否成功实现。产品作为商品和商品作为资本产品,可以得出全部价值决定和得出全部生产由价值来进行调节。在这个极其独特的价值形式上,一方面,劳动只是作为社会劳动起作用;另一方面,这个社会劳动的分配,它的产品的互相补充,它的产品的物质变换,它的从属和加入社会机构,都听凭资本主义生产者个人偶然的、互相抵消的冲动来摆布。资本主义生产者作为商品所有者,彼此之间相互对立,都想以高价出售商品,因此只有通过他们之间的竞争和互相施加的压力,内在的规律才能实现。在这里,价值规律作为内在规律,对单个当事人作为盲目的自然规律起作用,并且是在生产的各种偶然变动中,维持着生产的社会平衡。

此外,作为整个资本主义生产方式的特征,生产的社会性质的物化和生产的物的条件的人格化,已经包含在了商品特别是在作为资本产品的商品中。

其二,资本主义生产方式的另一个特征是,剩余价值的生产是生产的直接目的和决定动机。资本在本质上是生产资本,但只有生产了剩余价值,它才能生产资本。这种为了价值和剩余价值的生产,包含着一种不断发生作用的趋势,要把生产商品所必需的劳动时间,即商品价值,压缩到当时的社会平均水平以下。将成本压缩到最低限度,成为提高劳动生产力的最有力的杠杆。然而,社会劳动生产力的提高只是表现为资本生产力的不断提高。

作为资本人格化的化身,资本家在生产过程中所取得的权威和他作为生产的指挥者和统治者的社会职能,与建立在奴隶生产、农奴生产等基础上的权威,有着明显的区别。

在资本主义生产方式下,由于两个基本的生产要素采取独特的社会形式：劳动采用雇佣劳动的形式，生产资料采用资本的形式。因此，在这一前提下，价值的一部分才表现为剩余价值，并进一步表现为利润和地租，成为资本家的盈利和资本家的个人财富。正因为价值的一部分表现为资本家的利润，那种用来扩大再生产并形成一部分利润的追回生产资料，才表现为新的追回资本，并且整个再生产过程的扩大，才表现为资本主义的积累过程。

尽管雇佣劳动对整个生产过程和生产本身起着决定性的作用，但它本身并不决定价值。决定价值的，只是社会的一般劳动时间，和社会一般可以支配的劳动量，而不同的产品在这个劳动量中所吸收的相对量，又在一定程度上决定着它们各自在社会中所占的比重。

工资以雇佣劳动为前提，利润以资本为前提，所以这些分配形式是以生产条件一定的社会性质和生产当事人之间一定的社会关系为前提。因此，一定的分配关系只是历史规定动作的生产关系的表现。

利润作为剩余价值的一种形式，是在资本主义生产形式中形成新生产资料的前提，所以是一种支配再生产关系。虽然于资本家个人而言，他完全可以将全部利润当作收入消费掉，但事实上他会遇到一些限制，这些限制以保险基金和准备金的形式出现在他面前，并在实践中向他证明：利润并不只是个人消费的分配范畴。

分配关系是与生产过程的历史规定和特殊社会形式，以及人们在再生产过程中互相所处的关系相适应的，并且由这些形式和关系产生出来。

只将分配关系看作是历史性的东西而不把生产关系看作是历史性的东西，这种看法一方面只是对资产阶级经济学开始进行的，但具有局限性的批判；另一方面，这种看法建立在一种混淆的基础上——把社会的生产过程与反常的孤立的人在没有任何社会帮助下也必须进行的简单劳动过程相混淆。就劳动过程只是人和自然之间的单纯过程而言，劳动过程的简单要素对于这个过程的一切社会发展形式来说都是共同的。

阶级

单纯劳动力的所有者、资本的所有者、土地的所有者，他们分别形成了同工资、利润、地租这三个主要收入形式相适应的资本主义社会的三大阶级：雇佣工人、资本家、土地所有者。

英国社会的经济结构无疑有了最高度的、最典型的发展，然而即使在这样的国家里，这种阶级结构也不曾以纯粹的形式表现出来，那些若干中间的和过渡的阶层（如农村的自耕农、城市的独立劳动者等）的存在，使界限规定变得模糊不清。不过，这对我们的研究是无关紧要的。我们已经知道，资本主义生产方式的普遍趋势和发展规律，一方面使生产资料和劳动进一步分离，使分散的生产资料越来越多地集中在一起。因此，劳动转化成雇佣劳动，生产资料转化成资本；另一方面为了适应这种趋势，土地所有权与资本和劳动相分离，即让一切土地所有权都转化成适应于资本主义生产方式的土地所有权形式。因此，那些存在于中间的过渡阶层，将迟早随着资本主义的发展逐渐向两极分化和组合，并最终分别归于这三大阶级中的某一个。

然而，又是什么促使了阶级的形成呢？这个问题将在雇佣工人、资本家和土地所有者这三个社会阶级形成的原因中找到答案。

究竟是什么促成了这三个阶级的形成呢？乍看之下，似乎是因为收入和收入源泉的同一性。在资本主义社会，资本的所有者依靠资本取得利润收入来生活，土地的所有者依靠土地取得地租收入来生活，劳动力的所有者依靠劳动力取得工资收入来生活，也就是说，工资、利润和地租这三种收入似乎成为雇佣工人、资本家、土地所有者形成为社会三大阶级的原因。

但是，若从这一观点出发，那么医生和官吏也应该形成为两个阶级，因为他们属于两个不同的社会集团。其中，每个集团成员的收入都来自同一源泉。不仅如此，工人、资本家、土地所有者由于处于不同的分工和社会地位，也可以无止境地细分下去……这无疑是十分荒谬的。

然而，随着马克思手稿的就此中断，真正的答案也不得而知了。

骑马休闲的资本家

资本主义社会是阶级社会。一般来说，不通过劳动创造社会财富而通过剥削占有社会财富的是资产阶级，通过辛勤劳动创造了绝大部分社会财富但并不拥有社会财富的是劳动人民。图为资产阶级富人骑马休闲的场面，它充分体现出该阶级生活的悠闲和富足。

特别说明

因客观原因,书中部分图文作品无法联系到权利人,烦请权利人知悉后与我单位联系以获取稿酬,联系电话:023-68652915